鲁迅

# 人间鲁迅

林贤治 著

人民文学出版社

上

图书在版编目（CIP）数据

人间鲁迅：上下/林贤治著. —北京：人民文学出版社，2023
ISBN 978-7-02-017838-4

Ⅰ.①人… Ⅱ.①林… Ⅲ.①鲁迅（1881—1936）—传记 Ⅳ.①K825.6

中国国家版本馆 CIP 数据核字（2023）第 036674 号

责任编辑　徐广琴
装帧设计　刘　静
责任印制　王重艺

出版发行　人民文学出版社
社　　址　北京市朝内大街 166 号
邮政编码　100705

印　　刷　三河市中晟雅豪印务有限公司
经　　销　全国新华书店等

字　　数　763 千字
开　　本　680 毫米×960 毫米　1/16
印　　张　56.25　插页 8
印　　数　1—5000
版　　次　2010 年 9 月北京第 1 版
印　　次　2023 年 4 月第 1 次印刷

书　　号　978-7-02-017838-4
定　　价　128.00 元（全二册）

如有印装质量问题，请与本社图书销售中心调换。电话:01065233595

鲁迅五十寿辰留影（1930）

鲁迅在日本东京弘文学院毕业照（1904）

鲁迅杂文集《坟》书影

鲁迅与二弟周作人、爱罗先珂等人合影（1923）

鲁迅小说集《彷徨》书影

鲁迅五十三岁寿辰全家合影（1933）

鲁迅与萧伯纳、宋庆龄、蔡元培、林语堂、伊罗生、史沫特莱合影（1933）

鲁迅摄于上海（1933）

鲁迅在国立北平师范大学演讲（1932）

鲁迅在全国第二届木刻流动展览会上与青年木刻家谈话（1936）

# 目　录

引　言 ……………………………………………………… 001

## 第一部　探索者

一　困顿的少年时代 ……………………………………… 005
  1　无声的中国 …………………………………………… 005
  2　绍兴：一个人的诞生 ………………………………… 006
  3　母爱·社戏·"义勇鬼"种种 ………………………… 008
  4　长妈妈和《山海经》 ………………………………… 012
  5　自由而整饬的三味书屋 ……………………………… 016
  6　百草园·友谊的种子 ………………………………… 022
  7　从"少爷"到"乞食者" ……………………………… 026
  8　在当铺与药店之间 …………………………………… 033
  9　最后的挤压 …………………………………………… 040
  10　八元川资与一江离恨 ……………………………… 046

二　"戎马书生" …………………………………………… 048
  11　水兵之梦 …………………………………………… 048
  12　县考：第一次妥协 ………………………………… 052
  13　《天演论》·真理的第一道台阶 ………………… 056
  14　"英雄未必忘家" …………………………………… 061

15　大海行 …………………………………… 064
三　岛国的热血与星光 …………………………… 069
　　16　燠热的东京气候 ……………………………… 069
　　17　弘文风潮与辫子问题 ………………………… 076
　　18　哲学和文学成了异国游子的精神家园 ……… 082
　　19　科学救国的前沿 ……………………………… 088
　　20　需要独立行动 ………………………………… 093
　　21　离离草 ………………………………………… 095
　　22　仙台·现代医学·从灵魂到躯壳 …………… 098
　　23　悲壮的间奏曲 ………………………………… 104
　　24　幻灯事件 ……………………………………… 107
　　25　婚姻：第二次妥协 …………………………… 113
　　26　后死者的先驱道路 …………………………… 118
　　27　《新生》运动·杂志的流产与实力的转移 … 125
　　28　"伍舍"时代 ………………………………… 133
　　29　盗火者兄弟 …………………………………… 138
四　暴风雨前后 …………………………………… 145
　　30　灰色的教师生涯 ……………………………… 145
　　31　"木瓜之役" ………………………………… 148
　　32　葬礼 …………………………………………… 151
　　33　两次风潮 ……………………………………… 154
　　34　革命·辫子·我们都是"草字头" ………… 159
　　35　新校长 ………………………………………… 165
　　36　大胜利中的败退者 …………………………… 169
五　夜茫茫 ………………………………………… 177
　　37　范爱农之死 …………………………………… 177
　　38　官吏生涯：不满与无为 ……………………… 183
　　39　补树书屋·佛经·古籍·碑帖·沉默的深渊 … 188

## 第二部　爱与复仇

**六　最初的战叫** ... 197
- 40　关于"铁屋子"的议论 ... 197
- 41　狂人:救救孩子 ... 201
- 42　全方位进击:打倒国粹派 ... 204
- 43　明天与梦 ... 213
- 44　别故乡 ... 218
- 45　八道湾·绥略惠夫和他的影子 ... 223
- 46　教坛上:中国小说史 ... 228
- 47　《新青年》的解体 ... 235

**七　冰谷中** ... 243
- 48　《阿Q正传》:国民灵魂的肖像画 ... 243
- 49　可怕的"互助" ... 251
- 50　盲诗人和小生物的故事 ... 256
- 51　估"学衡"·批评家的批评·女娲与弗洛伊德 ... 264
- 52　声明:人格与艺术 ... 270
- 53　八道湾院内的战争 ... 274
- 54　砖塔胡同 ... 278
- 55　《呐喊》:悲剧系列之一 ... 284
- 56　《彷徨》:悲剧系列之二 ... 289
- 57　西三条新居·老虎尾巴·闯"盗窟" ... 296
- 58　西安行 ... 302

**八　女师大风潮** ... 311
- 59　讲台上:《苦闷的象征》 ... 311
- 60　《语丝》与《现代评论》 ... 319
- 61　奇袭 ... 323
- 62　碰了两个大钉子 ... 329

| 63 | 悲怆交响曲 | 334 |
| 64 | 爱情,别一种火焰 | 342 |
| 65 | 在《莽原》周围 | 351 |
| 66 | 女师大事件:从旁观者到参与者 | 360 |
| 67 | "未名"的一群 | 368 |
| 68 | 5月潮汛期:闲话·流言·新的鬼魅 | 380 |
| 69 | 两难中的选择 | 387 |

## 九 地火 394

| 70 | 免职令:枪打出头鸟 | 394 |
| 71 | 胜利者没有胜利 | 399 |
| 72 | 姐妹篇:《孤独者》与《伤逝》 | 406 |
| 73 | "痛打落水狗"·信的纠葛·诺贝尔文学奖问题 | 412 |
| 74 | "三一八":血写的和墨写的 | 423 |
| 75 | 《华盖集》及其续编·虎与羊 | 432 |
| 76 | 离京种种 | 438 |

## 十 孤岛上 449

| 77 | 印象:有费而失了生活 | 449 |
| 78 | 《坟》 | 454 |
| 79 | 回击高长虹:夜·太阳·月亮 | 464 |
| 80 | "置首于一人之足下,甘心十倍于戴王冠" | 471 |
| 81 | 放火者 | 480 |

## 十一 梦与醒 487

| 82 | 大钟楼内外 | 487 |
| 83 | 香港三日 | 494 |
| 84 | 改造"沙漠"的工作 | 497 |
| 85 | "文学无用"论 | 504 |
| 86 | 熔岩喷出了地面 | 513 |
| 87 | 白云楼:现代的隐者 | 520 |

## 第三部　横站的士兵

88　爱就是成为一个人 …………………………………… 525
89　两次演讲·一场官司·系列杂感与"包围新论" ……… 530

### 十二　盗火者 …………………………………………… 545

90　上海·内山书店·艰难的结合 …………………… 545
91　演讲系列：真假知识阶级·指挥刀和文学家·新女性与传统 …………………………………………………… 552
92　创造社和太阳社的共同靶子 ……………………… 562
93　战争升级 …………………………………………… 570
94　思想在"革命文学"论争中升华：革命·流氓·投机主义·人格·自由 ……………………………………… 578
95　盗取"天火"·托尔斯泰和人道主义·"同路人"·《奔流》的诞生 ……………………………………………… 589
96　北京—上海；小白象—小刺猬 …………………… 604
97　版税官司·"怎样做父亲"成了现实问题·女工的故事 … 612

### 十三　浴火的道路 ……………………………………… 620

98　左联：作梯子的与爬梯子的 ……………………… 620
99　新月派诸君子：刽子手、皂隶、乏走狗之类 …… 630
100　会见李立三·五十诞辰·木刻讲习会 …………… 637
101　柔石之死·避难花园庄·《前哨》与《北斗》 …… 647
102　《上海文艺之一瞥》与《创造十年》·才子加流氓·《十月》、《毁灭》、《铁流》 ……………………… 656

### 十四　大旗下的战斗 …………………………………… 666

103　"民族主义文学"·救亡中的启蒙·"一二八"战火中 … 666
104　迟迟出战：关于"自由人"和"第三种人"的论争 …… 677
105　北平五讲·致周扬："辱骂和恐吓决不是战斗" …… 688
106　丁玲失踪与杨铨遇害 ……………………………… 697

107　萧伯纳在上海·"人生得一知己足矣"·
　　　　　 《鲁迅杂感选集》及序言 …………………………… 705
　　　108　明枪暗箭种种 ……………………………………………… 713

十五　内战与溃散 ……………………………………………………… 725
　　　109　刨祖坟——中国文化心理探微 …………………………… 725
　　　110　分道扬镳：笑是什么？ …………………………………… 737
　　　111　如此"同人"：林默与田汉 ……………………………… 744
　　　112　和青年奴隶在一起 ………………………………………… 752
　　　113　家庭："以沫相濡究可哀" ……………………………… 763
　　　114　瞿秋白死讯·《海上述林》·《译文》事件 ……………… 772
　　　115　鞭子从背后抽来 …………………………………………… 784
　　　116　"一二九"运动·萧三来信·左联的溃散 …………………… 790
　　　117　中国文艺家协会·两个宣言 ……………………………… 801
　　　118　《故事新编》·匆匆来去的《海燕》 ……………………… 807

十六　反抗死亡 ………………………………………………………… 818
　　　119　冯雪峰返沪·"两个口号"论争 …………………………… 818
　　　120　万言长文《答徐懋庸并关于抗日统一战线问题》 ……… 834
　　　121　以工作对抗死亡 …………………………………………… 845
　　　122　木刻展览会·谈孔子、鬼、自杀及其他·
　　　　　 在壕堑中仆倒 ……………………………………………… 864
　　　123　民众的葬礼 ………………………………………………… 878

修订版后记 ……………………………………………………………… 886
第四版后记 ……………………………………………………………… 891
新版后记 ………………………………………………………………… 892

# 引　言

　　一个可以由此得生，也可以由此得死的时代是大时代。大时代总要产生巨人。

　　鲁迅是巨人。他不是帝王，不是将军，他无须挥舞权杖。作为旧世界的逆子贰臣，惟以他的人格和思想，召引了大群年轻的奴隶。他把对于民族和人类的热爱埋得那么深沉，乃至他的目光，几乎只让人望见直逼现实的愤怒的火焰。数千年的僵尸政治、"东方文明"、专制、强暴、虚伪、保守和蒙昧，都是他攻击的目标。他教奴隶们如何反抗，如何"钻网"，如何进行韧性的战斗。他虽然注重实力的保存，却不惮牺牲自己，必要时照例地单身鏖战。在一生中，他呐喊过也彷徨过，甚至在横站着作战的晚年仍然背负着难耐的寂寞，但是从来耻于屈服和停顿。中国的思想文化界，没有一个人像他一样赢得众多的"私敌"，没有一个人像他一样招致密集的刀箭，因此，也就没有一个人像他一样获得更为辉煌的战绩。他所凭借的仅仅是一支"金不换"，便在看不见的但却是无比险恶的战场里，建树了超人一等的殊勋。

　　在他身后，自然要出现大大小小的纪念会、石雕、铜像，以及传记。可悲哀的是：当再度被赋予形体的时候，这个始终屹立于人间的猛士，却不止一次地经过有意无意的铺垫与厚饰，成了奥林匹斯山上的宙斯。

　　平凡的伟大才是真正的伟大。鲁迅是"人之子"，人所具有的他都具有。正因为他耳闻了愚妄的欢呼和悲惨的呼号，目睹了淋漓的鲜血和升腾的地火，深味了人间的一切苦辛，在他的著作中，古老而艰深的象形文字,才会变得那么平易,那么新鲜,那么富于生命的活力。

对于这样一个毕生以文字从事搏战的人,他的形象,其实早经文字本身表达无遗了。世间的纪念物,丝毫也不能为他增添或减损些什么,无非是后人的一种感念而已。如果它所激发的,不是对真理的渴求,不是奔赴生活的勇气和变革现实的热情,而是宗教式的膜拜,那么毋宁说:我们什么都不需要!

历史人物之所以伟大,正在于我们可以因他而深刻地意识到自身的存在;在存在方式的选择中间,我们根本不愿拒绝他的灵魂的参与。鲁迅就是这样一个人。他没有把黄金世界轻易预约给人类,却以燃烧般的生命,成为千千万万追求者的精神的火光。

真正的巨人活在时间的深度里。应当相信,历史终会把最有分量的东西保留下来。

# 第 一 部

## 探 索 者

  叛逆的猛士出于人间;他屹立着,洞见一切已改和现有的废墟和荒坟,记得一切深广和久远的苦痛,正视一切重叠淤积的凝血,深知一切已死,方生,将生和未生。

——鲁迅《野草》

  我以为绝望而反抗者难,比因希望而战斗者更勇猛,更悲壮。

——鲁迅致赵其文信

# 一　困顿的少年时代

他才来到这个世界不久,便被猝然摔落社会的底层。不幸是一种财富。假如不是太多的屈辱和痛苦构成了坚实的底座,那么,我们很难想像,凭什么可以支承一个伟大而沉郁的天才?

## 1　无声的中国

沉默是可怕的。

一个从黄河流域繁衍起来的民族,在磐石般的黑暗底下,竟沉默了五千年!

骊山墓背后,夜狐不复悲鸣。篝火陡然升起而又旋即熄灭。没有引火物。金田起义的旗帜虽然蔓延为流火,也不过是大泽乡的回光返照,天京之变拖曳了一条长长的阴影。盛极而衰,乱极而治,经过一次又一次的周期性震荡,金字塔式的权力结构依然雄踞于民族的肩背之上。汨罗江畔的骚吟消歇了,以宫刑为代价的著作成了史家的绝唱。自从嬴政的大手笔成功了焚书坑儒的杰作,诸子百家的争鸣局面,也便成了思想史上永远无法赓续的篇章。孔子的伦理哲学,被权力者当作维持封建大一统的有力的杠杆。在文字狱的空隙地上,科举制度培养了一代又一代万劫不复的奴才。人才被埋没了,自由被扼杀,多少智慧的花果纷纷萎落。长城,在荒远的年代,只是作为大汉族的一面盾牌出现,不意却成了闭关自守的象征。丝绸之路被切断了。贸易风徒然在远方呼息。麦哲伦的船队完成环球航行之后数百年,天朝帝国仍在加强海禁。中国,拥有世界上最多人口的辽阔的国土,成了一座死气沉沉的孤岛。

可是,无论是治者强力的控制,还是顺民坚苦的忍耐都无济于事。历史不可能长时间地保持哑默。1840年。铁锁沉江。英国的大炮,终于以中国人发明的火药,打开了中国的大门。

大门一旦打开就再也无法关闭。新的时代开始了:隆隆崩溃的时代,崛起的时代,一个充满危机感而又有足够多的期待走向开放的时代。作为民族的时代的喉舌,在我国第一台火车头诞生的同一年——1881年,一个人诞生了。

## 2　绍兴:一个人的诞生

绍兴。南方的一座古城。

远在新石器时代,人们就在这一带蛮荒里奋力开拓了。他们的骨殖,热血,连同沉重的岁月,凝积为深厚的火成岩。绍兴的东北部,平原漠漠,河汊如网,是有名的水乡泽国。乌篷船,白篷船,往来穿织其间,构成东方威尼斯的古典的美。曹娥江水浇出了刚厉的青铜,秀美的越瓷,不歇的钱塘江潮,淘洗出一代又一代风流人物。王充、王羲之、陆游、徐渭、王思任,无数壮烈和哀婉的故事,以及他们的思想与艺术的珍品,如同醇香的绍酒一样飘送了数千年。

绍兴的西南部高高隆起,那儿布满群山,布满崎岖的道路。山地是意志的象征。于是有大禹,有卧薪尝胆的勾践。高大的禹陵、越王台,会稽山头的烽火墩,都可以令人遥想往昔的艰厄和仰慕先祖的光荣。

绍兴人是历史的骄子。可是,在现实的土地上,他们却有着各不相同的命运。就拿东昌坊口来说,一条长长的石板路,就连结着众多杂色的人家:地主士绅的大台门,有名的当铺、商店,和无名的摊档,此外是大片拥挤不堪的低矮而潮湿的贫民屋子。在土谷祠、长庆寺和穆神庙,则日夜麇集着流民、乞丐、捕蛇者和狂热的赌徒们……

在东昌坊口、张马桥的北边,有一座聚族而居的大宅——新台门周家。

周家是世代的仕宦人家,早在嘉庆、道光年间,曾经有过一个购地建屋,设肆营商,广置良田的煊赫时期。由于生齿日繁,房族发达,覆盆桥西面的老台门不够使用,才又添置了新台门。移居到新台门的,是智房与仁房分支的成员,一共六个房族。后来,在太平军的冲击之下,这个繁盛的大家族便开始迅速败落了。

新台门占地一千多平方米,是五进的大宅院。宅第坐北朝南,走进竹丝大门,穿过铺着石板的天井,就是名为"德寿堂"的大厅。高高的金匾底下,有一副颜色暗淡的抱对,上面写道:"品节详明德行坚定,事理通达心气和平。"再从这个聚众议事的厅堂走进去,就是各房的住宅了。西边有一排五间楼房,由西往东数的第二间楼下,一天突然传出一声响亮的啼哭。一个男婴诞生了。

9月25日,成了兴房的特大喜庆的日子。因为男丁,只有男丁,才有重振家声的希望。于是,环绕着孩子的降生,一家人立即变得忙碌起来。

按照当地的习俗,孩子出生以后,必须先尝五种东西:醋、盐、黄连、钩藤、糖;依次尝遍了不同的几种味道,领受过小小一点刺激以后,才将奶汁送进嘴里。这样,待孩子渐渐壮大起来,便有能力去应付未来的复杂的人生了。这是祖先的一种祝福。只是人生未必按照一定的公式进行。譬如这个周家的孩子,此后成长的道路,就几乎没有一处不践钩棘。

孩子的祖父周福清正在北京当"京官",接到家里的来信,倒也并不特别地激动。当时,恰逢一位官员来访,他也就十分随便地用了这位官员的姓氏为长孙命名:阿张。随后,找出一个同音异义的字作学名,便是樟寿。不过,寄托还是明显的。既是官员,便有功名,借作小名总不失为一个吉利的兆头吧?而且在中国,福禄寿从来是连在一起的。

周围的老人有一个很神秘的说法:在闰年出生,又是"蓑衣胞",又跟菩萨同一个生日,那是极其罕见的;这样的孩子,将来一定会有出息,就怕难养大。惟一解脱的办法,就是到菩萨那儿去"记名"。

为了这个小生命,家人最先寻得大桶盘的女神记名,然后把他抱到长庆寺里去,拜住持和尚龙祖做师父。

龙师父是个瘦长个子,高耸的颧骨,夹着一双细眼睛。本来,和尚是不该留须的,他却留着两绺下垂的小胡子;和尚是不该娶妻的,他却讨了老婆。在娶过"师母"以后,龙师父干脆让寺里的和尚都改当了吹敲和尚,这样在佛门里就可以争得更多一点的支配自己的权利。他特地请来了艺人,整天整夜教小和尚们唱"绍兴大班"。从此,长庆寺的和尚再也不必同普通的和尚一样要出门募化,而可以靠吹吹打打的技艺谋生了。

这个人浑身充满着叛逆色彩,却又出奇地和善。他会行医,常常给土谷祠里的逃荒者看病,给穷汉看病是从来不收诊金的。他对小樟寿也非常和气,不教念一句经,也不教一点佛门规矩,只送了三样东西:一个叫"长根"的法名,一件"衲衣",一条"牛绳"。"衲衣"是模仿袈裟,用各色小绸片缝缀而成的斜领衣服。或许,凡是拼凑出来的东西,都被认为具有某种神力。"牛绳"是用红丝线编成的装饰物,上面挂着历本、铜镜、银筛,还有一种叫"鬼见怕"的贝壳。小弟子倘要出门,是必须把它戴上的。只要稳稳当当地戴到脖子上,就百无禁忌,可以避邪消灾了。

到了后来,中国的邪鬼们的确都很害怕他,但却也一直把他纠缠住。小小法宝,竟使他成了一个一生与魔鬼打交道的人,这是师父所始料未及的。

## 3 母爱·社戏·"义勇鬼"种种

小樟寿一天天地长大起来了。

他聪明、活泼,很讨大人们喜欢。平日,他最爱穿一件大红棉袄,要弄"和尚"师傅送给他的木头关刀，跑到大人跟前示威；又爱热闹，常常玩着玩着，就跑到大厅的牌桌间去。有一次看玩牌，一位长辈逗趣问他：

"你欢喜哪一位打赢？"

"我愿意大家都赢！"

回答是意外的敏捷。从此，他便得了一个"胡羊尾巴"的绰号。

可是，在祖父和父亲面前，"胡羊尾巴"却变得不大爱活动了。

他有点害怕祖父。虽然祖父不常在家，有时候也那么慈蔼地唤他"大阿姑"，那么仔细地给他讲说戏文里的故事，就是爱发脾气，动不动就骂人；骂得凶了，还咬得指甲戛戛作响。父亲也不好亲近，不是喝闷酒，就是端端正正地整天站着或坐着，沉默得活像一堵墙。

保姆长妈妈像影子一样跟随着，简直无法摆脱。要是只会讲"长毛"，讲美女蛇，讲小百姓怎样愚弄皇帝之类的故事是好的，可她嘴里总有那么多的道理，那么多的"不应该"：什么人死了，不应该说死掉，必须说"老掉了"；什么死了人，生了孩子的屋子，不应该走进去；什么饭粒掉落地上，必须拣起来，最好是吃下去；什么晒裤子用的竹竿底下，是千万不可钻过去的……每当她向人们低语些什么，或是竖起手指，在空中划来划去，常常要使小樟寿感到莫名的不安。因为她是保护人，保护人就得首先保护规矩。自己要是多一点走动，拔一株草，翻一块石头，她都会认为是不可原谅的顽皮，声言要告诉母亲去。别的不说，单是跟她一起睡觉就成了一件苦事。她伸开手脚，在床中摆成一个"大"字，足够可以把你挤到角落里；有时候还把臂膊搁在你的颈子上，令你动弹不得，任随怎样地又推又嚷也没有用。

在家里，他最喜欢的，要数祖母蒋老太太和母亲鲁瑞了。他愿意靠在她们的怀里，膝下，或身边，在绵长而又有趣的说话里，静静地领受从别人那儿所无法获得的温柔。

蒋老太太是周福清的继室。她从鲁墟来到周家，常常遭到丈夫的叱骂。在兵荒马乱时，她曾因一度陷入太平军中，故常常被骂作"长毛嫂嫂"。中国妇女是把贞操看得比生命还重要的,可是她能向谁倾诉呢?只好独自一个人偷偷哭泣。周福清在京娶了潘氏以后,她更加忠守于命运派给她的那份寂寞了。她没有儿子,惟一的女儿阿康也已经出嫁,年幼的孙子们自然成了生活中最大的慰藉。

她的手巧,会把鳓鲞骨头拆开,洗净,折叠成精致的仙鹤,还会将一只螃蟹壳拼成漂亮的蝴蝶。她特别会讲故事,又幽默,古老的传说只要经过她的叙述,就变得非常的生动迷人。每当夏夜,大桂树在堂前洒下浓荫,樟寿们就来找祖母和她的大蒲扇了。

有两个故事,使小樟寿特别难忘。其中一个说"猫是老虎的先生",不免要加深他对猫的仇恨。早在长妈妈报告了猫吃隐鼠的事件,他就决心与猫们为敌了。隐鼠会舔吃桌面上用余的墨汁,会办事情,像贴在床头的年画"老鼠成亲"里画的那样。他爱隐鼠。再一个故事是"水浸金山",听完以后,心里一直压着一座雷峰塔。后来,在大舅父那儿看到了一部弹词《白蛇传》,上边印的法海的绣像,全叫他用指甲把那眼睛给掐得稀烂。

鲁瑞是官宦人家出身,虽然只进过一年私塾,凭自学的能力,也能读些弹词和小说。母亲比祖母知道更多的书本上的故事,常常选一些婉曲地说给孩子们听。即使什么也不说,只要坐在自己的身边,默默做着针线或者看书,也很好的。

鲁瑞特别喜爱看戏,曾经不只一次凑集了瓜果,请族人围坐到新台门道地里看平调艺人的演出。母爱是一种无法解释的温暖,它对孩子的心灵的熏沐,有时甚至是无法察觉的。像小樟寿,就很受了母亲这种特殊爱好的感染,常爱坐在一家扎肉店门前,看高调班、乱弹班的戏子在台上串来串去。

由于外婆家在城外三十多里的安桥头,小樟寿便比城里的孩子多了一个机会,可以相随着母亲到乡间看社戏。那才是自由广阔的舞台呵!那才是真正辉煌的演出呵!每次到外婆家,他都觉得身上好像快要长出树杈一样,有一种伸展开去的感觉。

绍兴有句俗话:"外甥大如皇帝。"身为"外甥官"的到来,每次都受到村里大小格外的爱护和尊重。在安桥头,他结识了两个好朋友:六一和七斤兄弟。论辈分,他唤他们做"公公",实际上并不存在尊卑的界限。没有等级,没有猜疑和隔阂,只要他们在一起,有的就是亲密和愉快。划船,看戏,放牛,钓虾,捉鱼,摘罗汉豆,看煮盐和观潮……在群体中,小樟寿懂得什么叫友谊了。

安桥头的迎神赛会,实在太热闹了。这村子,平常也会同邻近的里赵合伙做社戏的。虽然小樟寿同野孩子一样爱看翻筋斗,跳老虎和烟焰中显现的妖精。忽略过许许多多的剧情,但却能以一个城里少年的敏感,在看戏的夜晚,深深感受到那诗一样的氛围:朦胧的月色,白篷船,潺潺的水声,豆麦和水草夹杂的清香,远处的灯火和隐约的歌吹……多少年过去,这情景于他仍旧是一个巨大的蛊惑。

至于皇甫庄的社戏,就更显得气派非凡。皇甫庄是外祖父移居的村庄,它比安桥头大多了。每年包爷爷菩萨生日,人们都要在贺家池畔的包殿面前搭起河台。到了演戏的当天,远近的人们摇船汇集到这儿来,四周黑压压的。台下满布着赌摊,豆腐摊,茶摊,瓜摊,馄饨摊和酒摊,那扬起的喝彩声,和台上粗犷豪放的唱腔混成一片。村里人还会在"火烧场"上演出"大戏"和"目连戏",吊慰当年就地遇害的太平军将士的鬼魂。

鬼戏是小樟寿最爱看的了,莫非他喜爱那谜一样的神秘幽深么?一些鬼戏确也令人神往的,"目连戏"开场的"起殇",就很悲壮。薄暮中,喇叭响了。十几匹马,都已站在台下。"鬼王"蓝面鳞纹,手执钢叉,随后的是十几名由孩子扮演的"鬼卒"。这些小鬼给涂上油彩,接过钢叉,便一拥上马,疾驰到野外的许多无主孤坟之处,环绕三匝,下马大叫,将钢叉连连用力刺在坟墓上,然后拔叉驰回前台,再大叫一声,将钢叉一掷,钉到台板上……做鬼也要有勇气。小樟寿就充当过这样的"义勇鬼",不过这已是十多岁以后的事情了。

人不是生而喜欢孤独的。即使喜欢孤独,也只是以别种形式对世界的接近而已。那时候,虽然也添了弟弟,但毕竟还小,小樟寿依然是家中的一把独弦琴。只是到了乡村,他才会找到共应的弦索,找到和声。

从此,安桥头和皇甫庄一带成了小樟寿最依恋的地方。每当风起,鸟鸣,树叶哗哗响动,或是无端地感觉孤寂的时候,他都会想:为什么属于自己的世界只有一块四角的天空和一个小小的园子呢?有限度的自由,的确不是那时的他所能理解的。

## 4 长妈妈和《山海经》

按照古老的传说,"七"是一个巧数。到了七岁那年,小樟寿结束了单纯的玩乐生活,开始进私塾了。

私塾设在新台门里,启蒙老师是一个远房叔祖周玉田。他小名蓝,侄孙辈都称呼他蓝爷爷。他学识渊博,却无意于仕途,考取秀才以后便再也没有应试。惟靠坐馆教书来维持生计,可以想见,家境是不会宽裕的。可是,他偏喜欢种点花木,养些虫鱼,像那些富贵人家一样。金铃子呀,金鱼呀,油蛉呀,珠兰、茉莉呀,都是他所珍爱的。此外,还有来自北方的极罕见的马缨花。谁能理解一个种花人的寂寞?他的夫人就很作贱这些花草,有一回,将晒衣用的竹竿搁在珠兰的枝条上,枝条给弄折了,还愤愤地咒骂道:"死尸!"他只是慢慢地把花草弄好,并不答话。日间,他除了做做诗,自个儿倾吐些积恼以外,有机会就亲近小孩子们,也许是想在这群小友中间寻到失落了的童心吧?因此,樟寿和别的孩子都喜欢这位胖胖的老人,喜欢他那整天挂在脸上的微笑。

绍兴的普通私塾都把《三字经》、《百家姓》和《千字文》作为蒙童课本,而樟寿读的却是《鉴略》。这是一本中国历史的简明读物,无论祖父还是蓝爷爷,都认为它可以教人知道从古到今的大概,是很有用处的。可是,《鉴略》那么艰深,全不像蓝爷爷和他养的小东西一般有趣。可恶的是,一场观赏五猖会的好梦,竟也被它给破坏了!

有一天,嫁在东关的小姑母回到家里来。她是接母亲和侄儿去看五猖会的,这使樟寿十分高兴。小姑母从前在家常常给他们做游戏,猜谜语,讲故事,还唱好听的儿歌。后来出嫁时,小侄们都哭嚷着不肯让她走。这回可好了,可以跟小姑母一起痛痛快快地玩,听她唱歌说话儿。再说,东关镇也还没有到过,听说是很远很远的。小樟寿想,那里的赛会一定会是世界上最热闹的赛会……

第二天清早,大家忙着出发。夜里预定好的三道明瓦窗大船,已经泊在河埠头;饭菜,茶炊,点心盒子,都陆续搬到船里去了。小樟寿正笑着,跳着,催工人尽快地搬,忽然瞥见工人的脸色变得严肃起来,知道有些蹊跷,四面一看,父亲就站在背后。

"去拿你的书来。"父亲慢慢地说。

他忐忑地把《鉴略》拿来了。他只有这么一本书。父亲叫他坐到厅堂中央的桌子前,教他一句一句地往下读。大约读了二三十行左右,便停下来说:

"给我读熟。背不出,就不准去看会。"

说完,父亲站起来走进房里去了。

樟寿觉得头上登时浇了一盆冷水。但是,有什么法子呢?自然只有遵从的份儿——

　　粤自盘古,生于太荒。
　　首出御世,肇开混茫。

读下去,记住它,"粤自盘古"呵!"生于太荒"呵!……他觉得头脑里似乎要伸出许多铁钳,将什么"生于太荒"之类夹住;同时听到自己急急诵读的声音在发抖,仿佛蟋蟀在秋夜里鸣叫似的。

应用的物件搬完了,家中由忙乱转为静肃。母亲,工人,长妈妈,谁也无法营救他,只得默默等候着他读熟,而且背出来。这时候,太阳已经升得老高了。

他忽然似乎变得很有把握,于是立即站了起来,拿书走进父亲的书房,一气背将下去,梦也似的背完了。

"不错。走吧。"父亲点着头,说。

大家重又活跃起来,脸上都露出笑容,向河埠走去。工人将他高高地抱起,仿佛在祝贺他的成功一般,快步走在最前头。

可是,樟寿已经再没有来前的那份兴致了。开船以后,两岸的风景,盒子里的点心,直到东关的五猖会的热闹,也都同样梦一般从眼前过去……

不是所有的书籍都像《鉴略》一样可怕。蓝爷爷的书斋里就收藏着不少珍奇,其中一些关于花鸟虫鱼的,还配了插图。没有什么比画书更迷人的了。像《花镜》,不但把许许多多自己认识和不认识的花草都画了出来,还分别介绍了栽培的方法。读过以后,他不由得也学着蓝爷爷种起花木来了。

姹紫嫣红,组成了大家庭以外的别一个热闹的世界。映山红,石竹,盆竹,平地木,万年青,黄杨,栀子,佛拳,巧角荷花,雨过天青,羽士装,大金黄,芸香,蝴蝶花,吉祥花,兰花,荷花,夜娇娇,鸡冠花,凤仙花,鸟罗松……各有各的颜色,各有各的芬芳。为了充实这个世界,小主人真有点不识劳倦,其中有些花种,还是跟随大人到阮港、乌石头一带扫墓,从山上迁回来的呢。

从掘坑下种,嫁接新枝,到施肥浇水,插竹编篱,他总是自己动手,不愿意大人帮忙。每当栽种一种新的植物,他都在盆上插一根短签,写上陌生的名字。他已经学会观察了,可以根据实践得来的经验去订正一些书籍的错讹。当一星新绿爆出泥土,当蓓蕾什么时候悄悄绽放,当奇葩在暴风雨后依然保持着固有的风姿,当花树以成倍于种植时的果实盈盈在手,他都会深深地感觉到一种创造的满足。

蓝爷爷见樟寿喜欢画书,有一次向他介绍说,曾经有过一部绘图的《山海经》,里面画着人面的兽,九头的蛇,三脚的鸟,长着翅膀的人,没有头而用双乳当眼睛的怪物等等,尽是人间所没有的异类,可惜的是不知搁放到哪里去了。樟寿想不到世间还有比《花镜》更好看的书,但不管如何渴慕,也不好意思逼着蓝爷爷去寻找,他知道这位老人是很疏懒的。问别人吧,谁也不肯真实地回答。压岁钱还有几百文,无奈书店离得太远了,要买也没有机会。玩的时候倒不觉得什么,只要一坐定,总会记起绘图的《山海经》。

也许是期望太殷的缘故,连长妈妈也来过问《山海经》是怎么一回事了。的确,樟寿没有向她说起过。她又不是读书人,有什么透露的必要呢?而且根据后来得到的情报,正是她踩死了自己养的心爱的隐鼠。为此,他曾经严厉地诘问过她,并且直呼她为"阿长"的。但既然问起来,他也就不忍缄默,只好把事情的来历原原本本地告诉了她。

差不多一个月过去,是长妈妈告假以后的四五天,她穿着新做的蓝布衫回来了。一见面,就将一包书递给小樟寿,高兴地说道:"大阿官,有画的'三哼经',我给你买来了!"

似乎突然碰响了一个霹雳,樟寿全身都震惊起来,赶紧接过纸包,打开来一看,是四本小小的书。略略一翻,人面的兽,九头的蛇……果然都在里面。呵,她还记得这样的事情吗?除了她,谁还会记住这样的事情呢?别人不肯做,或者不能做的事,她却是一声不响地做成功了!他心里起了无限的感激,从此,谋害隐鼠的怨恨也就完全消释了。

《山海经》成了他心爱的宝书。那些充满奇幻色彩的图画,激发着少年人的最大胆的想像。他开始画画儿了。

他临摹,也创作;画过插图,也画"壁画",还有不少漫画。其中一幅"射死八斤",可以说是小画家个人最得意的作品。邻居沈四太太的儿子八斤,大约要比他大三四岁,常常光着胳膊,手里拿着竹枪,跳进跳出的乱戳一气,还不住地嚷道:"戳杀伊!戳杀伊!"附近的小孩子都怕他,可自己也没有刑天那样丢了脑袋还能"操干戚以舞"的本事,家里又严禁打架,只好眼睁睁地看他逞蛮。可是,他心里憋得不行,便在本子上画了一个死了的八斤,平躺在地上,胸口刺着一支箭,完后把字题上。他把画册塞在小床的垫被底下,不时翻出来看看,作为对八斤的严厉的报复。

有一位长辈见他爱画,便送给他一本画书:《二十四孝图》。起初,他非常高兴,可是翻呀翻呀,便觉得比家藏的《文昌帝君阴骘文图说》和《玉历钞传》之类更加可恶。

画的什么"老莱娱亲",一个七十多岁的老莱子,手拿"摇咕咚",倒在地上撒娇啼哭,讨父母的欢心,这还不够做假么?还有"郭巨埋儿",为了省下粮食供养母亲,居然要活埋自己三岁的儿子,实在太可怕了!为什么如此残暴的行为,会被尊为"孝道"呢?听老人说,有一个叫曹娥的姑娘,她的父亲在迎神时失足淹死了,为了尽孝礼,她也便投入江中去寻找。可是,当死了的曹娥和她的父亲的尸体面对面抱着浮上来时,为什么人们要嘲笑她呢?为什么非得要背对背地负着不可呢?她才不过十四岁,连一个小小的死孝女要和死父亲一同浮起,也有这么艰难!……他感到,过去传下来的不少道理都是教人死而不是教人活的,于是不禁暗暗起了心反抗。

从《花镜》、《点石斋丛画》、《诗画舫》、《海仙画谱》一类画书开始,樟寿陆续购置了多种书籍。他把母亲床边的大红皮箱搬出来,算是有了藏书箱;他把四仙桌揩干净,也便有了书桌。往书箱里倒放樟脑,用栗色纸包掖封面,他像珍护花木一样珍护着书籍,整天如饥似渴地阅读着它们。漆黑的大门和四围的高墙把他同外部的天地隔开,他只能从书籍里探索着和发现着那个开阔的世界。书籍的价值具有多重性,有人利用它消遣时日,有人利用它猎取名利,也有人利用它同人间的恶鬼苦斗。知识,最初便以一种美好的人性定向为道路,从樟寿的脚下伸延……

此刻,他来到了地狱的入口。

## 5　自由而整饬的三味书屋

Ade,我们的蟋蟀们!

Ade,我的覆盆子们和木莲们!……

当樟寿告别百草园的时候,心里有说不出的依恋。

百草园是屋后的一个菜园,虽然不算很大,可是在被门墙围困起来的世界里仍然是最大的乐园。碧绿的菜畦,洁白的石井栏,高大的皂荚树,紫红的桑葚……在一片彩色的交响里,曳出知了长长的清亮的鸣声。黄蜂静静伏着,而蝴蝶翩然,叫天子那么轻捷,一眨眼工夫就从草丛中直蹿到云霄里去了。西边的短墙,住着一个小小的乐队:油蛉低唱着,蟋蟀们幽幽奏着风琴……翻开断砖,会不时遇见蜈蚣和斑蝥;斑蝥很好玩,只要用手指按住它的脊梁,便会啪地一声,从后窍喷出一阵烟雾。何首乌和木莲藤纠缠在一起,覆盆子像红珊瑚攒缀而成的小球。采一颗尝尝,又酸又甜,那味道实在要比桑葚好得远……

可是,从此再也不能常到百草园了。他十二岁了。父亲要他进三味书屋去。他知道,园子在他走后会有多么的寂寞。

三味书屋是城里颇有声望的书塾。它坐落在城东郭门内的覆盆桥,正好同樟寿的祖居老台门隔河相望。离新台门也不远,出门向东走上半里路,再跨过一道石桥便到了。

从一扇黑漆竹门进去,有一排西向的平屋,书房设在第三间,中间挂着一块匾道:"三味书屋"。匾下方是一幅画,画着一棵高大的老松,一只梅花鹿在松下屈腿而伏。书屋两侧的木柱上挂着一副楹联:"至乐无声惟孝悌,太羹有味是诗书。"书屋正中放着一张八仙桌,一把高背椅子,这便是塾师的座位了。书屋正厅的南墙开着圆洞门,里面有一间平房,上悬小匾:"谈余小憩";北面两间小屋,则写着"仿佛陶庐";书屋后面有一个亭子间,匾额是"自怡"。亭前有一个小园子,花木的种植很见主人的匠心:左右挺立着两棵桂花树,秋天开一冠金黄,那是很壮观的。东墙脚下是砖砌的花坛,南端种着大天竹,结实累累;腊梅种在北向,每遇冬寒,繁花似雪,香气特别幽远。

三味书屋没有孔子牌位,樟寿和孩子们只好对着"松鹿图"行礼。第一次算是拜孔子,第二次算是拜先生。第二次行礼时,先生在一旁答礼,待答礼完毕,就是正式的学生了。

塾师寿镜吾先生像蓝爷爷一样，不求闻达，而以清高自许。传统知识分子的怪脾气。其实，教师历来是清而不高的。镜吾先生穿的衣服相当破旧，夏天，只有一件夏布大衫，算是"礼服"挂在书房的墙壁上，父子三人谁个外出就让谁穿。家人给他做了一件皮袍子，他一直舍不得穿，只是有一次，当他赤膊坐在书房里，见有客人到来，慌忙间找不到长衫，才临时抓来披上。他不抽烟，只喜欢到谢德兴酒店吃点儿酒，算是人生的一大陶醉。吃酒时，总得走进店里，不让学生看见。他常常替师娘淘米煮饭，每次提着淘箩打开沿河的小门时，也得先向两边望一望，遇上没人，才快步跑到河埠头伏下，迅速淘好米又跑回屋里去了。

小樟寿是不晓得这些的。他只听说过这位须发花白，戴着大眼镜的高而且瘦的老人是城中极方正、质朴而博学的人，这书塾也是城中最严厉的书塾。镜吾先生生活那么清贫，却从来不滥收学生，而且一定要经过他的亲自考核才准予入学。只要送进了三味书屋，不管谁家的孩子，都必须恪守塾规，刻苦用功。他备有一根竹制的戒尺，也有罚跪的规则，只是不大使用。当学生将他气得不行的时候，他会坚决地推出去，任是怎样说情也没用的。

起初，先生对樟寿便很严厉。他太调皮了，居然跑到庙会里去扮小鬼，油彩没抹干净，就跑回到书房里来；又爱提一些稀奇古怪的问题，比如问："'怪哉'这虫，是怎么一回事？"这不是拿先生开玩笑吗？可是过了不久，却喜欢起这个常穿一件竹布长衫，扣门吊着钥匙，辫子编成三股而又垂得最长的学生来了。

酷爱自由是孩子的天性。既然有一个世界在书塾外边喧闹，自然要引起他们窥探和涉足的欲望。就算塾内只留了巴掌大一块园地，也成了樟寿和一群孩子最活跃的场所。爬上花坛去折腊梅花，寻蝉蜕，捉苍蝇喂蚂蚁，都是很有趣的。由于家教长时间的约束，他不可能变得像其他孩子一样的撒野，像捉了蟑螂从锁孔里放进抽屉，咬坏别人的纸盔甲，或是用锥子钻破别人的茶壶，然后用黄蜡封好之类的恶作剧，都与他无缘。

一次,有一位同学分赠印有花卉的漂亮的信笺,大家都喜滋滋地收下了,只有樟寿执意不收。后来才发现,这些信笺都是偷来的。他不干预别人,但更厌恶别人的干预。在听讲新书或偷看闲书的时候,就有同学硬拉着他一起玩纸盔甲。为什么要勉强别人做他自己不愿意做的事呢?他很不满,裁了一张红纸条,写上"君子自重"四个字,然后端端正正地贴到书桌上。

每天早上,太阳刚刚出来的时候,孩子们便抱着蓝布包陆续到齐了。向"松鹿图"行过礼,然后开始一天的生活:背书、读书、写字、对课,如此不断地循环往复,没有波澜,没有节奏。而且,这样枯燥的日子都挤得满满的,除非赶上端午节、中秋节,再有就是先生扫墓的日子,不然,根本找不到可以挣脱课本的羁绊,完完全全属于自己的时光。儿童毕竟脆嫩,都给沉重的功课压迫得疲乏了。

樟寿仿佛具有先天的适应性。他聪敏过人,喜欢思索,且又特别执拗要强。这种气质和性格的结合物,具有足够的抵抗力,使他不致像其他同学那样感到窒息般的难受。

譬如对课,他就觉得有点像猜谜似的好玩。有一次,先生出了一个五字课题:"陷兽于阱中",大家都对不上来,他忽然记起《尚书》里"放牛于桃林之野"的句子,便有了"谜底",随即对道:"放牛归野林",受到先生的夸奖。

一天,高幼文趁先生走开的间隙,从桌上翻见了课题。这时,恰巧樟寿到后园去,他赶忙追上,说:

"阿樟,知道课题了,你看怎么对?"

"什么课题?"

"'独角兽'。"

樟寿笑道:"对'四眼狗'好了。"

对课时间到了,课题果然是"独角兽"。高幼文不假思索,抢先叫道:"'四眼狗'!"

同学哗然大笑起来。先生发火了,呵问道:"'独角兽'是麒麟,'四眼狗'是什么？你有没有见过？"接着，大家七嘴八舌地嚷开了："二头蛇！""三脚蟾！""八脚虫！""九头鸟！"……樟寿根据《尔雅》，对了个"比目鱼"。先生马上称赞说："'独'不是数字，但有'单'的意思；'比'也不是数字，但有'双'的意思，可见是用心对出来的。"

课后，樟寿对高幼文说："你也真呆！我是和你开玩笑的，你怎么好当真呢？"

还有一次，先生出了"月中桂"的课题，有的对"风前柳"，有的对"雪里梅"，樟寿却出人意外地对了个"星里麻"。这回，连先生也不禁要问："'星里麻'是什么？"他不慌不忙地答道："星里有牛郎织女，织女星不正是织麻的吗？"

至于写字，也是他所喜欢的。从字的形体结构中，他慢慢地领悟到了一种建筑的美，就像在百草园里用砖头和木块砌房子一样。每次习字，他都先把裁好的黄色毛边纸摊向桌面，用铜制镇纸圈小心压好，然后才提起"十里红"毛笔，从容地一笔一笔地写。他宁可写得慢些，也要写得工整些，漂亮些。完后，在纸的中间写上"×月×日周樟寿字"。先生批阅时，习惯给写得好的画上红圈，同学们都管这些红圈叫"红鸡蛋"。每次把习字发下来，同学都会叫起来："阿樟的'红鸡蛋'最多！"

诵读经书最乏味了。樟寿最初翻开经书，那字里行间，往往要叠印出《鉴略》的句子，或浮现出父亲威严的眼睛。同学们都喜欢大声唱读，每到读书时，有的念"仁远乎哉我欲仁斯仁至矣"，有的念"笑人齿缺曰狗窦大开"，有的念"上九潜龙勿用"，有的念"厥土下上上错厥贡苞茅橘柚"……嗡嗡嚷嚷，直把整个书房变作一座大蜂房。孩子们要用声音的滚筒，一遍又一遍把生硬的句子碾成碎块，然后强吞下去。只有樟寿懂得用心咀嚼。他曾经制作了一张小巧的书签，两端剪贴着红色的花纹图案，中间用工笔小楷写着："读书三到：心到、眼到、口到。"其实，他并不怎么动口，平时几乎听不到他有诵读的声音。

背书的作业很重。月半要背半个月里上的课，月底要背一个月里上的课，待到年底，就要把一年里上的课全部背下来。背不出来，自然要挨受责罚。一到年底,同学们就都急急忙忙地读书,然后拿到先生面前疙疙瘩瘩地背。读熟一本,再背一本。樟寿的记忆力极强,直到腊月中旬以后,才开始在家复习。过了几天,他抱着一叠一尺多高的课本回到书房,往先生的桌前一放,好一会儿就背完了。

先生有事外出,便由他的儿子洙邻在房里临时照管。一天,大家提议猜字默词,小寿先生对这也很感兴趣,于是顺口念了《诗经》里的一段诗,念过一遍,便交代默写。同学们都呆住了。经书里的字,往往不读本音而读破音,在《诗经》里面更属常见。因此,大家提起它都感到特别头疼。课堂里,搔首者有之,咬笔者有之,搓手者有之,怎样也写不出来。只见樟寿把竹布长衫轻轻一摆,侧着身子,提起笔一挥而就:

河水洋洋,

北流活活。

施罛涉涉,

鳣鲔发发。

葭菼揭揭,

庶姜孽孽,

庶士有朅。

多么古怪吓人的方块字呀!

每个人的身上都有着一种内驱力,驱使人们奔赴一个潜在的目标。内驱力是对自由的渴望,是奔泻无已的热情,任何外部强力都无法遏止它。

在同学中间,樟寿应该算是一个听话的孩子了。可是,上课的时候,他也会不时地从那无形的牢笼里逃脱出来。自由有选择。他喜欢玩,常常把晚上在家做的纸糊盔甲,用装洋线团的纸盒装着带到书房里来。但那是留给小园子的,他不会像别的同学那样摆到课桌上,驱使指头去开辟古战场。他的指头别有指派:或者翻看绣像小说,或者把荆川纸蒙在绣像上面,像描红一样描摹。

先生不像他祖父,在他读《鉴略》的时候,也同时让他读《西游记》,读《水浒》。这位老人一生厌恶科举考试,但却一直忠诚于支配科举制度的经典,而视小说为闲书。描画儿也不许可的,让他看见了就要挨骂:"摆着书不读,画这些做啥?"甚至拿过来当即撕掉。为了满足心灵的欲求,就得寻找机会,寻找可以对付强力和回避危险的办法。樟寿的课桌最初安设在南墙下面,靠墙的光线太暗,他把小说放在抽斗里,老是模模糊糊的,得弯下身子才能看清,这样目标就大了。于是,他借口说是靠门风大,请求先生让他移到西北面临窗的地方。同时,描画儿也不好叽咕叽咕地磨墨,先生讲课是不许下面有声音的。为此,他常常借用周梅卿的铜墨盒子,那盒子里填着浸透了墨汁的棉花絮,只要用毛笔蘸一蘸,就可以静悄悄地进行了。

最好的机会是在先生念书的时候。他是那么忘情于书里的文字和自己的声音,当学生的书声已经渐渐低下去、静下去的时候,他仍然大声地朗读着:

"……铁如意,指挥倜傥,一座皆惊呢……金叵罗,颠倒淋漓噫,千杯未醉嗬……"

读到这样的地方,先生总是微笑起来,而且将头仰起,摇着,向后面拗过去,拗过去。这时候,同学们便纷纷做起纸糊盔甲来了。樟寿则慢慢拉出抽斗,把"闲书"翻开,或是把荆川纸和铜墨盒悄悄拿出来……

## 6 百草园·友谊的种子

人生有各种各样的欢乐。失去的欢乐,总会从繁富的世界中找到新的补充。惟有友情不能代偿,那种默契的愉快,一旦失去便永远无法填补;乃至重新回忆起来,也只能令人感到无限的孤独与忧伤。

这种本不属于少年人的心事,开始折磨着樟寿。

那是冬天。雪下得很大。百草园里,绿的叶子和红的浆果都消失了,墙根的乐队也不再发出乐声。不过,雪地里仍然可以做许多事情:拍雪人,塑雪罗汉,都很新鲜的;只是不及捕鸟的紧张而有趣。

樟寿放学回来,马上扫开一块雪地,把家里的大竹筛搬了出来。他学着庆叔的样子,用短棒把筛支起,下面撒些秕谷,棒上系了长绳,然后蹲到远远的地方牵着,等候着贪食的鸟雀们飞下来。倒霉的是,每次拉了绳,都只捕得三四只小麻雀。庆叔可不同了,不到半天便能捉到几十只,什么鸟都有,装在叉袋里叫着、撞着,真叫人眼馋!

由他传授的方法,怎么总是不灵验的呢?樟寿跑去竹作间里询问究竟,庆叔只静静地笑道:"你比张飞鸟还要性急,不等它们走到筛子中间,便忙着拉绳子了。"

接着告诉樟寿:他的儿子运水,是一个捕鸟的能手。

章福庆是海边的农民,在杜浦村,靠租种地主的沙地度活。忙头过去,就上城里来做工了。经一个竹作师傅的介绍,樟寿家里便成了他的老东家。他最擅长的是竹作,村里人都叫他"竹作阿福";除了做竹作外,收割晒谷,牵砻舂米,各样杂活也都能做。由于勤劳能干,人又老实和气,无论大人小孩都喜欢他。他做竹的细工,如提盒、花盒、编字的考篮,还有"嬉家生",都十分精致;给樟寿做的"竹鸭蛋",也是匠心独具,市面上没有卖的。平时,就算他劈篾片、补簟,孩子们也喜欢看。手指,刀子,篾片,参差错落,那是何等的轻快利索!甚至在园子里晒谷,那高高的谷堆也会成为孩子崇拜的目标,一如埃及人眼中的金字塔。早上,他把簟摊开;到了中午,便拉起簟的四角,再使谷集中成堆,重新摊布,教它翻一个面。孩子们把这看做晒谷的正宗,每当看到许多人使用猪八戒式的木钉爬,在簟上爬来爬去,都觉得十分可笑。

——要是运水来了该有多好!樟寿想:那么,就立刻给他装竹筛去,那就下雪,整天整天地下……噢,他是怎样一个模样儿呢?像六一、七斤他们吧?也许更能干,他像庆叔……呵不,连庆叔也那么赞叹他,他准能捉到更多更多的鸟……自从庆叔提起运水的名字以后,樟寿便怏怏地整天惦念着海边那个陌生的孩子。

除夕之夜,曾祖母戴老太太去世了。新年的第二天,他家里又轮到周氏九世祖"佩公"值年祭,于是人来人往,特别哄闹。"佩公祭"资产较多,古铜的祭器又很值钱,加上摆放的大书房比较偏僻,需要有人专门看管。周凤仪正担心分派不出人手,章福庆提议让他的儿子前来帮忙,主人自然应允了。

一天,鲁瑞告诉樟寿说:运水来了!

他高兴得跳起来,飞也似的跑去看。运水正坐在灶头间里,紫色的圆脸,头戴一顶小毡帽,颈上套着一个明晃晃的银项圈。他很腼腆,怕同别人答话。也许是差不多大小的缘故吧,只是不怕樟寿,没有旁人就一起说话儿。于是不到半天,他们俩便厮混熟了。

清早起来,樟寿就到竹作间里去找运水。头一件事,就是要他捕鸟。

"这不能。要下大雪才好。"运水接着告诉他说,在海边捕鸟时,稻鸡、角鸡、蓝背、鹁鸪等等,什么鸟都有。

樟寿想往不已,不禁说:"要能下雪就好了!"

"不是下雪天也好玩的,"运水笑着说,"夏天,你到海边来,我们就一起捡贝壳去。那贝壳也像鸟毛一样好看呢,红的绿的都有,鬼见怕也有,观音手也有。晚上我和爹管西瓜去,你也去。"

"管贼吗?"

"不管。走路的人口渴了,摘一个瓜吃,在我们那里是不算偷的。要管的是野兽:獾猪,刺猬,还有猹。月亮地下,你听,啦啦地响了,猹在咬瓜了。这时候,你便捏了胡叉,轻轻地走过去……"

樟寿并不知道猹到底是怎么一回事,于是问:"他不咬人吗?"

"有胡叉呢,"运水说,"走到了,看见猹了,你便用力刺过去。这畜生很伶俐,倒会向你奔过来,反从你的胯下逃走了。你不知道,它的皮毛是油一般的滑哩!……"

樟寿没有想到天下还有这许多新鲜事,海边有这样好看的贝壳,西瓜有这样危险的经历,先前只知道在水果店里出卖罢了。

"还有呢,"运水憨厚地笑了,"我们沙地里,潮汛要来的时候,就有跳跳鱼。只是跳,只是跳,都长着青蛙似的两只脚。"

"不会跳上岸吗?"

运水说:"我们海边的人都这么说,'跳跳鱼,水里会游,岸上会走'。"……

几乎所有读过的书籍,在他的叙说中,都仿佛一下子变得黯淡无光。樟寿说不出怎样地喜欢这位月亮地下的小英雄,一有闲空,就陪着到处玩。他愿意这么陪着,听说着海边的事情,或者把自己和另外几位乡下小朋友的事情也说给运水知道。在他看来,运水的身上,总好像有着六一和七斤他们的影子,那紫红的圆脸和闪闪的银项圈,会不时地幻出蔷薇般的夜色、月光、灯火、戏台、猹和船、啦啦的响动和潺潺的水声、西瓜和罗汉豆……只要同运水在一起,他便觉得自己变得特别爱幻想,爱动,爱絮絮不休地说话。

运水一样地愿意亲近这位少爷,他向樟寿说,在城里也看到了许多海边没有的稀奇物儿。樟寿听了,心里很替他高兴。

忙碌了将近一个月,杂活做完了。正月十八日以后,运水就要随同他父亲回到乡下去。他们的根在那儿。

樟寿早起照例去找运水,听说他要走了,顿时急得大哭。这时,运水躲在厨房灶下,也哭着不肯出来。可是,章福庆的包袱已经打叠好了。埠船正在等候。

百草园,碧绿中曾经多出一片西瓜地,一个大海。可是,毕竟都是幻梦中的影子;连运水也是梦,一个早上就消失得没有踪影。他变得有点害怕这个"鬼园",每当放学回到这儿,都会感觉到一种失落的虚空。离别,对于他本来已经不是头一次了。不过,离开安桥头时,向六一、七斤他们一挥手,怅怅中倒也还夹杂着一点嬉玩的余兴,至今连这点余兴也没有。比起一个集合体,单个人的交往,也许会被赋予更多的情愫,且离别的忧伤也是一种认识,它将随着年龄的递增而加深着灰黯的色彩。谁知道呢?反正樟寿不会去咀嚼这些干涩的哲理。他才十三岁。

过了许久,庆叔回来了。

在他身后,当然没有运水,却意外地为樟寿捎来了运水的礼物。樟寿把一个小纸包打开,不禁一怔,眼眶里随即涨满了泪水——

那是一包不同颜色的贝壳,和几根不同颜色的鸟毛。

## 7 从"少爷"到"乞食者"

还有更惨痛的人间离别。

离别不复是少年人的烦恼,半年之后,命运把樟寿连同家人一起推向了绝望的深渊。

接到戴老太太去世的电报,内阁中书周福清告了假,携着与他的小女儿一般年纪的潘姨太太和十二岁的儿子伯升,一道从北京赶返绍兴。

丧事料理完毕,他一直闲居在家,很少出门走动。一天,家人突然发现他带上听差陶阿顺出门去了。

这一年,正值慈禧太后"万寿",由光绪皇帝颁旨,在全国各省举行一次"恩科考试"。周福清的五家亲友,都有应试子弟。他们得知他同主考殷如璋是同科进士,有同年之谊,于是就凑集了一万两洋银,央求他去买通主考,赚取举人。科场行私贿赂,虽然已成风气,但毕竟是渎犯国法的事情,这使周福清足足犹豫了好几天。

周福清,字介孚,生来就是一个强人。他从小家道贫寒,没有钱上学,经常在王台门族房书塾里旁听。凭他的天资和勤奋,收获最大,当时族中的人都赞许他是"收晒晾"。三十岁那年,他考中了举人。第二年会试落第,他并不甘心,又觉得报考誊录之类不是正路,就算将来当了知县,也不会比科班出身的官员更有前途,于是以非凡的大胆,少报了七岁,再度参加会试。这一回,他终于为周家老台门赢得了一块翰林金匾。然而,仕途从来都不平坦。后来外放知县,由于同僚的排挤,结果他被勒令退职,改充为教官。当此失败之际,他咬咬牙,选定了一条为当时的读书人所不齿的出钱捐官的道路,以图东山再起。在京整整候补了九年,才当了一个专事抄写的七品小京官。

虽然他不认"天命",无奈已经年过半百;回顾风仪,又屡试不第,这是不能不使他深感焦虑的。但是,他绝对不愿意承认,后代会屈身牖下,而不能成为延续自己事业的强壮的枝芽。深悉官场种种积弊的周福清,经过一番思量,决定借此机会孤注一掷。

周福清赶先来到苏州,当他打听得殷如璋的来船已向阊门码头泊定,便立即写了一封亲笔信,除了写明那五家应试子弟以外,还特意加上"小儿第八",并将洋银一万元的钱票附入封套,差遣陶阿顺去船上呈递。

这时,刚好副主考周锡恩在船上同主考叙谈。殷如璋知道来意,见信并不拆阅,等闲将信搁在茶几上,继续谈话。陶阿顺等急了,忍不住嚷了起来:"信里有万两银票,怎么不给一张回条?"

这么一嚷,风暴便来了。

当年周福清考取进士,在"京报"敲锣报喜的时候,戴老太太却在屋里放声大哭。人家问她:"这是喜事呵,为什么要哭?"她连声说道:"拆家者!拆家者!"这是绍兴土话,意思是说这回要拆家败业了。想不到一位老太太的话,居然成了预言。

周福清逃走了,家里的其他男人也都先后逃走。樟寿被母亲安顿在三味书屋里,连饭也得送到那里去,完全成了小囚徒。几个县衙门里的皂役,身穿皮袍,腰束宽带,手里拿着捉人的小木牌,经常来周家搜查和盘问。每到门前,就高声叫道:"捉拿犯官周福清!"……新台门,曾经显赫一时,如今却是充满了凄清和恐怖。

在一个人治的宗法社会里,权力,金钱,伦理,纠结而成巨大的关系网,狠狠抓住每一个人。几乎没有一个重大的目标,可以不经"后门"而径情直达的。贿赂,自然成了沟通上下层社会的必要渠道。

走投无路的周福清,这时痛苦地想起了一个人,就是本家礼房的女婿陈秋舫。他想,如果此人愿意帮忙设法,法律这东西,绝不是没有打折扣的可能的。可是,当他登门求告时,陈秋舫却避而不见了。他没门了。

什么时候有过像现在这样低眉敛手的境遇呢?周福清生性怪僻、傲慢,而喜欢骂人又是出了名的。他平常所赞许的,只有父亲周苓年一个人。此外,上自"昏太后"、"呆皇帝",下至家族中的子侄辈,无论远房近房,一律加以痛骂。身为知县老爷,可以让女佣呼他小名,催他用膳;而在上司和同僚面前,则从来是独来独往,绝不逢迎。有一次,他到抚州府晋谒,为了一件什么事情同知府当面顶撞起来。知府下不了台,只好搬大帽子压他,说:"这是皇上的事情。"不料,他竟反诘道:"皇上是什么东西?什么叫皇上?"知府气愤之极,喝一声"大不敬",随即"端茶"逐客。此后,他横被揭参,与这件事是不无关系的。

不巧得很,这次求见的陈秋舫也是被他讽骂过的。陈秋舫初做姑爷时,住在岳家,留连忘返。他就对人说:"躲在布裙底下的是没出息的东西,哪里会得出山?"这话传到陈秋舫的耳朵里,一气之下,立即告辞,并且扬言不"出山"决不再进周家大门;后来果然中了进士,做了苏州府的幕僚。周福清的案件正好要经由苏州府审理,于是戏剧性的安排就这样决定了。陈秋舫不但托故不见周福清,当知府王仁堪找他商议,打算从宽处理时,他也执意不允,一定要"秉法公断"。王仁堪无法,只好把在押的陶阿顺移送浙江。周福清不知道:一个人,要坚持个性有多么困难,尤其在官场中间。一个等级森严的社会,除了最高统治者可以唯我独尊,纵意而为以外,所有官员,都必须不同程度地卑躬屈节。周福清太任性了。结果,他的怨敌得以联合社会,以十倍的惩罚报复了他。

周福清在上海避居了一段日子,不得已还是投案自首了,他不愿意看到儿孙们因为自己的株连而栖皇终日。从他入狱的时候起,鲁瑞把两个大孩子迁移到了皇甫庄。樟寿寄居在大舅父鲁怡堂处,二弟櫆寿随了小舅父鲁奇湘,他们俩就这样开始了少年时代的流亡生活。

岁月,此刻对于樟寿来说是多么的漫长呵!

一样随着母亲前来,而大小村舍、天空、人们的脸,都似乎显出异样的颜色来了。笑容消失了。没有响亮的招呼。樟寿觉得四围的目光,总包含了一种什么东西,冷漠而尖刻,像锥子一样扎向自己。从前在家时,不是老想念着皇甫庄吗?而今反倒翘盼着返身归去的日子了。百草园呵,大桂树呵,四仙桌和大皮箱呵,甚至连三味书屋的桌椅也变得那么亲切。为什么不能回家呢?到底祖父出了什么事故?他已经能够体认祖父对自己的那份怜爱了,尤其在读书以后,除了像以往一样解说戏文以外,祖父还常常为自己批改文章,甚至亲自做出范本。过去同学取笑他,把"豫山"念成"雨伞",不也是祖父给改成"豫才"的吗?祖父说,"豫才"就是"豫章之材",比原来的更有意思呢。只是骂人太凶了,他不明白祖父为什么对大人会那么暴躁;最不好是骂祖母,只有那潘姨太太是不骂的。为此,他曾常常感到不平。可是这时候,一切都似乎变得可以原谅,祖父再也不能骂人了。他怀念祖父。

只有失去了社会的温情,而感到严霜四逼的时候,一个人,才可能真正认识周围那许许多多被损害被侮辱的人们。

从前,樟寿一直觉得农民和盐工的生活是那么自在有趣,跟花鸟一样。其实,他们被囚于一小块可以出卖力气的土地上,终年流汗,都不是为了自己。他们没有天空,没有可炫耀的云彩。他们的命运那么暗淡。最悲惨的是妇女和小孩了,他记不清看过和听过多少回关于抢亲和溺婴的事实。住在自家斜对面的翠姑,她被抢的惨况,就是亲眼目睹的。翠姑从小被母亲许给山里人家,长大后决意不肯,要求退婚,男家便摇了船来抢。翠姑见到来人,慌忙关上大门,由兄弟阿仙握着柴叉在门口守卫。怎敌抢亲的人多势众,结果还是蜂拥而入。翠姑爬出后楼,想逃到东邻躲避,急忙中失足掉落河里。碰巧男方的船停靠在那儿,于是像捕鱼一样把她捞起,拖到后舱里去。由于阿仙的威胁,最后男方还是放了翠姑,只是翠姑经不起这场惊吓,不久也就得病死去了。为什么城里和乡下都一样有这样的事情呢?锡箔店里的工人,还有摇船的,剃头的,做泥工的,抬轿的,那许多在酒店外头站着喝酒的人们,不也是靠卖力气过日子吗?那些漂聚在土谷祠、长庆寺、穆神庙和街边埠头的褴褛的人们,谁分得清他们是城里的还是乡下的呢？许多记忆中的场景被思索一一粘连了起来，樟寿便觉悟到，世界上其实只有两种人：上等人和下等人。威严和逸乐都属于少数的上等人，而下等人是只供奴役的，除了流血流汗，他们不可能有别的权利。如此祖祖辈辈遭受剥夺和凌侮，本来不是很难忍受的吗？可是，他们竟活得那么安稳；奇怪的是，还会瞧不起同样穷落的人们。他清楚地记得，以奚落的目光看待自己的，其中就有他们。人，为什么要变得这样的冷酷无情呢？

母亲不在身边，没有哪一个大人会理会到孩子的寂寞。幸好在舅父那儿发现了一部《荡寇志》，他从来没有见过那般生动的画像，像赞用篆隶楷草各体分书，也非常的精美。他到附近的杂货店里买了一种叫"明公纸"的竹纸，一张一张地描写，其中像赞的字也都照样写了下来。除了表兄绅哥哥帮写过几张，所有图画都是他画的。他怕见户外的目光，愿意这么呆在屋子里做事情。他把全副精神都倾注在描画这上面，仿佛从这时候起，便已开始试验着某种麻痹自己的方式。描绘的时间长了，当小兄弟也不来，他就会跑到隔壁大舅父那儿去看看。大舅父嗜好鸦片，终日垂着床帐不起来。醒着的时候，烟灯就像鬼火似的，在烟雾迷离中一闪一闪地放光。樟寿平时很少见到他，此刻也无从亲近，只隔着帐子叫一声："大舅父！"就惴惴地退了出来。

一次，他在外边看见一位亲戚同他的邻居在挤眉弄眼地说话，便下意识地走近去听。早在长妈妈的时代，他就害怕那类猫一般轻悄的说话，总是疑心别人在说着自己。果然，那亲戚说了一句："要饭的……"他的脸腾地烧了起来，耳朵随即像塞了沙泥似的，嗡嗡地再也听不进去。

他飞奔也似的回到屋里，随即又想跑出屋外。可是，往哪里去呵？母亲嘱咐过是不能回家的。什么绣像都画不下去了，即使坐下来，也每每提笔摆弄一下，便抱头想起自己的母亲、祖父和家人……

母亲来了。他小声地诉说了听来的言语，还有寄住的各种委屈，完了便厮磨着一定要回去。母亲还是那句话："孩子，再等几天吧，要回去的！"几天过去了，又几天过去，依然是什么动静也没有。

险恶的环境教人忍耐。自然,再没有什么比忍耐更难堪的了。可樟寿不知道,就在他描画绣像的当儿,他的父母正忙于变卖田地,投托亲友,去打通关节——祖父的案件还没有了结呢!

无休止的等待是一场精神酷刑。后来,每到不堪忍受的时候,樟寿就会放下画笔,找野孩子去。

只有孩子们像过去一样亲热,他们没有大人的势利眼。在他们中间,不但用不着设防,还可以接受他们的拥戴,做"破洋山"的头领。他最喜爱这个游戏了。选定了最大的坟墩做"洋山",然后把小伙伴们分成两部分,让一部分在山上守卫,他率领另一部分向山上进攻。当目标已经攻克,高高站立在"洋山"之上,那有多么痛快呀!"弹地毛"也很好玩,把坟地里的荒草割来堆在一起,用火点着,大家就围着火堆蹦呀、跳呀、叫呀、唱呀……在窜动不息的火焰旁边,他便把人间的冷酷全然忘却了。

还可以看鬼戏。只有到现在,樟寿才真切地体验到了鬼戏的价值。公正的无常,复仇的女吊,都不是他在人间可以见到的形象。活无常浑身雪白,粉面朱唇,双眉紧蹙,似笑似哭。他出场一连打了一百零八个喷嚏,同时也放了一百零八个屁以后,才诉说起自己因为同情一个被庸医误死的鬼魂,遭到阎王的责罚而感到的冤苦。其中,有几句斩钉截铁的唱词是樟寿最难忘记的:

难是弗放者个!
哪怕你,铜墙铁壁!
哪怕你,皇亲国戚!

在樟寿的眼中,活无常成了正义的化身;他因了这具鬼魂而有所期待,期待着好人的得救和恶人的没落。他甚至暗暗祝祷:让祖父也能遇见活无常。多么富有人情味的鬼魂!只要望见一顶白纸的高帽子和他手里的破芭蕉扇的影子,他就一面紧张,一面高兴起来了。

目连戏里有"跳吊"的戏。男吊登台以后,就轮到女吊出场了。她穿着大红衫子,黑色长背心,长发蓬松,颈项间挂着两条纸锭,低头垂手,弯弯曲曲地在台上走了一个"之"字形,然后将披着的头发往后一抖,露出灰白的圆脸,漆黑的眉毛,乌亮的眼睛,猩红的嘴唇。在阵阵悲凉的喇叭声中,只见她两肩微耸,转脸四顾,倾耳静听,似惊,似喜,似怨,似怒,终于唱了:

　　奴奴本是杨家女,
　　呵呀,苦呀,天哪!……

　　然后,她就唱着自己如何去做童养媳,备受虐待,最后投缳自尽,想化作厉鬼去复仇。樟寿想,一个人受了冤屈,为什么不复仇?女吊的倾诉,使他感到自己的胸怀也舒缓了许多,于是以为:在所有鬼戏中,没有哪一个鬼魂会比她更坚强,更美丽。

　　不久,大舅父移居小皋埠,樟寿自然也跟着过去。直到这时,他绷紧的神经才开始松弛了下来。
　　新居也是台门,东首住着胡家,西首住着秦家。大舅父的前妻是秦家人,所以当皇甫庄的房屋典期已满,便向秦家借住了厅堂西面的部分厢房暂住。秦家已故的主人秋渔,是前清的举人,诗画很有点名气。他在屋后建造了一座花园,叫"娱园";那里有一"微云楼"、"留鹤庵",还有假山、藕池、洗砚池,周围植着奇花异草,乃是当年一批文士雅集的地方。现在,多半已废弃了,但总算给了孩子一个可供活动的地方,虽然这蛐蛐笼式的庭园,在樟寿兄弟看来并不如百草园般的有趣。
　　秋渔的儿子少渔是大舅父的内弟,小孩们叫他"友舅舅"。他也是个抽鸦片的,但没有整天地卧在床上,午后仍照常行动。这时,樟寿会常常上楼去找他聊闲天,或者央他画梅花。樟寿爱梅花。几年前,一位中房叔祖曾经给他刻过一枚图章,就叫:"只有梅花是知己。"他喜欢那横枝,喜欢那无须绿叶陪衬的雪白的花朵。
　　友舅舅还像他一样喜欢小说,凡是当时流行的小说都会买来看,只是并不像蓝爷爷那样爱惜,看过的,都被扔到一间小套房里。真不失为一种机缘。虽然寻觅起来很费时光,有些也残缺不全,却毕竟可以自由取阅。在杂乱的书堆里,樟寿不但可以看到家里有的《三国》、《西游》、《封神》、《镜花缘》之类,还能捡到种种《红楼梦》和侠义小说,以及从别处很难见到的东西。《红楼梦》,这部封建大家族的衰亡史,把他从怪诞的神话想像中拉回到不公平的人间,那底层的众多小人物的精神世界。一个少年人,未必能领会"满纸荒唐"的底蕴,然而受伤的心,却也能随着迭起的波澜而俯仰沉浮了。

中国式的人文主义传统,使最庄严的官场充满着暧昧不清的私人感情。周福清投案以后,知府出于个人私交,有意为他开脱,便提示说他原来患过神经病,因为丧母的刺激以至再度错乱,造成犯罪。倘情况属实,那么是可以免除刑事处理的。可是,他本人怎样也不肯承认,执意以个性碰撞法律。在公堂上,他振振有词,说自己从来未曾昏乱过;并且列举出历届由于疏通关节而中举人的一批名单,试图证明他自己无非按照通例来它一下罢了。腐败,作为个别的存在或许可容暴露,但是如果已经成为社会的普遍现象时,却是不能轻易动用舌头或指头的。倔强,将为自己赢得什么呢?在刑部上报的周福清的案子上面,光绪皇帝钦批道:"斩监候。"

这是一个绝望的结果。但是,对这时候的樟寿来说,仍然是一种希望。他毕竟可以回家了。

## 8  在当铺与药店之间

"斩监候":把犯人监禁起来,听候斩首。至于斩与不斩,那得看皇帝高兴。秋审时,只要朱笔轻轻一点,一个人的生命就将长此了结了。为此,每年秋前,樟寿家里都得花大量的钱财进行营救。无论对于犯人或是家属,这都是一场精神虐杀,而虐杀往往要比暴杀更为可怕。

在监狱,囚犯也分等级。要是官犯,待遇就比普通的犯人要优厚一些,可以免受脚镣、手铐一类刑具,甚至还能役使禁卒,环境也比较舒适。

由于知府大人的通融,周福清终于租住了杭州府狱附近花牌楼的一间房屋,并且由潘姨太太和她的少子凤升陪住;此外,还雇用了一个厨师,一个保姆。

这一切负担,都落到长子周凤仪的身上。

周凤仪,小名宜,一介书生,有什么能力去负担一笔巨大的费用呢?惟有在变卖田产的契据上画押罢了。他是如此不幸,到杭州参加乡试,就遭逢了父亲的贿赂案,结果被查出扣考;父亲投案以后,又被拘捕审讯,虽然无罪开释,秀才的身份却被革夺了。从此,再不堪设想可以重踏父亲亲自铺设的道路,为后代做出做人的楷模。一荣俱荣,一损俱损。古已有之的株连,把他所有的好梦都一举击破了。

一个人面临绝境时,可以有两种抉择:或者奋起抗争,或者甘于沉沦。周凤仪选择了后者。借酒浇愁,是中国士人的习惯的解脱方式;而绍兴,又盛产这种解忧的尤物,这样,他便轻易地开始纵酒了。一个平素严谨的人,几乎完全失去了节制,酒喝多了,温厚的面孔常常涨得通红,而且歪扭得可怕;于是摔碗筷、拍桌子,每天无端地大发雷霆。

百草园的天空蓝得那么可爱,风暴一来,便全被乌云给覆没了。宁静和温暖,都已经成为可怀念的往事。樟寿心里常常感到郁闷,感到骚动不安。即使仍旧回到书塾,同样摆脱不了家庭问题的困扰。在皇甫庄避难时,他是多么的想望回到家庭,回到自由的怀抱,现在才知道两者之间并没有必然一致的地方。他想不到,为自己所稔熟的空间,竟会变得这般逼窄!

早上走进书房,听到一位同学报告"矮癞胡"虐待学生的事情,樟寿立刻想到报复这上面去。一个人受到太多的压抑,总要找寻一个反冲的机会,况复这回又是遇上"矮癞胡"!

原来,在新台门与老台门之间有一个旧家王姓,称作"广思堂",也叫"王广思",那里有一个塾师开馆教书,因为外貌特别,身矮头秃而且多须,于是得了"矮癞胡"的诨名。他对待学生苛酷极了,痛打罚跪固然是常有的事，又设了一种制度：出去小便，必须向先生领取"撒尿签"，否则便要受罚。以前听说这类事情，大家都觉得可气可笑。这回又说的是有小孩在那儿上学，拿了什么糕干或烧饼去，被查了出来，不但挨了责骂，点心也被没收了。大家议论道：没收以后呢？自然都是先生吃了吧？于是动了公愤，决定惩罚这个贪婪的家伙。

放午学的时候，樟寿约同几个爱管闲事的商家子弟，一起前去问罪。恰好"王广思"这边也放学了，师生全都不在馆里。他们搜出笔筒里的"撒尿签"，便全都给撅折了，又把珠墨砚台翻过来放在地上，表示曾经有人袭击过。他们想让"矮癞胡"知道：学生不是好惹的！

不久，大家又做出一项决议：打贺家的武秀才去！这贺家住在附近的柔遯弄内，也不知道他叫什么名字，只要听说是"武秀才"便引起普遍的恶感。有同学报告说，他动不动要出门恐吓路过的小学生。好嘛，再来一下，像惩罚"矮癞胡"一样惩罚他！可武秀才不比"矮癞胡"，既有力气，又懂武艺，怎么办？大家商量过后，决定由各人携备武器，然后集中行动。孩子们不相信，天下还有斗不败的敌手。待到傍晚，每人都提着棍棒陆续来到约定的地方，樟寿则把祖父做知县时给"民壮"挂过的腰刀，藏在大褂底下带了出去。大家像《水浒》里的好汉一样，分批摸到贺家门口屏息等候。可是，奇怪的是等了老大半天，还是听不见大门的响动。于是有人说，大约是走漏了风声，让武秀才知道了，才害怕不敢出来的罢？战争虽然打不成，大家还是得胜也似的走散。樟寿走在最后，心里怎样也拂拭不掉那么一层辜负宝刀的歉意。

在这个少年人的身上，潜流着祖父的强悍而执拗的血液。经过《水浒》、鬼戏和侠义小说的蛊惑，以及现实生活的痛苦的熬炼，一种同强暴对抗的精神，得以时时勃起。然而，一场更为巨大的不幸，却几乎整个地压倒了他。

父亲病倒了！

那是冬天。

周凤仪突然口吐狂血,全家在惶恐与忙乱中研了墨汁,倒进茶杯里,送去给他喝。"医者意也"。用墨,正取其色黑可以覆盖红色;至于要用陈货,大抵出于"老资格"的缘故罢?本来,是很有点诗意和哲理在的。而这时的樟寿,却根本无法领会此中的妙谛,眼看着父亲脸色苍白,满嘴墨迹,只感到可惨而可怖。父亲不是隐鼠。

不过,吐血确也很快停止了,病情于是逐渐地归于平稳。最初请了一个姓冯的医生,穿着古铜色缎制的夹袍,肥胖的脸总是醉醺醺的。正好櫆寿也害病,便请他一起来诊治。看过以后,他对凤仪说:"贵恙没有什么要紧,但是令郎的却有些麻烦了。"隔了两天,他第二次来的时候,不料说的完全相反,还说"舌乃心之灵苗",有一种灵丹,点在舌头上面就会痊愈云云。周凤仪觉得他不可信赖,应付一阵,就将他打发走了。

那时候,他的病不算很严重,还可以独自到堂前廊下随便走走。晚饭时,偶尔还喝点儿酒,差樟寿上街买来鸭儿梨、苹果和花红类的水果作下酒物。孩子们常常围坐在他身边,听他讲《聊斋志异》里的阴惨的故事,分享他的水果,那在平时是很难得的一种父爱。

仅有的一点宁静也没能维持长久,一年多以后,周凤仪的病势突然变得严重起来。起先是脚背浮肿,后来便发展到了小腿,逼得延请城内的名医姚芝仙。

姚芝仙出诊的惯例是每次大洋一元四角,隔日一诊,数目是很可观的。名医用药就是与众不同,药引更是奇特。他决不用什么生姜一片、红枣二枚、竹叶十片去尖之类,而是一尺长的鲜芦根,经霜三年的甘蔗,都是很难搜求的东西。

樟寿十分踊跃地寻找药引,他想,名医的神妙也许就在这个地方。听人家说,先前有一个病人,百药无效,待到遇见了什么叶天士先生,只在旧方子上加了一味药引:梧桐叶,只一服,便霍然而愈。其时正值秋天,而梧桐先知秋气;先前百药不效,今以秋气动之,正好是以气感气。于是樟寿知道:凡有灵药,一定是很不容易得到的。那些求仙的人,甚至还拼了性命,跑进深山里去采呢!

芦根，要到河边去掘；甘蔗，至少也得搜寻两三天。这样天天地跑，樟寿不免要感到疲劳。

有一天，他起来得迟，又帮母亲做点家务，这才到书房去。于是迟到了。

先生很严厉地责备了他，他只默然无语。还能说些什么呢？他总觉得，解释是多余的事情。趴到桌子上，他感到心跳得厉害，手有点儿抖。这时，他简直顾不上先生在做什么，从兜里掏出刀子，就一个劲儿地向桌面划！划！划！每划一刀，心里就觉得舒服一些。最后，他鼓起腮帮用力呼了一口气，桌面立刻棱角分明地露出一个字：早。……

责备完学生，镜吾先生一直觉得不安。

这个学生秉赋不凡，品格高贵，平日也很用功；九经读完了，特意给他加读三经，照样能够领会。至于自己嗜爱的汉魏六朝文章，意义艰奥，本不是学生习用的，他竟然也喜欢诵读。一个可造之材，就是太不幸了！周福清已经下狱，凤仪又得重病，这样家庭的担子就只好靠他来承担。如此过早地应付生计，还怕不是"为山九仞，功亏一篑"吗？……

先生把樟寿叫来，问他父亲的病况。樟寿如实讲了，话间还说了一种几天来遍找不到的药引"陈仓米"。先生当即道："我想想办法看！"然后，又说了好些抚慰的话。

其实，樟寿并没有说全，对于家境，就隐瞒了上当铺的事情。当时，家庭经济已经到了完全破败的地步，卖剩的水田只有二十多亩，仅够一年的吃食费用；至于医疗方面的支出，除了领教当铺，实在再也无法可想了。

这差使自然落在樟寿的头上。几乎是每天，他从母亲手里把衣服或是首饰拿到塔子桥东咸欢河沿的恒济当去。这家大当铺是一个绰号叫"夏末代"的人开设的，盘剥特别厉害，伙计也比其他当铺的更傲慢。穿过一个坚固的墙门，再走过小门，就站到了比自己高出一倍的柜台面前。他什么也看不见，幸好什么也看不见，只须仰起脸把东西往上送，许久许久，才从那些人称"朝奉先生"的手里接过当票和银钱；然后，跑到大云桥的光裕堂，甚至远至轩亭口的天保堂和水澄桥的震元堂去，再从一样高的柜台上买了药回去。默默地把事情办好，默默地把银钱如数交付母亲，从来也不肯吐露此间的曲折和苦恼。

十几岁的樟寿，就这样作为家庭的全权代表，第一次同社会进行交涉。没有公道，没有人情。任何的不平和愤懑都是多余的激动。一个人的力量太微薄了。不幸毕竟需要忍耐。命运既然扔给他的道路是：从当铺到药店，那么这就是惟一的，别无选择的。

一天忙过之后，樟寿照例坐下来读书。忽然，耳边响起一阵滞重的足音。抬头一看，原来是先生背着钱搭，蹒跚地走进门来：

"樟官，陈大米寻到哉！"

一个荒寒中人，只要给一丝温暖就觉得浑身灼热了。樟寿木然站着，看老人气呼呼地倒出陈米，一时竟不知道应该做些什么……

两年从忧患中过去。艰难寻得的药引无补于事，父亲的水肿逐日加重，快要不能起床了。

一天，姚芝仙来诊，问过病状，便极其诚恳地说："我所有的学问，都用尽了。我荐何廉臣先生看一看吧，他本领比我高。可是病是不要紧的，不过经他的手，可以格外好得快……"樟寿恭敬地送他上了轿，转身进门，就听见父亲用了很异样的声音对大家说，自己的病大概是没有希望的了；先生荐人代替，不过觉得难为情，好同自己完全脱掉关系罢了。但另外又有什么法子呢？本城的名医，除他之外，实在也只有一个何廉臣了。

无论姓姚姓何，先生的诊金照例是一元四角，不同的是，前回的名医的脸是圆而胖的，他却是长而胖。还有用药也不同，前回的名医是一个人可以办的，这回一个人便有些办不妥了，因为一张药方上，总兼有一种特别的丸散和一种奇特的药引。

芦根和甘蔗之类，他是不用的。最平常的是"蟋蟀一对"，旁边还用小字加注道："要原配，即本在一窠中者。"似乎昆虫也要贞节，续弦或再醮,则连做药的资格也要丧失了。对于药引,樟寿虽然逐渐地丧失了信仰,但毕竟还抱着一种侥幸心理,希望它偶生奇效,父亲也便从此好将起来。由于蟋蟀要成对的,不得不唤来二弟一起到百草园中去搜捕。翻开土块,同居的本来也不少,可是逃走得快,而且各奔东西,不能同时抓到。幸亏有了两个人,可以分头追赶;假如运气不好只捉到一只,让另一只逃掉了,那么这一只也算是白捉。好不容易找到一对,直到用棉线缚紧,这才相对苦笑着宣告了成功。

药引寻到了,还有一种特别的丸药:败鼓皮丸。败鼓皮丸是用打破的旧鼓皮做成的。水肿,中医叫鼓胀,自然用打破的鼓皮就可以尅伏它。这种神药,全城中只有天保堂独家出售,这是何廉臣开方以后特意加以说明的。原来这药店同他很有点关系,樟寿到那里一问,果然顺利地买到了。

然而,败鼓皮丸也并没有什么效用,凤仪的水肿已经漫及胸腹,连呼吸也有些困难了。他常常向鲁瑞诉说身体像被一匹布束紧似的难受,有时还疼得厉害。于是有人劝他吸鸦片救急,他便暗暗到一个本家烟盘里去尝试,渐渐地,也就似乎真的非此不能止痛。事情被鲁瑞知道了,一天带了樟寿到那家窗外察看,见凤仪果然坐在屋内。她再也不敢往下看,便赶忙一边擦眼泪,一边拉着孩子的小手走了回来……

"我这样的药还会不大见效,"有一回,何廉臣说,"我想可以请人看一看,可有什么冤愆……医能医病,不能医命,对不对?自然,这也许是前世的事……"吃了一百多天的败鼓皮丸,就这样停止了服用,周凤仪这时只能躺在床上喘气了。

最后,还请了一回何先生,这回是特拨:大洋十元。他仍旧泰然地开了一张方子,药引不很神妙,只消半天,药就煎好了。可是,待灌下去,却从病人的嘴角倒流了出来……

昏沉的午夜。

周凤仪躺在里房的大床上,樟寿兄弟三人坐在里侧旁边。鲁瑞劝慰过蒋老太太,送她睡下以后,便赶紧出来同长妈妈站在一起。

父亲吃力地喘着粗气,樟寿感觉着自己的呼吸也变得不均匀了。有时,他电光一闪似的想道:"还是快一点喘完了吧……"但立刻又犯罪似的觉得不该这么想,然而,有什么法子可以帮助父亲结束这种痛苦呢?

凤仪看了樟寿他们一眼,问道:"老四呢?"

鲁瑞慌忙把椿寿从睡梦中叫醒,抱到他的床前。他看了一眼,像是放心了,于是闭上了眼睛。过了好一会,他把按在腹间的手轻轻举起,又轻轻放下,嘴里喃喃道:"呆子孙! 呆子孙!"说完就不再言语了。

长妈妈急忙按老例给他换了衣服,又将纸锭和经卷烧成灰,用纸包了给他捏在手里做"路引"。这时,他的呼息已经是听不见的微弱了。

突然,长妈妈推了樟寿一下:"大阿官,叫呀,快叫呀!"

樟寿于是着急地叫道:"爹爹,爹爹!"

"大声叫!"长妈妈催促道,"还不快叫? 快叫呀!"

"爹爹! 爹爹!"父亲已经平静下去的脸,忽然紧张起来,双目微微一睁,仿佛有着一些苦痛,接着便咽了气。

——"爹爹!!!"……

几天过后,樟寿蹲在地上,给一口棺材用朱漆慢慢地画着"寿"字。小妹死时,他才八岁,曾经悲伤地哭过;姑母死时,他写了悼文,愤慨地诘责神明。如今,他好像没有悲伤也没有愤慨,只不时地停定笔杆,凝神注视着面前的那头巨兽:死亡。

## 9 最后的挤压

衰落将意味着兴起。

自从虎门的炮声沉寂下来以后,头戴花翎的天朝代表,就在谈判桌前俯身接受了成打成打屈辱的和约。门户开放了。"租界"出现了。招商局、电报局、矿务局、织布局,和各种机器制造局迅速兴建起来,成为贵族官邸和地主庄园以外的最有身份的建筑。石油、机器、传教士、后膛枪和铁甲船,源源进入中国海域;而茶、丝、商标为黑头发黄皮肤的劳动力,以低廉的价格同时出现在西方市场。鸦片,一种麻醉品,反而成了民族的刺激剂。少数为洋炮所惊醒的老官僚,成了第一批改革者;"中学为体,西学为用"成了最开明的政治口号;"官督商办"成了最先进的企业管理方式。中国在选定了一个新的出发点以后,就这样最先通过上层社会体现它的前进趋势。

1894年,甲午战争爆发了。新的历史契机打起手势。原来试图对现成的政治体制不加触动,而实行纯经济改革的主张,已经到处碰壁;上层建筑和意识形态,正在同步地,甚至更为紧迫地成为变革的目标。《马关条约》签订以后,康有为联合了在京会试的十八省举人一千三百余人,上书光绪皇帝,激烈主张变法。《强学报》、《时务报》、《苏报》,一时形成的舆论旋风,开始左右人们的视听,政治变革的思想潜流,于是冲出士人阶层,在社会上迅猛地奔涌开来……

新台门周家同样无法回避这股维新思潮的冲击,在一个新的层次上,分化开始了。

自周凤仪病故以后,为了办理丧事,家里把仅有的二三十亩水田也变卖干净。于极端困顿之中,作为未亡人,鲁瑞贞守丈夫的遗愿,仍让孩子留在三味书屋里,两年后才改作"遥从"。

那时候,樟寿正在学习制作八股文和试帖诗。一个破落家族的嗣子,必须以原先的惯性,沿着祖父和父亲的道路继续滑行一些时候。但是阻力逐渐加大,他已经变得不大适应于正统的东西;比如读书,便喜欢那些杂书野史、异端邪说。九岁时,祖父曾把一本木板的《唐宋诗醇》寄回家里,并且指示说,学诗必须先诵白居易,再诵陆游、苏轼,然后是李白、杜甫和韩愈。他偏偏喜欢李贺,像喜爱鬼戏一样喜欢这个鬼才,喜欢他那读不懂的朦胧,朦胧中所传递出来的心灵的狂喊和呓语。在汉魏六朝文中,他喜欢愤世嫉俗的嵇康,还有范缜,那无视一切鬼神和威权的朴素的雄辩，使他起了深深的仰慕。

在小寿先生那儿，他读了不少明代遗民如顾炎武、黄宗羲、王夫之的著作，还有《明季稗史汇编》、《明史记事本末》、《经世文编》等等，知道侵略的残酷和反抗的激烈。历史的真相往往为正史所掩埋。当他一旦读到《玉芝堂谈荟》、《鸡肋编》一类笔记，才不免要暗暗吃惊于古来吃人的事实。先看看《蜀碧》，曾经那般痛恨张献忠杀人的凶残；待偶然从破书堆里看见了永乐的上谕，憎恨便从"流贼"转移到皇帝身上去了，永乐的凶残实在远在张献忠之上。他于是想及祖父遭遇的折磨，自己身受的株连，还有那许许多多不幸的人间故事，都或多或少地跟皇帝有关。在一个少年人的丰沃而又荒凉的心地里，思想的种子已经播下。凡有种子的地方都会有生命的萌生。

后来，在水澄桥墨润堂书坊看到一份《知新报》，使他激动不已。这种激动，不再是乍见《山海经》时候的童稚的好奇，也不比野史杂书所给予的知性的开启，那里完全是另外一种知识结构，与自己过分熟悉的现实世界是如此的紧密相连。在家里，他曾经看过《点石斋画报》，看过英人傅兰雅编的《格致汇编》，但却不如《知新报》的丰富而新颖。它除了报道国内的重大新闻，重要的是译录了西方各国的政事，以及介绍西方先进的农业、工业、教育、商务和科学情况；此外，还有论说和上谕。一些维新派议论，读起来简直风一样令人畅快。少年的目光，从此越过稽山镜水而探向一个更为广远的世界：西方！……

而他毕竟植根于东方的大家族。大家族里总有那么多挣脱不掉的纠缠。一天，本家长辈又在德寿堂里集会了，这次商议的是重新分配房产的事情。作为家中的长男，樟寿出席了会议。

商议结果，樟寿分内分得的房屋既少又差。在族中，年纪也成了一种资本，长辈是至高无上的。他们利用族权，共同侵吞一家寡妇孤儿的利益是十分轻易的事情。因此，整个会议的气氛，确如厅联所写的那般和平而宁静。

但当樟寿当场做出不满的表示时,空气就骤然变得紧张起来了。长辈们纷纷凑过脸来,疾言厉色地不许他发言,并且胁逼他在议单上签字。樟寿凝视着那里的"豫才"两个字,沉吟少顷,便说:"我做不了主,得请示爷爷。"话音未落,一个熟悉的声音吼了起来,他抬头一看——蓝爷爷!

自己才恭恭敬敬地抄完他的《鉴湖竹枝词》,呵,他为什么要这样?为什么就不再叫"小友"了?平日那么好看的笑容都逃到哪儿去了呢?樟寿可以最终拒绝签字,但却无法拒绝心灵所受的强大的刺激。原来人们还有这么多好看的脸谱,底下藏的丑恶谁也不想知道。什么"品节"!什么"德性"!虚伪呵!可怕呵!别人预约给你的东西可不能当真。不要轻信。人可复杂着呢!……

对于一个少年人,书籍,毕竟不可能完全成为灵魂的避难所。他不能整天倾听死人的默默的言说,他需要倾吐,需要寻找活人。然而,新台门上下,有谁可以说话的呢?

惟一能够消闷的去处,就怕只有叔祖母衍太太那儿了。

樟寿从小就爱在她家里或是她家的四周玩。衍太太对自己的儿子虽然狠,对别家的孩子却是好的,无论闹出什么乱子,也能替孩子"保密",绝不去告诉各人的父母。比如冬天,当水缸里结了薄冰的时候,孩子们早上起来看见便抓过来吃。有一回给房客沈四太太看到了,她大声道:"不要吃呀,肚子会疼的呢!"樟寿的母亲闻声跑了出来,结果给孩子们一顿痛骂,并且有大半天不准玩。从此,大家就给沈四太太起了一个绰号:"肚子疼。"衍太太可不像她,看见孩子们吃冰,一定会和蔼地笑着说:"好,再吃一块。我记着,看谁吃得多。"樟寿也有不满她的时候,一回,偶然走进她家里去,见她正在和她的男人看书,便走过去。她将书塞到樟寿眼前道:"你看,这是什么?"樟寿看那书上画着房子,有两个人光着身子仿佛在打架,但又不很像。正迟疑间,他们便哈哈大笑起来了。还有一次是和几个孩子比赛打旋子,看谁旋得多。她就从旁计数道:

"好，八十二个了！再旋一个，八十三！好，八十四……"阿祥旋着旋着忽然跌倒了，碰巧他的婶母走过来，她接着便说："你看，不是跌了吗？我叫你别旋，偏不听我的话……"虽然如此，总还是喜欢到她那儿去。

可是，现在，樟寿已经不是和孩子玩耍的时候了，他到衍太太那儿去，只是同她或她的男人谈闲天。有一天，他谈到有许多东西要买，就是没有钱。衍太太便说，"母亲的钱，你尽管拿来用就是了。"樟寿说母亲没有钱，她就说可以拿首饰去变卖；樟寿说没有首饰，她却道："也许你没有留意。到大橱的抽屉里，角角落落去寻去，总可以寻出一点珠子这类东西……"

不到一个月，樟寿就听到了一种流言，说他已经偷了家里的东西去变卖了，他不禁顿时觉得如同掉进冰窖里。这是他第一次碰到"流言"这东西。流言太可怕了，无可追踪，无从辩白，甚至弄得连他自己也仿佛真的犯了罪，怕遇见人们的眼睛，怕受到母亲的爱抚。

两三岁的时候，在他种完牛痘之后，父亲送了两件玩具：一件是鼗鼓，一件是万花筒。万花筒实在奇妙得很，摇一摇，就变了花样。为了探究那五颜六色、变幻无穷的底蕴，他曾背着大人，走到僻远处，偷偷剥去万花筒外面的花纸，使它暴露出难看的纸版，再挖掉两端的玻璃，一些五色的通草丝和小纸片便散落下来，然后撕破圆筒，结果发现它原来是三块合成的玻璃罢了。花没有了，什么也没有了。他几次使它复原，然而都没有成功。至今，家族、世人、生活，不也像拆毁的万花筒般过早地露出本来的面目了吗？冷漠，伪善，阴险，狠毒；周围是溃疡，是无法排泄的脓臭，是有形无形的不堪忍受的挤压。

——那么，走吧！

他决心离开这个生养自己的地方了。当他举目四顾，寻找出路的时候，却又觉得茫然无绪……

科举道路是走不得的。为此，祖父锒铛入狱，父亲忧愤辞世，明爷爷发疯致死……摆在眼前的可选择的道路，只有做幕友和当商人。所谓

"无绍不成衙",全城以做师爷为业的人太多了。在同学中间,吴书绅不是也千里迢迢跑到保定去当师爷了吗?经商的也不少,家里开机房织丝绸的高幼文,早就辍学回家帮忙了;章祥耀虽然没有马上回家经营锡箔铺子,毕竟也跑到钱店里当了学徒;还有胡昌训学衣庄店倌,周兰星则回家管账,总之都陆陆续续地这样分途走散了。樟寿并不羡慕那些阔少爷和幸运儿,即便贫困,也不愿仰承官家的鼻息,去邀财神的恩宠。

最后,他决定进洋学堂去。

绍兴历来有"锡半城"之称,众多的锡箔店,象征性地显示了这座古城的迷信色彩。但是,由于靠近作为重要通商口岸的宁波,因此在中国,它仍然是最早受到西方文化冲击的地区之一。于是,在衙门、庙堂、店铺和住宅群中,相继出现了教堂、洋学堂、照相馆,和其他洋房。任何新鲜事物,都未必能够马上唤起新的价值观念,尤其在一个封闭已久的地方。在绍兴,凡有带"洋"字的东西,就无不招惹人们的敌意、恐惧或鄙夷。关于洋鬼子的传闻可多了。据说,一个曾经在教堂里当过女工的老妈子亲眼看见他们挖人的眼睛,挖出以后,就放进坛子里像腌咸菜一样渍起来。那用途,又据说是拿来照相的。试看,人的瞳孔里,不正好有一个瞅看它的人的缩影吗?难怪连老寿先生也不用洋货,不穿洋布,甚至照相也不肯。还有这样的说法:半身像是照不得的,因为形同腰斩;至于头像就更不能照了,照了就相当于被砍下脑袋,很不吉利的。又传说洋鬼子能寻宝,因为人心贪财,他们便挖了人心去熬油,用这"人心油"点灯寻去,只要遇到地下的宝物,灯焰就往下窜了。至于洋学堂,也不得人心。城里成立不久的中西学堂,由于有洋文和算学的课程,便一时间成了众矢之的。那些熟读圣贤经书的秀才们,还特意集了"四书"的句子,做一篇八股文来讥诮它。文章既就,便名满全城,被人们当成笑谈……

进洋学堂是怎样的一条道路呢?樟寿不是不知道。然而,母亲愿意吗?祖父应允吗?寿先生知道了,一定以为有违师教而愠怒的吧?但不管怎样,总之是要走了。

每当眼前浮现出周围那许多熟透了的脸孔,樟寿心里就会产生出一种本能的抵抗。就说周家,像《红楼梦》里说的那样,都从内囊里尽上来了。不但相互欺压、凌侮,而且一个个纨绔子弟也都沦为流氓、地痞、烟鬼、酒徒、嫖客、小偷和乞丐。他不想做一个"多余人",不愿堕落,也不甘平庸。在当时,几乎所有的绍兴人都要使他感到讨厌和憎恶;他要远远地走开,去寻别样的人们,寻那些跟绍兴人不同的人,为绍兴人所诟病的人,无论他们是畜生还是魔鬼。

只有进洋学堂的道路,他想。哪一个学堂呢?中西学堂?那里只有教汉文、算学、英文和法文,没有什么意思。杭州的求是书院?功课虽然别致,只是学费太贵了。那么,可有不需要学费的学校吗?

命运的偶然性就在这里。恰巧,他有一个族叔祖周椒生,在江南水师学堂教汉文,兼做管轮堂监督。这位叔祖回家时,曾经说过所在的学校是公费的,每月还发点赡银。诚房的鸣山和小叔凤升,都是通过他的关系先后进了这所海军学校的。族人说,"好男不当兵",那就正好当兵去。《知新报》不是介绍了美国和德国的海军吗?美国和德国都是强国。当军人总比当腐儒好。军人能雪耻。每当想起报上的那份"瓜分中国图",他的心里就像火燎般的焦躁……

樟寿把去南京的心思告诉了周椒生的次子仲翔,并托请他写信同他的父亲联系。为了促成这次行动,自己又另外写了一封给小叔的信,匆匆投向信局……

## 10  八元川资与一江离恨

一个身陷困境的少年,根本不敢想像事情会进行得如此顺利。

不久,樟寿便接到了小叔的回信,要他立即动身去南京。跨出人生的第一步,完全是自己拿的主意,至今还没有禀告祖父呢!这个被科举制度打翻在地的老人,直到狱中,仍然没有放弃把孙子培养为翰林的夙愿。他不但命樟寿兄弟学做应制的诗文,而且经常督促,亲自评阅。樟寿想:不管如何地拂逆祖父,这回也非去南京不可了。

他写信告诉祖父道:"欲往金陵,已说妥。"为了加重分量,还特意把小叔的来信附了进去。意在暗示:箭在弦上,不得不发。才过两天,不等祖父回信,一种对于新生活的渴望,便怂恿着他直奔花牌楼,向祖父和顾看的二弟辞行。

为了与命运相对抗,出走是这般决绝。可是,只要想到行将离开自己的母亲,依恋的情绪,便浓雾般弥漫开来,笼罩了他自己……

母亲!五年来,营救祖父,照料父亲,变卖田地和典当衣物,哪一天不处于忧患之中呢?父亲病故以后,生活日益艰难,还独力撑持着不让自己失学;如果说,她在困厄中还寄存着一点希望,那希望,不全在自己身上么?而今,自己走不成正路,却要把灵魂卖给鬼子了!她该怎么想?她不会感到绝望么?况且,从此再也看不到自己的儿子了……想到这儿,樟寿心里一阵阵揪得紧。

但不管人的心情如何,离别如期而至。

五月的黄昏。细雨濛濛,江面和天空粘在一起,四围一片苍茫……

远远地,从街道上走过来两个人,来到东双桥便站定了。水天反衬出来的轮廓分明,正是樟寿和他的母亲。此时,母子相对,都默默没有言语。

说什么呢?要是他父亲还在,当不会让他进洋学堂的。可自己当了首饰还凑不够盘缠,能把孩子打发到哪儿去?二十岁也还是孩子呀,而且还是第一次出远门哩。虽然几年来都是打熬着过日子,可毕竟有自己跟在身边;如今出去,独个儿地,他过得惯么?……

鲁瑞想着,心中不免酸楚。她慢慢解开布包,取出八元川资,递给樟寿说:"你自便吧。"说罢,眼泪簌簌地滴落在樟寿的手上……

船快开了。

她揩干净眼泪,给樟寿披了披衣领,说:"阿樟,不要想娘。绍兴有句古话,让你记住,叫做'穷出山'……"

船儿渐渐离岸。靠岸的江水没有漩涡,流得那么平稳……

## 二 "戎马书生"

南京成了人生的第一个驿站。

不是人选择道路,就是道路选择人。选择的结果,他学开矿而开掘了人类的灵魂,想当兵而成长为别种类型的战士。

### 11 水兵之梦

一个虎踞龙盘的古都。一个矮小憔悴的少年。在同一度空间里,两者的分量,显得何等的不相称!然而,彼此都无法预料:若干年后,由于各自成为不同的社会势力的代表,而展开了一场旷日持久的殊死的对抗。

凤仪门。

少年放慢了脚步,背上的铺盖卷和手中的网篮仿佛顿时变得沉重了许多。他拧起眉毛,打量面前的由丘陵、墙垣和佛寺组成的庞然大物。正是在这里,清政府与英人签订了第一个不平等条约——"江宁条约"。走向社会的第一个驿站,命运,便为他选定了这样一个家庭与民族的屈辱的连结点。

直到望见水师学堂的桅杆,他才从梦魇似的沉思中清醒过来。桅杆,高高的桅杆!他吁了一口气:桅顶那天空多么的蓝呵,简直像大海!对了,大海!大海就这么辽阔地展开,连白云也哗哗地淌出水声了……心,突然跳得厉害。蓝色一下子把他抛到另外一个梦境中去。海之梦。

轮船。战旗。火与浪花……

这个生性敏感,容易激动,且又具有一种坚忍气质的少年,在周椒生的眼中不过是一个可悲悯的孩子。虽然他在这个学堂里任职,却并不怎么看重它,甚至以为它所收受的无非是一群失意者、低能儿;他们只因为绝望于仕途,才来这里找一个饭碗的。自然,有一个正当的职业,要比那些"破脚骨"终日闲荡和鬼混好得多。

几天过后,他来到后房,郑重地对少年说:"豫才,把名字改掉罢!"

"为什么?"少年惊呆了。

"水师学堂本是当兵的去处,而你,正好走到读书人的末路上来了,"周椒生缓缓说道,"新台门周家乃书香门第,若用宗谱上的名号,那是要辱没祖先令誉的。"

他是个举人,一贯以小小功名自诩。分明知道人们都熟识新台门周家,每次写信,都得在封套上写明"文魁第周宅"。确实,他是以这个大家族的当然继承人自居的。

旧小说里不是常常写道"大丈夫行不更名,坐不改姓"么?使周椒生大感意外的是,樟寿竟爽然答应了。

不错。周椒生点点头,然后,摆了摆肥大的衣袖,伸出一根指头说:"古语道,'十年树木,百年树人',唔,我看就叫'树人'。"

在名与实之间,他从来看重实。且不必说后来不断改换名字,成为全世界笔名最多的一位作家,即以此时而言,名字这东西,尚能唤起某种依恋者,也无非是由此而想及在辞海里寻到它,在生活中呼唤它,在过往的岁月以无限的温存庇佑它的家人罢了。祖父,祖母,母亲,还有父亲……然而,既然走异乡,逃异地,又何必拘泥于一个异名的使用呢?几年来受驱逐,受凌辱,受谣诼,简直把自己作为人而活着的事情都给忘了!从今开始,那么就让自己认认真真地做一回人罢……

考试是极容易通过的。做过试题《武有七德论》,录取的试习生里,就有了这样一个新的名字:周树人。

当了洋学生以后,才知道这所学校完全移用官场的一套,糟糕到了绝顶。譬如编级办法,就是仿照官阶拟订的。它规定,遇缺才能补入高一级的班次。周树人"试习"的三个月,事实上等于候补;正式补班时,由于二班没有缺额,这才补了三班。

试习期间,零用钱只有五百文,候补期满,便可以递增到每月二两银子。至于其他方面的待遇,低班生与高班生也相去甚远。当一个三班生,卧室里是一桌一凳一床,床板只有两块,头二班学生就不同了,桌凳足足增加两倍,床板也多到三块。开早饭的号声一响,低班生就得立刻奔到饭厅里去,而高班生则仍然高卧不起,因为厨房里自会有人托着长方形的木盘,把稀饭和一碟腌萝卜或酱莴苣送上门来。午饭和晚饭,本来是八人一桌的,而高班生每桌至多只坐六人,并且座位都有一定,席间可以从容谈笑,不必互相抢夺,狼吞虎咽。低班生可狼狈了,一到饭厅,急急地到处乱钻,只要在桌间见到一个空位,便赶紧坐下,有时好容易找到了位置,而一碗雪里蕻上面的几片肥肉早已不翼而飞了。

等级化制度培养了高班生的优越感。他们不但上讲堂时挟着一堆大而且厚的洋书,昂昂然使低班生不敢正视;就算空着手,也一定要将肘弯撑开,大摇大摆地走,像螃蟹似的。这时,低班生只好忍住气,跟着屁股慢慢位移,很少有人敢于僭越。

学生共分驾驶和管轮两科,互相之间相当隔膜。驾驶科毕业的可以做到"船主",而管轮的前途顶多也只配做一个"大伕",终归是船主的下属。这种近于宿命的安排,便别立了一种界标,使学生各自显示出自卑或是倨傲的态度来。

这所为福建人所垄断的学校,如果不是同籍,或是同当局有点关系的,是不可能分配到驾驶班的;只要不在驾驶班,就永远别想上舱面去。周树人当然分在管轮科。水兵的梦是幻灭了。

即使不去考虑未来的去向,而专注于眼前的功课罢,那课程的刻板和单调,也不免令人气短。一个星期中,几乎有四整天是英文:"It is a cat." "Is it a rat?"一整天是汉文:"君子曰,颖考叔可谓纯孝也已矣,爱其母,施及庄公。"一整天是做汉文:《知己知彼百战百胜论》,《颍考叔论》,《云从龙风从虎论》,《咬得菜根则百事可做论》。光看这题目,就够稀奇古怪了,怎么可能提起学习的兴致?

由于"中体西用"体现了近期官方的精神,教育方面,当然要求读经与外文并重。不过,既是"水师",除了功课以外,总需有一点与"水"相关的实习的。奇怪的是,学生无须乎谙习水性;说到专业训练,只有爬桅杆一项而已。

桅杆是可爱的。如果爬到桅顶,可以近看狮子山,远眺莫愁湖。但是,这样驰目骋怀的机会并不多。人不能整天悬在空中,最后仍得降落到地面上。

那桅杆下面,据说原来有一个大池,专供学生学游泳。由于曾经淹死两个年幼的学生,才把池给填平,上面再建造了一所小小的关帝庙。庙旁有一座焚化字纸的砖炉,上方横写着四个大字道:"敬惜字纸。"也许是怜惜那两个淹死鬼失了水池,难讨替代,或是别的莫名其妙的原因,每年七月十五,还特地请一群和尚到雨天操场来放焰口,由其中的一个红鼻子的肥胖和尚戴上毗卢帽,捏诀念一串无人能解的咒语:"回资罗,普弥耶吽!唵耶吽!耶!吽!!!"……终年被关圣帝君镇压着,算只有在这个时候才得到一点好处,真足令人寒心。周树人偶尔也会想:做学生总得自己小心些。

其实,呆在这样的地方,小心与否又有什么意义?况且他本来就不是那种害怕烧伤小指头的人。

有一天,他果然玩火了。

学校来了一名新教员,势派很大,目空一切,不幸的是在班上点名时把"沈钊"读成了"沈钧"。于是,周树人和别的一些同学就把这名教员直呼为"沈钧"了。历来师道尊严,像这般肆意侮辱师长,怎么了得?学校当局随即给他们记了两大过两小过,只需再记小过一次就要被开除。

官办的学校,必然具备官府式的威严。在这里,学堂总办是由候补充任的,担任总办也等于补了道台。监督则用州县级官吏,周椒生虽然有候补知县的资格,也得通过一位妻族长亲的幕后外交才占上这个位置。由官吏执掌的学校当局,不但迷信鬼神,重要的是迷信在握的权力。大堂上,就陈列着"令箭",只要学生违犯"军令",插上一支,那么被割下脑袋也不是什么可骇怪的大事情。

这样乌烟瘴气的学校,难道还能呆下去么?

回想初来时,抄写《水学入门》讲义真是太认真了。水,水,当一名水兵的念头曾经是怎样地唤起无边的幻想呵!校门的柱对,居然还写什么"中流砥柱,大雅扶轮"!战战兢兢地读经拜鬼,何敢奢求那般独立支持的大气魄?至今,自己连一个支点也还没有找到呢!

周树人常常望着那二十丈高的桅杆发呆。那周围,什么也未曾改变,却依然在一个劲儿地蓝……

## 12　县考:第一次妥协

少时放过风筝。那些纸糊的玩物,扶摇直上,全凭牵引和提举。不能自主的飞翔是悲哀的飞翔。一个人,难道就不能依靠自己的意志去选择道路吗?周树人决心作一次尝试。这时候,他仿佛已经感觉到翅膀的活力了。

要求变法维新的浪潮不可遏止。紫禁城的朱墙,不可能隔绝近代文明的冲击和可怖的回声。1898年6月11日,光绪皇帝背着幕后的慈禧,召见康有为、梁启超、严复等维新派的头面人物,决定实行变法。于是,各种新政诏书和谕令陆续颁行:废除八股,改革科举,裁汰冗员,设办学堂,筑路开矿,派人留学,等等;整个社会的轮轴开始变得松动起来。

一股生气勃勃的新思潮一旦找到了它的物质形式,便构成了对于既存制度的致命的威胁,因此,遭到顽固势力的抵抗是必不可免的。9月21日,当慈禧再出"训政",光绪随即被幽禁深宫,康、梁流亡国外,谭嗣同等"六君子"则以殷殷血迹,在菜市口写下历史上醒目的一页:"百日维新。"

悲剧的结束,也就是正剧的起始。"西学"的影响,变革的思潮,经过血的洗礼,而日益扩展开来。扩展的结果,致使把握最高权柄的反对派也不得不敛容迁就。洋务派官僚两江总督刘坤一听说青龙山煤矿潜力很大,便呈请在陆师学堂内增设矿务铁路学堂。这时,正值政变过后不久,慈禧为了粉刷自己的面目,不出半个月就下诏批准了。

周树人参加了矿路学堂的考试,很快就被录取了。好梦也罢,噩梦也罢,随着当兵计划的幻灭,事情总算有了一个成功的过渡。

这时候,他想家了。

其实他是常常想家的,惟此际的乡思愈加纷乱,不可收拾罢了。故乡,一个曾经诀袂径去的地方,为什么值得如此频频回首,连他自己也无法解释清楚。由于外国教员尚未到校,不得不推迟上课时间,这样正好留下一个可以回家的间隙。

到了下关码头,树人快步走上"长江船"。不料,统舱的床位,全被担杆、绳子、破衣服之类占据了。

他早就听说过客船上这类事情:只要占了空铺,就可以恃强发卖。如果有谁要卧下休息,除了船票以外,必须另外掏钱把"铺位"买下来。简直是强盗!他搁下行李卷,干脆一屁股坐在上面,呼呼地假装打起盹来。他那般坚执,像一个小无赖,任随强人从旁怎么吆喝,也一动不动,从不松一松眼皮儿。

"当!"铜锣一响,轮船将开了。那些临时主人不得已,只好放弃地盘,抓起搁放的东西愤愤而去。直到这时,树人才从容地站起身,觑一眼岸上的背影,然后把铺盖慢慢打开来……

游子滞留异地,总想望回到故乡;而一旦来归,却又怕见家中的寥落。自从父亲去后,什么天伦之乐,都成了永远无可填补的欠缺了。

岁月不居,带走那么多,带来也那么多。祖母突然变得这般苍老。

见面的话分明少了,虽然依旧亲切,已不复如从前的风趣。母亲的宽脸膛,再也寻不到往日的笑容,大半年间,倒添织了不少细密的皱襞。她那么仔细,乍一见面,就从儿子的身上看出了破绽。

"阿樟,你过来。"

她伸手在树人的两肩摸了摸,立即掉过头去。原来,黑棉袄早就穿破了。谨防棉絮从破洞里探首而出,树人裁了一张白纸,用墨汁涂成一个颜色糊在上面。

良久,母亲才叮嘱道:"晚上,你脱下来补一补吧……"

尽管有一些亲人和同学前来看望和交谈,也有二弟不时说些书里和城里的新旧掌故,树人还是郁郁寡欢。他知道自己在家庭中所占的位置。当初离家时,以为把灵魂卖给鬼子,不失为一条可行的道路;结果呢?收买灵魂的,仍然长着同绍兴人一样的面孔和心肝。至于即将就读的矿路学堂,谁知道是不是同样一个乌烟瘴气的处所?二弟聪明,读书也不少,三弟也进县学堂了,他们将来都得跟随自己走异端的道路么?世人的冷眼,对于自己来说还算不了什么,可母亲怎么能长此承受下去呢?

十一月初六,是县考的日子。

个别好心肠的亲人,便自动上门当说客了。他们劝说鲁瑞,说树人兄弟学识不浅,应当让他们俩前去应试。命中怕也未必注定穷落,由此一改从前的窘状也说不定的。櫆寿早就抱有这种想法,于是也极力撺掇着,让大哥相陪同去。

对于县试,树人未尝没有心动过。他想初试锋芒,吐一口气,但又随即为自己感到羞耻。祖父,父亲,那么多热心科举的先辈,其结局还不够悲惨吗?即使在考场上做一个战胜者,又有什么意义?但是,他终于去了。他可以抵抗各种的压力和诱惑,却经不住母亲的劝说。

晚上,树人兄弟同伯文、仲翔一起应试回来了。

櫆寿一进门,就告诉母亲说,在考场怎样碰到阮家、郦家、鲁家的表兄,又说上辈连襟相逢在杭州考场,现在晚辈又在绍兴考场巧遇,诸如此类,絮絮不休。

树人看过卧病的四弟,就从里屋出来了。二弟的诉说,使他感到十分烦躁……

入夜,椿寿喘促着,翻来覆去老是睡不安稳。树人挨近母亲在床沿坐着,不时摸他的额角,发觉手烫得厉害。

母子俩一夜没睡,但也无法可想,城里并没有专看儿科的医生。好容易熬到天亮,鲁瑞便差橪寿坐了小船,赶到小皋埠把做医生的大舅父怡堂请来。

静静地把脉。树人的目光,不时地从大舅父的手指头移到四弟有点发青的脸上,那鼻翼一扇一扇地,使他顿然想起父亲当年去世的情景,不由得全身紧张起来。

"怎么样?"

鲁怡堂没有回答妹子,起身走到廊下,才回头说:"我看没有办法了。"说完,低着头出了房门。

听得没有办法,鲁瑞的脸色一下子变得灰白,身子摇晃了一下,松寿急忙把她扶住,送到小堂前坐下。这时,祖母、长妈妈和宝姑也都陆续来到。看到大舅父没有留下药方,她们都很伤心,知道椿寿快不行了。

鲁瑞定了定神,把所有人都打发去睡觉,只留树人一个人陪着她。

过了好些时候,椿寿才慢慢睁开眼睛,对母亲说:"娘,我难受呀!"

鲁瑞握紧他的手,凑近脸说:"阿囝,你难受,阿娘知道……"

长妈妈进来,见椿寿喘得厉害,便抱了起来,让他伏在自己的膝上,抚摸他的背部。突然,他喉咙里"咯"的一声,就透大气了。

"四阿官!"长妈妈叫唤道。

此刻,椿寿已经不会答应,接着是一片凄凉的哭声……

把四弟收殓完毕,树人便走了。本来,距府试不满一个月,且看大案出来,如果榜上有名,应了府试再回南京读书也并不晚的。而且,才失了四弟,母亲也很需要他的慰藉。但是,无论多少人的苦心规劝,也终于挽留不住。他走了,像受了驱赶似的,那么匆匆,简直是逃跑。

## 13 《天演论》·真理的第一道台阶

矿路学堂位置在三牌楼,离水师不远,坐北朝南,面临妙耳山。有两座高耸的建筑物,那是总办的办公楼和德国教员居住的小洋楼。其余校舍都是平房,整整齐齐地站在一起,显示着一种应有的秩序。

学生宿舍东西两厢各有四幢,矿路学堂的学生住在西面第一幢,周树人是宿舍总门右首第一间的主人。这所十四平方米左右的狭长居室,开着一个宽大的木窗子,每天,它最先迎来东方的晨光,每当夜色阑珊,却是最后一个抹去那橘黄色的灯影。

树人不爱游玩,不爱交际,不爱说话,他把几乎整个的夜晚都揉进保险灯的小光圈里。精神危机已经过去。此时,他是那般亢奋,勤勉,精力充沛。

最使他满意的是新学校的平等空气。不多不少,他也分得了半个房子,一张木架棕棚床,一台双斗小木桌,一张黑漆小凳和一只小书架。虽然学的汉文仍旧是"颖考叔可谓纯孝也已矣",外加一点也无非是《小学集注》,论文题目也是什么《工欲善其事必先利其器论》之类,但毕竟来到了一个可以读书的地方。况且,还有不少科目:格致、算学、地理、历史、绘图和体操,都是过去所未曾学习过的。还有德语。至于生理学,虽然并不讲授,却可以看到木版的《全体新论》和《化学卫生论》。比较先前的医生的议论和方药,他已经悟到,中医不过是一种有意无意的骗子罢了。想起已故的父亲、康姑、四弟,还有那么多被骗的病人和家属,他的心中充满了怜悯。

他以非常浓厚的兴致,学习这些课程,尤其是地质学和矿物学。一本英国赖耶尔的《地学浅说》,就不知给了他多少惊奇和喜悦。无论在课堂还是在课后,他的讲义,都用毛笔抄写得十分细致和工整,插图则用铅笔绘制,也一样的精密。由于平素喜欢整洁,讲义全用毛边纸,对开折叠,再用纸捻装订;而且封面也取一例的格式:在左上角竖写讲义名称,右下角署名"周树人"。

凡是新课程,都得使用洋课本,这些课本对于中国的情况是无从顾及的。为此,他常常联系对比中国矿冶的实际,在《金石识别》一类的边页上写下批注,补订其中的纰漏和错误。纸上谈兵,照抄照搬,无论如何是不能令他满足的。他特别喜欢采集矿石标本,不但因为标本可以加深对矿物知识的理解,而且喜欢那嶙峋而不规则的形体本身,它们以最质朴的方式,在荒无人迹的旷野间显示自己的存在。

他于物质生活无所求,穿一条夹裤,吃吃辣椒,照样过长长的冬天;而精神生活却是充实的,他的心灵,似乎长驻着一个火热的季节。坐在桌子旁边,每当功课复习完了,笔记抄得久了,他便从中脱身出来,从书架上检取一部《红楼梦》,或是《西厢记》,或是别的小说杂书,徜徉于人类历史的原野和心灵的幽洞之中。那里,是无法窥觅的又一个奇妙的世界。

知识之火既然点燃起来,他就不会围着炉子取暖。比起周围的同学,他越来越热心于阅读课外的书籍。他愿意像篝火那样,在无遮的天幕下作野性的燃烧……

第二年,总办换了一个新党人物俞明震。他坐在马车上的时候,大抵看着鼓吹维新的《时务报》。考汉文由自己出题目,跟教员出的很不同。有一次是《华盛顿论》,弄得汉文教员也得惴惴地向学生打听:"华盛顿是什么东西呀?"

学校变得相当自由化,看新书的风气也流行起来了。校内设立了一个阅报处,除了《时务报》,还有《译学汇编》,那封面的四个字,在树人看来,就蓝得非常可爱。这时候,听说《天演论》出版了,他特地趁星期天跑到城南书店去,花五百文钱买了回来。这白纸石印的厚厚的一本,只要一翻开,就使他坐不住了:

> 赫胥黎独处一室之中,在英伦之南,背山而面野,槛外诸境,历历如在几下。乃悬想二千年前,当罗马大将恺彻未到时,此间有何景物?计惟有天造草昧,人功未施。其籍征人境者,不过几处荒坟,

散见坡陀起伏间。而灌木丛林,蒙茸山麓,未经删治如今日者,则无疑也。……

多么优美的文字!多么恢弘的气魄!多么新颖的思想!一口气读下去,苏格拉底出来了,柏拉图出来了,斯多噶派也出来了。这些人物,各各带着自己的思想,走向纵深的历史。思想超乎一切,甚至比创造它的思想者更崇高!"物竞天择"呵,"适者生存"呵,"世道必进,后胜于今"呵,"保群进化,与天争胜"呵……他觉得,"天演"的思想,无不与矿石、动植,以及自己周围的物质世界息息相关,但显然有着更为炫目的光耀。他读得那么贪婪,一遍又一遍,《察变》和另外的好些章节,他都熟络得能够背出来了。

《天演论》风靡一时而成为知识界的"通币",绝不是偶然的。时代需要思想。一连串失败的事实,把一批又一批民族出路的探索者投入更高层次的思考。从本国到西方,从科技到体制,从经济到政治,历史规定了这个有序的演变过程。如果不从价值观念、思想方法乃至民族心态方面实行全面更新,很难设想,改革将把一个积弱挨打的民族导向何处。但是,从林则徐到洪秀全,从张謇到康有为,不管他们变换怎样的角度锲入思考,都不得不借用中国传统思想的衣钵,因而也都一例无力擎起一代思想的火炬。新时代的思想,不可能从封闭落后的小生产的土地上产生,它只能是近代工业和科学的产儿。于是,中国呼唤"盗火者"。随着戊戌政变的失败,当自立军和革命党在一片浸渍着血迹的沼泽地上先后行进的时候,严复裹挟他的译著《天演论》,乃从另一条战线冲杀而出,成为完整地引进西方哲学和科学方法,实行中国近代思想革命的开山。

《天演论》是英国著名生物学家,"达尔文的一头猛犬"赫胥黎于1893年在牛津大学做的演讲,原题为《进化论与伦理学》。1894年,他加写了导论,并与其他三篇论文合编成集。他坚持了达尔文学说内在的真理性,把关于生物学的理论应用于社会历史领域,从而开拓了近代科学思想的新课题。严复,这个同样曾经就学于传授驾船技能学校的人,将其中的导论及前半部意译出来,结合英国社会学家斯宾塞"天行人治,同归天演"的思想,淋漓酣畅地发挥了自己的观点。由于严复立足于民族存亡的基点,以最富于说服力的科学事实和最富于煽动性的文学语言,阐述"取法于人"的中心思想,得出"非最宜不能独存独盛"的结论,因此,《天演论》在中国的出版,首先引起的就不是自然科学的革命,而是整个思想界的"一种当头棒喝"。

每读到澳洲土蜂的沦灭,美洲红人和澳洲黑种的耗减,周树人就明显地感觉着一种危机感在压迫着自己。民族的危机。家庭的危机。个人的危机。危机感使人意识到生命的力。自力,自强,自立,自主,这就是一切。正是由于这被唤起的人类的自觉意识,推动着他奔向民族解放和民主运动的前沿。

当一个受创的灵魂沉浸而且震颤于《天演论》的时候,事情让周椒生知道了。

周椒生对新学是深恶而痛绝之的,有一回看见櫆寿的来信,外面只写公历日期,他便说是"无君无父",训斥了一大通。在水师时,他就教训树人说:"康有为是想篡位,所以他的名字叫有为;有者,'富有天下',为者,'贵为天子'也。非图谋不轨而何?"倘看新书报,自然要入康党一流了。

他把树人叫了来,问过话,便沉着脸道:"你这孩子有点不对了,那样的东西怎么能看的?要知道,那是祸根。"

树人觉得好笑,只是不说话。

"拿这篇文章去看去,抄下来去看去!"叔祖说罢,立即递过一张报纸来。树人一看,上边写的是:"臣许应骙跪奏……"原来是一个参康有为的奏折。

树人自然不抄也不看,他并不觉得自己有什么不对。

只要有空,就照例嚼他的侉饼、花生米和辣椒,看那看不得的《天演论》。

这个重精神而轻物质的少年人,对于生命以物质形式寄存的躯体并不介意;加以平时多吃辣椒,胃痛便发生了。痛得剧烈时,他不吭一声,只是把肚子顶在抽屉角上。但书是不肯放手的,仿佛新书本身就是一包止痛剂。

　　对于功课,他不再像从前那样用心温习了。即使这样,考试时,同学们还是看他第一个交卷出场,而且看他以优异的成绩站到班中的最前列。当时学堂规定作文每周一次,其他小考每月一次,优胜者发给三等银质奖章。按章程:四个三等章准许换一个二等的,又几个二等的换一个头等的,又几个头等的换一个金的。在全班中,得到这种金质奖章的,只有周树人一个人。

　　这个班上年纪最小的学生,却并不懂得爱惜荣誉,奖章到手就都变卖了。除了留一点钱给母亲,几乎都用来买严复和林纾的译著,以及其他新书报;再就是买点心和"摩尔顿"糖,邀几个要好的同学大嚼一通。

　　同学们发现:周树人并不只是具有处子般的沉静,他的豪侠和勇武之处,往往也是过人的。

　　他喜欢骑马。对于他,骑马与其说是为锻炼身体,无如说是为了锻炼意志。而今学的开矿,当兵固然是当不成了,但他仍然神往于战场上那血的驰骤与白刃的格斗。马和缰绳,可以带他去追逐那么一个充满英雄主义色彩的幻影。

　　最初,他曾经从马上坠落,直到皮破血流,也不间断练习,每天照例骑上一两个钟头。他常常对人说:"落马一次,就会增一次进步。"等到熟练一点的时候,便约同陆师学生一起租了马,跑到附近明故宫一带的旗营里去,同那些善于骑射的旗人子弟竞跑。有一次,在竞赛中他吃了旗人的暗算,差点儿被刮断腿脚。少年是圣战者。暗算又怎样呢?哪怕面迎旗人子弟恶毒的骂詈和纷飞的石块,他一样策马前往。穿一身黑绒镶边的酱紫色粗呢制服,快马轻鞍,风生蹄下,那是何等的英迈呀!

　　这期间,他刻过三枚图章:文章误我;戎马书生;戛剑生。

## 14 "英雄未必忘家"

又是黄昏。

一个影子在操场上徘徊。四周很静,只有一串若断若续的迟重的跫音。

周树人还不是那种绝无返顾的行者。他的负担太沉重了。就如一匹初上征程的马,正欲扬鬃远去,又不免顾影低回起来。倒不是因为恋栈,即使依恋,也不为自身的温暖;在家庭的围栅内,有的只是亲人的忧烦而已。他是一个善感的人。

现在,首先是个人出路都成了问题。

听说学堂快要裁撤了。这是很有可能的。本来,矿路学堂就是因为青龙山的煤矿出息好,才给开办的;实际情况则不然。在煤矿方面,大约觉得开采并不难,又嫌先前的技师薪水太贵,便辞退掉,另外换了一个不甚了然的人。不到一年,竟连煤在哪里也闹不大清楚,结果掘得的煤,只够供烧矿坑里的那两架蒸汽抽水机,即是抽了水掘煤,掘了煤抽水,算是结一笔出入两清的账。既然无利可图,学堂自然也就无须开设了。从绍兴而南京,从水师而陆师,辗转之余,弄得连一个出卖灵魂的机会也没有。如果学堂真的裁撤了,那么自己将投寄何处?……

暮春天气,微飔乍起,遂使人遍身感觉着凉意。

两年来,除了一纸漂亮的成绩单,自己再也拿不出什么可以告慰母亲的了。家庭是如此暗淡。春假回家过年,虽然可以见到老亲弱弟,还有先生,还有运水,可以游长庆寺、应天塔,可以看社戏,可以在浓厚的情爱和恬静的自然中沉浸一些时,但毕竟无法逃避贫困的威逼。送灶那天,做过一首诗,有意跟灶君先生调侃一下。阔人家才怕他说坏话,自家还怕他什么?难道世间还有比这更坏的境况吗?可怜母亲典了衣物,还得买供神的香烛和饴糖——希望,千百年来捏就了多少愚人的偶像呵!同二弟作文祭书神,虽然尽可以啸傲笔海,淹留文冢,渎钱神而嘲钱奴,而临末写的"他年芹茂而樨香",不也是类似的自我安慰是什么呢?……

一轮圆月正在东边慢慢地升了起来……

自从院试落第以后,櫆寿便显得相当消沉。他收了一个年龄跟自己差不多的阿九做学生,其实并不像师生,倒常常在一起游荡淘气。什么书籍之类,已经无心闻问,有点兴致时才叫三弟帮助收拾整理,或者在院内种点花木。祖父怕他荒疏了学业,在狱中曾写信要他力求上进,投考求是书院;岁暮时,还特地把一本书院章程交给了他。莫名其妙的是,他全然不想到书院去,却跑到杭州服侍祖父去了。2月,祖父被释回家,他才表示无论如何也要从家里脱逃出来。一怕祖父平日的胡闹,二怕每天上街买菜的苦差事。他从小爱体面,上街就怕穿长衫,以为是一种无形的虐待。他简直经受不起一点小小的刺激,一有点小刺激就诉苦。也难怪,娇宠惯了。虽然家境贫寒,毕竟比自己年幼呀!连自己也不堪忍耐的事情,为什么非要他甘于忍耐不可呢?……

祖父也太糊涂了,经历了这样的大劫难还得骂人,难道就不可以安静一点吗?前些日子手抄过他的《家训》,明白其中的苦心孤诣,可他为什么偏偏不守自立的训诫?身处恶劣的境地,而要使暴躁的性格变得温和,确乎不是容易的事情。倘一旦完全改变过来,处处息事宁人,那也是一种悲哀呀!……

灯火疏疏落落地,月夜是无边的苍白……

他不自觉地逃避空旷了。

回到房内,上了灯,他便打开抽屉,取出二弟寄来的诗稿,重新铺在桌面上:

一片征帆逐雁驰,江干烟树已离离。
苍茫独立增惆怅,却忆联床话雨时。

小桥杨柳野人家,酒入愁肠恨转加。

芍药不知离别苦,当阶犹自发春花。

家食于今又一年,羡人破浪泛楼船。
自惭鱼鹿终无就,欲拟灵均问昊天。

眼前波光粼粼,重现了兄弟俩执手言别的一瞬……

惭于家食,自是有出息的想法,可是,举目人间,哪里有一条可以任意驰骋的道路?"脊令在原,兄弟急难",而今,当兄弟伸手求援,自己却不敢把手递过去!……

他感到有一种黏糊糊的温热的东西涌上心来,于是抓过纸笔,写了三首诗:

梦魂常向故乡驰,始信人间苦别离。
夜半倚床忆诸弟,残灯如豆月明时。

日暮舟停老圃家,棘篱绕屋树交加。
怅然回忆家乡乐,抱瓮何时共养花?

春风容易送韶年,一棹烟波夜驶船。
何事脊令偏傲我,时随帆顶过长天!

树人喜欢按二弟的诗韵步和,希望二弟知道,他的呼唤不是没有一个切近的回声。

喃喃了两遍,觉得意犹未尽,又添了一段尾巴:

仲弟次予去春留别元韵三章,即以送别,并索和。予每把笔,辄黯然而止。越十余日,客窗偶暇,潦草成句,即邮寄之。嗟乎!登楼陨涕,英雄未必忘家;执手消魂,兄弟竟居异地!深秋明月,照游子而更明;寒夜怨笳,遇羁人而增怨。此情此景,盖未有不悄然以悲者矣。

他放下笔,觉得胸口有些闷,于是走近窗前,把脸凑到柱子上——

蓝色的月亮。

## 15　大 海 行

櫆寿为了脱逃,转弯抹角地想办法,最后仍然通过周椒生的渠道考进了水师。像他的大哥一样,原名也给改掉了,从此他以"作人"的名字进入一个前途未卜的世界。

矿路学堂这方面,一直拖延着没有裁撤。于是,兄弟俩经常借两个学堂之间的一条小路往返互访,一同阅读,一同倾谈,一同饱餐廉价的风景。就在命运给周氏兄弟着意安排的不到半年的聚会时间里,他们以彼此的唾沫和共同的志趣互相濡润着,画着好梦,将灰暗的日子涂出蔷薇的颜色……

人生真也匆匆。年底完了毕业大考,树人就要离开南京了。

毕业,自然大家都盼望着这一天;但一到毕业,却又有些茫然若失。树人自个检点了一下:爬了几次桅,不消说不配做半个水兵;听了几年讲,下了几回矿洞,就能掘出金银铜铁锡来吗?爬上天空二十丈和钻下地底二十丈,结果还是一无所长,学问是"上穷碧落下黄泉,两处茫茫皆不见"了。这样浅薄的根柢能够干什么呢?为了充实自己,看来只有一条路:到外国去。

现在,树人已经不比三味书屋时代的单纯了。每当考虑个人出路的时候,除了家庭,他总不免要连带想及自己的民族,一个不幸的民族。

在南京的大街上,他曾经看见新式陆军荷着枪,操步从面前经过。在疲惫的脚步的陪奏下,他们唱着军歌:"请看印度国土并非小,为奴为马不得脱笼牢。"其实,比起印度、波兰一样的国度,中国的境况并不见佳,有什么资格讽刺人家的奴性?当时,他觉得脸上和耳轮同时发热,背上渗出许多汗珠来。

他下过矿洞,亲眼看见过那种凄凉的情形。抽水机有气无力地转动,在几根松树圆木撑拄着的黑暗的洞窟里,积水半尺来深,上面仍然在渗水,几个矿工鬼一般地工作着……

维新派是失败了,洋务派又能有什么政绩?为了抗拒洋人的侵入,民间乃有"义和拳"兴起。他们是骁勇的,乃至到处都在谣传他们有着了不得的法术。一时间,家人也颇为之不安,弄得自己不得不去信纠正。那是怎样的一种愚昧的抵抗呵!有一次上街,看到一个大汉骑着马,东倒西歪,像喝醉了酒似的嚷道:"我有一支白蜡杆,可不是普通的白蜡杆呵,这是玄母娘娘赏赐的上方宝剑。只要我用力一挥——喳!鬼子的头就得统统落地了!叱……"听人们说,这个人就是"义和拳"。

可悲的中国!可悲的国民!我们有什么办法可以摆脱这种备受奴役的境遇呢?而洋人,又凭什么赢得这般鱼肉异国的权利?"弱肉强食",难道民族的优劣是先天命定的吗?经过《天演论》的一番敲打,他决心要去看看,去比较,去亲自找到真理的所在。

"必须到外国去!"他终于这么想。

康有为变法,义和团起事,那可能的结局都被历史省略了。圆明园的大火,使所有关于旧日的完好的幻想濒于毁灭。于是满朝官民又掀起了一个维新的热潮。按照老谱,照例派官员出洋考察,派学生出洋留学。经两江总督出面保送,矿路学堂也便决定派六名优秀学生,由总办俞明震率领到日本去。其中就有周树人的名字,毕业执照记录着他的成绩是:一等第三名。

面临出国,未尝没有牵挂,但已经不是初次离家时的那种忧怨了,自然也没有别的一些官费留学生那般亢奋。他,是在深沉的思索中选定这条道路的。

出国前,六名同学中间,有一个因为祖母哭得死去活来,结果不去了。剩下的都不知道:到异国去应该准备些什么?于是相约了一同跑去请教一个曾经游历过日本的前辈同学,那人教导说:"日本的袜是万万不能穿的,要多带些中国袜。我看纸票也不好,你们把钱带去,不如都换了他们的现银。"四个人都说遵命,于是,树人也便买了十双中国袜——白袜,准备带出去。

看过二弟,次日就匆匆回到了绍兴。

祖父出狱后第一次看到长孙,看到长孙执照上的成绩,心里颇感欣慰。树人告诉他说,要留学日本去;他点头"嗯"了一声,同意了。他认为能够留学就意味着获得了自立的能力,而自立,正是他一贯的人生主张。母亲见他考得好,自然十分欣喜,但听说要到比南京还要遥远千百倍的外国去,眉端不免要流露出一些忧戚来。

树人出洋的消息,一下子轰动了新台门。他依次到各个房族去告别,惊奇、惋惜、鄙视,各种各样的目光投落到他身上。

到了伯文叔那儿,还没把话说完,这位痛恨新党的叔祖便一掌将他推了过去。他猝不及防,打了一个趔趄,在背后的一堵墙上停定了。他想不到会在大家庭里演出这样一个场面。像被钉子钉住一样,他紧紧地贴在墙上,看这位叔祖恨恨地掉头走远……

大局已定。没有任何力量可以束缚鼓动的双翼,也许,这一幕恶作剧更加坚定了振翮高飞的决心。半个月后,他草草收拾了书籍,便动身去南京了。

这回携带的书籍很多,除了预备出国阅读的十本《科学丛书》,两本《日本新政考》,一本《和文汉读法》以外,所有都是留交作人的,连同大衫,连同食物。

是最后一次给自己带书了。在远离乡土的南京,可以取暖的算只有大哥的温情。此后,海天相隔,茫茫间怎么好递一声柔弱的呼唤?大哥的离去,使作人顿然失去了依傍,心中有说不出的空虚和怅惘。

周椒生特意设了便宴,为树人饯行。

次日,天空作铅灰色,细雨纷纷扬扬飘落脸上,凉丝丝地,就像离愁般不可撑拂。

作人让叔子去找大哥,自己陪着坐车到了下关,看过太古怡和各个码头,都不见影子,心绪十分烦乱。返回后街,打了酒,本意在浇浇愁闷,结果喝不上半杯又坐不住了。最后,还是在顿船上找到了树人。

兄弟俩对坐着，许多要说的话，此刻都化作了沉默。

晚上，作人跑去看胡韵仙；仿佛能够看到大哥的好友，也算是一种慰藉似的。

刚进门，韵仙就抱住他问："大哥走了吗？"

"还在下关等船呢。"

"我做了三首诗，你带去给他，算是我送行了。"胡韵仙说罢，掏出诗来朗声念道：

> 英雄大志总难侔，夸向东瀛作远游。
> 极目中原深暮色，回天责任在君流。

> 总角相逢忆昔年，羡君先着祖生鞭。
> 敢云附骥云泥判，临别江干独怆然。

> 乘风破浪气豪哉！上国文光异地开。
> 旧域江山几破碎，劝君更展济时才。

第二天上午，当作人遣人带去下关时，已找不到可读诗的人了。

大海。"大贞丸"号。树人靠船舷站着，脚底的波涛像心事一样翻腾不已……

真正的朋友，空间可以把他们随意割切，而相通的心灵却可以占据同一个时间。就在胡韵仙感怀赋诗的同时，周树人也想到这位挚友了。

在学堂，能够纵谈家国者，二三人而已。丁耀卿算一个，可惜死得太早。记得获悉他死的消息，曾经和二弟一同感叹过，还写过挽联。再就是胡韵仙，他有志向，能说话，善诗文，而且很有活动能力。在驾驶堂的宿舍里，他独自占了一间，将床板拆开，只留三张半桌子，放在房子中间，晚上便睡在上面；平时将衣服打成背包，背着绕桌子走。问他是什么意思，他回答道：中国这样下去非垮台不可，大家还是学习逃难要紧。听的人都说他是狂人，可没有谁知道，他正在暗暗地锻炼吃苦哩。然而这一回,他却不能同自己一块走了……

在彼岸等待自己的,将是一些什么人?一个什么世界?一条什么样的道路呢?……

翻腾的大海。轮船,在海浪中颠簸得厉害。从前曾经去过镇塘殿,从一个缺口观潮,即使潮来如盖,那也不是大海呵!周树人向远方望去。远方,海面那么辽阔而平静;与天相接处,有一道银线正闪烁着神秘的辉光……

## 三　岛国的热血与星光

青年,是人生中最富于幻想与热情的时期,同时也是危机四伏的时期。他的青春岁月,是在一个多火山的岛国里度过的。故国的危难,异邦的刺激,婚姻的悲剧,事业的挫折,使他从激奋、骚乱和痛苦中迅速走向成熟。在与近代先进的中国人处于同一向度上,他终于确立了属于自己的独立的坐标。

### 16　燠热的东京气候

中国历史的造山运动出现了这样一种变化:在20世纪的海平线上,具有全国规模的纯粹的农民暴动渐渐沉降,作为新生力量的资产阶级开始迅速上升。

分裂是伟大的。从一个古老而庞大的体系中分化出来的资产阶级维新派,不到十年,就暴露了臀部的封建纹章,于是新的裂痕又产生了。革命派高喊着一个口号走向时代的前台:"排满!"这个口号不但使整个那拉氏政权面临严重的威胁,一群维新派分子也不禁为之惊惶不安。他们躲进残旧的古堡,在政治思想战线上,布置了一场对革命派的抵抗。然而,抵抗是没有力量的。科学的、民主的、进步的世界性潮流奔腾激荡。反对封建专制的斗争,由于以强旺的民族意识进行鼓动,很快便博取了知识分子的普遍同情。革命派的旗帜不可阻挡地成了社会的意向。

时间越来越明确地证明了一个事实:依靠落后的生产方式孕育起来

的愚昧的阶级或者集团,根本无法开拓历史的新场面。近代科学知识,作为新型的生产力,大大推进了历史的进程。20世纪的中国知识分子,已经不复为陈腐的儒家经典所可以囊括;其中的一部分,由于西方科学的灌输而充实成为国内的第一批先进人物。正是在这批人物中间,产生了不同于过去的草莽英雄的职业革命家。在近代中国,可以说,没有哪一位伟大的革命家不是经历过欧风美雨洗礼的。

留学成了新的时尚。当时,日本历经明治维新的阶段,奇迹般在东亚崛起。尤其在甲午战争以后,它不但获得了巨额赔款,而且掠夺了大片的中国领土。随着海外市场的扩大和战争胜利的刺激,国内经济和军事实力出现了巨大而迅速的增长。一衣带水,相形之下,益加显示了中国的劣势。清政府为了挽救自身的危机,不得不忍受战败的屈辱,把这弹丸岛国当成为取法欧美的样板,不断地派遣留学生负笈东来。就这样,东京,一时间成了中国留学生的中心,成了中国资产阶级革命派和保皇派领袖云集的所在地,成了中国民族民主革命的飓风口。

周树人刚刚踏上日本国土,随即面迎了东京的一起爆炸性事件。

国学家章太炎选定明末崇祯皇帝自缢身死的日子——4月26日,即阴历三月十九日作为国耻日,发起"支那亡国纪念会",借机宣传反清革命思想。他亲自起草了一篇措词激烈的宣言,并拟定东京上野公园内的西式菜馆精养轩作为开会地点。留学生报名赴会者多达数百人,孙中山署名为赞成人,梁启超也悄悄地签署了自己的名字。大会召开的消息,惊动了清朝驻日公使蔡钧。由于他的干预,日本政府明令警视总监取消这次会议,传讯章太炎等十个大会发起人。

杯水车薪。反抗的情绪一旦燃烧起来,便不会轻易被压服。在孙中山和章太炎等人的努力之下,会议终于在横滨如期举行。香港的《中国日报》为此发布了消息,以反清为宗旨的大会精神,弥漫了整个的中国知识界。

东京气候变得相当燠热。这种气候,使一个青年爱国者的头脑更快地成熟起来。

周树人温着"戎马书生"的好梦。因为有消息说,他们有可能进入成城学校去学习。靠近"三桥旅馆"的窗口,望一片异国的轻云,他兴奋地将情况写信告诉了二弟。

可是,他不知道,原来的学籍虽然附属于江南陆师学堂,学的却不是陆军而是采矿,根据清朝公使与日本政府所订的定例,那是没有资格进入这所日本陆军士官学校的预备学校的。这次偶然的否决在一生中带有决定性的意义。他再也无须留恋滴血的锋刃,而有了一个从容选择别种武器的机会了。半个月以后,他成了弘文学院的学生。

弘文学院,是教育家嘉纳治五郎专为中国留学生设立的一所速成教育学校。1902年1月,校部迁至市内牛迿区五轩町三十四番地,此后又另外开辟了两处校舍。后来因为有些留学生以为"弘"字与乾隆皇帝的名字弘历相忤触,为了避讳,于是改为宏文学院。

学院以教授普通科为主,学习日语和普通科学知识,为升入高等专门学校打下基础,同时兼设各种速成专科班,供学生在短期内获得一些知识和一纸文凭。此外,还为赴日考察或学习教育者开办旁听班。周树人和同来的同学都被编入普通江南班,期限二年,学习时间是相当紧迫的。

当时,留学生大多从旧式学塾和书院中来,他们可以作漂亮的八股文和试帖诗,至于什么声光化电,几何代数,ABCD之类,向来是陌生的,因此,对于学院规定必修的自然科学的课目,都感到极难应付。周树人由于在矿路学堂时期经受过这方面的训练,加上基础扎实,自然绰有余裕,可以根据自己的需要而致力于攻读日语。日本译书既快且多,掌握了这样一门语言工具,便可直接或间接地阅读更多的世界名著,而无须经过严复、林纾之流的中介,即使他们的译笔曾经那般地令他沉醉。

在学院里,学生每人收费二十八元日金,除了二十五元作学费外,另发三元零用,周树人的生活,不会比南京时候有更多的宽余。从国内带去的十双白袜,因为常穿皮鞋,结果既不能自用,也不能卖钱;至于一元的银元,日本早已废置不用了,只好赔本换了半元的银元和纸币。他想起出国前措置这些东西的小心备至的情景,不免哑然失笑。没有任何积攒,三元零用钱,都叫香烟和零食给花光了。买不起高贵的"敷岛"牌香烟,就抽廉价的"樱花"牌。他喜欢樱花、爱吃的零食有蛋糕和落花生,买来就放在抽斗里,随时取出充饥。香烟是最可亲近的。它不但能为人驱赶倦意,夹一根在指间,看火星乍灭还明,烟云依依不散,在一个寂寥的世界里,于是也就有了一个可以相对守坐的朋友了。

新异的国土,新异的语言和知识,多少覆盖一些黯淡的离思,在给家里寄去一卷自撰的《扶桑纪行》之后,6月,周树人又寄出一张照片。在背面,他用了不无快意的谐谑的调子写道:

　　会稽山下之平民,日出国中之游子。
　　弘文学院之制服,铃木真一之摄影。
　　二十余龄之青年,四月中旬之吉日。
　　走五千余里之邮筒,达星杓仲弟之英盼。

开始不久的留学日子,在他的眼中熠现着理想的光彩。恍如严冬过后,乍见初绽的花枝,虽是一枝独秀,却有着拥抱整个春天的温暖而清新的感觉。

神田区骏河台有一座别墅式的两层楼房——清国留学生会馆。

这个策划留学生全体活动的机关,从蔡钧率先发起成立的那天开始,就置于清政府的控制之下。可是,被招致的留学青年,却把它称作美国费城的独立厅。正是在这里,他们举起革命的巨锤,给清政府敲响了第一声丧钟。

会馆大楼底层设有多种房间,像接待室、会议室、事务室等等,楼上是教室;楼房之外还有一间单独的小房,主管传达、收发,兼售会馆出版的书刊。这些书刊惹起周树人浓厚的兴趣,常常跑来翻阅,从中捕获国内的最新信息,追索革命的态势,倾听青年爱国者的心声。还有会议场上盛大的集会,演说场中激烈的演说,都是他所乐于接触的。他是火,是火就得找燥热的地方支持自己的燃烧。

记得首次参加集会是在锦辉馆。演说的是一位头扎白纱布的操着无锡腔的英俊青年,那话题,自然是最时髦的排满。他滔滔不绝的慷慨的言辞,使周树人和所有的听讲者充满了敬意。

"……我在这里骂老太婆,老太婆一定也在那里骂吴稚晖——"

周围顿然腾起一阵哄笑。

"老太婆"者,当是指西太后了。吴稚晖在东京开会骂西太后,无疑这是事实,但凭什么便断定西太后也在北京骂他呢?周树人不免感到扫兴,心想:演讲固然不妨夹着些笑骂,但类似这般无聊的打诨,却是非但无益,而且有害的。

正是这个吴稚晖,作为主角,演出有名的成城学校入学事件。

6月间,自费生钮瑗等九人申请进入成城学校学陆军,遭到蔡钧的拒绝。清政府十分害怕革命者掌握军事知识,对从中毕业的学生将任军队要职的前景,尤其感到恐怖,因此严格规定:除了政府保送的官费生,所有自费生一律不准进入成城学校。当时,吴稚晖作为广东大学堂教师,刚好带领着广东籍留学生住在东京。他对钮瑗等人的境遇非常同情,为此,结同孙揆均等二十六人到使馆静坐请愿。蔡钧勾通日本警方,把他们拘留起来;接着,东京警视厅以"扰乱治安"的罪名,宣布将二人驱逐出境。在押送途中,吴稚晖乘机跳落城河,旋即被救。有名的《新民丛报》披露了这个自杀未遂的消息。江苏籍学生秦毓鎏等几次前往公使馆诘问,蔡钧不但拒不接见,而且照样拘留了他们。这样一来,便引动了久积的公愤,全体学生马上集会抗议,从此,反对清政府的斗争再度进入高潮。

斗争结果,蔡钧被调走了,九名自费生于翌年获得正式保证,允许进入成城学校;第一个明确以反清革命为宗旨的留学生团体——青年会,在热潮中应运而生。

时势造英雄。群众性的斗争造就了不少名噪一时的领袖人物,但是，周树人对他们往往不抱好感。他重视人格，当他凭自己的敏感，辨识到了盛名之下的私心，那最不可容忍的浮躁，伪诈与专断时，就会立即远离他们。在留学生中间，能被他引为同类者并不多，过分的自爱使他显得有点儿孤僻。

他常常一个人走进大丛林里去。

在丛林里，他会很快地忘却自身的孤独，仿佛自身也化作其中的一片绿叶了。没有一片叶子是相同的，然而又各各长得多么强劲，多么丰腴，多么美丽呵！他畅意地采撷着、呼吸着，每每惊异于充盈其间的空气，何以会变得那般地富于生机。它形而上，既来自林木又不黏着于林木，完完全全是一片浑然的绿意，不见形影，却无所不在。

那是书籍的丛林。为他所时时感触到的周围的绿意，便是流泛于由众多元素、细胞、动植、人物、机械、事件等构成的枝叶婆娑的世界中的一种精神。在他的抽屉里，有古希腊、罗马神话，拜伦的诗，还有尼采的传。试看异国神话，那神秘而大胆的想像，不正是人间的正义与邪恶之争的虚幻的折光吗？说到拜伦的诗，文字其实是算不了什么的，要是比起他的独立不羁的人格。至于尼采就更不用说了，这个个人主义的至为雄桀的人物，其"超人"学说实在是人类的自觉精神和进取意志的鼓吹。从前读《天演论》，常为严又陵再三致意的"自强"精神所激动，想不到就在尼采的身上和书中找到了这种精神的具形。难怪日本思想界对他那么感兴趣，要腾出那么多的地方去介绍他，甚至为了他而无止无休地争辩！……

精神追求几乎成了周树人生命中的全部。怎样才能使一个人的灵魂健全起来？怎样使一个民族的实力壮大起来？中国的出路问题渐渐成了无数次思考的交叉点。他不仅自己阅读，还把那些具有启发性的书刊，如《清议报》、《新民丛报》、《新小说》、《译书汇编》、《浙江潮》、《西力东侵史》、《朝鲜名家小说集》等，从书店陆续买下，寄给国内一样焦渴的二弟。

东京的风景是迷人的。富士山麓，春雪融融，江户川畔，樱花如织。

无论是夕照的猩红，或是月夜的皎白，都令人感到这地方的天空是分外的澄明。凡爱美的人都不会不爱风景，只是对于周树人来说，少年时代的折磨已经多少擦掉了一些对那遗世而独立的山水的敏感。况且，他一直耽于人世问题的思索，背负着人类创造的责任，总是不肯放下。在他的视界里，一个民族的文化是远比它所拥有的风景更美丽的。在阅读西方的政治哲学和文学书籍以外，他还披览了不少日文的美学书，留意日本的画谱，从浮世绘木刻中间发现现代美术的风格。即使逍遥于美学境界，那些由美感传达的亲密的私语，最后还是告诉了他：日本民族怎样的执著不深，容易蜕变，适于生存，它怎样的不像幸存的古国，自恃陈旧的文明，一切僵化，往灭亡的路上走……灌注在大脑中的还是民族，还是变革，还是《天演论》那一套。真没有法子！从小开始，他就注定了不能超脱，注定了要隐忍着摸索着挣扎着奋斗着度过此后的艰难的一生。

不久，周树人认识了一位同乡青年，有幸终于找到了精神上的最可靠的友伴。

这位友人叫许寿裳，字季茀，杭州求是书院的学生。他是由官费派来的，同样进的弘文学院，只是被编入浙江班里。比起周树人，他要高出半个头；而满头短发，剽悍而洒脱，使一直拖着辫子的周树人非常爱慕。他常常把上衣敞开，有意无意间显示出一种阔大的气魄。虽然，他不喜欢夸夸其谈，但是一旦议论开来，也会异常激烈。只有微垂的眼睑透露了他的多思，宽大的鼻子和微厚的嘴唇，刻画着天生的仁爱。

具有共同素质而且作着共同追求的人，容易增进相互的了解。当初两个人的交往并不多，虽然每次见面，都感觉彼此间有着新的接近。

有一次，当聚谈到历史上中国人的生命不值钱，尤其是做异族奴隶的时候，两个人一同沉默起来，谁也没有话说。语言这东西，有时候显得最没有力量，甚至完全是多余的。好像这段悲哀的沉默，就远胜于万千般言语，一时间把心灵之间仅存的一层障壁给打通了。从此，他们的来往突然变得频繁了起来。

## 17　弘文风潮与辫子问题

春天。

春天是一个启示，一次展示。为了创造一个蓬勃的起始，当1903年的春天尚未萌动之前，革命派就开始加紧活动了。

每年，留学生会馆都有例行的新年团拜会。孙中山决定利用这个机会，进一步扩大革命影响。他把留学生马君武、刘成禺召到横滨，布置任务说：这是一个非常难得的宣传机会，因为要欢迎振贝子，公使、监督都将出席团拜会。如果有人在会上倡言"排满"，发表演说，必将轰动全国。

两位青年接受了这项庄严的使命。

这一年的团拜会的确是空前的盛会。官袍、洋服、长辫、高髻，熙熙攘攘地混杂到一块。大会开始后，马君武、刘成禺先后登台演说，面对贵族公使，历数清廷的罪恶，并且提出：非排除满族专制，恢复汉人主权，不足以挽救中国。两人言辞慷慨，声泪俱下，全场报以热烈的掌声。这时，有清宗室站起来辩论，被会场中的革命学生厉声制止了。革命，以有声有色的实体呈现在会场中间，构成为一种现行的威慑力量。

会后，贵族学生良弼、长福等人，一连绝食三天，迫使监督汪大燮，将刘成禺开除出成城学校。但不管结局如何，事实证明保皇思想已经没有能力单独应战，哪怕小小的一次狙击，都必须借助皇权。团拜会大大鼓舞着东京的留学生群。因为革命已经不复是几个流亡者的幕后策动，也不是几个演说家的空头呐喊，它已经壮大到可以明火执仗地向满清官员示威了。

周树人深深感到：日本这地方，不但是西方科学文化的输送站，而且是革命的冶炼场，解救整个民族的人才和武器都必然在这里锻炼产生。科学的影响是长远的、沉潜的，惟有革命的手段高扬而且切近。对于一个专制腐败的异族政府，看来十分需要强有力的颠覆手段，整个的颠覆！

在清风亭召开的恳亲会上,他同陶成章、许寿裳等二十九名绍兴籍学生一起,联名发出致绍兴同乡的公开信。

信中这样写道:"遭世多变,刿心怵目于危亡之将及,而我槃槃五岳,灏灏江河,东南带海,西北控山之大陆一片土,将沦陷于异族。即我稽山镜水金宝玉堂,亦将销沉霸气,暗郁无色。呜呼,岂不痛哉!"他们向对岸发出热切的呼唤,希望乡亲勇敢打破政府的封锁政策,力争东渡留学,"求智识于宇内,搜学问于世界",从而率先"惊醒我国人之鼾梦,唤起我国人之精神"。

周树人自己,的确以能置身于日本而感到庆幸,在"排满兴汉"的热潮里,他时刻盼望着作人快点毕业,找机会像自己一样前来。

整个日本留学界,革命形势的发展非常迅速。继《国民报》之后,一批留学生创办的报刊纷纷破土而出:《湖北学生界》、《浙江潮》、《江苏》、《四川》、《河南》、《直说》、《游学译编》、《女子魂》等等。同时宣扬民族主义,传播民权学说,煽动种族革命,鼓吹献身精神。《浙江潮》发刊词说:"忍将冷眼,睹亡国于生前;剩有雄魂,发大声于海上。"每一个刊物都是一个地方团体。对于政府来说,团体的力量无疑是最可怕的。像这样雄厉的集体的呼号,当时就很有代表性。作为政治宣传的手段,除了办报,就是抄书。有些激进的学生锐意搜集明末遗民的著作、满人残暴的实录,钻进东京或其他的图书馆里抄写出来,然后设法印刷和输入国内。于是,《扬州十日记》、《嘉定屠城记》、《朱舜水集》、《张苍水集》都翻印了,还有《黄萧养回头》以及其他单篇的汇编。他们希望国民将忘却的旧恨复活,促进革命的成功。

在东京,中国青年知识分子,作为争取独立自由的第一个波浪,他们是喧腾起来了。

初到弘文学院,周树人有过短暂的满足,但是,很快就发觉自己对于学院的期待未免过于乐观。经过3月的一次大风潮,他几乎彻底地陷于失望。

一天,学监大久保把学生召集起来,说:"你们都是孔子之徒,今天到御茶之水的孔庙里去行礼吧!"

周树人听罢,着实大吃了一惊。他想,正因为不满于孔夫子的一套,才千里迢迢跑到日本来的,然而又是拜吗?心里感到十分困惑。

其实,学院早就立下这样的规定:"凡逢孔圣诞辰,晚餐予以敬酒。"直到前不久,嘉纳还在学生面前强调说,中国要振兴教育,不但要"求之孔子之道",而且要"深明中国旧学",至于泰西伦理道德学说,又不过是掺合的佐料罢了。很明显,一个明确规定尊重清国国体的学校,其宗旨是绝对不会离开孔夫子的。

与政治上的保守倾向相适应,便是整个学校的管理腐败,课程不全。学生们虽然多次要求改革,并且争得嘉纳的承诺,从来未曾有过任何实施。在教育的领地,赚钱居然成了第一需要。今天办一个"速成师范",明天办一个"速成本科",名目倒是不少,大抵是商业性的招徕。从这里培养出来的师资,具有真才实学者并不多,最可讨厌的是也学会了挂招牌,在教育上头,加上各种主义:军国主义、尊王攘夷主义、贤妻良母主义之类,颠顶之态可掬。

这样的教学制度,自然要引起革命思想日趋激烈的学生的不满。他们以各自不同的方式,进行独立的反抗。周树人班上,就有一个黄兴,十足地表现了楚人的蛮性。他从来未曾大叫革命,也始终没有断发,只是由于学监严诫学生不可赤膊,他便偏要光着上身,常常这样捧着洋瓷脸盆,从浴室经过大院,然后摇摇摆摆地走进自修室。散置的干柴终于有一天集中起来,升起熊熊烈焰,仅凭权力者的几星唾沫已经不再可能把它泼灭了。

26日,学监大久保、教务干事三矢、会计关等,突然召集学生部长开会,出示新定规则十二条。学生们满以为是改良课程的方案,接过来一看,才知道是一些旨在增加校方收益的规定。经过一番讨论,他们认为多属琐碎之事,不屑与之争议;但是其中有三条实在过于苛刻,因此有必要加以修改。这三条规定是:

一、除告退外，无论临时告假归国及夏假中归国者，每月须纳金六元半。

二、洗濯一月三次，每次一套自备之物，宜由学生自理。

三、患病者两周之内医药全皆由学院支出，逾则学生自理。

规则经过修改，由学生部长找会计关交涉。关借口要过问院长，丝毫没有听取意见的表示。部长迫于规则将在三天之内实行，便提出说第二天要听答复。结果，到了次日晚上十时许，仍然没有回音。学生再度推举部长前往究问，并且声明：如果再不管理，将于明日全体罢课。

学校当局的态度也非常强硬。三矢集合了十多名学生代表训话，宣布对规定不做任何修改。"你们不应当这么胡闹，"他傲然说道，"如果有谁执意要退学，我们决不强留！"代表们听了十分愤慨，于是议论说："他胆敢借题威胁，那么就试试看吧！"

学生当即召开了特别会议，会上群情激愤，一致决定退学。

住在东樱馆的周树人，是退学风潮中的激进派分子。28日，他同弘文学院的五十余名留学生一起，坚决告离了学校。

嘉纳慌了。他知道，倘听任事态的发展，于自己是十分不利的。于是，一面写信给各监督，一面派人到总监督处，要求代为安抚，并且表示了厉行改革的诚意，以图挽回残局。

总监督传达了嘉纳的意思，为此，学生们召开了各种会议进行讨论。在会上，他们进一步提出开办走读等七项要求，作为复校的先决条件。嘉纳看到没有回旋的余地，经过几次谈判，只好撤去教务干事及会计人员，但仍然坚持要学生检查"措置冒昧之失"。学生一致认为没有错失可言，于是严词加以拒绝。最后，嘉纳不得不承认职员的"不善之过"。

二十余天的僵持局面终于结束，中国留学生胜利返回了学院。

周树人十分重视这次退学斗争，当序幕刚刚拉开，就把事情告诉了作人。首次加入一个战斗性集体，直接感受诸方面矛盾的冲击，使他一直处于亢奋状态。这次斗争，面对的已不复是满清的官员，而是日本的学府；而且，斗争也不只限于一次演说，一个宣言，而是在一段不短的时间内几经反复的紧张的角逐。他感到，仅仅排满是不够的，满清政府就总是同外国人勾结在一起。作为炎黄子孙，他时时感受到作为亡国奴的双重的屈辱。

先进的科学技术，可以滋养一个民族的文明，也可以培植一个民族的兽性。祖国的疆土，就有发达的日本的爪痕。在东京，一些日本人骄蛮得很，动辄侮辱自己的同胞。触目的事实，使周树人的头脑日渐变得复杂起来；他虽然倾心于日本的科学文化，由于过分的自尊和敏感，却也不能不常常以多疑的目光打量周围的日本人。

如果有日本人看出他是中国人，便凑过来用中国话问话，他总是假装不懂。上街时，常常要遭到日本少年的嘲骂，同学们听了都感到气愤，他会说："光是气愤没有用。这些辱骂的话，倒值得编入我们的国歌里，鞭策我们发愤图强。"最近，一个姓坪井的日本人，把中国人看做同朝鲜、日本北海道、台湾土人一样，都属尚未开化的野蛮人种；于是建议招聘包括中国人在内的"野蛮人"，作为标本运到大阪博览会上去陈列。对留学生来说，这，不能不说是最富有刺激性的一件事情。当时就有人呼号道："吾言及此，吾抚此发辫，不禁泪涔涔下，哀吾同胞祖先之惨状，而吾辈子孙今日之苦，尚未有穷期也。"

除非不革命，要革命，就必须除掉辫子！

周树人记得，幼小时，曾听老人说过："剃头担上的旗竿，三百年前是挂头的。"自从清兵入关，不痛不痒的头发就同政治联系起来了。按照满人的风俗，男人是要蓄发留辫的，一旦成为统治者以后，自然强令汉人也得如此，以示统一，有谁敢于抗拒，就把头砍下来挂在旗杆上示众。这辫子，是砍了无数人头，这才种定了的。时间长了，人们也就渐渐忘却了这段血史，反以为全留乃是"长毛"，全剃好像和尚，必须这样剃一点，留一点，才可以算是一个"正经人"！

在留学界，一些学生居然把辫子当宝贝一样盘护起来，用制帽盖住。特别是速成班的，像道士似的梳上一个髻，顶得制帽高高耸起，形同一座富士山。如果完全暴露出来，拖在脑后，被市中的行人看见了，就会直呼为"跄跄婪子"，意思是拖尾巴奴才。自己来到日本，日本人议论自己的头一句话，也就是"半边和尚"。也有解散辫子，盘得平平的，但从帽沿拖下些发缕来，那样子就更难看了。辫子这东西实在可恨，然而无法可想，只得把"顶塔"留得很小，让不多的辫发盘在帽子里，不露一点痕迹。但是，每当脱帽、体操、穿起白衣服练习日本传统的柔道，都会感到极其不便。有时候，目睹辫子平空甩了下来，心里就更憋得厉害。

大风潮过后，他对自己过分的沉静突然不满起来。这辫子，为什么别人可以剪掉，自己却偏要留着作为奴隶身份的见证呢？人家革命、割头尚且不怕，还怕一根辫子吗？……除掉它！坚决除掉！

异国的天空变得有多高呵！大街也变得这么宽阔！周树人太兴奋了，从理发铺里走出，不自觉地竟小跑起来，一直跑到许寿裳的自修室，这才在门口站定了。

许寿裳见到他，立即推桌站了起身，大笑着叫道："呵，壁垒一新！"

他伸手摸了摸自己的头顶，也不禁笑了。

此后，每当遇着惊喜或感动的时候，他都会本能地摸一下头顶，乃至"定格"成为一个固定的手势。

失去辫子是一件大事情。由于在江南班里是第一个，周树人的光头便特别的惹人注意，很快遭到几个盘辫子的同学的耻笑，甚至是敌视。最严重的问题是实际解决。监督姚文甫出面干预了。这个顽固的家伙，当众把周树人狠狠斥责了一通，扬言要停止他的官费，送回中国去。

开始，他感到有点可虑，因为他实在舍不得离开这块地方。一切准备都是这么的不充分。他非常需要日本。但是，既然权力降罚于自己，又有什么可卑怯的？本来就是意在造反的嘛！他变得不在乎了。

过了几天，姚文甫的辫子也丢了！

原来，姚文甫是一个满嘴仁义道德、满肚男盗女娼的家伙，好些留学生都知道他的阴私。一天夜里，同文学院的邹容乘他私通的时机，伙同另外四位同学,一道闯进了他的寓所。他们将姚文甫痛殴了一顿,声称要砍头示众,吓得他连连磕头求饶。

邹容喝道:"即使饶了你的头,也不饶你的辫子!"说罢拿出剪刀,"咔嚓"一声,果然截了下来。

留学生会馆的正梁上,于是有了一条高悬的辫子,旁边有大字注道:"禽兽姚文甫之辫。"

闻讯以后,同学们都纷纷跑过去看,以轰动的笑声,庆祝辫子革命的又一次凯旋。

## 18　哲学和文学成了异国游子的精神家园

两个人和两个影子。

谈话持续了好一会儿,周树人打开书册,取出一张照片递过来,说是给许寿裳做个纪念。

一个青年从掌上凝视自己,那目光像在探问,明澈中显得有点儿沉郁。头发留的很短,几乎整个开阔的前额都暴露了出来。圆圆的脸廓,似乎着意保留童稚的纯真;正直的鼻梁底下,微张的鼻孔和紧闭的嘴唇,却又分明表现着成人的执拗。深色的学生制服,领子关得很严,两个耀眼的铜钮端端正正地钉在制服上,把整个人衬托得格外深沉和稳重。

翻过背面,是一首题照的诗:

灵台无计逃神矢,风雨如磐暗故园。
寄意寒星荃不察,我以我血荐轩辕。

神矢的情爱,故园的黑暗,迷茫的星光,祭坛的热血,一个异乡游子所身受的八方刺激,都通过这几行小字显露出来了。

没有谁比许寿裳更能理解这位青年人。平时,他们像兄弟一样亲爱相处,一起读《天演论》,读张苍水,读各种各样的哲学社会科学书籍。每到书店,两个人就划分范围,锐意穷搜,得到名著立刻欣然相告。坐在一起的时候,就评述会上或书里的各种观点的优劣得失,自然也会激烈地争论起来。这是一位"畏友"。许寿裳知道,他富于热情,极易冲动,处事果断,雷厉风行,无怪王立才送了他一个"富士山"的诨名;但他也极爱沉静,善于观察,见解深刻,一针见血,为此,邵明之还给了他一个绰号叫"毒奇"。动和静,在他的身上形成奇妙的两极,有如正负电荷,不时碰出炫目的火光。

最近,周树人明显地有了改变,昂奋的时候少了,沉淀多于沸腾。他感觉到了无边的寂寞。

每个人都有自己的寂寞。而周树人的是大寂寞,因为他拥有一个更为辽阔的时空。时空的伸延使目标变得那么遥远,甚至看不到通往它的确切的道路;这样,就与他对社会责任的强烈意识和实行干预的紧迫感觉构成为巨大的根本性矛盾,使他怎样也无法逃避这种张力的撕扯。这时候,在生理上他才刚刚走向成熟,刚刚进入青春期。这是一生中的分裂时期,危机时期,冲突时期。为心理学家所称的"角色延缓",多少带有类似的悲剧性质。他远离故国,不时想念家人,但显然不再全心全意地属于他的家庭了;他的周围有不少中国同学,虽然缺少但也并非完全没有朋友,然而,他又必得保持着一定的距离。他受着各种关系的制约,却又具备某种超越性。思索本身是一种超越,思索的对象——精神也是一种超越。在东京,他是一个"孤独的旅客"。

当时,日本思想界流行着黑格尔和康德的德国古典哲学,梁启超也开始在《新民丛报》谈起"改造国民性"的问题来了。周树人虽然并不欣赏这位"报纸派"领袖人物提倡的所谓"公德",但如何认识和改造国民性,开发其中积极的方面,却不能不成为他思索的全部问题的核心。

留学一年来,他就认识到日本的崛起,跟整个大和民族的性格有关。它那积极进取的精神,又恰恰是中国国民所缺乏的。按照"天演"公例,中国的希望理应属于青年,但是周围的青年是怎样的一群呢?只要想起经常出入于会馆,夸夸其谈,扭屁股跳舞,关起门来大炖其牛肉的新式人物,他就感到恶心。那些志为人臣者固不待言,连一些颇具民族意识的学生,也大抵以早经褪色的先民的历史自炫。例如说日本"无一非我皇汉二百六十年前国有之习尚风俗",见到店铺的一些招牌,也常常指点赞叹说是大唐遗风,并以在中国失传为憾,还有的说汉人死后入殓,将辫子盘上头顶,仍然不忘恢复大明,是谓"生降死不降";另有一部分人,则改名为"扑满"、"打清"之类,算是英雄。就拿有名的吴稚晖来说,姑不论在成城事件中是否有过在清朝公使面前下跪的事实,后来的跳水便很可怀疑是不是一种姿态,因为那城河水浅他不会不知道的。这样一些国民,难道是可信赖的么?如果说革命志在光复,那么,光复以后又将是怎样的一番局面?他有点茫然。

只要有空,周树人就跑到许寿裳的自修室里去,同他一起探讨这样三个相关的问题:一、怎样才是理想的人性?二、中国国民性中最缺乏的是什么?三、它的病根何在?两人的聚谈每每忘了时刻,最后,还是没有满意的结果。

在周树人的抽屉里,珍藏着他心爱的书籍,除了惟一一本线装的日本印行的《离骚》,全都是洋书。这个发现,不能不使他的挚友感到诧异。前些天,许寿裳曾经问他:你最喜欢《离骚》的哪些句子?他不假思索,随口背了四句:

朝吾将济于白水兮,登阆风而缧马。
忽反顾以流涕兮,哀高丘之无女!

这种登高怀远、不胜寂寞的心情,许寿裳是理解的。当照片递交到他手中,也只是默默地看,默默地放好,默默地陪对友人。他没有话说。

5月,许寿裳开始接编《浙江潮》。

他平素就佩服周树人的见识与文才,及至亲自编辑一个刊物,自然找上门来商量。对于《浙江潮》,周树人是非常关切,每期必读的。当他听到要由好友主办的消息,兴致很高,当即答允帮忙看稿子,并且表示,设计封面或者撰文,也都可以的。

隔了一天,稿子便交来了:《斯巴达之魂》。

这是一篇从日文重译,然后再行改写的小说。公元前480年,古希腊的斯巴达三百勇士坚守要隘温泉门,抗击波斯数万侵略军,终因众寡悬殊,全部壮烈牺牲。只有一人因患目疾未曾参加战斗,得以幸免归来。回家后,妻子涘烈娜引为奇耻,乃至以死净谏。将军柏撒纽闻悉死讯,大为感动,于是特建了纪念碑,作为斯巴达国魂的象征。

早在八国联军入侵中国之际,沙俄政府便借口"保护中东铁路",调集了十六万军队,占领了东北三省。经过清政府出面交涉,仍一直拒不撤出。4月,进而提出七项无理要求,妄图将中国领土长期置于铁爪之下。上海爱国人士于是发起"拒俄运动",坚不承认沙俄政府的条件。月底,消息传到日本,东京留学生立即召开全体大会表示声援。会上决定成立"拒俄义勇队",开赴东北,抗击沙俄。这次运动声势浩大,致使几个月后,弘文学院还因为它的影响而几乎停课。

由于客观方面的原因,周树人与矿路学堂毕业前来的几位同学都没有参加,也没有捐款。从个人意愿来说,他也未必会主动担任其中的一个角色。首先,义勇队不可能独立行动,不可能充分履行自己的爱国职责。大会曾致电北洋大臣袁世凯,请将义勇队编归他的部属,这种把爱国者的命运交由一个本来早就应当被颠覆的腐败政府去掌握的做法,无论如何是不能接受的。而且这时候,他已经越来越倾向于有准备的反抗和长时间的韧战。他不是缺少热血,但并不愿意作如此轻贱的倾洒。他愿意留下来,慢慢地磨自己的锋刃,从而等待一个必要的出击机会。

即使这样,他对许寿裳、苏曼殊等朋友加入义勇队的爱国热情,仍然十分感佩。这时,正好赶上许寿裳拉稿,便借了流行的斯巴达的故事,讴歌一种超乎个人利益的献身精神。

周树人同东渡的同学,包括自费生陈师曾等一共八个人,住在楼上的一个狭陋的房间里。楼下是自修室,也不见得宽大,供他们集体使用。这群二十余岁的青年,终日挤在一起,有时商量大事,推敲文字,研讨新知;有时共抒雄图,计在光复;有时痛饮浊醪,狂论高歌,很有点罗曼蒂克的味道。《斯巴达之魂》完稿以后,大家都围拢来看。有的手执日文书,一边说,一边补充;有的抢先高声朗诵。当读到"呜呼,世有不甘自下于巾帼之男子乎,必有掷笔而起者矣";"飘飘大旗,荣光闪灼,于铄豪杰,鼓铸全身,诸君诸君,男儿死耳"等句,就有人用笔加上密圈,传诵一时。这篇译作充满着政治激情,在译笔方面,既有点梁启超的淋漓酣畅,也有点严复的古朴凝炼,还带点林纾的典雅清丽,因此留给大家的印象都很深刻。此后,只要在杂志中发现斗争性较强的短论,大家一定说:"恐怕又是豫才的手笔罢!"

在《浙江潮》同期发表的,还有另一篇译作,那是从雨果《随见录》中节选的《哀尘》。

还在南京读书的时候,周树人就读过雨果的小说;及至日本,这位法国浪漫主义文学领袖的名字,已经随着"政治小说"的流行而风靡岛国了。《新小说》登载过他的照片,名著《悲惨世界》及其他一些作品也都先后有了日译和汉译。雨果具有强烈的爱国热情,他对封建王朝、教会和上流社会的揭露,以及对底层人物的同情,自然赢得周树人对他的倾慕。

与《斯巴达之魂》一样,饶有意味的是,《哀尘》的主角也是一位女性。不同的只是,前者是深明大义的女丈夫,后者是无心薄命的贱女子。她们分别作为社会上的强者和弱者的代表人物,而呈现在读者之前。

《哀尘》叙述芳娣惨遭恶少诬辱陷害,辗转无依的经历;在她的身上,第一次体现了未来的天才作家对于人的命运的关注。伟大的同情心,不仅来自先天的人性遗传,或后天的文化修养,重要的是植根于早期的"乞食"生活,与曾经身受的屈辱血脉相连。因此,周树人绝对没有出身优裕的人道主义者那般从容不迫,他对压迫者的憎恨已经深入骨髓,乃至在译述这个异国故事时,特意选择了"频那夜迦"作为恶少的名字,借诅咒印度神话中的恶神进行发泄。在这个短篇中,首次表现了译者对他所向往的西方文明的怀疑。然而,既找不到前途,又不甘退转,他便只好在时代给予的局限里继续忍受痛苦的熬煎。在《译后记》中,他慨然写道:"嗟社会之陷阱兮!莽莽尘球,亚欧同慨;滔滔逝水,来日方长!使嚣俄(雨果)而生斯世也,则剖南山之竹,会有穷时;而《哀尘》辍书,其在何日欤？其在何日欤？"发表时虽然用了传说中降伏妖魔的神人"庚辰"作笔名，表示抗暴的决心，而笔端所及，毕竟流露了深沉的寂寞。

邹容在惩罚姚文甫以后不久，被迫离开了日本。4月，他回到上海，住进"爱国学社"，认识了有名的革命家和国学家章太炎，从此结为亲密的"双子星座"。

正当周树人编译《斯巴达之魂》时，邹容完成了一个宣传民主革命的小册子——《革命军》。这个中国近代的《人权宣言》，以浅近直截的语言，鼓吹自由、平等、博爱，主张"天赋人权"，提出结束中国君主专制制度，建立"中华共和国"的革命纲领。它在上海秘密出版，接着公开印行，销售达数十万，堪称震撼社会的"雷霆之声"。

当时，《苏报》的笔政大权已经转移到章太炎、蔡元培、章行严等革命派的手中。为了配合《革命军》的出版，报上连续发表《〈革命军〉自序》、《介绍〈革命军〉》、《序〈革命军〉》、《读〈革命军〉》等系列文章，"排满"、"仇满"、"革命"、"民主"一类字眼，一时挤满版面。6月底，摘要发表章太炎有名的《驳康有为论革命书》，这就给已经燃起的烈火投进了又一束柴薪。

7月，清政府突然查封了《苏报》馆，章太炎和邹容一起被捕入狱。轰动一时的"《苏报》案"发生了。

在这期间，周树人和许寿裳相约拜访了蒋观云。这是一位极负盛名的人物。他不但诗文做得好，难得的是能够摆脱君主立宪派的宠幸，从一个《新民丛报》的主要撰稿者，变为《浙江潮》的主笔。由于手编的刊物，可以给青年以焦渴的真理、知识和热血，因此，他们都乐于登门请教。

头戴绅士帽的蒋观云，今天的言谈特别激烈。针对"《苏报》案"，他发表一通观感之后，接着出示了章太炎写在狱中的几首诗。诗人一生作诗，诗在华采；革命家余事作诗，诗在精神。章太炎的诗实在做的好极了。"螭魅羞争焰，文章总断魂。中阴当待我，南北几新坟"；"英雄一入狱，天地亦悲秋。临命须掺手，乾坤只两头。"像这样的诗句，是何等识见，又何等气派！两位青年吟诵过后，都非常感动。不久，许寿裳把这些诗都拿到《浙江潮》上发表了。

章太炎成了新的崇拜对象。

首先，不是因为他的理论，而是作为革命家的风范吸引了年轻的思想者。在具体行动方面，周树人已经越过政治的峰峦，而沉潜到了更深邃的思想领域。不过，两个人都意识到了西方社会的矛盾性，都同样偏重于思想方面的探索，都在同时摸索着中国走向世界先进民族之林的独特的道路。然而，他们毕竟是两代人。周树人并没有章太炎同传统文化的那种强固的联系，他年轻得多也便激进得多，"西化"的倾向明显得多。"国民性"的改造，在他看来，除了革命，必须借助西方科学的力量。所谓科学，既是物质，也是精神。当他沉浸于精神的追索时，也并没有忽略世界的物质性。一个同世俗世界联系那么紧密的人，即使苦难熬炼出了一种哲学气质，也不可能把他变为纯粹思辨的哲人。他没有来得及，或者可以说根本不可能构成自己的哲学体系，但这并不妨碍他在实际斗争中，对民族出路问题作全方位的考察。当革命以具体的形式继续进行，他的激进的同志使用了暗杀、内战，和最猛烈的政治性文字进行搏斗的时候，他仍然执著地把科学知识压进炮膛，作远距离射击。

航标灯在哪里？革命的浪潮汹涌而来，他最终会发现光在自己身上。

## 19　科学救国的前沿

自从帝国主义的魔爪伸向中国领土之后，它所掠夺的就不仅仅是一个广大的市场。19世纪末，一批外国人开始钻进中国内地进行各种"探险"和"考察"，为他们的主子进一步掠夺这里的矿产资源廓清道路。

1896年，帝国主义对华资本输出的侵略机构成立，骋刘铁云为经理。经由他为中介，先后把山西、河南等地的矿产开采权出卖给了外国人。1898年开始,刘铁云又与浙江候补道高尔伊相勾结,向外国贷款五百万两,成立宝昌公司,企图把铺设铁路和矿权卖给意大利人。《浙江潮》第六期援引《海上日报》的消息,揭露了刘铁云盗卖矿权的阴谋活动,引起浙籍留学生的严重关注。

随着事态的发展,10月,浙江同乡会在上野三宜亭召开了特别会议,愤怒声讨高尔伊的罪行,并且通过决议,吁请浙江乡绅起来加以制止,从中收回利权。

周树人同许寿裳一起参加了这次同乡会。

大会的壮烈气氛,深深地感染了周树人。遥思故乡,使他忆起乡人当年反洋教斗争的情景;于是,未来的护矿斗争中可能出现的那样一幅枭颅成束、流血遍地的惨象,也便随着健旺的想像力,一同在脑际叠印出来……

前两天,他在《朝日新闻》看到一则消息,说是俄国人先则利诱清商,继则胁逼官方,强行索夺金州、复州、盖平、海龙诸矿地。南北同时发生的事件,使他深深感到,领土主权的丧失,必定要导致系列悲剧事件的发生,因此,任何地方的护矿斗争,也都不应视作孤立的现象。但是大会决议寄希望于贪婪、畏葸的绅士,其实如同寄希望于昏聩无能的政府一样,完全是不现实的。希望在于民间。只是再也不能像反洋教一样满足于一时的哄闹;对于面临的不可回避的事实,必须做出科学的判断。他认为,中国的积弱,不只是历代统治者施行愚民政策的结果,地质学和其他科学的不发达,也是不容忽视的。

在斗争的召唤下,周树人动员了有关矿物学、生物学以及人文科学的全部的知识积累,夜以继日,赶写完成了《中国地质略论》。

吾广漠美丽最可爱之中国兮!而实世界之天府,文明之鼻祖也。凡诸科学,发达已昔,况测地造图之末技哉。而胡为图绘地形者,分图虽多,集之则界线不合;河流俯视,山岳则恒作旁形。乖谬昏蒙,茫不思起……呜呼,现象如是,虽弱水四环,锁户孤立,犹将汰于天行，以日退化，为猿鸟虫藻，以至非生物。况当强种鳞鳞，蔓我四周，伸手如箕，垂涎成雨……

论文一开始，就充满了危机感。但是，对祖国的热爱与主权的维护，并没有导致盲目的排外倾向。面对狼顾鹰睨的侵略者和引盗入室的清政府，他以当然主人的态度，坚定地指出：

中国者，中国人之中国。可容外族之研究，不容外族之探险；可容外族之赞叹，不容外族之觊觎者也。

文章详密地列举了帝国列强深入我国内地进行勘探的情况，进而介绍康德的星云说和拉布拉的学说；从地球的形成，地质的分布和发育，一直到我国的矿产资源，作了概括性的叙说。周树人利用自然科学知识，在批判迷信思想的同时，痛切地批判了国民"慑伏诿媚"的奴性心理。他把地层的演变同进化论联系起来，对康梁等人的改良派理论提出质疑，表达了极其激烈的共和革命的主张：

盖以荒古气候水陆之不齐，而地层遂难一致。犹谭人类史者，昌言专制立宪共和，为政体进化之公例；然专制方严，一血刃而骤列于共和者，宁不能得之历史间哉。地层变例，亦如是耳。

没有透彻的了解，就不可能爱得深沉。为了使读者同胞更加了解和热爱自己的祖国，并且为将来开发祖国的资源掌握充足的依据，周树人决定在《略论》的基础上，进一步扩充成为一部论述祖国矿产状貌的专著。年底，当护矿斗争开始进入高潮，他邀来同学顾琅，一起动手编写《中国矿产志》。

物质无限可分，人类不断进步，任何一种所谓"统一"、"彻底"的理论都是没有根据的。钋（后通译为镭）被发现一年以后，周树人以高度的科学敏感性，及时把握了它所蕴藏的意义，从中受到巨大的鼓舞。

居里夫人对放射性元素钋的发现，打破了关于组成物质的原子是不可分割的最小单位这一传统说法，在西方科学界和哲学界掀起了一场大风暴。物质的意义不在物质本身。任何一种物质形态的发现，只要有助于改变陈旧的观念，无不引起周树人的关注。当康有为撰写《中庸注》和《论语注》，宣传天命的时候，当整个中国思想界在科学视界上仍处于一片混沌的时候，他写了《说钼》一文，向国人介绍钼的发现过程，称颂新的元素将"辉新世纪之曙光，破旧学者之迷梦"，"由是而思想界大革命之风潮，得日益磅礴，未可知也"。在强调重视科学研究的同时，极力谋求科学精神的发扬。

《浙江潮》同期刊登的这两篇科学论文，一篇署名"自树"，一篇署名"索子"，表明他所崇尚的独立精神。在严复的《天演论》出版之后，批判懦怯的国民性格，倡言革命，倡言武力，成为当时的一种时尚。周树人的文章，多少要受到整个时代气氛和写作环境的支配，但是在共同的倾向中间，也确实有着个人的选择和发现。这位素来自爱的青年，对这点是非常了解的，他的特别的署名便充满着一种自信。

近代思想界的一个显著特点是与自然科学的接近。西方的启蒙思想家，如伏尔泰、卢梭等，没有一个不是热心钻研过其中的某些学科的。惟有科学使人变得真正的勇敢。欧洲的文艺复兴运动和启蒙主义运动在东方国家的传播，除了具体的科学成果，更重要的是产生这种成果的精神。于是，中国乃有"《天演论》热"，日本乃有科学幻想小说的流行。比较《天演论》之类的思想著作，科幻小说更加注重知识性和文学性，对于科学启蒙无疑具有更大的优越性，因此法国的凡尔纳，以及日本的德富芦花和押川春浪的作品，每种得以重版十余次，创造了读书出版界的奇迹。

科幻小说的热潮，对从小就受到古典小说的浸淫，而又对科学抱有不衰的兴趣的周树人来说，不能不产生巨大的诱惑力。在撰写科学论文之余，他选译了凡尔纳的两部小说《月界旅行》和《地底旅行》。小说依照梁启超的"角书"形式，把"科学小说"的字样冠在题目上面，取法章回体，文白夹杂，间或缀饰一些古代的格言诗句。就这样，他尝试着把西方的科学内容和东方的文学样式结合在一起。在《〈月界旅行〉弁言》中，他写道："我国说部，若言情谈故刺时志怪者，架栋汗牛，而独于科学小说，乃如麟角。智识荒陋，此实一端。故苟欲弥今日译界之缺点，导中国人群以进行，必自科学小说始。"像梁启超鼓吹政治小说一样，他对自己所从事的旨在宣传科学的尝试性工作，也未免鼓吹得太过分了。

其实，按照他后来的"硬译"主张来看，《月界旅行》和《地底旅行》都算不得真正的翻译，顶多是改译罢了。从严复、林纾直到梁启超，都采取这种非常态的翻译办法。由于这种办法能够自由发挥自己的观感，加上他当时重视的是思想意识，而不是文字实体，故也乐于沿袭这样的传统形式。

在翻译时，他删去原文中一些与自己的观点不大相干的纯文学部分，为了加强进化论理论和尚武精神的宣传色彩，平添了不少说话。在《地底旅行》中，便不惜借了外国人的口，痛斥国民的奴隶性格："你如此懦弱，是个支那学校请安装烟科学生的胚子，能旅行地底的？"这种主观随意性，实在可以算作《故事新编》的滥觞。在《月界旅行》中，他议论说："琼孙之'福地'，弥尔之'乐园'，遍觅尘球，竟成幻想：冥冥黄族，可以兴矣。"又说："天人决战，人定胜天，人鉴不远，天将何言！"幻想的故事，直抒的语言，渗透了一个东方青年的浪漫主义热情和感伤的气息。

1903年是一个重要的年头。革命派的势力迅速发展，君主立宪派在政治思想战线上的大片阵地陆续丧失，《清议报》的火舌喑哑了。但是，梁启超主办的《新小说》，在广大学界仍然产生不可忽视的影响。革命派忙于革命宣传，顾不上文学的侧翼地带；而且，其代表人物的文学观，相反显得比较保守，拿不出有分量的作品进行抗拒。周树人是突出的一位。他的热梦，过早地被时代卷进政治涡漩之中，因此，即使具有非凡的文学天赋，也来不及进行美学方面的开拓。他接受了梁启超的"文学工具说"而摈弃其改良主义，以自己的充满文学色彩的论著，进行革命和科学思想的启蒙。在民族命运问题上，他不再满足于"排满"、"光复"之类的现成的回答；而在献身于民族民主革命方面，也不再满足于把个性消溶在集体里面。他开始寻求自己的独立的道路。

寻求是寂寞的。他越往前走,越是感觉孤独。第二年,竟连耽爱的文字也离开他了。

## 20　需要独立行动

独立行动需要勇气。所谓勇气,未必只是敢于作流血牺牲;忍受屈辱,也许要比流血付出更大的代价。

那是1903年秋天。

日俄战争处在一触即发的状态。如果战争爆发,中国的国内矛盾势必进一步尖锐化,从而形成推翻满清政府的有利时机。对于战争,革命派普遍持有一种乐观的看法。

东京的浙学会会员王嘉祎、蒋尊簋、许寿裳、沈飚民等,一共十几个青年人聚集在王嘉祎的寓所举行会议。他们分析了当时的形势,确认革命不应仅仅停留在宣传鼓动阶段,有必要另外成立一个秘密团体,回国组织武装起义工作。他们计划先占领湖南、安徽,或浙江一省作为根据地,然后逐步向全国扩展。大家一致认为,应当发动留在东京的浙江志士,如陶成章、魏兰、龚宝铨、蒋观云、周树人等,加入革命组织。于是,决定在会后分头负责联系。

浙学会最初在杭州成立,鼓吹反清革命,骨干和大多数成员都出身于求是书院。成立后不久,引起清政府的警戒,于是改名"哲学会"作为掩护,继续进行工作。在东京,这些会员仍然密切来往,并且通过《浙江潮》,积极宣传他们的宗旨。王嘉祎曾经担任过《浙江潮》的主编,自许寿裳接手以后,他还是该刊的对外主要负责人,编辑部实际上等于设在他的寓所里。

由于许寿裳的介绍,周树人认识不少浙学会的成员;对于王嘉祎寓所,也不会感觉陌生,确切点说,还带有一种亲切的况味。当许寿裳和沈瓞民向他发出入会邀请时，他毫不犹豫地答应了。

会议如期召开。

不大的房间，烟雾迷离，异国的烟草散发着呛人的气息。

暗杀成了第一主题。会议对此表现出来的狂热，使周树人感到震惊。大半年来，虽然他把主要的精力放在国民性的探索方面，寄希望于民族的根本性改造，但是，武装推翻清政府，仍然是他渴待的目标。在他看来，武装暴动是群体性的行动，因此必须唤起民众。如果没有国民的普遍觉悟作为基础，任何军事行动都只能充作失败的试验。恰恰相反，龚宝铨等人提出要开展军事行动，必先狙击几个重要的满清大臣，以便造成一种有利于革命的声势。周树人不能理解，为什么大规模的军事行动要依靠暗杀来声援。思想过于深远，往往显得抽象空洞，不易为群众所了解；而权宜的做法，由于同具体的事实相联系，反而变得易于把握。因此，龚宝铨的冒险计划，很快得到与会大多数同志的响应。

周树人沉默着，一支接一支地抽烟……

大会决定派遣陶成章和魏兰分别往浙江、安徽联络会党；龚宝铨往上海组织暗杀；沈瓞民往湖南，与华兴会的黄兴建立联系。眼看这些同志返回祖国，偕将更多一批年轻有为的志士闯入死地，周树人心里十分焦苦。这时，他的耳畔仿佛有炸弹的嘶鸣，眼前则是倒毙的尸体和纷飞的血肉……他没有说话。真理和辩论，不是任何时候都是不可战胜的。在会议进行的不太长的时间内，靠近他的桌面，插满了一个又一个被强行按灭的烟头……

会后，他突然接到充当刺客的任务。

他不会想到，刚刚参加组织，就一头撞进一个巨大的冒险主义的计划之内。他知道，这个计划所以能够产生权威性的力量，显然受到社会上的某种思潮的支配。当一种思潮已经形成具体的物质环境，单靠个人的能量是万难改变的，当然这也并不妨碍自己作内在精神上的坚持与对抗。但是，现在是不可能了。为了使整个组织不致蒙受革命意识的损害,只有牺牲自己,从生命直到真理的秘密。彼岸是可系念的,而此刻行进在混茫之中,周围已是礁区。既然航船选定了这样的航路,不能倒退,也不能停泊,作为一名水手,那么就坚守被指定的位置,慷慨奔赴死亡吧!在未来的日子里,他相信那些同样为彼岸所招引的人们,将会严峻对待沉沦的事实,从回避中找到一次正确的航行。

如果生命仅仅属于自己,即使作无谓的牺牲,他也会毫无顾惜,可是,一旦想及同自己的生命密切关联的几个人,尤其是母亲的那种失去亲人以后的惨苦无告的目光时,却不免踌躇起来。

"我可以立即动身的,"周树人对组织说,"现在只想了解一下,如果自己死了,剩下老母,那时候该如何替我照料呢?"

对于一个革命者,领导命令去做的事情是只能遵命的,想不到执行之际,他竟还会这样提问题。既然是铤而走险,还有这些后虑怎么行呢?于是,组织上回复说:"不用去了,你算了吧。"

事情这样过去了。

谁也未曾怀疑他对革命的忠诚,可是,他的心中却从此留下了一道深深的擦痕,一种不被理解的屈辱在啃啮着他。他清楚地知道:自己与同志之间在观点上所存在的距离。如果因此而竟不能获得同志的信任,那么,获得真理的信任也当足以自慰吧?

他不能回答。

## 21 离离草

1904年2月,日俄战争终于爆发了。

东京日比谷公园。周树人和陈师曾设了茗点,为即将动身归国的沈瓞民叙别。

树木不染一点初春的颜色,孤零零地,把园子烘托得相当阴冷。三人围坐在一个小角落,开始很少说话,仿佛大家都在借了最后一点聚首的时光,默默呷饮友情的温暖。

沈瓞民的话逐渐多了起来,从此行的使命,说到湖南,说到旅顺,说到报纸上的"天授日本"之类。周树人慢慢吃着点心,当他听说到关于在湖南开展革命活动的设想时,才含蓄地表示了一点自己的隐忧。他不愿过多地表白自己,更不愿意以自己的情绪传染友人。他知道,饱满的热情对革命者来说有多么宝贵。当谈说到一些留学生至今仍在同情日本、崇拜日本的时候,沈瓞民和陈师曾才吃惊地发现,周树人突然变得激动起来。

周树人特别指出,蔡元培和何阆仙在上海创办《俄事警闻》,竟也在日俄对立中偏袒日本,实在没有远见。他认为,必须充分估计日本军阀的野心。日本和俄国邻接,如果沙俄失败,日本必将独霸东亚,那时中国所遭受的荼毒就更深了。接着,他提出三条意见:一、持论不可袒护日本;二、不要以"同文同种"等欺骗性论调向国人宣传;三、引导国人认真研究国际时事。

沈瓞民认为很有见地,当即劝他把意见写成书面文字,由自己转交给上海。陈师曾也十分佩服他的卓见,返回住地后,按照他的观点,即刻写了六封信,由沈瓞民分投给家父和其他几位友人。

过了不久,周树人接到沈瓞民寄来的一首诗:

### 柬豫才兼示师曾

东亚风云起,吾曹效力时。

救亡纾上策,游说竭微辞。

难醒人间醉,空劳别后思。

栽培芳草绿,原上看离离。

"难醒人间醉"。启发国民的革命意识,的确是最重要也是最艰难的工作。可是,能够像这样思考问题的同志,屈指数来又有多少?革命,除了枪炮,就没有别样的手段了吗?如果只有枪炮,会不会继续为民贼所利用,作历代王朝更迭的又一次循环?新世纪的科学,对于新世纪的革命具有何种意义?难道就不能够把近代科学的启蒙宣传同民族革命的实际工作结合起来吗？"栽培芳草绿，原上看离离。"草字头，革命党，要经怎样的"栽培"，才能有一派蓬勃的生机啊！……

　　时间来到了结业的时刻。
　　自从沈瓞民走后，许寿裳、韩永康移居高师，厉家福独处神田，刘迺弼也即将离院就学速成政法科，往日的朋友都陆续星散了。周树人怀着无比寂寞的心情，开始重新选择道路。按照最初派遣留学的规划，周树人和另外的南京组同学，毕业后理应升入东京帝国大学工科所属的采矿冶金科。东京帝大是日本最著名的学校，一些日本学生惟恐中国留学生占去他们的名额，暗中极力加以阻挠。一天，由于颁发的毕业证书印有"清国人"三个字，周树人同一群留学生气愤地议论开来。事情让日语教师江口知道了，出来劝说道："大家要有远见，不要为几个字发脾气，要懂得控制自己。"为了免使竞争失败，他劝周树人等人改入医校，并作了这样的介绍：当时，日本的医学已经赶上了世界上最先进的德国水平；而且，医校发展状况良好，可以在各个方面给留学生做出较好的安排。
　　江口说："贵国科技正处于青黄不接的时期，你们学成归国，将大大的有销路。"
　　周树人笑道："先生在教我们做生意呢！"
　　江口一本正经地说："你们日后会明白，我江口不会叫你们上当的。"
　　周树人果然报名学医了。
　　对于南京组同学来说，这是一个十分重要的消息，因为清公使监督的意旨究竟可以违抗。于是，续习路矿的风气为之一变，大家纷纷按照自己的志愿改选他科。
　　但是，周树人的决定，并不像江口所说那样是为了避免竞争，虽然人与人之间的挤轧使他感到厌倦。至于学成以后，可以待价而沽，这种市侩式的态度同样为他所不齿。是从翻译的历史书上，知道了日本明治维新大半发端于现代医学的事实，才激起一个崇尚科学的青年的热忱。他认为，最崇高的职业，就是最有效地驱使自己进入民族的事业。他为自己的选择感到欣慰，因为他确信，通过医学的道路，可以打破国民的迷信思想，增进他们对于科学的信仰。每当想起父亲，他都会有一种负疚的心情。当初跑药店，寻药引，实际上是充当了庸医的助手，他希望能够有一天偿还这笔精神上的债务。而且中医，是怎样随意地拿生命开玩笑呵！仅仅为了自己的一副坏牙齿，试"验方"，看中医，始终无法收拾。记得去年拖一条假辫返国，在杭州特意看了一回，结果还得把病苦带到长崎。想不到的是，在长崎花了两元医费和一个小时，让牙医给刮去"齿垩"，便顿告痊愈了。还有像母亲一样的缠足妇女，恐怕除了西医的外科手术，再也无法免除那畸形的痛苦。当战争呼啸而来，或许自己还可以当军医，亲手把各种残损的肢体重新组合为活跃的生命，让他们奇迹般地一次又一次奔向为自由和独立而战的疆场。在一生中间，要是帮助过许许多多不幸的和勇敢的人们战胜困苦和死亡，这也就够了……

日本的等级制度很严。它规定，大学的医学部要官立高等学校毕业的人才许入学，中学毕业程度的，则只许进入专门学校。本来，离东京不远的千叶市，有一所规模不小的医专，设备相当完善，只是已经有了一些中国留学生，他便决意回避了。不知为什么，每想到周围那些留学的同胞，就感到讨厌。那么，还是到偏僻的仙台去吧！

是出于命运的强制呢？还是出于性格的抗拒？如果没有记错，这该是第二次逃避同类了。

临行时，他把珍藏的《离骚》作为纪念礼物，赠与许寿裳。这赠品，颇使许寿裳感到困惑：什么意思呢？

《离骚》……

## 22　仙台·现代医学·从灵魂到躯壳

日本北方的森林城镇——仙台，以不寻常的热情，迎接了这位远客。

地方报纸从7月份开始，几个月内陆续报道有关周树人入学的消息。为了造成明朗的印象，有时候还添上一点虚拟性的描写，比如说"因找不到做中国菜的公寓而大感困惑"，或者说"是个操着流畅的日语而异常活泼的人物"，等等。

仙台医学专门学校于5月下旬接到清国公使杨枢关于周树人希望入学的照会，几天以后，便做出准许免试入学的答复；9月1日，正式向个人发出有关批准入学和免除学费的"指令"。对于接受这样一名没有先例的志愿者，学校的应对是十分敏捷的。

可是，周树人的反应却是相当的淡漠。

占据他的深情的，仍然是迢遥的故国，和个人通往故国的未来的进程。他知道，自己不是旅行者，离开东京并非为了作一次轻松愉快的郊游；但也不是交际家，无须乎关心异乡人的脸色和内心气候。作为科学道路上的探索者，而今，他要像熟悉地质和矿产一样重新熟悉人：具体的人，物质的人，那各式各样的灵魂所赖以寄存的躯壳。探索是寂寞的。他喜欢寂寞又憎恶寂寞。在缴纳学费的当晚，他把免收的钱买了一只怀表。从此，除了香烟，又多了一个友伴。寂寞时就掏将出来，看看指针无休止的跋行，或者贴近耳边，听听那亲切如叮咛般的滴答声……

9月30日早晨，由庶务科文书田总助次郎陪同着走进教室，说一声："这是从中国来的学生！"新的学习生活就算开始了。

四号教室。第六课时。随着上课的铃声，进来一个黑瘦的先生，八字须，厚嘴唇，戴着眼镜，挟一叠大大小小的书放在讲台上。开始，他便用了缓慢而抑扬的声调自我介绍道：

"我就是叫作藤野严九郎的……"

后排座位有几个人嗤嗤笑起来了。他接着讲述解剖学在日本发展的历史，那些大大小小的书，便是关于这门学问的著作，在强调解剖学作为医科基础学的重要性时，他模拟汉语的文言句法，照样用那般独特的腔调说："解剖分脏之事，为初学者进入医学之门户，乃须臾不可分离者也……"于是，嗤嗤的笑声又从后面响了起来。

发笑的原来是上学年不及格的留级学生。在校已经一年，因此熟知校内的掌故；课后，他们便给新生讲演每个教授的历史。关于这藤野先生，据说是穿衣服太马虎了，有时竟会忘记打领结，冬天则是一件旧外套，寒颤颤地，致使有一回在火车上被疑心是扒手……

不知从什么时候开始，藤野的名字便已不被正式地称为"严九郎"；在学生中间，流传着音近"权九郎"的叫法，或者叫"权先生"。"权"者，假也。有时候就干脆叫他"老权"。他们取笑他，却又怕他。正如名字严九郎一样，无论教学和办事，他都是少有的严格。首先，他打分就很严，一年级留级的大半是因为解剖学不及格。对于留级生和不够认真的学生尤其严厉，他屡次恶作剧似的提出问题，搞得他们十分窘迫。上课的时候，他会马上把门关闭，使迟到的学生再也进不来。

刚刚升作教授的藤野，显得那么自负。奇怪的是，眼前的这位中国学生，竟使他莫名其妙地敬重起来。或许，他小时候跟野坂先生学过汉文，对中国的先贤非常崇敬，随后也就把这种敬意推而广之地移到每个中国人的身上。他的目光那么敏锐，从周树人苍白的脸色和沉稳的举止中，早已觉察出了那内心的寂寞。他发现周树人听课非常吃力，便想：课上的笔记该也不会做得好的……

一个星期过后。

周末。藤野的助手叫走了周树人。

在研究室里，藤野正低头查抄着什么。听到进来的声音，他立刻放下手中的工作，抬头问道：

"我的讲义，你能抄下来吗？"

"可以抄一点。"

"拿给我看！"

墙壁四周放置着各种人骨，还有独立的头骨；中央是达摩式火炉，无声的，于冷肃中生着温暖。

周树人不晓得先生的用意，心里想：该不会是找什么岔子吧？但也无法,只好迟疑着把所抄的讲义交了出去。

才过了两天,讲义便发还了。先生说,此后每个星期,都要送给他看一回。周树人接过手里,连忙打开来看:讲义从头到尾,都已经用红笔添改过了,不但增加了许多脱漏的地方,连文法的错误,也都一一加以订正——呵,原来如此!他伸出指头,摩挲着红笔画过的地方,心里同时感到一种不安和感激。

不久,藤野又把他叫到研究室里去,从他的笔记本上翻出一个图来,和蔼地指示说:

"你看,你将这条血管移了一个位置了。自然,这么一移,的确比较好看了一点,但是你要明白:解剖图不是美术,实物是怎样的形状就怎样画,我们根本没法改换它。现在我给改正过来了,以后,你要完全照着黑板上那样的画。"

周树人口头答应着,心里却说:"图还是我画的不错;至于实在的情形,我心里自然记得。"

但是,无论如何,藤野先生的特殊好感是无可怀疑的。他关心着中国学生的各个方面,从住宿、饮食、会话,直到笔记。笔记,尤其是重要的东西。此时的仙台医专,仍然没有教科书,参考书很难弄到,图书馆里的医学书籍和杂志,也不是轻易可以借阅的。学生要完整地掌握老师讲授的内容,必须倚赖笔记。在同学中间,就常常有求让和出售笔记的事情。因此,藤野在这方面给予一个闯入者的关照,引起日本学生的普遍嫉妒也是必然的。

对周树人个人来说,这种难得的关怀,反倒成了沉重的负担。在日本,不管是东京的樱花还是松岛的风景,都未曾构成春天的印象;惟有接触了藤野,才真正领受到异地的温暖。也许,在先生看来,自己该不仅仅是一个中国人,一个学生,而是整个的中国,整个的科学事业而寄予期望的深情的。要是这样,自己承受得起吗?每当翻看到笔记本中那血一般殷红的笔迹时,他都会立刻感到这种精神的重压。对于伟大无私的奉献,感激之情是何等浅薄!他甚至觉得,在学习中,哪怕产生任何一种停顿的意识都是不可原宥的。

一年级的主要课程,是由藤野和敷波两名教授担任的解剖学理论,每周八至九小时,占全部课时的三分之一;其他副科:组织学理论、化学、物理、德语、伦理学及体操等,占全课时的三分之二。除了伦理学和体操,其他各科都需要机械的记忆;特别是敷波教授,经常用拉丁文和德文讲骨骼名称,背记起来就更感困难了。人不是机器,可是从早上7时开始,就必须按照学校规定的课程进行运转,直到午后2时。阅读政治、哲学和文学书籍的时间变得越来越少,几乎没有思索的机会,连早经动手的《世界史》和《物理新铨》的翻译工作也不得不终止下来。

周树人开始感到,整个学校的体制都像是专意敌视自己似的。然而,当他意识到这种厌恶心理时,却不禁惶惑起来:为什么总是跟自己作对呢?这不正是对自己选定的理想道路的背叛吗?……

每逢星期天或节假日,同学们常常同军人混杂在一起,在东一番丁,尤其是艺妓街一带游逛。周树人没有这份心绪,只有借课间的闲暇,到医专的樱小路校门对面的一个叫"晚翠轩"的牛奶铺里去,一边喝牛奶,吃粗点心,一边看各种官报和报纸,算是最好的休息。如果说,这个憩园仍然通过报纸把他同现实结合起来的话,那么,另一个憩园就使他离得稍远一点,可以沐浴古风,沉浸于"社戏"的记忆和乡思的柔波里了。

原来在东一番丁的北口附近,有一个"森德座"大剧场。周树人是常常买了便宜的站座票,在这儿观看新派剧和传统的歌舞伎表演的。但不管在"晚翠轩"还是"森德座",他都是只有影子为伴的。同学们朝他打招呼,他就点头,偶尔才递一个微笑;有时候,同学仿佛发现了他的颇自珍惜的寂寞,也便不加打破,只互相低语道:

"哦,周来了呀。"

人,总不堪寂寞。

周树人开始想念东京,想念东京不多的几位朋友,想念《浙江潮》。一个未曾忘怀于政治的人,一旦离开了一种关系,一种氛围,那是多么悲惨！记得途经一个驿站，就怕见"日暮里"三字，当时想起《离骚》里的"朝发轫于苍梧兮，夕余至乎县圃。欲少留此灵琐兮，日忽忽其将暮"的句子，不知怎的，竟生起一种被放逐的感觉。而今，心中的抑闷是愈加浓郁了，即使遇到仁爱的先生，难道就是可以言说的吗？周围都是日本同学，虽然时有来访，无奈总是格格不入；探访的殷勤，有时甚至会被他目为无聊浅薄而感憎厌。同胞是有的，就是第二高等学校里的施霖。他学的工兵火药，好像从来没有过沉潜于读书和思索的欲望，总是幻想着立刻创造出一个以血火涤荡世界的场面来。可以想见，他们之间并不存在共同的语言，即使两个人差不多同时到来，而且一直同住到现在。什么叫距离？当灵魂不相靠近，即使四周是密集的人群，也当如置身在一片荒寒的原野。

一天，周树人突然收到任克任从东京寄来的两本书：林纾与魏易合译的《黑奴吁天录》和手抄本《释天》。任克任经常为《浙江潮》撰稿，发表过《苦英雄逸史——普鲁士亚皇后路易设》和《俄国虚无党女杰沙勃罗克传》，同是终日忧思的人物。朋友的盛意使他感激。早在来仙台之前，他就一直搜求《吁天录》，一旦到手，便一口气读完了黑人老仆的悲惨一生。

掩卷时，楼下的人声已歇，不绝于耳的是蚊子的飞鸣，和广濑川从窗外传来的哗哗的喧响……

这是一家离监狱不远的公寓——佐藤宅。从田中宅搬过来已经大半个月了，今夜，是特别的惹人愁思。莫非是一代奴隶的命运搅得他无法安静？把灯灭了，躺下来，还是翻来覆去睡不着觉。

第二天起来很晚，他感到有点晕眩，便干脆不到学校去，往额间扎上条毛巾，盘膝坐下，给蒋抑之写起信来。

蒋抑之是一位结识不久的朋友，虽然出身商家，却很有头脑，而且慷慨仗义，大有古代侠士的遗风。记得来前，自己填写入学申请书和学业履历书，一时颇惶遽于"清国留学生周树人"这样几个字，被他看见了，立刻主动代章。其实，他又何尝没有一种被侮辱的感觉呢？……

蘸了紫色墨水,树人援笔写道:

  拜启者:前尝由江户奉一书,想经察入。尔来索居仙台,又复匝月,形不吊影,弥觉无聊……

二十天大雨,固然令人阴郁;而一朝放晴,又不免空虚而寂寥。

——好大的水呵!好深的天空!广濑川都快漫上崖岸了!他发呆似的望着格子窗:故乡不会有这样的雨,这样疯狂的雨,摧人心魄的雨。故乡的雨是霏霏的,温柔的,梦一般似的……

## 23 悲壮的间奏曲

东京是可怀念的。

留学生潮水般涌向东京,到了1905年,已经激增到八千多人。自费生特别多,他们比官费生少受羁勒,因此具有更加强烈的反叛意识。虽然对具体的武器和道路的选择,会有不少人陷于迷误,但是,即使是一时的鼓噪,对于革命形势的形成还是有利的。

这是一群可怕的人物。先后成立的兴中会、华兴会、光复会,其领袖和中坚分子大都产生在留学生中间。8月,孙中山联合这三个团体,在东京成立了中国同盟会。他们创办机关刊物《民报》,积极宣传推翻满清,废除专制,创造共和的主张。像这样一个以西方的政治思想武装起来的革命组织,在中国历史上是前所未有的。它要颠覆的不只是一个皇朝,而是整个盘根错节的古老制度。濒临覆灭的恐怖,使清朝统治者必须倾聚成倍的仇恨和力量,扼杀留学生运动。他们试图借用日本帝国主义的铁掌抵挡这股新生的造反势力。

在晚翠轩,周树人每天密切注视着日俄战争和共和革命的动向;以少许的通信,在仙台和东京之间作感情的洄游,保持着一个革命青年应有的恒温。每到假期,就回到东京来,同朋友一起畅快地呼吸;然后,带着最新的信息,再独个儿回到北地森林里慢慢地琢磨。

应了陈子英的邀约,他丢下功课,一同前往横滨迎接徐锡麟、龚宝铨、范爱农等一行新来留学的同乡。来去匆匆。当他赶返仙台，一场更大规模的留学生运动，已经在东京发生了。

11月12日，日本文部省公布了《关于准许清国人入学之公私立学校之规程》，一共十九条，从翌年开始实行。规程对留学生，尤其是自费生的限制非常严格，其中有一些伸缩性很强的文字，比如第九条："不得招收为他校以性行不良而饬令退学之学生"，什么叫"性行不良"？是泛指堕落的学生，还是特指革命的学生呢？分明是设置陷阱，意在抓捕留学生中的领袖人物和危险分子。这是不能接受的。任何旨在阻遏中国革命的企图，都必须加以痛击，不管它是来自日本政府，本国政府，抑或来自它们共同缔结的神圣同盟。

自费生率先发起反对运动，他们串联了各校的留学生，分别召开大会，发表抗议演说。12月4日，弘文学院学生向各校发出关于集体罢课的公开信，八所学校立即起来响应。次日，三百名留学生聚集在富士见楼，开会商议具体的行动计划。会议发表严正声明，坚决反对文部省的命令，并制订了《学生自治规则》。规则呼吁各学校一齐罢课，针锋相对提出，以铁腕对付敢于破坏罢课的学生。6日清早，各校门前随即出现了纠察员，他们身佩左轮手枪和短刀，执行集体的使命。为爱国心所感召，7日，京都的留学生开赴东京，汇合到斗争的大波中去。

周树人接到弘文学院的罢课通知，但是，他没有做出响应的表示。

对于日本方面的态度，他并不缺少愤慨。重要的是，在他那奔涌的热血中，渗透着一种具有强大聚合力的物质——思想。他觉得，作为抗议，集体罢课不失为临时性的措施；但是，罢课的损失也是巨大的。因被逼迫而主动放弃的是一个机会，一个吸收科学文化的机会；而这个机会，并不是祖国的广大同胞可以轻易获得的。如果仅凭一时的冲动，那么，将可能失去一切。他仿佛有点悲哀地意识到，在同学的积极活动背后，存在着一个更为深广的消极的文化背景。在此以前，虽然他不时地为功课的挤压而苦恼，今天，却毕竟坚持着赶完最后一门课程。

反对"取缔规则"的运动不断高涨。一天早晨，在大森海湾的波涛里,突然浮起一具三十岁左右的男尸。

这是湖南学生陈天华。他曾经以雄文《猛回头》、《警世钟》、《狮子吼》等激动过千万国人的心;在斗争中,同秋瑾、宋教仁等激进派人物站到一起,力主留学生集体归国。但是,意见并没有取得大多数人的支持,留学生总会的负责人也不肯出面负责组织。这个热血男儿,固然不能忍受日本报纸对于同胞的所谓"放纵卑劣"的污蔑,更不能容忍大家的软弱与涣散,便决心拿自己的生命,最后一次撞响警世的洪钟。7日夜间,他写好长达三千余言的绝命书,于凌晨投入邮箱;然后,带着一纸挂号收条,几枚铜币,一个悲壮而茫漠的希望,就这样自杀了。

几乎所有的日本报纸,都刊载了这个消息。

——死亡!又一种方式的死亡!这种死亡并非来自躯体内部组织的衰败,而是来自外部的无形的暴杀。周树人,一个医专的二年级学生在苦苦思索:这个无形的东西到底属于什么?灵魂?个人的灵魂还是国民的灵魂?社会?来自哪一个国度?日本还是中国?这仅仅是现实中的偶然呢,还是历史的必然?为什么偏偏选择了这种方式实行自我完结?这是生命的一次勇敢的呈示,还是懦怯根性的暴露?什么是生命的价值?如果说这是无谓的牺牲,那么,留学生运动的真正出路在哪里?民族的真正出路在哪里?……

激烈得快也消沉得快,坚实的人往往属于沉默者。正当东京留学生发扬踔厉的时刻,周树人仍然辗转思索在痛苦之中。

12月下旬,他趁假期回到了东京。


生命与血,显然比文字更逼真,更生动,更富于鼓动力。陈天华之死把留学生运动推向了最高潮。这时候,归国人数激增,连盛极一时的弘文学院,也不得不关闭麴町、真岛、猿乐町的分校了。

在第一艘归国船刚刚开行之后,许寿裳等群起组织了"维持留学界同志会",主张忍辱负重,反对放弃学业。从此,留学生分成归国和复课两派,展开了日趋激烈的笔战。每天,留学生会馆都有纠集在一起的人群,张贴海报,甚至互相辩论。反对日本文部省的斗争,开始转化为内部的大纷争。

在浙江同乡会的一次集会上,同样发生了两派的争执。

身穿男服的女校学生秋瑾率先发表演说,敦促同胞归国。胡道南等她说完,站起来表示异议。她便从靴筒里拔出倭刀,往讲台"咚"地一插,喝道:

"如果有人回到祖国,投降满虏,卖友求荣,欺压汉人,吃我一刀!"

周树人始终没有说话。

对于秋瑾,作为一个年轻母亲,能够冲破家庭的束缚而远游求学,无论如何是可佩服的;而且,在留学生运动中,她也的确体现了为传统的中国妇女所缺乏的勇气。但是,为什么一定得放弃官费条件而贸然归国?归国以后又将怎样行动?依靠谁来组织这样的行动?中国中国,中国一片荒寒,期待的只是饱满的种子。如果未及成熟便急于播种,谁能预料,到底会生长些什么?……

会后,他掏出一元钱,作为捐款交给了"维持会"。他知道,奉献非常菲薄,但也总算是反对冒进的一点象征性表示吧。

## 24　幻灯事件

在东京的同学胜利复课的时候,周树人已经回到了仙台。

令人不解的是,这位主张复课的学生,竟常常无端地旷课,甚至连每天做笔记的那份热情也渐渐淡薄了。可以肯定,有一样什么东西在暗中骚扰着他。

开始的第二学年,课程作了调整。一些副科没有了,增加了解剖学和组织学的实习课,还有细菌学等与医学密切相关的新科目。担任细菌学的中川教授,是个喜爱时髦的有产者。他买了一部十分珍贵的德国生产的幻灯器,进行视觉教育。当时,市内各处,有关日俄战争的幻灯纷纷上映,幻灯器和玻璃画已经广泛流行。学校放映时事幻灯是受到文部省奖励的,因此,在以幻灯授课,显示细菌形态的同时,也会放映一些风景或是战争的片子。

三号阶梯教室。遮光幕低垂着。

当有关细菌的显像告一段落,中川便放新到的战争片,而且亲自担任解说。燃烧的战地,城门,马匹,敢死队,纵横的尸体,一一从暗中摇过去。接着是这样一个镜头:一个中国人面对上着刺刀的枪口,据说他做了俄国的侦探,结果被日本军队捕获,要枪毙了。站在周围观赏的是一大群中国同胞,没有愤怒,也没有哀伤,一个个木然无所表示。

正在这时候,周树人的耳边轰然响起一阵掌声和欢呼:
"万岁!"……


静静的青叶山。

没有人迹,没有鸟喧,只有寒风不安的迫促的呼吸。积叶塞满道路。众多的树木惟留灰褐的颜色,向天空,纵横写着一月,写着季节的交替,那可能的结局或起始。

周树人满山乱闯,放声悲歌……

他从来没有这样歌唱过。胸口实在太难受了。除了歌声,还有什么可以消释,可以让自己遁失于一片混茫之中呢?最后,他终于靠着一棵杉树半躺了下来。当他把菱形制帽摘下,无意间看见镶嵌着一个"医"字的帽徽时,才仿佛顿然发现了自己,发现了深山密林中的一头受伤的野兽。

——中国人呵!你作为人类的价值何在?难道只是为了充当示众的材料和看客吗?一个小小的仙台,备受战争、贫困、饥饿、失业、税收和各种不幸的折磨,已经是千疮百孔、奄奄待毙,可是,只要从中国战场上传来了捷报,就会由于胜利的刺激而立刻变得亢奋、强健、充满生气!这里的报纸,甚至广告,都在嘲笑中国人,称作"愚昧之民",甚至"动物",认为"只有日本才能教育这些愚蠢的人,使其成为优良的人类"。有一回上街,就有日本人拦住自己问:"为什么不回去流血?还在这里读书做什么?"一年多以来,不可逃避地,遭遇过仙台市民多少回庆祝战争的活动,看过多少回彩旗和烟花,听过多少回鞭炮、钟鼓和狂热的喧嚣呵……

有一件特别令他愤懑的事情,创痛真太深了,至今想起来也要全身发抖。

那是去年秋天,第二学年刚刚开始的时候。一天,年级里的学生会干事来到他的公寓,说是借他的笔记看看。哪里知道,将笔记找了出来,这位干事只是翻检了一下就还给他了,并没有带走。他感到非常纳闷。

不久,邮差送来一封厚厚的匿名信,拆开一看,第一句话就是:"你改悔吧!"

这是《圣经·新约》里的句子。前些时,俄国作家托尔斯泰反对日俄战争,曾经在分别写给日本天皇和俄国沙皇的信中使用过的。匿名信的内容是说:上学年解剖学的试题,一定是藤野先生在讲义上做了记号,让他预先知道了,所以能有那样的成绩。中国是弱国,所以在他们看来,中国人永远只能是低能儿,分数在中等以上,当然不是自己的能力所能企及的了!……

读了这封信,他才想起发生在几天以前的另一件事情。因为要召开全年级学生会议,又是那个学生干事,在黑板上出示通知,最后一句是"请全数到会勿漏为要",在"漏"字下面特地加了一个表示着重的圆圈。那时候看了只觉得好笑;现在才明白,原来是影射藤野先生给自己"漏"了试题的。

紧接着,流言也起来了。这流言自然要比衍太太当年散播的更难忍受。可是,而今还能逃走吗? 到处是异国的土地。他隐忍着,没有任何异常的举动,还是那副沉静的样子。虽然有几个熟悉他的同学很不平,曾经一同诘责过干事借故检查的无礼,并且要求将检查结果公布出来。然而这一切,又有什么意义?浑浊与澄清都不只是一个人的事情。流言是慢慢地平复了,痂痕却不易脱落,每碰到轻微的摩擦都要暗暗地流血,更何况这般沉重的打击呢!……

正直的杉,虬屈的松,低低地悬浮着的天空……

——中国人!呵,怎样的中国人呢?为了对"国民性"有一个透彻的了解,他曾经追索过人的灵魂的有无。在实验室,亲自解剖了好几具尸体:矽肺的矿工、花柳病患者、瘆妇、婴孩……那女人和孩子曾经使自己何等地惶栗不安呵!结果,灵魂的存在与否还是一个疑案。读达尔文、海克尔,探究人类发生学;读爱智之士的著作,设法进入其杳杳冥冥的抽象空间,结果还是疑案。可笑。灵魂是什么呢?就是那么一点精神吗?如果没有灵魂,只是一具活动的躯壳,还算什么人类的生命?去年翻译《造人术》,自己还颇为那寂寞的教授人工地制造出生命而感到鼓舞,其实那生命,不就是一具躯壳吗?当时,是那般地醉心于医学,仿佛携一把手术刀返国,就可以拯救同胞,拯救人类。多么可笑呵。国民是如此昏醉,不懂得反省,更不懂得反抗。一部史密斯的《支那人的气质》,就酷肖地画出了中国人的灵魂。刺刀。枪口。侦探。看客看客看客。噢,让茁壮的躯壳配一具孱弱的灵魂,这就是医学的用途!……

他长呼了一口气,抓过帽,把它按到一旁,然后略微欹侧着身子,背风划亮洋火,点燃一根百合牌香烟。烟缕被风吹得纷乱,火星一闪一闪,就像一个隐约的启示。

医学并非一件紧要的事情,他想,灵魂毕竟重于躯壳。这时候,父亲鼓胀的腹部,母亲的小脚,小妹,小弟,红蝙蝠与小姑母,蟋蟀,药店与当铺,担架,绷带与血……在眼前迅忽出现又迅忽消失;另外一队人群,开始进入他的视野:斯巴达人,芳娣,茶花女,撒克逊遗民,吁天黑奴……生活在文学世界中的人物的命运,那淌流的泪水和激溅的鲜血,再一次猛烈地袭击着他的心!

当文字以一种征服的力量重新召唤着他的时候,他突然在叠印的书报中间发现了自己的笔记本。笔记本。笔记本。笔记本。他梦一般凝视着那上面熟悉的殷红的笔迹,痛苦地慢慢闭上了眼睛……

一周,一周,时间在骚乱中过去了。

是深沉的夜。

客舍的人们都已经睡去,只有周树人和月亮在悄悄徘徊。池水幽幽地,不显一点波纹,庭院中的杉木和青冈栎发出细碎的萧飒的声响。

一个思想成熟了。到了告别解剖刀的时刻。既然改造国民性是整个民族事业的根本,为什么不可以有别种的解剖刀,痛切中国的社会和病态的灵魂呢？火与剑,能够荡涤所有的官邸、街道和乡村,但是能够延及看不见的荒野吗？而且,已经有那么多的志士仁人从事着流血的革命,就让自己进入国民精神深处,去进行一场不流血却也一样持久而艰难的抗争吧！……

当他停驻脚步,池塘中的月亮,也就沉静得如同一个等待了。

没有什么会比文学更富于魅力。但是,重要的还不只是找到了把握世界的新的方式。随着思考从政治革命到思想革命的位移,他的文学观也便相应地从梁启超的影响中剥离开来,而同时表现出对某种独特的审美理想的追求。从头选择的个人道路的起点,已经决定了他未来的文学事业是这样一场定向爆破:他主要是一个进攻型的作家。爱隐于憎,热藏于冷,他的文学的良心,搏跳于凌厉的枪刺背后；他必须正对叫啸的子弹、暗堡和熊熊的火光……

多么好的月光呵。没有国界的月光。总是喜欢做梦,抱着梦幻而来,而今又要抱着梦幻归去了。

仙台,一个由官厅、学校和军队构成的城镇,的确给过他许多创痛,遽然离去,却未免有点怅然。依恋不仅仅是月光的。由于藤野先生几次三番地劝阻,从佐藤屋搬来不觉又一年了。这中间,难得领受过主人宫川夫妇的温情,还有这池子,这树,这小井,甚至是平时难以下咽的芋梗汤。结束了。走了。怎样对藤野先生说呢？要是让他知道,该会多么失望呵！藤野成了他告别仙台的惟一的一个感情的死结。但是,先生的寄托,不是都可以包容在未来的事业里吗？方位虽然不同,目标还是一个：为了民族的独立、自由和进步,自己并没有背叛先生呵。当他终于为自己找到了这样一个解脱的理由,全身不禁顿时轻松多了。

第二天，他便去找藤野。

来到研究室的门前，他踌躇了好一会，到底敲响了堇色的小门。

"有什么事情么？"让进屋内，藤野发现他的学生并没有携带笔记本。

"先生，我不再学医了，"周树人低低地说，"我想离开仙台。"

"为什么？"

"不为什么。"

先生的脸色变得很有点悲哀，嘴唇蠕动了一下，似乎想说话，但什么也没有说。

周树人见了，心里非常难受。为了忠实于一种感情，必须学会说谎。他说："我想去学生物学，先生教给我的学问，也还有用的。"

"为医学而教的解剖学之类，恐怕对于生物学也没有什么大帮助。"藤野叹息道。

还能说什么呢？

难堪的沉默。周树人赶紧告辞了。

周树人要离开仙台的信息，不知怎的，被经常同他接触的几位同学知道了。于是，铃木、杉村、山崎，再叫了青木，一同找到了他。当消息获得证实以后，四个人便邀同他一起，到米团店里吃了甜食，然后到照相馆里去。拍照的时候，同学们都把周树人推到前排，他却执意要站到后排的边上。他不想做中心人物。大家以为，反正他没有确定行期，总还有开送别会的时候；而且都知道他素性执拗，也就依了他。

过了几天，藤野把他叫到家里去，交给他一张照片，后面写着两个字："惜别。"并且说，希望也能得到他的一张照片。

周树人很歉疚。除了东京那一回，平时并不喜欢单独上相馆，因此也就无法奉赠了。

"那么，将来照了再寄吧，"藤野叮嘱道，"只是不要忘了写信，我很想知道你以后的情况呢。"

就这样分别了。永恒的分别。

此后,周树人并没有承诺给藤野寄照片,也没有去过一封信。他想,在先生的千百学生中间,自己不过是因国籍不同而显得特别一点罢了。其实,就医学的功课来说,自己的成绩并不算怎么优异的。他认为,先生应该完全地忘掉他。由于照片和信件的提示,而得时时干扰先生,伤及先生的情绪,又何必呢?要说报答,在自己,默默地奋斗去,倒是实在的。

周树人就是这样一个怪人,历来重视文字,间又轻蔑若此。不过,感情这东西似乎也怪,形诸文字就是没有诉诸心灵那般长久而美丽。

3月底,同学们发觉周树人一连几天没有上课,这才明白,他已经走了。至于什么时候走了,谁也不知道。

## 25　婚姻:第二次妥协

从医学到文学,由于迅速填补了理想事业的真空,所以离开仙台未曾给周树人带来更多的精神上的创伤。

回到东京以后,他的情绪已经变得相当饱满。在汤岛的"伏见馆"公寓找了一个房间住下,便马上投入了庞大的文学计划的开发工作。房间只有四席半大小,点的油灯,气闷而阴暗。可新来的主人似乎并不介意,那具干燥的灵魂,也许早已习惯于贫乏的物质环境了。学校是不进的,没有哪一所学校可以安顿酷爱自由的文学;而且,他再也不愿意有任何的规则来束缚自己。为了继续取得官费,他把学籍挂在东京独逸语学会所设立的德语学校里,无论白天晚上,都一例独自沉湎于文学世界当中。那时候,他同顾琅合著的《中国矿产志》刚刚出版,虽然是科学著作,而文字的墨香毕竟新鲜得诱人。正是一个试翼奋飞的时刻,突然,他又一次陷落到人生的大网里了。

6月。他接连收到母亲的来信,说是病重,催促他立即返国。什么病呢？一个字也没说。他把信揉了又扯开，扯开又揉了，生气，烦躁，夹杂着隐隐的不安。接着是失眠。不到一个月，家里又打来了电报。他不得不动身回国了。

——挂红结彩！

一进家门，他全身的血液一下子涌到发际，沉重得有如一击，不禁立刻感觉到一阵晕眩……果然……不可能……果然……面前站着两个人：一个自己，一个陌生的女人……女人……女人……

从仙台返回不久，有一次，周树人同许寿裳一起去逛公园，途中碰到一个日本妇女，手里抱着一个小孩，背上背着一个小孩，身后还跟着一个小孩，拖泥带水地走着。周树人马上跑过去，替那妇女把手中的小孩抱了过来。也许被哪一位同乡的留学生看见了，事情便演变成了这样一种流言：周树人同日本女人结了婚，并且有了孩子，他常常携带儿子在东京街头散步呢。

消息很快传到新台门，鲁瑞非常惊骇。她不能不考虑：儿子已经是订了婚的人，人家老大姑娘也等得苦了，况且这门婚事是本家亲戚介绍来的，怎么好负心呢？于是只得称病，一边准备笼头，一边等儿子归来。

新娘姓朱名安，母家长辈常常称她"安姑"或是"安姑娘"。她出生在绍兴城内丁家弄里，是周树人的叔祖母蓝太太的一位内侄孙女。朱宅当时有两幢三进屋宇，除了书房以外，还有池子和花园，有的房舍还是用三道石销墙筑成的，这在当时的绍兴城里也算得上是殷富之家了。

最先提起这门亲事的，是蓝太太的大儿媳谦少奶奶。她善于言辞，又能干，在新台门里颇有点《红楼梦》里的"凤辣子"之风；只是治家没有什么方法，得经常借债度日，因此对不幸的鲁瑞相当同情。周树人的四弟死后，为了慰藉鲁瑞，谦少奶奶不时地隔墙呼话，问长问短，或者帮忙做些杂事。时间稍长，远房妯娌之间也便变得亲密起来，以致终于有了议亲的机会。

朱安并不漂亮，额头分明地凸出，狭长的脸上，长着一个略显肥硕的鼻子。短小身材，配一套宽大的衣服，加上一双被缠裹得很尖的小脚，看上去的确缺乏一种匀称协调的感觉。但是,即使漂亮又如何呢?一个陌生的女人。周树人是研究过灵魂和躯壳的。

一切都按照古老的婚仪进行。

结婚的当天,周树人默默地不说一句话,顺从地按照司仪的说话做去,没有半点反抗的表示。这是所有的长辈始料不及的。

他装着假辫,头戴红缨大帽,身穿着纱套的长袍,脚登高底靴子;朱安穿的红纱单衫,下着黑色绸裙,都是一副古装打扮。在新台门的神堂上,他们双双拜了堂,然后像木偶人一样被人扶着,簇拥着,踏着地上铺着象征传宗接代的袋皮上了楼。

一群看热闹的妇女悄悄议论开来:拜堂的时候,男的掉了靴子,女的掉了花鞋;这样的坏兆头,很难保他们将来能凑合着过日子……

楼上,陪人已经走了。树人仍旧一声不响,端坐在床沿,脸上异常阴郁。

灯灭了。身边多了一个人。一个女人。一个将要陪伴自己走尽一生的女人……幽暗中,他极力睁大眼睛;不知怎的,泪水竟沿着鬓角,不断地爬将下来……

还能有什么更好的结果呢?谁叫你这般的优柔寡断?平时,总是诅咒中国人的忍耐与顺从,而你自己呢?分明知道婚姻问题远在你所要考虑的范围之外,上次探家时,当母亲提起这亲事,你为什么不加反对?母亲说:"那姑娘性情好,懂规矩,我见过的,相信我的眼力不会错。"这样,你便以为她真的喜欢吗?还是仅仅为了完成作为父母必得完成的大事情呢?她会不会为此感到满足?是呵,母亲太不幸了。母亲的眼睛永远是那么慈爱而忧郁。她可以为她的孩子们牺牲一切,而你,就不能为母亲做出必要的牺牲吗?为了掩盖内心的痛苦和不安的预感,你开始用新法子麻痹自己,把关于个人的考虑看得那么卑琐,而尽可能地回到那些似乎与己无关的漫无边际的理念世界里去。可是,人毕竟是具体的人。你不但属于民族和时代,而且属于自己,至少属于母亲,你能够逃避纯个人的现实问题的追逐吗?结果当假满来到东京,母亲的信也就同时追过来了,她要立刻把订婚的事情决定下来。那时候,你清楚地看到,事实已经逼近。作为最后的挣扎,你只好向女方提出两个条件:一、必须进学堂;二、必须放脚。后来呢?什么也没有实行。你也便不再过问了,不敢过问了,不愿过问了。其实,你是一个十分脆弱的人!自我麻痹,也未始没有一点效用,那时候你想:时间还远着呢,何必自寻烦扰?况且,处此动荡的时代,既然以身许国,就说不定哪一天把躯壳也扔掉,何须计较那些附加的偶然物呢?如果母亲真的愿意,你也就由她去吧……

时候到了。一点也没有准备。双人床成了现实。周树人不时地辗转反侧,仿佛要极力挣脱身边那线陌生而柔韧的呼吸的绞缠……

都是悲剧里的角色!也许早在订婚的那天开始,她就忠实地,把意识到的生命全部付与未来的男人了。可她根本不知道,她的男人自始至终都在抗拒她。呵,此刻她也该知道了吧?她一定也很痛苦的,不,无尽的守望将会比绝望更痛苦。你以为既是母亲的礼物,就可以照样把她还给母亲,可问题是,她也是人,她不仅仅属于母亲……难道你也要别人陪着你作一世的牺牲吗?那么,你又陪着哪个作牺牲呢?……他用手捂住脸,黑幽幽的,指缝和手掌一样的黑幽幽……

黑夜在窗外奔驰。心在窗内奔驰。百草园,三味书屋,南京,仙台,东京。无羁勒的生活是远了!……

……丘比特是何其荒唐呵!脱手一箭,就给人带来了一生长长的酷刑!可是,是谁布下了这场酷刑的?母亲?亲人?还是中国人说的命运?你至今也是一个参与者!不容得你否认!许久以来,你就一直站在此岸,浪潮滚滚,你不敢泅渡!在你的身上,淤积了太多的传统意识,既清醒又麻痹,既不满又顺从,既进取又停顿,你矛盾重重!你无法摆脱!要改造国民性,首先从你开始!……

从根本上改造国民性,那是何等重要又何等艰难的工作呵!他突然想到要返回东京了。家,无数次归梦萦回的家,已经不复是自己的归宿地。没有了退路,就让你一直向前走吧!走得更决绝一些!更勇猛一些!丧失了家庭幸福,而今是再也找不回来了,但可不要把正待开拓的事业一同葬送掉！……

走吧！

这时候,他突然想起了二弟作人。对了,必须把他带走！现在需要的只能是事业上的伴侣。他决定了。不必留恋,也不必悔恨,既然我已不属于自己,不属于她,也一样不完全地属于母亲……

头额那么沉重。楼顶好像有点微微发白。天要亮了。他突然害怕起白昼来,那裸露的光,将会再次向他证实为他所不愿意接触的一切。

下得楼来,鲁瑞和工人都惊异地发现他眼泡浮肿,脸色靛青。从那被泪湿的枕巾染过的脸色推断,他该是哭了整整一个夜晚。

母亲的心,跟着沉重起来了。

远在孩子学开矿的时候,就曾经提过一次亲。那是自家小兄弟的长女阿琴,人很聪慧,认字不少,能看深奥的医书。只是听阿长她们说成亲要"犯冲"的,便不再提起了。阿琴出嫁后不久染病死去,临终时,对服侍她的母亲说:"我有一桩心事,在我临死前非说出来不可。从前周家提过亲,不知为什么后来忽然不提了？只这一件事是我的终身恨事,我到死都忘不了。"听到这个消息,自己只觉得负罪一样难受。可是怎么会想到,这一回,竟也麻麻糊糊地给孩子添了这样的大烦恼呢？……

当天,周树人就把假辫给扯了,只留光头配一件大衫。按照老例,结婚的次日是要拜祠堂的,而他哪里也没去,只在已经修葺和未曾修葺过的屋子里来回走动,偶尔想一点祖父和父亲犹在时的往事。晚上独自睡进书房,任谁也无法劝转。

他是一匹野马,套上笼头,仍然向往于奔驰。待作人从南京回来,便相偕着一起往日本去了。

在家的时间只有四天。

返回东京,许寿裳非常惊讶,问:"豫才,怎么这么快就回来了？"

"母亲娶媳妇。"

"哦,不是来信说病了吗？"

树人无语。

许寿裳听懂了那沉默中的一切。他望着面前的这位目光幽郁的神经质的朋友，不禁深深地怜悯起来。记得周树人平时赤足，老爱盯住自己的脚背，自语道："我的脚背特别高，会不会是受着母亲小足的遗传呢？"……

## 26　后死者的先驱道路

世界未曾注意到他们，而他们却在注视着世界。

周树人除了一段短时间去学校学德语外，仍旧躲起来自修。作人也懒得上学，于是兄弟俩便有了足够的时间，在一间孤悬的小屋里，阅读和纵谈地带开阔的世界文学。

这时候，周树人特别喜欢买德文书。专卖德文书的书店只有南江堂一家；郁文堂和南阳堂都是卖英文的；至于要买日文书，则有相模书屋，不过他同该书屋的主人很熟，可以凭借在旧书摊里买的文学杂志的出版消息，一本一本的开了账，托他向丸善书店定购，然后从欧洲远远地寄来。当时，树人拟购的德文书目就有一百二十七种。开发计划确实庞大得惊人。

在广泛的浏览中间，他侧重于文学史知识的积累，和弱小民族的文学作品的吸收。为了买一套德文本的《世界文学史》，他花了十元的大价钱；此外，还函购了英文本的《英国文学史》、《英国文学里的古典神话》等。对于德国古典文学，他几乎完全没有兴趣，歌德的著作一本也不买，海涅倒是他所热爱的，集子便有四册。即使是作为"敲门砖"也罢，他也并不想通过德国的语言去叩缪斯的大门，而是要打开地狱，试图结识那许许多多匍匐和挣扎在黑暗之中的异族的同类。匈牙利、芬兰、保加利亚、捷克、塞尔维亚、新希腊，这些置身于殖民主义的铁掌之下的各民族文学，都是他所关心的。还有俄国，虽然是独立强国，由于政治专制，人民正在力争自由，发动革命，也便成了阅读的重点对象，并且准备下一步着力介绍。他珍爱这些书籍。有一次在书摊上用一角钱买到裴多菲的惟一的小说《绞吏之绳》，高兴得就像得了什么宝贝似的，尽管这个薄薄的小册子铁丝锈烂，书页已散。还有菲律宾革命家列扎尔的日译本小说《社会的疮》，也很珍重，总想找一个英译本对照译出。

战时流行起来的托尔斯泰的作品，在树人的心灵中引起强烈的共鸣。当他刚刚做出弃医从文的决定，这位以文学理想闻名于世的俄国作家，其对文学作为改造社会的有效工具的评价，便使他抱有一种知己之感。托尔斯泰伯爵站在农民的立场上，抨击专制的沙皇政权，揭露贵族社会的腐化堕落，批判资本主义文明，反对以人类为敌的一切战争。他认为，专制、奴役和歧视，乃是现实生活中最大的罪恶，是对人类之爱的最大的亵渎。他怀着人道主义的伟大的同情心，成了农民的保护人。他不但表达了农民对于土地，对于人类的基本权利的要求，而且直接反映了农民的淳朴、善良、热情和无畏的精神，而这卑贱的一群正是为高贵的沙龙作家不屑一顾的。周树人几乎读过托尔斯泰所有的日译本，他从那庞大的思想体系之中吸取有益的材料，构筑自己的以"人"为中心的社会观和文学观。他只是不满于"勿抗恶"的道德说教，那种只知爱人而不知自爱的过分的宽容与卑顺；虽然，作为一个思想者，他也一样倾向于精神力量的崇拜，但始终不能接受伯爵对宗教的无条件的皈依。

托尔斯泰的思想缺陷，恰恰可以从尼采那儿得到弥补。直到这时候，周树人仍然喜欢尼采，喜欢他的传记，他的《查拉图斯特拉如是说》。达尔文强调的是客观环境对生物进化的影响，而尼采则把人的主观因素同客观世界对立起来，以为正是人类的生命意志的扩张，才获得了不同于自然界生物的发展。他的"超人"学说，尤其为周树人所倾倒。什么是"超人"？在查拉图斯特拉口中，就是道德的破坏者，偶像的破坏者，一切传统价值的破坏者。"超人"学说充满着一种反叛、独立、进取的精神，对于一个立志于思想批判的中国青年，无疑是极大的鼓舞。查拉图斯特拉就是一个"超人"，在他看来，人是尚未成熟的东西，是原料，是需要琢磨的难看的石头。"但是，"他说，"我热烈的创造意志永远驱使我重新做人；它这样的驱使锤子敲打石块"；"现在，我向着它的囚徒，无情地舞动我的锤子！"说得多么好呵！多么精警，多么有力量呵！中国国民不就像尼采笔下那沉睡的顽石吗？让你也以决斗的方式进入社会，挥动铁锤，猛力砸碎它的牢笼吧！整个的《查拉图斯特拉如是说》，就是这样一首孤独的赞歌，它不但带着德国哲学的思辨色彩，而且带着作家个人的浓烈的感情色彩和魅人的诗性色彩。周树人真的被它迷住了，甚至因为它而引起对德国文化的兴趣，以致一度产生过留学德国的念头。

不久，兄弟俩搬出了伏见馆。

这次迁居，是由"法豪事件"引起的。周围下宿的多半是岩仓铁道学校的学生，虽然树人鄙视他们志趣低下，但因为他们整天上学，归来也还用功，所以一时也还能够和平共处。自从第五、六号房间来了几个江西汉子，平静的局面便被打破了。他们大抵不去上课，留在家里却是经常地高谈阔论，放声狂笑。一位绰号"法豪"的尤其放肆，醒时固然大叫大嚷，睡时也是鼾声大作，如同猪叫。他的记性特别坏，房门分明写着号数，也经常走错；冲进别人的房里去，愕然退出，也从来不打一个招呼。这群汉子似乎对洗澡特别感兴趣，每逢澡堂烧了热水，"法豪"便不等下女的通知，径自先钻进去。树人平常并不怎么热心于理发和沐浴，平常住在没有洗澡设备的下宿处，往往三四个月也难得洗浴一次，但是这回却因为"法豪"的缘故，浴室竟成了足以影响他的注意力的地方。他本来就受不了别人的刺激，但是又无力改变环境，只好在踌躇一番之后悄悄撤退了。

新居是在本乡区东竹町的中越馆。

中越馆坐北朝南，一共两层楼房。房东老太婆同她的小女儿住在门口，两边的两大间包给周氏兄弟，住在楼上的，是有名的《汉声》杂志的编辑但焘。

这地方左右没有邻居，倒是相当清静。不过，房饭钱却很贵，而吃食又极坏。有一种叫"素天鹅肉"的圆豆腐，要是中间加点素菜也还可口的，老太婆只用盐水煮熟，简直如嚼枯柴；而且三日两天地给吃，弄得这对穷兄弟实在没有法子，不得不花钱买一点罐头咸牛肉来补充。

老太婆贪钱，却又很守旧礼，每当走进房里拿水壶、洋灯之类，总是屈着身子，爬也似的走路。那小女儿富子，是一个很懂事很勤快的小学生，放学回来常常帮忙着干活。她晚上睡得早，到了 10 点钟左右，老太婆总是硬要把她叫醒，例行教训一通："阿富！快睡吧，明天一早要上学哩！"本来，小姑娘是已经睡熟了的。这使兄弟俩都感到十分憎厌。

树人没有什么日本朋友，只是因为一个偶然的机会，才结识了宫崎寅藏和堺利彦。

这次来日，途经南京的时候，作人的朋友孙竹丹，托他给留日的一位亲戚带去一件羊皮背心、一个紫砂茶壶，交宫崎收转。作人初到日本，地理不熟，语言不通，只得由树人代送。

宫崎原名虎藏，自号"白浪庵滔天"，是日本著名的"大陆浪人"。他一向同情中国的反清革命，曾经加入兴中会，1900 年帮助孙中山革命失败回国。两年后出版了《三十三年落花梦》，不久译成中文，在反清革命派中很有影响。周树人对这位革命志士是敬仰的，加上他为人坦率，豪放不羁，因此，两人初次见面便谈得相当投契。

过了两天，宫崎又约了周树人在麴町区的"平民新闻社"会面，并且把当时号称日本社会主义运动三巨头之一，《平民新闻》的主笔堺利彦介绍给他相识。

那时候，日本的社会主义者只是一群激进的民主主义者和无政府主义者。在青年中影响较大的幸德秋水、大杉荣等人致力于无政府主义的"直接行动"，而堺利彦则比较侧重于马克思《资本论》的经济思想体系的宣传。周树人同他们便谈得很好，但由于他的注意力已经转移到了文学方面，因此谈话不可能深入下去。他买过一套他们出版的刊物《社会主义研究》，一共六册，其中有一册是《共产党宣言》的日译本。不过，他也只不过把这类书刊当作西方社会思潮中的一个流派而加以浏览，并未曾给予特别的注意。此后,他同日本的这两位革命家再没有什么往来了。

比起伏见馆,这里的交通比较方便,于是,来访的同学朋友渐渐多了起来。

周树人是不去访友的,只等着他们来谈。这段时间,或许是他最自由散漫的日子了。早上起得很迟,大约在十点以后,醒来伏在枕上先吸上一两支"敷岛"牌香烟。盥洗完毕,不再吃点心,看一会儿新闻,便用午饭。不管饭菜怎么坏,至今全不计较,吃完拉倒。朋友们知道他的生活习惯,大抵下午来谈。假如没有客人,等到差不多的时候,穿上和服,或随便蹋了双木屐,就到"书店街"里去看旧书,不管有钱没钱,总买上一二册德文的旧杂志挟着归来。

夜晚是完整的。矮桌上的洋油灯,同静静地站在角落里的景泰蓝花瓶看得最清楚:这位穿和服、长须发的青年表现出了怎样的一副拼搏状态。四周都已沉沉睡去,惟有他和书醒着,只是疾驰的精神没有响声。他要到什么时候睡觉,谁也不大晓得。到了第二天早晨,房东来拿洋灯,整理炭盆,才会发现盆内插满了烟蒂头,像是一个大马蜂窝。

过多的客人是一种负担。无论是散漫的闲聊,或是空洞的宏论,都是周树人所要回避却又无法回避的。往日的政治热情,此刻都交付给了文学事业。搞文学,从来就不是群体性行动,而是中世纪作坊式的独立操作。因此,他愿意把自己关进夜晚,关进房间。寂寞总比热闹好。可是,在一个动荡的大时代里,很难有人可以拒绝政治的单独访问,何况他本来就没有背对政治,只不过埋首于一个在他看来比政治更为切实的目标而已。

一天,政治敲门了。

早上起来,报纸的头条新闻是发自中国的电讯:

安徽巡抚恩铭被 Jo Shiki Rin 刺杀,刺客就擒。

学生们震惊了好一阵,随即容光焕发地互相告语,并且研究这刺客是谁,汉字该是怎样的三个字;接着纷纷预测他将怎样地被处以极刑,家族又将怎样地株连受罪……

树人心情十分沉重。他早已明白,这人就是徐锡麟。

一个精悍的青年就这样突然完结了!头戴一个小顶子,留一条细辫子,完全是一副遗少打扮,谁想得到,他会做出这样惊天动地的大事情呢?因为进不了日本的陆军学校,他听了陶成章的话,回国后,出钱找人替自己在安徽捐了个候补道。有了这样一个机会,他便同陈浚一起合谋刺杀恩铭。他死时,是在安庆被挖了心,给恩铭的亲兵炒食净尽的。

隔了几天,女侠秋瑾在绍兴遇害的消息也传过来了。她死的地方,是树人最熟悉的轩亭口。

皖案和浙案相继发生,再度点燃了日本留学生运动的引信。有几个人开了一个秘密会议,筹集川资,把日本浪人请来。那浪人撕乌贼下酒,喝个半醉之后,便领命前往中国接徐锡麟的家属。接着,绍兴同乡会召开追悼大会,并且就善后事宜进行了讨论。

仇恨笼罩了整个会场。

当讨论到发电报的时候,会议分成两派。以蒋观云为首的一派,极力主张同清朝政府接触。要求文明处理,保证以后不再随便用刑。主张"排满"的反对派认为,既然革命,必得双方开火,没有谈判妥协的余地。争论到激烈处,有一个身材高大的汉子蹲在席子上,仰起脑壳,拖长了声调说:

"杀的杀掉了,死的死掉了,还发什么屁电报呢!"

周树人觉得有点面熟,一打听,原来是徐锡麟的学生,自己曾到横滨迎接过的同乡范爱农。本来,自己也都并不主张发电的,可是,对于范爱农的这种漠然超然的态度,不免有点反感,心里想:究竟是先生,怎么连这么一点感情也没有?……

蒋观云站起来说:"我看电报非发不可——猪被杀也要叫几声,何况人呢!?"

话说得慷慨而得体。其实,他这时已经掉头倒向立宪派一边,正在同康梁诸人组织"政闻社",预备妥协了。所以,他才竭力主张发电报,以争取一个同政府对话的机会。

幕后的一切,都未必是周树人所知道的,但是他早已发觉这位长辈蜕变的端倪。

前不久,他同许寿裳再度拜访蒋观云。谈到服装问题时,蒋观云认为,满清的红缨帽有威仪,接着指着自己头上的西式礼帽说:"这倒是无甚威仪的。"辞出以后,周树人就说:"观云的思想变了。"日后,他给蒋观云起了一个绰号——"无威仪",便也不再登门造访了。

听了蒋观云的"猪叫论",周树人随即反驳道:"猪才只好叫叫,人可不能这样就算了的!"

争论结果,主张发电的到底占了大多数。

中国的有为之士,往往越到后来,越是趋向保守和消极。像蒋观云,以前写的不少诗文都很富于革命热情的,那首送陶成章归国的著名的五律,周树人至今犹能成诵:"亭皋飞落叶,鹰隼出风尘。慷慨酬长剑,艰难付别尊。敢云吾发短,要使此心存。万古英雄事,冰霜不足论!"今天的表演就未免太拙劣了,于是一种滑稽之感油然而生。周树人据此仿作了打油诗一首,把蒋作的颈联翻成这样两句:"敢云猪叫响,要使狗心存!"

日本浪人找不到联系人,在一个鸦片馆里混了两晚就回到东京来了。吊烈士,骂满洲之类的会议的余烈,也都日复一日地平淡下去。

徐锡麟和秋瑾,都是周树人所熟悉的;当他们成为新闻的中心人物而重新引起他的注意时,早已电光石火般迅速消失了。从"安庆事件"开始,他就每天翻查报纸,追索着时态的发展,结果希望成为了泡影。他们的生命和事业,与其说结束于清政府的屠刀之下,毋宁说是结束于国民的一片淡漠之中。归国后,他们致力于培训干部,组织军队,筹备起义,无疑要比陈天华的行动更为积极,可是,事情一定要这般进行吗?国民沉醉若此,作为少数的先觉者,为什么要这般浪掷生命呢?……

他感到深深的寂寞。

但是,寂寞者也未尝不可以战斗的,只是战斗被改换为别种方式而已。周树人就是这样的寂寞者,作为后死者,他愿意把自己消磨在思想启蒙的漫长而无止境的工作之中。这时候,除了阅读,就是加紧进行着早已开始了的译述工作——有一个秘密计划在暗暗催促着他。

于极度紧张之中,他仿佛尝试到了一种复仇的快意。

## 27 《新生》运动·杂志的流产与实力的转移

早在回国完婚之前,周树人就有了一个创办文学刊物的计划。要搞文学运动,必须拥有自己的杂志,这样才能获得一种号召力,把目标较为切近的人们纠集在一起,组成一支改造世界的联军。至于自己是否具备那种领袖资格,却从来未曾考虑过。他注重的只是实绩。原来拟定的首批撰稿人,除了自己,还有许寿裳、袁文薮、陈师曾、苏曼殊几位;现在,加进二弟作人,战斗力显然将更加强旺。令人头痛的是资本问题。恰好袁文薮答允垫付,这样,杂志的组织工作便相当顺利地开展起来了。

关于刊名,周树人原想从他所喜欢的《离骚》里摘取个别词句,叫做《赫戏》或者《上征》,因为不通俗,后来才改作但丁《神曲》中的篇名:《新生》;并且全盘西化,在封面上用了拉丁文拼写出来。"文艺复兴"的英译,也正好是"新生"的意思。对于发端于意大利的产生了系列巨人的欧洲文艺复兴运动,他的确是无限神往的,于是也就希冀着,能够通过自己和自己的同志,在东方掀起一个同样性质的文化运动,把人性解放的口号写进战斗的旗帜。

筹办《新生》的消息不知怎的传了出去,大家像发现了新大陆一样,有人嘲笑说:"莫不是县试录取的新生吧?!"亏得周树人生性孤傲,善于缄守。有一次胡仁源来访,谈起来也说:"你弄文学做什么呢,文学有什么用处?"他只冷冷回答了一句:"学文科的人懂得学理工科也有用处,这便是好处。"

他知道,对于志趣不同的人,是完全用不着解释的。

正当他躲在房间里,暗暗地为刊物催生的时候,又有一群豪勇之士闯进他的世界。

徐锡麟和秋瑾先后蒙难以后,陶成章、龚宝铨、陈子英、陶望潮一行随即流亡日本。这时,光复会的总部也从国内迁到了东京,并改选了章太炎为会长,陶成章为副会长。陶成章一到日本,马上到中越馆里来看望周树人。

流亡者朋友的到来不是没有益处的,至少能使他更加逼近革命的氛围,而保持血流的灼热。他特别敬重陶成章。这位革命的实干家,脚穿草鞋,腰系草绳,深入浙东一带乡村,往往一天跑上八九十里的路程;吃食也不讲究,给他一碗咸菜,也会当作粉条般喝下去。龚宝铨那种义无反顾的气概,也是周树人所敬重的。他们来了总是坐在大间里,那儿放着炭盆,盆上搁一把茶壶,一边喝茶一边高声说话。说话最多要数陶成章。他开口就大谈其中国的革命形势,说某地不久就可以"动"起来了;否则便讲述春秋战国时代的军事和外交情况,口说指画,历历如在目前。但是,周树人同他们在一些重大问题上,显然存在着很大的分歧,因此,在谈心或是讨论时,常常争辩起来,有时候还十分激烈,要许寿裳站出来从中调解。

但是,这种激烈的论辩,丝毫没有损害他们之间的友情。每每风暴才过,周树人又给他们倒水沏茶了;天色晚了就留他们吃饭,只要抽斗里有钱,还得特意买上罐头牛肉之类来添菜。

树人笃实的性格和镇定的态度,博得了他们的信赖。陶成章为了躲避日本警察的注意,曾把光复会的会章、票布等机密文件,临时委托树人兄弟保存,直到险期过后一段时候才拿走。

政治家和思想家的意见往往很难统一。既然各执己见,那么也就尽管让各人驱驰于自己所选定的道路罢。

早在作人留日之前,袁文薮就转往英国留学去了,原说去后仍然寄稿来的,结果杳如黄鹤,连个讯息也没有。苏曼殊颓废得可以,一旦有钱马上喝酒花光,没了就到寺庙里去老老实实地呆着,根本生不出心思弄文艺。接着,资本也逃光了,剩下的只有不名一文的三个人。梦是好的,而幻灭之来,又是何其迅忽呵!

一切都准备好了。封面准备好了,插图准备好了,作人的文稿也先自送来并且由自己给誊清了。稿纸也定印好了的,而且足够使用相当长的日子。那从英国出版的《瓦支画集》中几番挑选出来做插图的《希望》,寓意是那么深刻:一个诗人,包了眼睛,抱着竖琴跪在地球上。呵,希望是什么?难道希望的只是黑暗,只是黑暗中那不复鸣厄的弦歌吗?还选了俄国反战画家威勒斯卡金画的骷髅塔和英国军队把印度革命者绑在炮口上处决的画,准备留作后几期杂志的封面。但是,如今统统都成了废纸,一切都完了!

一个人的主张,得到赞和,是促其前进的;遭到反对,是促其奋斗的。独有叫喊于世人中间,而四围并无反响,那才真的是一种无从措手的悲哀……

《新生》计划是一个必然的历史性的悲剧。现在,已经不复是严复的时代了。对于一个愚昧落后的民族,本来是需要一段相当时间的思想启蒙的,但是,大量的矛盾和深刻的危机已经不容许太久的等待,革命未经充分酝酿就顷刻间燃烧了起来。人们迫切期待的是武器的批判,而不是批判的武器。因此,一切停留在意识形态的东西,势必要被革命潮流的哗声所淹没。

作为少数的先觉者被误会被冷落的悲剧,其社会历史方面的因素,并没有能够为周树人所体认。直到革命的高潮过去以后若干年,他才知道在革命高扬的时候是没有文学的。这时,他只能从自己的身上寻找失败的因由,确认自己决非什么振臂一呼应者云集的那类英雄。正因为世界未曾令他失望,于是,他也就一面积聚力量一面等待时机,决心以更加扎实的努力去进行补偿。失败是必然的,可是,失败未必是永远的。

事情有了意外的转机。

一天,周作人的安徽朋友孙竹丹来访。他是特意为《河南》杂志拉稿子的。那时候,《浙江潮》等一批鼓吹革命的杂志已经相继停刊,《河南》的出现特别引人注目。它是最近由河南留学同乡会创办的,总编辑是有名的无政府主义者刘师培。

刘师培的名字是树人所熟知的。他那时在东京专替夫人何震出名,创办破天荒的女性无政府主义杂志《天义报》。树人就曾嘱咐过二弟,把俄国无政府主义者克鲁泡特金的著作《一个革命家的自叙传》中有关虚无主义部分节译出来,登在杂志上。

1905年的俄国革命,对世界各国,尤其是东方国家产生相当巨大的影响。在日本,结合着日俄战争,形成为一种特殊的国民心态,致使俄国的著作空前流行起来。此间,民粹主义、无政府主义、虚无主义不断乘虚而入。中国不少革命派领袖接受了这股思潮的影响,他们在革命迅速发展的形势下,一致主张武装暴动,大力鼓吹个人暗杀的恐怖手段。

从来敌视权力者,主张人格独立和个性解放的周树人,自然要对无政府主义感兴趣。他崇拜最早提倡无政府主义思想的德国的施蒂纳,把这个宣称"我是国家的死敌",高呼"夺取权力,自由就会到来"的人,看做同尼采一样的伟大的偶像破坏者。他固然反对寡头政治,但也反对假借民族和人民名义实行专制独裁的"众治"形式,他不能容忍任何侵犯个人自由权利的权力意志。然而,他又反对暗杀行为。在他看来,不只因为个别消灭无补于大局,徒然导致革命干部的无谓牺牲和损失,而且,暗杀本身就是有悖于人道的,它将促使国民劣根性得以恶劣发展。他自己就不肯参加这类恐怖行动。只要听到炸弹的轰响,并连带想及那些实际工作者可能惨死的境遇,就焦躁不堪。因此,他认为有必要把无政府主义同恐怖行为区别开来,才做了翻译克鲁泡特金的建议。由于他认为思想的价值大于政治手段的作用,以及人道主义对他的整个灵魂的支配,使他根本不可能成为一个极端分子,但是,无政府主义显然蛊惑过他的情绪,而且,还渗透到他的文字之中。

接到约稿的消息,周树人彻夜难眠。关于《河南》、《豫报》的出版预告介绍说,它的主旨在于:"排脱依赖性质,激发爱国天良,作酣梦之警钟,为文明之导线。"情况表明,它有可能成为思想文化界的一支新的火炬。他想像着丢失了的阵地再度从眼前展开,虽然没有整个地为自己所把握,但毕竟可以为自己找到一个作战的位置。于是,一种报复的情绪牢牢地抓住了他。他决意利用这个机会,狠狠地扔出自己的思想,那全部的仇恨、愤怒与悲哀。

——时候到了!应该到了!让所有沉睡的人们都在先觉者的叫喊声中醒来,在梦魇中醒来!把全新的观念,科学的观念,自由民主的观念交给他们,让他们正对自己和周围的世界!那些闻新声而疾走的顽固派,那些钩爪锯牙,竞言武事的兽性"爱国者",那些倡言制造商估的实业救国分子,那些主张立宪国会的奔走干进之徒,把他们暴露出来!把历久的弊病和偏枯的危险都暴露出来!把所有这一切都交给20世纪的新精神去涤荡!今日中国,可怕的未必尽是来自正统的力量,习惯的力量,虽然我们还要为此承担足够的牺牲;更可怕是随着海禁的开放,诸种事物无不物质化的趋向。古老的东西,混杂于西方现代文明的大潮中间,而可能淹没了新党!……

的确,科学是彻照世界的神圣之光。但是它决不囿于物质,机械,任何外部的技术手段;它是一种背景,一种氛围,一种无所不包的精神现象。在反对蒙昧主义的同时,必须反对虚科学!科学是人的科学,决不能让人所创造的科学反过来支配人和奴役人。人是根本,人是中心,人是目的。是人的行为构成了社会现实,因此救国必先救人,立国必先立人。人的命运是不能随意摆布的。人的思想,人的言论行动,应当享有至高无上的自由。要使国人的内心都有着理想之光,要使整个社会提供充分的条件解放和发展人的个性。如果遭到拒绝,就实行个人精神的反叛，不但反叛强权者，而且反叛多数和一致！其实，所有的旧俗弊习，民贼独夫，都往往把众数当做自身的屏障。中国，从来是一个不把人当人看的国家。不是奴隶，就是奴才。我们应当建设一个理想的"人国"！

可是，在古文明的重压之下，同胞精神沦丧，茫不思起，即使"维新"二十年，而刚健抗拒破坏挑战之声何在？我们只能把目光投向国外，向那儿寻求人类之骄子；援进他们的雄声，作为民族的先导……

18世纪法国的启蒙思想家，以他们的"天赋人权"论，成为大革命风暴的旗帜。同中国最早一批激进的革命家一样，周树人，正是从它的辉耀之下取得较为完整的民主思想的。他把这一思想同达尔文的进化论结合起来，奠定了世界观的基础。从改造国民性出发，他一面扬弃，一面吸收着托尔斯泰的人道主义，尼采的"超人"学说，一代先驱者如谭嗣同、严复、邹容等宣传的仁爱、自由、平等的思想，还有当时《民报》，特别是章太炎的具有民粹色彩的理论，乃至政治上的反对派梁启超的文学观，从而熔铸为具有自己特色的反对强权主义和奴隶主义的战斗武器。

1907年，他以"令飞"、"迅行"为笔名，写下系列论文：《人之历史》、《摩罗诗力说》、《科学史教篇》、《文化偏至论》。

与1903年相比，这个时期的论文已经大大超出爱国反帝和进化论的范围，不但表现出"不为大潮所漂泛，屹然当横流"的更为激进的色彩，而且显示了对政治、哲学、美学各个方面在更高层次上所作的理论探索的重大成就。其中，关于人的哲学阐述，关于现代文明的价值判断，关于科学与美育并重的思想，以及关于文艺以"不用之用"干预政治的观点，应当视作中国近代思想文化史上最卓越的贡献。

《摩罗诗力说》是我国第一篇系统介绍外国文艺思潮的专论，其着重论列的八位反抗和行动的"恶魔派"诗人：拜伦、雪莱、普希金、莱蒙托夫、密茨凯维支、斯洛伐茨基、克拉辛斯基、裴多菲等，乃是作者向"宁蜷伏堕落而恶进取"的国民提供的理想人类的实例。全文纵观古今，环视中外，充满着作为启蒙战士的明澈的理性与号召的激情，不但是一个文学运动的纲领,而且是一篇人性解放的宣言。

重视人的自身建构问题,成了这个时期系列论文的基本主题。在《摩罗诗力说》中,周树人正是从文学可以"撄人心"、"移神质"这一与人的本质相关联的意义出发,重视和提倡文艺运动的。

稍后,他发表的又一篇论文《文化偏至论》,则从比文艺更为开阔的历史文化领域,论述了一切为了人的解放这个根本原则。他回顾了西欧19世纪至20世纪的整个思想文化发展的历史,高度评价路德宗教改革,以及首见于英,继起于美,复则大起于法兰西的资产阶级革命,把其中对于近代文明的积极性影响归结为"非物质"和"重个人"两个方面,从而进一步提出建立"人国"的主张:

> 诚若为今立计,所当稽术既往,相度方来,掊物质而张灵明,任个人而排众数。人既发扬踔厉矣,则邦国亦以兴起。……
>
> 外之既不后于世界之思潮,内之仍弗失固有之血脉,取今复古,别立新宗,人生意义,致之深邃,则国人之自觉至,个性张,沙聚之邦,由是转为人国。人国既建,乃始雄厉无前,屹然独见于天下……

对于"人国"的构想,是周树人对于改造国民性问题的长期思考的结果。由于他把从根本上变革现实作为思考的出发点,因此,有关"人国"的阐述就不仅仅属于理念世界,而是包含了中国历史和现实社会中的重要的经验教训,同样属于实践中的问题。正是这个时候,他才开始从几年前对于祖国的热烈的讴歌,而转为民族的严肃的自我批判。他不能不以批判的形式担负起思想启蒙的任务。凡启蒙主义者,都重视科学的宣传,都把人性解放论作为自己的理论武器。比起西欧的思想家,他的锋芒所向,主要不在神权而在政权,是愚民专制。他们都注重"人"本体,但西欧的思想家主要宣扬的是个人主义、爱情至上、享乐主义的"自爱"原则,而他则主要强调思想自由,一个个人与社会解放的相切点。在战斗中,西欧的思想家体现着"自我"扩张的精神与乐观向上的态度,而他则表现为个人的积极反抗,常常流露出他的孤傲气质,内心广漠的沉郁与悲哀。

《摩罗诗力说》的最后一段是：

> 今索诸中国,为精神界之战士者安在？有作至诚之声,致吾人于善美刚健者乎？有作温煦之声,援吾人出于荒寒者乎？……而先觉之声,乃又不来破中国之萧条也。然则吾人,其亦沉思而已夫！其亦惟沉思而已夫！

《文化偏至论》则是这样结束的：

> 夫中国在昔,本尚物质而疾天才矣……个人之性,剥夺无余。往者为本体自发之偏枯,今则获以交通传来之新疫,二患交伐,而中国之沈沦遂以益速矣。呜呼,眷念方来,亦已焉哉！

在对于"人"的抽象的议论之后,一样回归到中国的现实；在对于"人"的热情的呼唤之后,一样回归到"吾人"的内省。这两段话在结构上的雷同是很有意味的,它以"复调"显示了作者在这一时期内的思想定向。

在人类认识史上,人的解放问题,还是一个很年轻的课题。它最先以人本主义的方式,由欧洲文艺复兴时期的巨人提出来,但是,他们心目中的"人"不过是"自然的人"而已。此后,经由法国的启蒙思想家和德国的"哲学同时代人"的努力探求,"人"便明显地带上了理性的色彩,然而逻辑的论证本来就并不可靠,况且人在现实中还要受到异己力量的强大的阻挠。而周树人的"人论",其指向明显带有主观批判性质；但当历史条件远远没有成熟的时候,最富于人性的理想也只能流于空想。周树人不是没有意识到其中的矛盾性的,因此,他在批判中构筑自己的"太阳城"的同时,也就不能不以所感到者为寂寞。

在人们中间,只有周作人和许寿裳能够理解他的寂寞。

那时候,作人曾同他一起翻译过《裴彖飞诗论》,还用"独应"的笔名,在《河南》发表了两篇文章：《论文学之意义暨其使命因及中国近时论文之失》,以及《哀弦篇》。"独应",就是单独响应,表示着对长兄的声援。接受周树人的命意与催促，许寿裳也写了长文《兴国精神之史曜》，以欧洲各国复兴的史实，说明国民精神改造的重要性。笔名"旐其"，取俄文"民众"的译音，是树人给起的。他们的论文与树人的论文构成的一个火力网，从不同的方面系统评介西方资产阶级处于上升时期的意识形态，共同发挥着对传统思想的冲击作用。

使树人感到自慰的也正是这一点：在精神界的荒漠上，毕竟出现了一个小小的战斗者同盟。

## 28　"伍舍"时代

天色晦暗，大雪纷飞。

1908年4月8日，周树人兄弟按照事先约定的日期，同许寿裳、钱钧甫、朱谋宣五个人一起，搬进了本乡区西片町十番地乙字7号新居。人数凑齐以后，便在靠近铁门的电灯上高悬了一块牌子，署名"伍舍"。

当时，许寿裳已经从东京高师毕业，计划一面跟从章太炎学习国文，一面进修德文，预备再往欧洲留学，结果选择这样一个雅静的环境。为了一统天下，临时去拉朋友。本来，树人在中越馆算是住得舒服的，只是被那老太婆作弄得苦，于是也就应允搬家了。

西片町是有名的学者住宅区，拐弯出去，便可以看见东京帝大的红色大门，有成群的方帽子进进出出。周围一带的商店和电车，几乎为这些方帽子而设。方帽子越是破旧，年级越高，越是能显示他们的资格。出身于名牌大学，动辄以资格示人，这等人物是周树人历来讨厌的。幸好有庭园，有花草，有使心灵摆脱俗物羁绊的地方。他发动其余的几位，一同开辟隙地，种植绿色的生命。在众多花草中，最可爱的要数名叫朝颜的牵牛花，变种很多，能够奇迹般呈现它的色彩和形状。每近黄昏，浇罢水，朦胧中便有乡思的丝缕缭绕着上升，使他回复到迷于花草的单纯的少年时代，在寂寞与惆怅中间品尝出一种淡淡的甜蜜来。

赏花的闲情不多，多的是紧张的工作。"伍舍"原是夏目漱石的旧居。对于当时为自然主义所充斥的日本文坛，周树人毫无兴趣，但却喜欢夏目漱石，读过他的名作《我是猫》。当《虞美人草》在报上连载后，也都认真地找来分章读完。夏目漱石，本名金之助，改名漱石，乃取中国小说《世说新语》中"枕流以洗耳，漱石以磨牙"的意思，表示自己的节操。他生在古名江户的东京，故被人称为"江户佬"，在日语中有性格顽强的意思。由于他从小接触不少汉文典籍，对中国人一直抱有好感，这在日本人中是并不多见的。留学英国期间，他对欧洲社会作过深刻的观察，因此并不满于当时举国上下崇拜西方的空气。为了批判日本的国民精神，批判文学界中的自然主义倾向，他致力于介绍和翻译尼采及其作品，试图以尼采式的进取精神，改造大和民族的灵魂。夏目的著作想像丰富，机智幽默，轻快洒脱，文笔精美。他以喜剧的手法描写社会和人生的悲剧，这特有的启蒙主义的文学色彩，尤其博得周树人的好感。如今生活在这位被日本人尊为"伟大的人生教师"所生活过的地方，不免经常悬想着他那奋笔疾书的情景。这种历史性的巧合，加强了周树人的文学意识，而使理想中的事业更加逼近。

在南向的六席小间里，并排立着两张矮桌，有如两匹并辔的战马，载负着兄弟俩在纸面上日夜奔驰。树人除了译述，还为许寿裳主编的一套《支那经济全书》做校对工作，以此赚取部分费用。官费本来有限，"伍舍"时期自然更加拮据。这座日本绅士的私邸，租金实在太贵了。

陶成章和龚宝铨一样是"伍舍"的常客。一天，龚宝铨来访，手里拿着两本书，一本是德国德意生的《吠檀多哲学论》英译本，卷首有他的岳父章太炎手书的"邬波尼沙陀"五个字；一本是日文的《印度教史略》。宝铨对树人说，太炎先生想叫人翻译邬波尼沙陀，问他们兄弟俩是否乐意承担。树人表示没有兴趣。他认为，这些宗教典籍虽然有助于对人类思想历史的了解，但于国民性的改造却未必是有所裨益的。

相反，作人觉得很有意思，只是译事太难，便回答说待看了再定。事后，他跑到丸善书店，买了几种邬波尼沙陀的本子参照阅读，最后告诉章太炎说,可以翻译这部奥义书。

不知为什么,到了后来,作人变得相当懒散:既不译文学,也不译吠檀多。这使树人非常焦急,可是一再催促,仍然没有结果。

一天,树人突然暴怒起来,半句话也不说,挥起拳头就打。袭击太突然了,甚至连树人自己也不知道是怎么回事。作人头部一连"咚咚"地被猛击了几下,刚待举手回击,许寿裳赶来了。

作人把头垂下,几乎没有什么抗辩。树人转身退向窗沿,也没有更多的言词可以表示不满或懊悔;兀立的背影,只有肩膀作着不易觉察的微微的震颤……

雷阵雨顷刻成为过去。不久,兄弟俩同时成了章太炎的私淑弟子。

对于章太炎,周树人仰慕已久。特别是几年前,他主持《民报》期间所写的与康梁派论战的文字,就以其压倒的革命气概及博大精深的学识征服过自己。作为革命家,孙中山的声望并不下于章太炎,且因为善于宣传,当时就有"孙大炮"之称。但是,周树人对轰轰烈烈的实行家历来不甚佩服,倒是敬重那些既具有献身精神又深于学问和长于思考的人。而在革命派中,像章太炎这样的学问家是罕有其匹的。虽然他热心宗教,过于泥古,征引和考证的繁琐都多少显露了思想的混杂与迂执,然而,对于精神因素的高度重视,提倡依靠"自心",增进道德,以及对西方文明的批判,都因为与自己的探索处于同一方向,故一直为周树人所推崇。

自从在神田的古成中学听过章太炎的课,周树人便冀望着能有继续听讲的机会。论动机,实在不止在于文字学本身。就像在中越馆时,响应了陶望潮的建议,和同许寿裳、陈子英等六人,一度向亡命日本的俄国无政府主义者玛利亚·孔特学习俄文一样,本意仍是出于对俄国的革命精神及其文学的向往。无论如何,精神自由的需求是第一位的。

由于太炎先生在国学讲习会的上课时间与正常的学科时间相冲突,周树人和许寿裳便托请龚宝铨转达这样的意愿:希望太炎先生在《民报》社旧址另外开设一班,于每星期日的上午,专门为他们讲授《说文》和《尔雅》。

意想不到的是,太炎先生竟立即答允了。

讲授是在一所极其简陋的房间里进行的。师生环绕着一张矮小的桌子,席地而坐。据说先生是一个性情暴烈的人,可是在学生面前,却是极其和善而随便。他留着一撮鲇鱼胡子,笑嘻嘻地说话,活像庙里的哈喇菩萨。要是鼻涕流了下来,他就用袖角擦抹,一点也不在意;讲课讲得热了,干脆脱去外衣,光着膀子,只留一件长背心。他讲的课,也像平日穿着举止一样洒脱而风趣。按照中国文字的结构特点,他逐字往下讲解,或沿用旧说,或发挥新义,任何材料被他运用起来都不会显得枯燥。古今中外,天文地理,风土人情,传闻轶事,几乎都涉猎到了。特别是一些借训诂引来的妙语,间发如珠,常常引起一阵又一阵哄笑……

讲课从清早 8 时开始,一直到正午,四个钟头内没有休息。可是,不管是主讲的,还是听讲的,一点倦意也没有。

同班一共八个人,"伍舍"方面去了四人,是周氏兄弟,还有许寿裳和钱家治,其余四位:龚宝铨、钱玄同、朱希祖、朱宗莱,是从大成转来听讲的。在他们中间,钱玄同说话最多,而且经常在席上爬来爬去。周树人即兴给他一个诨名,就叫"爬来爬去"。而他自己是极少发言的,为此,钱玄同便回赠了一个颇为传神的绰号曰:"猫头鹰。"

在《说文》之后,又听讲《庄子》和《楚辞》。周树人听课极其认真,课后,总是从龚宝铨那里借来笔记,详细核对和补充自己记下的内容。正当他倾心于西方文学的时候,由于太炎先生的指导,才在偶然的回顾中,发现了祖国文化的某种魅力。魅力的诱惑,竟至于从此形成一种癖好:行文时,往往投进一些古僻的字眼;恍如流水,因顽石的阻碍,于平静中不时激起漂亮的漩涡。

开班不满一年,章太炎同周树人便结下了深厚的师生情谊。

听讲期间,《民报》被日本政府禁止了。背景自然出于清政府的要求,而借口则是违反出版法,因为出版人由章太炎改换为陶成章,没有向警厅报告,结果不但勒令停刊,而且还要征收一百五十元的罚金。

《民报》虽然是同盟会的机关报,这回罚金却要章太炎个人垫付。他向孙中山索款,却没有一点回音。按照日本法律,被告如逾期不交罚金,便要按一元一天折算,改服劳役。自从刊登了《大乘佛教缘起论》,《民报》销量锐减,报社经济窘迫得不行,根本无法应付罚款。事情只好无望地拖延下去。

到了最后一天,龚宝铨来找周树人商量。想不到树人会那么果断,立刻想出了一个法子,让许寿裳挪用译印《支那经济全书》的部分经费,轻易地解脱了一场危难。

为了这件《民报》案,周树人对同盟会的头面人物增加了不少猜疑与不满。他的确是深爱着他的先生的,无论是在公开或是私下的场合,他都谦恭地表明自己是章氏门下的弟子。此后,当先生日渐颓唐,甚至拉车屁股向后时,他只有感到惋惜;而一旦遭到攻讦,必定挺身而出,为之辩诬,决不让先生蒙受半点污垢。

成熟的人是不需要偶像的。"吾爱吾师,吾更爱真理。"当周树人一旦发现了先生和真理之间的距离,就会固执地站到真理的一边,从心底里坚持自己。

有一次,太炎先生提问说:"文学的定义怎样?"树人回答道:"文学和科学不同,科学重在启发理性,文学重在增进感情。"先生听了,随即纠正道:"这样的划分办法虽然比前人较胜一筹,可是仍然有失当的地方。比如郭璞的《江赋》,木华的《海赋》,又何尝能动人哀乐呢?"

周树人不以为然,但没有反驳,课后对许寿裳说:"我以为先生诠释文学,把范围弄得太宽泛了。其实,文字与文学是有着根本的区别的。《江赋》、《海赋》之类,文辞虽然奥博,而它们的文学价值就很难说。"

龚宝铨有一天带来太炎先生的一封信,信中用篆文向周氏兄弟发出热情的邀约:"豫才,启明兄鉴:数日未晤。梵师密史逻已来,择于十六日上午十时开课,此间人数无多,二君望临期来祉。麟顿首。十四。"

作人是如约到智度寺里去了,树人却没有去。

对于佛学,包括其他宗教,树人从来没有涉足的欲望。虽然他在年内撰写的《破恶声论》中也曾给神话、传说和原始宗教以好评,但也只是把它们看做先民的自由精神而加以肯定。当他一旦认真研读佛经的时候,那已经是陷入另一张苦闷到近乎绝望的大网里了。

冬天,"伍舍"开始解体。

钱钧甫早已对群居感到厌倦,于是同亲戚朱谋宣先后搬走了。余下的三个人,由于无法应付昂贵的租金,只好一同搬出。

那时节,荷池枯干了,菊畦残败了,热闹的蝉声也早已消歇。离别总是教人惆怅的。许寿裳套用了东坡的句子成诗一首,表达一时的眷恋之情:"荷尽已无擎雨盖,菊残犹有傲霜枝。壶中好景长追忆,最是朝颜裹露时。"

周树人倒没有什么伤感。因为人首先要能生活,而这段时间,由于经济的压力,他不但要忍痛分割用于文学的精力,而且,连到青木堂去喝杯牛奶果子露的资格也被剥夺了。

## 29 盗火者兄弟

波字19号,成了年轻的精神界战士周树人在日本的最后一个据点。

这是顺天堂医院院长的房子。东边一间十席由许寿裳、周作人同住,树人就住进西边六席的小房间。周围很安静,客人也甚少来往,实在是最适宜做事的地方。

年来,树人的工作主要放在翻译方面。早在弘文时代,他就已经着手翻译了,至于文学的译介,严格地说还是始于伏见馆的。不过,开始以后,很快就进入了盛期。这时候,作人已经成了身边的得力的伙伴。由共同的血缘与意向结合起来的人,在同一时空中的存在,本身就是一种力量。他们酝酿了一个大体的计划,就是着重介绍弱小民族的文学,支点在北欧和东欧。还有俄国,也在介绍之列,但首先选择的仍是那些与中国现实相切近的作家和作品。像屠格涅夫,虽然为他们所佩服,却没有翻译。至于译法,由于不满于林纾的误译,就都统一为直译。他们认为,重要的是忠实,决不能丧失原著的文情。翻译,是一场艰难而愉快的历险。他们兄弟俩选定了目标,便分头前进,互相照应,然后胜利地会合。像《红星佚史》,其中的诗,就由作人口译,再由树人笔述下来;树人撰写的《摩罗诗力说》,所引述的波兰诗人的资料,都是由作人据《波兰印象记》口译转述的。从伏见馆,到"伍舍",到波字19号,作人起草翻译的作品,都经过树人修改誊正。翻译期间,不时地说说笑笑,谈论着作品中的故事,春暖冬寒也就在一种恒温的感觉中过去了。

整个翻译计划与《新生》联系在一起,《新生》夭亡了,陆续翻译出来的东西也便很难找到出路。自然也有成功的,《红星佚史》的出版就很值得欣幸。但是,更多的仍是期待的焦灼和失败的烦恼。

树人是重视翻译的。当二弟翻译,自己作序并且誊抄的厚厚三百张日本皮纸的《劲草》译稿被书店退了回来,恰如一个新兵,初临战阵就被担架送回后方医院,静静卧待黑色的死亡,那是怎样的一种悲哀?遇事每每容易激动,容易焦躁,树人自知这是很不好的,可是没有办法。

凑巧得很,波字19号来了两个不速之客。

他们是蒋抑卮夫妇。

蒋的上代是绍兴人,父亲是开绸缎庄的。本人是个秀才,读过不少古书和讲时务的新书,思想相当开放,为人也仗义慷慨,很有点古代的豪侠之风。1902年自费留学,从此结识周树人和许寿裳,彼此十分投契。可惜耳朵出了什么毛病,不久就回国去了。回国后,除了继承父亲的产业,兼做银行生意,成为浙江兴业银行的一个股东。因为耳疾未除,这回是专程来日本治疗的。

故人重见,是分外的亲切。蒋抑卮夫妇一时找不到房子,树人立即将房间让了出来,请他们暂住;过了好些日子,再托商人在相去不远的地方找到了住处,这才迁移过去。

蒋抑卮是一个不甘寂寞的人。白天由他的夫人同下女看家,自己便跑到周树人这边来谈天。他们一谈起话来就没完没了。作人在一边旁听,几乎没有插话的机会。说话间,蒋抑卮听到译印小说的设想,大为赞同,当即答应垫出资本,促成这件事。他平常有一句口头禅,凡遇到稍有障碍的事,总是说:"只要拨伊铜钱,就行了吧?"因此,树人曾给他起了"拨伊铜钱"的绰号。世界上的事情真不可预料。想不到一个富有头脑的人朝夕思虑而茫无头绪的事情,顷刻间,就叫一个商人给解决了。

几曾幻灭的《新生》的梦想,很快就可以全部地付诸实现。周氏兄弟以惊人的速度工作着。2月,《域外小说集》出版了。

四个月后,续集也已经印竣。在续集的末页,登出陆续出版的篇目预告。信息表明,这对从域外偷盗天火的兄弟,将决心把他们的翻译事业持续下去。

《域外小说集》两册共收作品十六篇,计英、美、法作家各一人一篇,俄国作家四人七篇,波兰作家一人三篇,波思尼亚一人两篇,芬兰作家一人一篇。其中大多数是反侵略反压迫反奴役的作品,与日本大量翻译欧美大作家的情况绝不相同。这种选择,体现了周氏兄弟在战略上的一致性的追求。他们试图通过自己的译笔,使中国人民同世界人民在共同命运的基础上,建立相应的思想文化方面的联系。

周树人的翻译有三篇:安特莱夫的《谩》和《默》,以及迦尔洵的《四日》。

《谩》描写一个钟情男子,在发现自己蒙受爱人的欺骗以后,悲痛欲绝,终至疯狂。《默》同样是关于疯人的故事:牧师目睹爱女默然死去,妻子悲恸到哑默,世人冷漠到沉默,以致自己最后也为无声的世界所压倒。人类之爱是高尚的,但也是荏弱的。虚伪、麻木与残忍,千百倍强固于真诚,这的确是国民和人类的不幸。《四日》写的还是疯人,可见出于译者特意的选择,去作主题的反复的奏鸣。它叙述一个身负重伤的士兵,在战地四天的真实见闻和个人感受。因为战争恐怖的刺激,既忧且愤,神守昏乱。原来,树人还打算把安特莱夫的反战小说《红笑》翻译出来编入集内的,这样就可以与《四日》一同构成某种穿刺力,暴露"兽性的爱国心"。

在俄国作家中,周树人特别喜欢安特莱夫和迦尔洵。他喜欢他们作品中的深刻的社会性,对社会病态的揭露,是他们的一贯主题;喜欢他们浸润在文字中的人道主义和民主思想;喜欢他们习惯使用的具有高度凝聚力的象征手法,他们擅长于心理描写。当人物的灵魂在痛苦地呼号时,他们的心一样在疯狂地战栗;他还喜欢他们作品中的沉郁的格调与幽冷的气氛。他们都是病态的天才,当时的作品,已经透露出了现代主义的气息。

周树人一度倾心于浪漫主义文学,其实,使他感兴趣的,并不是浪漫主义的创作技法,而是浪漫主义作家们那种旨在把人从政治专制和社会习俗的束缚中解放出来的浪漫主义文学精神。这一精神首先要求创作主体最大限度地解放自己,从而使作品最明显不过地表现出独立的思想倾向和独特的感情色彩。因此,他不大喜欢经典的现实主义大师的作品。如果笔下没有那么多不幸的小人物,没有讽刺的热情,没有夸张,没有冷峻的笔触,他连果戈理和契诃夫也要丢开的。

比较起来,他更加靠近现代主义是可能的。现代主义正是从后浪漫主义发展而来,它从一个极端扩大了浪漫主义的主观性,结合病态社会的客观性,从而产生了系列充满怀疑与否定的变形的世界肖像。基于"尊个性而张精神"的要求,作为现代主义的直接的文化渊源如叔本华、尼采、柏格森、弗洛伊德们的哲学和心理学理论,都先后为周树人所欣赏。这样,当现代主义在西方社会刚刚兴起,他就已经在精神上与之相衔接,并且成为它的传播者;像他喜爱而且多次提到的易卜生,勃兰兑斯就称之为80年代的现代派。从周树人的哲学美学倾向,以及个人气质来看,此后创作的第一个小说乃是象征主义小说就不是偶然的了。作为一个文体家,无论是现代题材还是古代题材,他都采用了不少诸如意识流、象征和荒诞手法进行处理;散文诗《野草》更大胆地窥探了潜意识世界,充满着一种阴郁感伤的情调。他博采众家,熔铸自己,凡切合中国国情而又具有批判性质的学说或著作,都能为他所利用。专以文学而言,始而浪漫主义,进而现代主义,而统一于现实主义精神。但也并非直线发展,而是在大体显示出主导倾向的情况下,呈现为一种统一的杂多状态。

周树人对劳动者的热爱和对权力者的仇恨,长期形成的高度的社会责任感,使他不可能混同于一般的现代主义作家,不可能因为强调"内曜"而反对理性,不可能因为有感于人们的隔膜而仇视人类,不可能因为目睹社会的痼疾而陷于颓废,反对改造和进取。他是一个有为而执著的追求者,虽或时时分析自己,在任何情况下却都不会溶化自己的。

两册翻译小说集的装帧非常讲究。封面用的是蓝色的罗纱纸,上方印着长方形图案,绘的是一个弹奏竖琴的古希腊少女,也许是司文艺的女神缪斯吧?下面是请陈师曾书写的"域外小说集"五个篆字,在异国情调中,混合着民族的古朴。版权页不记公历,也不用宣统年号,而以别一种符号标明出版时间:己酉。树人喜欢毛边书,因此,三面保留原貌,不加切削;书页天地留得很宽,没有那种压迫感。书中除了对作者作小传介绍外,对各国人名通例,详加解释,连标点符号的用法,也都一一做出说明。

周树人在序言中写道:

异域文求新宗,自此始入华土。使有士卓特,不为常俗所囿,必将犁然有当于心,按邦国时期,籀读其心声,以相度神思之所以,则此虽大涛之微沤与。而性解思惟,实寓于此。中国译界,亦由是无迟莫之感矣。

短短一小篇序言,气派多么阔大!对于能够以忠实而古雅的文笔,有系统地介绍世界弱小民族的现代文学,周树人是相当自负的。他们是第一个。

《域外小说集》第一集出版后不久,于5月1日东京出版的《日本及日本人》杂志第508期作了报道。"中国人兄弟俩",作为青年翻译家的形象,迅速引起国外人士的注意。

　　书是在东京和上海两地寄售的。半年过后,先在东京寄售处结账,总计第一册卖去二十一本,第二册是二十本,以后再也没有人买了。第一册为什么多卖了一本呢?原来滞销的情况使他们颇感意外,许寿裳怕寄售处不按定价,额外需索,计议之下,便亲自去多买了一本。经过这一回试验,他们已经确知本书的命运了。果然,上海的广兴隆绸庄里,也只卖出二十册左右。更悲惨的是,后来寄售处着了火,存书和纸版也都一同化成灰烬了……

　　时代需要火光,需要声音,但因此也就需要眼睛,需要耳朵。如果失去了读者,文艺家算什么呢?文学固然可以创造它的读者,但是一代的读者群是可以凭借个人的力量所可创造的吗?女娲抟泥做人尚且容易一点,而读者的创造需要何等漫长的时间!开拓者的命运总是悲惨的,他们的事业开始得太早了!

　　——二十个!二十个!这个数字是多么的令人寒心呵!

　　当周树人感觉着寂寞来归的时候,明澈的理性又一次照耀着他:既然允许译者是少数,为什么不允许读者也是少数呢?在这世界上有一个知音就不错了,况且你本来就不是那种天下景从的英雄!……

　　——二十个!二十个!他不禁深深地感激起那在孤离的状态下默默支持自己的读者了。这时候,柯罗连科一篇记不清名目的小说,有一段话迷迷糊糊地漂上心头:"……生活依然在那阴沉的两岸之间奔流,可是火光还很遥远。于是还得再使劲划那双桨……可是究竟……究竟前面是——火光!……"

　　正当他准备奋力向前划行的时候,却不得不放下了双桨。他回国了。

　　那时候,他二十九岁。

日本是使自己迅速成长起来的地方。惟其已经成长起来,才觉得自己的积累太浅薄了。理想那么宏大,他不能不准备得更充分一些,于是也就一度产生过转往尼采和海涅的故乡——德国留学的计划。这时,作人同公寓里的姑娘羽太信子恋爱已久,为了帮助还在立教大学读书的二弟结婚,并且也为了对母亲尽到自己作为长子的责任,便打消了留学的念头。他必须做出进一步的牺牲。

　　七年,从彼岸到此岸,复从此岸到彼岸,往来之间做了些什么?以自己的力量还能继续做些什么呢?他坐在客轮上,看浪潮滚滚,遐思无已。在过去和未来的无数镜头的接续与重叠之间,蓦地生出一种身不由己的意念——他的心不禁沉下去了……

## 四　暴风雨前后

暴风雨很快地到来了又过去了。

作为革命的热情的宣传家，他根本不敢逆料，自己会在革命的凯歌声中被迫溃退。失败使人深刻。从此，辛亥革命以大量的感性材料，进入他的视野，构成为未来的文学创作的反思主题。

## 30　灰色的教师生涯

现实比预感更可怕。

远离日本就像远离了故土。祖国反而成了陌生的异邦——真是悲剧！理想早已爆出芽冠，而且绽开嫩叶，如今向哪里寻找一片植根的土壤？虽然说道路可以选择，但是当环境变得不可选择的时候，道路已不复是原来的道路了。

4月，许寿裳提前归国，在浙江两级师范学堂担任教务长。由于他的引荐，周树人便也很快到校。一门生理卫生课，半门植物课，从此开始灰色的教师生涯。

文学成了迢遥的记忆。其实，即使写，即使译，又将发表到什么地方？信仰碰在铁壁上，撕裂声响在心里。他根本不相信凭一根教鞭就可以影响国民。但是无路可走。几年前，好不容易从生理科学的茧壳里爬出来,今天是主动寻找洞口,乖乖地爬将进去——这是怎样的一种幽默!?

一个倡导个性解放的人,终于被职业封闭起来。面对着几十双闪闪熠熠的眼睛,周树人心里感到深深的愧疚。

青春!青春!属于自己的已经收束,而属于他们的才不过刚刚开头!他从这样的年岁里过来,知道知识的渴求是怎样的一种况味;更重要的是,不能把身上过早笼罩的暮气传染给他们。就这样,他不得不把思虑集中到自己担负的工作上来了。

上课时,他从来不翻书,说话也不多,只是扼要地讲述重点的部分,或是补充一些讲义里没有的知识,尽可能把更多思考的余地留给学生。学生首先是人,不是被动的机器。他认为,作为教师,应当尊重他们的自主性和发挥他们的创造性,既然教师有输出的自由,学生也就有了接受或拒绝接受的自由。

数学科有一个学生,在日本教员上课时打了个呵欠,日本教员认为是对他不尊敬,要记过处分。学生群起反对,一下子便把事情闹僵了。周树人觉得,这样闹下去,可能会给学生造成损失,只好主动站出来调解。他说:"这件事可以从两个方面解释。在教师方面,学生打呵欠,自然是学习时注意力不集中;在同学方面,则是教师教得不好,注意力集中不起来。既然不同意给一个人记过,为了使全班安心上课,大家都记过好了。"貌似中庸,实则偏袒。妙极了。全班一律记过,自然等于不记,事情就这样不了了之。

每隔一个星期,他都同担任植物学的日本教员一起,带领全班学生到钱塘门外的孤山、葛岭、岳坟、北高峰一带实习,采集和制作植物标本。

他背着一只自制的马口铁采集箱,携着剪刀和铁锸,短小精悍,动作敏捷,完全成了另外一个人。采集时,他并不特别的做示范,只是预定了地点,让学生们按照课堂上的理论,各自独立行动。结队归来,日本教员坐轿子,他则一直陪着学生们步行。

除了已逝的少年时代,周树人从来未曾如此亲近大自然。有时候,他就约了动物学教师杨乃康一起到西湖去,各采各的标本。由于与这一带植物的广泛接触,他甚至起了编一部《西湖植物志》的动念。不知为什么,他总是这般喜欢植物,喜欢野草,也许是出于对童年的梦幻般的依恋?或纯粹是一种精神寄托?还是在宁静的绿色中,潜意识地发现了为他所热爱的和平、善良而又卑微、平易的同类?不管怎样,总算是个人在消极环境中的积极行动。植物学也是科学。

曾经有过这样一件事情:他在教室里试验氢气的燃烧,因为忘记携带火柴,便嘱咐学生不要移动盖好的氢气瓶,以免混入空气,在燃烧时炸裂,说完便开门出去。当他回来,一点火,却立刻爆炸了。

手里的血,斑斑点点地溅满了白色的西装硬袖和点名簿。他发现前面的座位空出两行,想必是这里的学生趁他出去时移动了瓶子,放进空气,然后一齐避到后面去的。他爱学生,得到的是恶作剧的报复。

——但是,他们也是在试验呀!

出格的是性教育。这是一个绝对禁区。在课堂上,有学生提出加讲生殖系统的要求,他坦然答应了。没有别的条件,只是听讲的时候,不许发笑。整个学校为之轰动,而课堂的空气却是严静的。别班的学生,因为无从听讲,纷纷向他讨油印讲义。他指着剩余的讲义,对他们说:"恐怕你们看不懂,要么,就拿去。"原来,他的讲义写得很简单,而且使用了许多古字,如用"也"字表示女性生殖器,用"了"字表示男性生殖器,用"仒"字表示精子,等等。在未曾听讲而又缺乏文字学素养的人看来,无异于一部天书。他早已考虑到,讲义一旦传布出去,很可能引起不良的后果,这才采取了一种节制性的进攻方式。

周树人仿佛时时感觉着青春的流逝,于是也就时时感觉到气闷难耐。年龄是可以造成隔阂的。他毕竟不能像在南京或在日本时那样,可以混身于同学少年中间;同自己的学生一道,又怎能无顾忌地纵谈梦与现实呢?而在学生的眼中,他始终是那么一个几乎终年穿着一件白色羽纱长衫的,可尊敬然而严肃的"周先生"。在同事的眼中,他最突出的特点是憎恶官吏，常常模拟像"今天天气……哈哈"一类的官腔，惹人发笑；除了少数诙谐的场合，平时是不多说话，不大露笑容的。他是一个幽默者，也是一个孤独者。的确，在他，最亲近的就是强盗牌香烟、条头糕、夜和月亮了。

可他又是一个"好事之徒"，只要遇到刺激，就会像一头野牛那样马上亢奋起来。

## 31 "木瓜之役"

作为新兴的学校，浙江两级师范学堂从建立的那天起，就被巡抚增韫视作眼中的一枚钉子。一年多以来，学校换了五个监督。沈钧儒接任后不久，反对党便在暗中活动，企图借故撤换他。正好他当选为咨议局副议长，被命为教育总会会长的夏震武，自然成了填补空缺的最合适不过的人选。

夏震武是一个以道学自炫的极端顽固保守的人物。他宣传说清朝天下是"取之于李自成，非取之于明"。早在八年前，当八国联军仍然占领北京的时候，身为工部学习主事的夏震武，自荐为专使与八国交涉议和条款，声称纾"主上"之忧。由于他太不自量，遭到清廷的一番申斥。如此顽愚的人物，就以尊王、尊孔，提倡"廉耻教育"而负盛名。周树人在南京读书时，就已经听说过关于他的传闻了。

上任前一天，他给许寿裳下了一道手谕，说是明天到校接任，命全体教师穿礼服集齐在礼堂，听候他率领拜敬孔夫子。

校内大部分教员是留日学生，经过大洋风的熏沐，几乎没有一个不是提起皇帝和政府就感头疼的。他们把监督视同一般官僚，往往不加理会，尖刻点的甚至当面挖苦。历来新监督到任，必定先拜见诸位教员，没有教员拜候监督的，而今一反旧例，这不就等于官场里的"庭参"吗？而且，不少人已经剪了辫子，更无袍挂、大帽之类。大家听到传达，不免一阵哄堂大笑。

第二天早上，夏震武带了十六个随员，穿戴着官阶衣帽，诡诡然地来了。

他看见迎候的一群短发蓬松，衣冠不整，又没设孔子牌位，心里十分生气；在高椅上坐定以后，便向许寿裳发话道：

"你们这师范学堂腐败已极，必须整顿！"

大家听了勃然大怒，纷纷围了过来，责问道："我们什么地方办得不好？你说！"

"你侮辱我们！"

"你这个假孝子！"

"你这个假道学！"

"你这个老顽固，还配来做我们的监督！"

…………

夏震武看形势不对，便想脱身溜走。怎知道几条通道都已经被人截住，几经周折，才在随从的掩护之下夺门而出。

为人师表，怎么能这般啸聚闹事呢？理学家最难堪是失了自家的体面。于是，夏震武在赴府院禀诉以后，立即给许寿裳写了一封信，责备说"非圣无法"、"蔑礼"、"侵权"、"顽悖无耻"，故决定予以开除，"不容一日立于学堂之上"。

权力这东西，本来威焰无比，但有时却连一点装饰性的价值也没有。夏震武想不到，全体教员竟视"廉耻"为无物，都站到许寿裳一边，相率辞职离校，搬到湖州会馆去。

事情闹大了。提学使袁嘉谷非常紧张，写信给夏震武，认为辞退许寿裳的措施是失当的。

夏震武用了十分强硬的口气，复信说："万无再留之理，听其辞去。"当晚，他委派教育总会会员夏超为斋务长，到校召集各室长开会。自许寿裳、周树人等教员离校后，嘉兴籍学生宋文保曾摇铃通知同学开会，商讨挽留教员诸事，遭到保夏派学生的殴打。事后，夏震武没有做出任何处理，于是公愤更大。当夏超在会上宣布由日本教员先行上课时，学生代表一致拒绝了。

夏震武不死心,再度派出新委任的第一斋管理员到校,请室长们开会。会上使用软刀子,拿了香烟笼络代表,但也只见一片烟腾雾罩,听不到片言只语。

简直没有调和的余地。夏震武只好指使几位随着进校的人和几个同乡学生,为他出力奔走,以图分化瓦解教师队伍。有些心气平和、优柔寡断的教师,也曾表示只要大家上课,个人没有意见。但是,碰到周树人和张宗祥,就少不了一场嘲讽和抨击。夏的死党于是借用梁山泊的诨名,编排了这样几个人:"白衣秀士"许季茀、"拼命三郎"周豫才、"霹雳火"张冷僧,还有"神机军师"许缄甫,准备伺机报复。

图穷而匕首见。夏震武一面写信给巡抚,呈请支持他的"教员反抗则辞教员,学生反抗则黜学生"的强硬政策,一边采取提前放假的办法,以便遣散学生,使教员们屈服。

这样一来,数百名学生列队开往提学使署请愿,要求上课;事后发表宣言,声讨夏震武九大罪状。他们的斗争得到全省学界的声援。省城十三所学校联名向巡抚控告夏震武滥用威权,摧残教育。嘉兴、湖州两府教育会发起召开全省十一府教育代表会,讨论驱夏计划,接着六府代表相继来杭。杭府各校代表开会议决:如果官方在两天之内无法解决师校问题,将实行全体罢教。

袁嘉谷无计可施,便动员夏震武辞职。夏震武坚决不肯退让,说:"兄弟不敢放松,兄弟坚持到底!"眼看局面实在撑持不下去了,袁嘉谷只好单方面做出决定,让一位比较年轻开明的杭州人孙智敏来取代他,并且亲自前往湖州会馆拜会各教员,送还缴存的聘书。

这的确是了不起的胜利。经过二十余天的集体斗争,终于打倒了一座威镇教育界的巨大的泥塑。

二十多个教员在湖州会馆拍了一张集体照,作为胜利的纪念。张宗祥题字道:"木瓜之役。"因为夏震武顽固自用,以其木强,周树人等取杭州俗语的意义,称他为"木瓜"。此后,凡同在这张照片上的人,相遇时都互相戏呼为:"某木瓜。"

周树人还邀了几个人,在大井巷一家饭馆里会餐,以示庆祝,称"吃木瓜酒"。他特别兴奋,夹了一块肥肉,仿照夏震武的腔调,举箸道:"唔,唔,兄弟决不放松……"惹得桌间的同事捧腹大笑……

斗争的风潮渐归平息,周树人又恢复了孤寂的恒态。

风景佳丽的西湖,饭馆,拱宸桥租界里的妓院,都是教师消闲的好去处。只是,闲适与淫乐与他无缘。人们看见他开始进出于浙江图书馆,从那儿借走大批线装书。只要没有个别同事的打扰,就一个人关起门来默默地阅读、抄录和校勘。一头长发,冷然独坐,恰像那绰号里的形象:猫头鹰。

悲剧未必就是猝不及防的中断与牺牲,它往往出于一种无声消磨状态。

## 32 葬　礼

5月。周树人突然接到家里的一封电报:祖母病故了。

死亡打破了隔阂,把众多长期以来漠不闻问的生人联系到一起。周家新台门变得空前的热闹。

族长,近房,老人母家的亲丁,邻居,闲人,在小堂前聚了满满的一屋子。预计树人回来,应该是入殓的时候了,因此必须事先筹划必要的仪式。第一个大问题是怎样对付这个承重孙。他是一个"吃过洋教"的"新党",脾气又古怪,预料他对于一切丧仪,是必定要改变新花样的。如果真的改变过来了,还像一个什么台门人家呢?大家聚议的结果,订下三大条件,等他回来实行:一是穿白,二是跪拜,三是请和尚道士做法事,总之是全都照旧。

计议停当,便约定在树人到家的当天,大家一同到大厅里聚集,同他作一回最严厉的谈判。村人们都咽着唾沫听候消息,预料双方互不相让,必将出现一个根本无从想象的奇观。

隔了两天,树人果然回来了。

他一进门,向他祖母的灵前弯了一弯腰,算是鞠躬。完了,只听得衍太太说:"阿樟,跟我来。"

按照预定的计划,树人被带到大厅上。族长们先说了一大通冒头:作为子孙,心目中不能没有祖宗;你所以能够出洋留学赚大钱,全靠风水好,祖宗保佑的缘故。然后引入本题,像作八股文一样,于是乎大家七嘴八舌,此唱彼和,使得他没有一点插嘴的机会。当所有要说的话都终于说完了,人们便都悚然地紧紧盯住他的嘴唇。

沉默充满了整个大厅。

周树人只坐着,凝然不动。不知是哪一位忍耐不住,发问道:"你到底怎么个意思?说呀!"他极其简单地吐了几个字:"都可以的。"

顿时,大家心里的重担都放下来了,但接着,又好似分外加重了似的,因为事情太出人意表,太异样了。村人们也都觉得奇怪,决定还是要看,黄昏过后,便又欣欣然地挤满了大堂前。

老人的遗体就停放在这里。堂前燃着素烛,幽幽地照着树人瘦削的脸,蓬松的头发和浓黑的胡子,两只眼睛在黑气中闪着光芒。

老人的头发早已梳理完毕,内衣裤也都穿好了。树人由人扶着领到张马河买水,回来向老人胸前揭了三揭,就把殓衣一件件套在竹竿里,然后给穿上。井井有条地,仿佛是一个大殓的专家,使旁观的人无不暗暗叹服。按老例,当这种时候,无论如何妥帖,母家的亲丁照例要挑剔的;他却只是默默地,任随怎么挑剔怎么改,一点也不觉得厌烦。站在前头的一个老太太,看了不禁连连发出羡慕感叹的声音。

其次是拜,是哭。凡女人们都念念有词。其次是入棺,再又是拜和哭,直到钉好了棺盖。在静默的瞬间,人们开始扰动,很有点惊异和不满的形势。可是,树人始终神色不动,坐在草垫上,只有两眼在黑气里闪闪发光……

大殓便这样在惊异和不满的空气中完毕。大家怏怏地舍不得走散。残烛一面消着热泪，一面幽幽地燃烧……

孤独的老人，到死仍然孤独……

虽然没有分得她的血液，却仍是自己的祖母，敬爱的祖母。玩具，歌谣，雷峰塔的传说。那么好看的笑容，终见日渐减少乃至于无有。姑母不在了，生存的依托便丧失了，一切的一切都没有了。但她还是一样地做针线，管理和爱护着自己。而自己，却因命运的驱逐而早早地疏远她了……

孤独的老人。是这个家庭的人又不是这个家庭的人……

手中的针线，岂能缝缀昔日的好梦？祖母也有童年，可是没有青春。继室，祖父的詈骂，以后是潘姨。潘姨的命运又何尝好呢？一纸休书。房间里，除了空空荡荡的铁梨床，几件硬木家具，什么都没有了……

不相信神鬼，却也相信魂灵。每到姑母忌日，她就点燃香烛，像今夜一样的香烛。哭，哭，哭……魂灵呢？它在哪里？

这么多人。这么多人。所有该来的都来了。所有不该来的也都来了。他们规劝，规劝得这般热心。父亲死去以后，他们要夺屋子，要自己在笔据上画花押。当时大哭时，他们不也是这般的劝说吗？祖母生前不知受过他们多少凌侮，而今，他们都哭她来了，而且哭得那么凄惨……

树人不哭，也不说话，一动不动地坐在草垫上。他们觉得没有什么可看的了，于是陆续走散……

他们看什么呢？你以为他们是为死者而来的吗？不，他们要看你这个异类……

异类。当初不正是为了寻求异样的人们才离开这里的吗？四年，七年，绕了那么一个小圈子又飞回来了！你寻到了什么呢？不过是一个梦，终于破灭了的梦。改造国民性，何其痴妄？你只不过拿寻得的一点知识去换家食，这同祖母当日做针线有什么两样？同你当日典当衣物又有什么两样呢？你已经学得麻木，敷衍，甚至无聊起来了。在日本，你抨击"庸众"，到底你算什么？你已经混同于他们，只是他们仍然要把你当成异类而加以嫉妒和憎恶罢了,你觉得还有辩白的必要吗?幻灯片,幻灯片,周围都是看客,看客看客看客……而你,实实在在已经变作示众的材料了!而且示众完后,还得在毫无意味的生活中充作一份佐料、一份谈资……

素烛幽幽地燃烧……

看客已经阑珊,只有周树人仍然坐在草垫上沉思……

孤独的老人。在一个灵魂彼此隔绝的世界里,默默地生存,又默默地死灭……

没有真诚,没有同情,没有援助。人呵!人呵!你以为自己真的已经认清了世人的真面目了吗?

夜深了。人们已经走散。空虚如夜色沉重地压将下来……

周树人仍然坐着不动,在残烛的阴影里,独自咀嚼惨淡的人生。谁也不曾知道:他有没有流泪,有没有失声痛哭过,如深林中的深深受创的野兽。

## 33 两次风潮

在命运的重轭下,自由的心仍在跳动。

"木瓜之役"胜利结束以后,孙智敏作为一个缓冲人物被派进学校,待形势稍为安定,就又被权力者撤走了。接任的徐超,是一个出身御史、官气十足的人物。这是周树人特别憎恶的。甚至连多看一眼那鼻烟壶般的长相,也可以教他不舒服小半天。这时,许寿裳到了北京译学馆,其他一些同学同事也都陆续离去,他于是决然回归故乡。

辞职是奔丧返杭不久的事情。

他自知故乡的刺激也不会少,但当举步维艰、莫知所之的时候,又该到哪儿寻找归宿呢?自经祖母亡故,他的心似乎隐隐地起了一种负罪感,惟愿从此不再远去,陪侍长久以来守着艰难和寂寞的母亲。

经济是一根绳索。返回绍兴不满一个月,周树人仍旧被拴进了教育界的食槽。

府中学堂缺乏博物学教员,监督杜海生聘他来校,他不得不答应了。回校的当天,他发现关于教务的文件一份不剩,连个时间表也没有。天下还有这样的学校吗?他揣度很有可能是前舍监范爱农给毁坏的,那么,为什么要毁坏呢?执教尚未开始,便使他感到非常困惑和厌倦。

没过几天,他把情况写信告诉了许寿裳,希望能为自己找到另一个立脚点。

就在这时候,风潮来了。

杜海生为了推行自己的教育主张,并且乘机惩罚校中屡闹风潮的活跃分子,便借口学生在原来的考试中有舞弊的嫌疑,需要重新考试加以甄别,然后根据这次评定的成绩进行编级。学生们知道了十分愤慨,于是,在校友会的王文灏、金如鉴两人的带领下闹起来了。他们高喊着"砸掉监督室,驱逐杜海生"的口号,吓得杜海生连夜仓皇逃走。

第二天,学生拿着发布的告示,拥到府署去要求取消考试,但是遭到了拒绝。

随后,提学司派了两位大员来校查办组织风潮的校友会。他们命令交出校友会的印章;并且威胁说,如果违命,当即解散学堂。学生没有经验,又没有讨论和活动的余地,一下子拿不出主张。接着,大员最后通牒道:"限你们十五分钟之内答复!"说完,在衙役的保护下离开了会场。

对于学生,为什么要动辄使用政客手段呢?这种镇压方式,是周树人绝对不能容忍的。于是他走到学生群中,提醒他们说:"要知道,校友会的印子交出,就等于解散校友会了。"

经他一语道破,印章到底没有交出,两位大员只好悻悻然地走了。

9月,杜海生被迫离开独断的舞台。

接任监督的是陈子英,周树人则兼任监学。由两位共同留日的同学朋友,一起治理一所小小学校,按理说,前景应该是乐观的。

陈子英的确有一番雄图大略,认为只要充实师资,加强管理,就可以实现中兴。周树人没有这份信心,但作为监学,却是十分负责的。他经常把一些学生叫到房间里去,向他们了解各方面的情况。在各级上课或是自修的时间里,也会不时地站到门外察听。为了扩大学生的眼界,还亲自率领了他们远足南京,参观爱国人士创办的南洋劝业会。所有一切努力,都无法挽回颓败的局面,一场新的风潮向他迎头扑来。

起因仍是考试。只是杜海生不复站在前台,而是退居幕后;学生哄闹过后,也不复保持着初生牛犊的蛮野,而是像一群驯顺的羔羊,为学宪的大棒所驱散。在"谋主"被开除以后,作为"胁从者",全部乖乖地回到了原来的栅栏。

自己无力救援,反而得无条件地执行上面的指示,实际上充当一名屠伯——这是怎样的尴尬的位置!是的,学生未必会抱怨自己,可是,根究抱怨与否的态度有什么意义呢?可虑的是学生。经历过当年弘文学院群责三矢,进逼加纳的风涛,学生的反抗,那是完全可以理解的。只是设身处地念及已被开除和未被开除的一群,周树人心里总是有一种难以消释的伤感。

风潮过后,陈子英壮心未减,委托周树人函请在北京工作的许寿裳前来"开拓越学"。未逾半月,周树人自己就又写信向老友报告了自己归乡以后"防守攻战,心力颇瘁"的情况,表明"不可收拾"的预感,从中加以劝阻了。

这时候,对于教学,他已经非常绝望。不要说整个教育界必须接受的政府的控制,即使在内部,也已经腐败不堪。教员庸俗无聊,互相之间勾心斗角;学生囿于地域观念,派性严重,因此时有纠纷。特别是近来,陈子英表现出来的专断作风,更是为他所不满。小小学堂,千奇百怪,全部的国民劣根性都暴露出来。信末,他以极其悲愤的心情写道:

近读史数册,见会稽往往出奇士,今何不然?甚可悼叹!上自士大夫,下至台隶,居心卑险,不可施救。神赫斯怒,湮以洪水可也！

世界并不曾因他的咒诅而毁灭,甚至那么决绝地想离开这是非之地也不可能。他找不到替身。拖延真是一种无期的苦刑。或许人的意志,也就在压抑与忍耐中变坚韧起来的吧。但是,由于剪辫风潮的再一次冲击,他便无论如何也忍受不住了。

开学伊始,不知由谁发起,府中学生开始剪辫子。对此,有不少学生疑虑不决,于是凑齐了来请教周树人。因为他本人,恰是校中为数极少的无辫者。

"周先生,你说剪好呢,还是不剪好呢?"睁大的眼睛纯净得透明。

"不剪上算点……等一等吧。"

学生无法理解这种近于"骑墙"的态度,当即诘问道:"究竟是有辫子好呢,还是没有辫子的好?"

"没有辫子好,"树人沉吟了一下,决定回答,"然而我劝你们不要剪。"

学生们不说什么,一个个撅起嘴唇走出房去。不过,他们结果还是把辫子剪掉了。有几个剪了辫子,还特意在制服领口缀上两个圆形的篆体字,一面"府"字,一面"中"字,颇带有示威的性质,去快阁游玩。

周树人的心情是沉重的。

他不满于自己的矛盾的说法,却又无可如何。自己由于缺少了一根辫子,回到故乡,就一直受到官方的警戒,诬为"里通外国"。知府每到学校,总要盯住自己,同自己多说话。至于同事,又避之惟恐不速。走出校外,路人多指为"革命党",甚至骂作"假洋鬼子",乃至"缺德鬼"。无辫之灾,自己独个承受也就罢了,何敢延及天真烂漫的少年？全凭一时冲动,却不知道为了一根辫子,其价值就可以集中在脑袋上。《绍兴日报》不久前不是公布了关于学生不得擅剪发辫的规定吗？轩亭口离府中不远,他们常走,然而忘却了……

尽管人言啧啧,周树人只是装作不知道,一任剪辫的学生光着头皮,和许多辫子一同走进课堂。

剪辫传染得真快,过了几天,师范学堂的学生忽然地剪下了六条辫子。但当晚,果然便开除了六个学生。这六个人留校不能,回家不得,一个早晨变成了流浪者。

周树人带头戴了一种遮阳的操帽,用意是做个样子。暗示剪辫的学生也跟着戴,以免增加意外的麻烦。当学生戴上以后,他又想:教会学生世故,作假,这样便对吗?你曾借屈赋的句子,以洁好的内质自慰;然而,酱在一个烂泥塘里,你难道真的可以像少年时写的莲蓬人那样,无愧于先贤所称的"净植"二字吗?这么一想,又不禁惘然茫然……

5月,他到了日本。

不是为看樱花,为寻樱花般斑斓的好梦;那个身穿和服的清苦而浪漫的青年身影,是永远也寻不到了!

周作人与羽太信子结婚以后,需要负担羽太家的生活。树人的薪俸不过三十多元,而接济兄弟就得用六十多元,每月入不敷出,弄得只好继续出卖家中剩余的田地。但不久,钱也就用完了。他深感力不能支,便写信催作人归国。无奈作人仍想学习法文,迟迟不肯动身,法文又怎么可能变米肉呢?不得已,他只好亲蹈东海,当面促成了。

居日的半个月内,不访故友,也不游览,一个人天天到丸善书店看书。上架的书全是新书,要购买的实在多得很。结果,除了为许寿裳代购一小篮杂志和"文明协会"出版的内部书籍以外,索性一本也不买。仅与书店的接触,便深感自己已成"村人",完全与世界的新潮隔绝了!他想,即使购得几种新书,又何异于杯水车薪?处在一个闭塞的环境,恐怕是只配读线装书的。何况,至今连二弟的学业也给耽误了!……

府中学堂的情况越来越糟,后来连教学开支也成了问题。等到作人夫妇6月归国,他也就同陈子英一起,把担任的职务坚决给辞掉了。

还在学堂时,周树人一直被教务和琐事缠得好苦。要执笔弄点东西,也必得在半夜 10 时以后。友人张协和、许寿裳先后托译的《地质学》和《心理学》,也只得拖延着进行。与在师校时课外便无余事相比,真是天上地下。令人费解的是,他好像有相当充裕的时间抄录和校辑古书。一页页落满蝇头小字的毛边纸,一张张夹在书里的小纸条,都是证明。嗣后,在这个基础上,他辑录了《会稽郡故事杂集》和《古小说钩沉》。钻故纸堆,拓古碑,收藏古砖,居然成了一种嗜好,就像大量地吸烟一样。

从西洋文学向国学过渡,对于一个曾经大声疾呼"精神界战士"的人来说,说是进取呢?是倒退呢?还是以退为进?有谁知道,这一切,是不是为他所愿意的?

周末,周树人就在家里过。夜晚,他会常常从葫芦形的玻璃灯罩下走出,到院子里听母亲和王鹤招唱山歌、讲故事和猜谜语。星期天,或同三弟建人一起,再叫上鹤招去爬山,游览,采标本。只有这时候,他才得以暂时摆脱那个古老的梦魇,而体味到一种"纯生活"的乐趣。

最使他感觉愉快的是跟范爱农一块喝酒,说疯话。自从在熟人的客座上重新会面以后,爱农每次进城,必定到东昌坊口来,在微醺的酒意里,他们一起追忆留日时候的往事,或是谈说新闻,讥评政治,常常无端地哈哈大笑。连鲁瑞偶然听到,也忍不住发笑,数说他们傻。

近冬,两个待业者的景况愈加拮据,然而还是照例地喝酒,讲笑话。幸好像庄子说的这种靠唾沫来彼此濡润的日子不是很长,社会的暴风雨骤然而至。从此,干涸的河滩应该有水了。

## 34 革命·辫子·我们都是"草字头"

1911 年 10 月 10 日。午夜。

严静的武昌城突然开始骚乱。接受过革命思想洗礼的新军士兵,当起义计划被人叛卖,组织遭到破坏,领袖被杀、被囚而星散四处的危急时刻,提前举行暴动。楚望台的炮声响了。督署附近,火光升了起来。在炮声与火光中,湖广总督瑞澂仓皇逃遁。经过三次反复的争夺战,血红色的黎明,终于把整座城市移交到起义士兵的手上。

武昌的炮声迅速获得响应。全国各地,纷纷树起独立的旗帜。11月5日,杭州光复了。

消息传到绍兴,使周树人十分兴奋,立刻跑到堂叔凤藻的房里,告诉他说:"知道了吗?汉阳失守了。"

"轻声些。"堂叔慌了。

"汉阳失守了!"树人故意提高嗓门重复了一句,然后说:"怕什么呢?报纸上已经登载了这件大新闻,都是公开的秘密了。"

出于武昌光复的震慑,数周以前,府中学堂监督辞职告退。在学生的坚决请求下,他同陈子英再度回到学校里来。

从这时候开始,他就渴待着故乡光复的日子。《浙江潮》的涛声已渺,秋瑾姑娘的名字也快要被人忘怀。辫子。知府的钉子似的目光。标本。线装书。豪绅的气焰与市民的驯良……只要革命真的起来,一切可憎、可鄙、可悲的事物,都将在扫荡之列!他不只一次这样狠狠地想。革命,曾经怎样地折磨过他呵!而他,一直感觉着光芒是那么遥远;胜利一旦在望,却又仿佛来得太快了……

当天下午,他到开元寺参加了越社主持的群众大会。

越社,是初夏时由府中教员陈去病和宋紫佩等人发起的一个鼓吹革命的文学团体。宋紫佩本是周树人在杭任教时的学生,在"木瓜之役"中,因为反对驱逐夏震武而一度发生过矛盾。不过,以为人的坦诚和办事的认真,事后仍然获得先生的信任。年初,周树人邀请他担任府中教务兼任庶务,对他组织的越社,自始至终给予很大的支持。

会上,一百多人一致推举周树人为主席。他说话了。

思想启蒙仍然是头等重要的课题。但他没有什么长篇大论,倒是很简捷地作了几项具体的提议。首先是组织讲演团,分赴各地去演说,向群众宣传革命的意义,鼓动大家的热情。此外,还特别提到了人民的武装问题。是的,现在已不复是暗杀季节,而是可以明火执仗地把革命请上街头了。他说,在革命时期,人民武装是十分必要的。讲演团不但需要舌头,而且需要牙齿。只有这样,在紧急时才能组织有效的抵抗。

无论哪一项提议,当主席将要说完而尚未说完之际,坐在前排的一个头皮刮得精光的人,必定弯着腰,做出将要站起而尚未站起的姿势,说一句:"鄙人赞成!"

这个人是有名的乡绅孙德卿。对于排满,他从来是一个热心分子,曾经拿明太祖的像分送给农民,后来由于"秋案"的牵连还下过一回狱。就在他站起来又坐下去的当儿,提议也便很快地通过了。

几乎在同一个时候,另一批"新派"人物也在开会商讨面临的光复问题。他们处在现成的政府和未来的革命之间的夹缝里,一个个面容愁戚,议论纷纷,但是没有结果。最后才决定由徐锡麟的胞弟徐叔荪出钱,带领陈燮枢、沈庆生两人,到杭州谒见刚上任的都督汤寿潜。

没有任何抗拒,绍兴突然宣告光复了。

消息比风传得还快。次日,范爱农就上城来了。他戴着农夫常用的毡帽,那笑容是从来没有见过的。

"豫才,我们今天不喝酒了。"他很认真地说:"我想周围走走,看看光复的绍兴,一同去吧。"

他们到街上随意地走,满眼是通告和白旗。原来,绍兴原知府程赞清获悉省城光复的消息,立即召集了一批官员谋士,策划成立了绍兴府军政分府。他自任府长,治安科长是章介眉;民团团长也是原任徐显民。章、徐二人都是当地著名的巨室,章介眉还是杀害秋瑾的谋主呢。

于是,他们开始感到失望。如果说原政府是一块破旧的招牌,那么革命,也不过是在这上面刷上一层新鲜的油漆而已⋯⋯

人心浮动得厉害。不知从哪里传来谣言说,清兵残部要渡江打过来了。周家新台门内,人们惶惶然地预备逃难。有一位少奶奶,见她的丈夫呆在学校不回家,便着急地嚷道:"大家快要杀头了,为什么还死赖在外边？"在慌乱中,还有的将团扇一类东西也都塞进了箱子里。

周树人焦躁地走出门外,看见有些店铺在上排门,有些人正在急急地从西往东跑,便拉住一个查问出了什么事,那人也全然不知,只道是"来了"！他没法,只好松开手,疾步走进校门。

操场上,一群学生聚在一起,好像正在议论着什么。他走近前去打听,才知道市民是受了谣言的干扰。不少学生主张到大街上去巡察和辟谣,他觉得意见很好,随即宣布组织武装演说队。

他吩咐学生尽快印好传单,接着撞响大钟,紧急集会行动。

刚刚接任的沈姓校长连忙从房间里跑出来劝阻,但是没有用。这时,一位学生队长站出来问:"万一有人拦阻怎么办？"

周树人正色回答道:"你手上的指挥刀做什么用的!？"

就这样,队伍出发了。

走在最前头的是周树人。他一手握着传单,一手握着钢刀,大有当年在南京时跑马旗营的气概。高年级学生由宋紫佩带领着,佩着旧式的前膛枪,还有木头做的假枪和不开口的指挥刀,精神非常饱满。低年级学生大抵赤手空拳,也有的拿着传单,紧紧跟在后面。最后压阵的是兵操教员,挂上一把阔厚的可以劈刺的长刀,尚未剪掉的发辫在头顶盘了个大结子。

下午的阳光斜斜地照临大街,温暖而明亮。

演说队一路敲打军乐,高呼口号,散发和张贴各种传单:"溥仪逃,奕劻被逮！""中国万岁！"

学生走过的地方,人心立刻安定下来,紧闭的店门也次第打开了⋯⋯

周树人心里并不安定。他总感到自己同这份"革命"是很不协调的。过了几天,突然又有消息说:王金发的军队今晚要进城了！

王金发,出身于浙江嵊县一个与异族统治势不两立的世家大族,从小养成奔放不羁、桀骜难制的复仇性格。他酷好技击,且枪法绝精；二十一岁中秀才,也算通晓翰墨。自从结识了徐锡麟,他便开始走上革命的道路,随后,曾同徐锡麟和陈伯平、马宗汉、范爱农等人东游日本,归国后任大通学堂的体育教员,成为徐锡麟和秋瑾的得力助手。及至两人蒙难,他潜身草泽,联络会党,举行过多次起义,是著名的"强盗头子",此后浪迹都市,专事暗杀,击毙不少叛徒和密探。上海、杭州光复时,他都亲自参与战斗,并且作过敢死队的首领。总之,这是一个充满传奇色彩的人物。他以非凡的经历和才干,不但令官绅闻声色变,连在省的革命政权中的一些权要人物,也都不免要侧目而视。

王金发的到来,坚定了周树人对于革命的信仰。他在留学时,接待过这位"强盗",以后也时有来往,其实称作朋友也未尝不可的。他们曾经一起大碗喝酒,大块吃肉,他了解"强盗"朋友的革命思想和豪侠性格。虽然,他一直主张革命应当有足够的思想准备,而不赞成王金发一贯的恐怖政策,但是却赞成以公开的暴力对抗暴力。他想,王金发至少不是黑暗中的人物;不管将来如何,只要能够打破目前这种和平革命的沉闷空气,就是伟大的胜利了。

他听到消息,当即回到府中学堂,向学生布置晚饭后迎接王金发军队的任务。

月亮升起来了。

西门外,学生排成两行队伍,在静静等候。二更。三更。仍然没有军队的影子。

夜很冷。学生穿着单薄的操衣,实在有点支持不住,只得敲开育婴堂的门,到里面去歇息,叫起茶房烧点水喝。这时,大家才发觉自己饿了,于是商议着去敲店门买东西吃。头皮精光的孙德卿慷慨解囊,一下子叫人买了几百只鸡蛋,雀跃的气氛又恢复过来了。

接着,有人报信说:军队来不及开拔,大约要明天才能来。

第二天,周树人、陈子英、范爱农、孙德卿等领着学生队伍,提早出发开往城东的五云门。前来迎候的,还有另外的两批人:一批是以程光赞为首的满清官僚,一批是徐叔荪等"新派"人物。革命,就这样迫使所有愿意和不愿意的人们向它表示敬意。

一样明净的月光。正翘首间,远远地听到枪响。不多久,就有一串吃水很深的白篷大船摇了过来。每只船的篷扇都敞开着,不时有士兵站起来,向空中投放一枪。按照兵队的老例,这是带有警戒开仗的意味的。等第一只船靠岸,程知府便由两个差役扶着,飞奔地过去迎接。

铜号。大鼓。学生的军乐队使劲地吹打起来……

王金发和他的军队很快地上了岸。在人群中,他发现了周树人,握过手,愉快而简捷地交谈了几句,随即向城内进发。他提着指挥刀,刀锋闪着寒光,两支手枪插在腰际,把一个魁梧的汉子衬托得格外威武。带队的人骑着马,有的穿暗色军服,戴着帽子,有的穿淡黄色军服,光着头皮。士兵一律穿着蓝色,打着绑腿,穿着草鞋,雄赳赳地提枪走着,是一支崭新的军队。

市民极度兴奋,纷纷奔走相告,夹道迎接,比看赛会还热闹,没有街灯的地方,人们提着灯:桅杆灯,方镜灯,纸灯笼,还有火把。小孩也来了,和尚也来了,传道士走出教堂,一手拿灯,一手擎着白旗,上面写着"欢迎"的字样。军队简直是从狭窄的人缝里走向预定的驻扎地的,跟着,一群慰劳的人便把酒肉挑了进去……

"革命胜利万岁!"

"共和万岁!"

"中国万岁!"

迎接的人们有的站在屋里,有的站在门外,都高叫着口号,情绪紧张而热烈……

王金发连日改组了军政府,撤除章介眉等人的职务,自任都督,表现出一个革命军人的宏大胆魄和果决作风。一时间,他成了政府上下街头闾尾谈论的中心。

傍晚,周树人同范爱农一道前去拜访他。

王金发热诚地接待了他们。在大通学堂时,同是徐锡麟的学生,

"徐案"发生后,又同是遭到通缉的要犯,而今重逢在光复的日子里,自然使范爱农非常兴奋。他用手摸着王金发的光头,笑着说:

"金发大哥,侬做都督哉!"

王金发被弄得很尴尬,但也并不见怪老朋友。说话间,他便做出决定,委派他们到山会初级师范学堂去:周树人做监督,范爱农做监学。

临走时,王金发特别嘱咐周树人,要他查究前任监督杜海生的错处,以便公开做出一个严重的处理。在王金发的心目中,杜海生与胡钟生一样,都是谋害秋瑾的人。为了给战友报仇,早在光复前,他就亲手把胡钟生结果了。对于杜海生,却一直找不到什么把柄,于是,就把这个任务交由周树人去完成。

## 35 新 校 长

新校长到来了。

进校的当天,周树人戴上留学仙台时候的制服帽,帽檐下,眼睛很有神采,唇边留的一撮短髭,由于脸部的瘦削而显得特别的突出。他穿着一件灰色棉袍,一双黑皮鞋"橐橐"地响,显得有点威严。但是,见面会上的头一回讲话,却是非常的亲切、明快、有力,丝毫不像以往的监督那般的装腔作势。

他的丰采,立刻吸引住了周围的学生。他们欢迎新校长,那热烈的程度,完全不下于欢迎新国家的诞生。

紧张的是会计员。听得教员们传说,新校长上任以后要查办他。怎知道一来,不但不查账,还和气地教他留任。任用一个素不相识的人管理财务,这是没有先例的。于是,他不禁叹为奇迹,逢人便说。这样,原来一些惟恐被撤换的教员也便安定下来了,其实就周树人看来,比较整个的教育事业,一笔小小账目是可以忽略不计的。况且,在一个黑暗污浊的环境里,作为小人物,沾染一点不良习气也不足为怪。随着新政权的确立,他相信,人们的劣根性总当慢慢地有所改变的。

关于杜海生。说他在秋案中向官府告密,也不过是一种嫌疑罢了。周树人想,既然拿不出证据,就不能随意借故报复。至于说他当时站在可以救援的地位而不设法援救,又怎能算是一种罪过呢。中国治人历来苛酷。置身于淫威之下,一个人,能不轻易诬人就已经不错了。对此,周树人坚持了个人看法,没有遵从王金发的意旨。

头一件大事是剪辫子。

革命以来,最令他愉快的,莫过于昂头露顶于大街,而无须招惹各式各样的嘲骂。记得几个没有辫子的老朋友从乡下出来,一见面就摩着自己的光头,哈哈笑道:"终于也有了这一天了!"自然,小青年们对于辫子的憎恨,并不如自己这一代的深,因此他把剪辫当成最重要的内容在见面会上说了。但是,他说的也是把剪辫当作一种趋向加以强调,没有一点强迫的意思。他声明:"剪辫子,自由剪。"在他看来,革命本来就是每个人自己的事情。

管理学校可不比剪辫的简捷。对于这,周树人十分清楚。

归国以后,他是一直不安于执教的,曾经几次写信给许寿裳,请求另谋出路,只是没有结果罢了。为了到一家书店当编译员,他还曾译了东西寄去,长时间不见下文。教职对于他,现在已不复是饭碗问题了。他清楚地看到,是革命,把一所学校,一代人,亲自移交到自己手上,因此不敢有任何推却。他要履行东京时代自许的诺言,且不说战士,至少要尽一个国民的职责。早在来校之前,针对全县小学教育荒落的现象,曾叫二弟草拟了一个意见书,上呈议会会长,以期引起重视和改革。他知道国民教育的分量。教育是全体的改造,一根教鞭,并不稍轻于一把指挥刀或是一支毛瑟枪的。

学风是学校的灵魂。对于学生,当局往往不是严加压制,就是放任自流,相应地,学生不是恭顺有礼,就是荒嬉度日。教育的现状,跟整个社会现状一样是令人悲哀的。有鉴于此,周树人决定从整顿学风入手。

但是,整顿不是惩罚。它需要某种表率,某种诱导的力量。任何纪律都不应构成笼子,关键的是让学生找到自己,建立读书学习的自觉性。从前担任监督的,大抵整天坐在办公室里,不轻易出来走走的。周树人却喜欢走动,课堂、操场经常有他的身影。教师缺席,他便亲自代理。他代国文课时,给出的国文题目都很新鲜,像《杨子为我,墨子兼爱,何者孰是?》就富于启发的意义,批改作文则不厌其详,而且写的大多是鼓励性的批语。

每天上夜自修,他总要看一下,做个检查。只要听到"橐橐"的皮鞋声,同学们就互相传语道:"噢,校长来了!"这时大家就屏气息声,毕恭毕敬地坐着。他以为这样子实在不好,便对大家说:"老虎吃人,是不管好人坏人都吃的。我又不是老虎,怕什么呢?只要你们遵守校规就行了。"更多的时候,是不声不响地站在门外,他不愿意让学生发觉自己的存在。

他还常常到学生寝室里去查夜,挨间地查。有一次,熄灯鼓敲过许久了,他听到一个房间还不住地响着"锵咚锵!锵咚锵"的模拟打击乐。原来,有几个学生蒙着被单,正在边做边唱地调狮子。

看热闹的同学发现了校长,说笑声便戛然中止了。调狮子的同学掀开被单,不觉顿时面红耳赤,连忙低下头来。

意外的是,他们听到的不是呵叱,而是极其平静的两句话:

"可以睡了,明天到操场上去玩个痛快!"

还有一次,在检查的时候,他发现有几张床的床前整整齐齐地摆着鞋子,但是撩开帐子一看,里面却没有人。第二天检查的情况仍然一样。他接连查察了几天,就去找老工友,说:"该是你在卖面子,放学生在夜里出去的吧?"老工友说:"监督,时间一到,大门就上锁,哪里会呢!"他默默地想了一会,就到庶务处去,对庶务说:"明天你去买几船沙来修理一下操场。"谁也不会想到修操场会有什么用意,其实,这时他已经注意到操场围墙的一个倒塌的缺口了。

铺沙子的第二天,他到缺口看了看,果然上面留着鲜明的脚印。他再到寝室里那空铺前边看了看带泥沙的鞋子,于是把这几个人的名字抄下,叫工友通知他们到教务处里来。

"你们夜里跑出去,是赌呢,还是干别的什么呢?你们说说。"是平静的声音。

学生们装出委屈的样子,说:"监督先生,我们夜里没有出去过。"

"没有出去过?校里这么多同学,为什么只叫你们这几个来呢?"校长严肃而诚恳地说,"不要学说假话。你们是师范生,要做学生的榜样。再有几个月就要毕业了,说实在话,我不想开除你们。只是,很替你们可惜。"

学生被感动了,有人讷讷地说:"监督先生,我们实在是到亲戚家里去打小牌的,请你原谅。下次不会再去了。"

校长说:"很好,只要能改,这回就不给处分了,你们回去以后,把这次错误认真写到日记本上吧。"

仅凭地位造成的威慑的力量是不可靠的。对于教育,前人有春风化雨的说法。的确,真正强劲的未必是朔风,东风乍吹,枯树就发芽了。

完全科一年级有一个学生,经常带头闹些恶作剧。学校当局把他当成害群之马,曾经一度要开除他,因为有人暗中庇护,才得以赦免。然而,他却因此被降到了预科。周树人进校后,偶然看到了这位学生的国文卷子,认为是可造之材,当众夸奖了他。但同时,又为他被打入预科感到诧异和惋惜。经过调查,学校决定如实公布这位学生的第一名的成绩,并且仍旧提升到二年级。

他做泥土,而且希望有更多的人做泥土。

任职期间,他十分注重延揽人才,充实师资队伍。但是,有一个很好的教员材料放在身边,他却迟迟没有使用。这个人就是周作人。

自从偕同羽太信子回到绍兴,作人一直躲在家里抄线装书,虽然遇上了革命的大事件,也没有出门看过。树人是很想他能够与现实社会接触一下,利用他的专长,从事故乡的教育工作的。况且,他们夫妇俩很喜欢花钱,出门都要坐轿,家庭经济就愈加拮据了。当时,校中有一位英文教员被学生轰走了,他也没有聘用自己的兄弟。一来,他以为教员应当由学生自己挑选，即使作为校长，也不好越俎代庖；二来，出于一种近似的洁癖，他不愿沾惹徇私的嫌疑。后来，学生得知他有这样一个兄弟，便极力恳求他。但是，到底没有动摇他的想法，英文讲席一直虚悬着。直到临近年考，作人才来给学生出题，并且担任监试的工作。

为了治理好一个学校，周树人算是呕尽了心血。最初，王金发拨给学校的经费只有二百元，他很能理解军政府的困难，便对全校师生说："钱只有这么一些，但山会两县难道办一个师范学校也办不好吗？一定要办下去！"范爱农也配合得很好，办事，教书，都非常勤快，虽然还是那件袍子，但已不大喝酒了，而且很少有工夫谈闲天。

虽然校务很忙，但是，在这段日子里，他们一直保持着良好的精神状态。范爱农还爱哼点歌子，有时候，简直快活得像一个小学生。

然而，形势急转直下，迅速恶化，它使最爱耽于沉思的人也未免显得太肤浅、太轻率了！

## 36  大胜利中的败退者

在中国，改革常常表现出这样两大特点：羼杂和反复。由于大力鼓吹民族主义，而且长期以来，一直倾心于枪炮的嘶鸣，民主的呼声于是几乎被淹没了。在思想战线上，封建主义没有受到更大的触动。东方的文化传统，培育了中国资产阶级的软弱性格，因此，西方资产阶级的天赋人权思想，不可能成为他们手中的坚持到底的旗帜。武昌起义胜利以后，起义者把元首的宝座拱手让给遍身血污的屠夫黎元洪，就是对革命的莫大讽刺。在理论上一败涂地的立宪派，开始反过来吃掉革命派。它一面使用祖传的捧的办法，个人崇拜的办法，使革命的领袖人物——蜕化为王侯将相；另一面接过革命的口号，略施粉墨，便理所当然地跻身于革命派中间。尽管台上的角色走马灯般的变换，整个政治体制没有丝毫实质性的改变。少数真正的革命者，为了民族的解放事业而英勇牺牲了，人民却没有能够理解他们。革命精神，被窒息在仍然以权力为中心的上层社会里，而根本无法下达基层。越是底层，越是闭塞，蒙昧和阴暗。1912年元旦，以孙中山为临时总统的中华民国宣布成立。在象征意义上，它结束了封建帝制对中国的统治，但是却无法改变数千年的传统力量沉积而成的现实状态。

王金发进城以后，随即杀掉一批一贯敌视革命的恶霸地主，逮捕了章介眉，即使他已经把小辫子盘到了头顶上；公祭徐锡麟、秋瑾等烈士，厚恤他们的家属，并没收了章介眉的部分沙田，拨作徐祠、秋社的祭产；此外，释放狱囚，平粜施赈，减免赋税，兴办教育，都充满着一股蓬勃向上的朝气。

可惜不久，就被骄气和暮气所替代了。

都督府计分四部三局。四部是：司令部、军事部、政事部、经济部。头两部为王金发自己所掌握，政事部部长则是程赞清，可见政府大权仍然留在原知府手中。三局是：团防局、筹办局、盐茶局。其中最重要的团防局，由徐叔荪任局长。光复以后，绍兴当地就像雨后的蘑菇一样，接连出现众多的"革命党"：社会党、统一国民党、自由党……它们把王金发团团包围起来，旗帜就是徐叔荪。

徐叔荪是有钱有势的乡绅，又掌握地方武装，特别有"烈属"的招牌可资利用，于是个人势力迅速膨胀，致使王金发后来也不得不在他的意志面前步步退却。

王金发也不是没有安插亲信，像盐税局长是他的舅父，酒捐局长是他的表弟；禁烟局长，胥吏差役，也都大部分是他的同乡。被地方称为："三黄"的黄介清、黄伯卿、黄竞白父子兄弟叔侄三人，由于与王金发私交极厚而担任了经济部长等要职。他们意在做官，大事搜括，严重地破坏了革命政府的威信。

随着地位的迁升，王金发已经渐渐忘却了过去的艰苦岁月。他经常挟俊婢、骑骏马，游冶郎一样驰骤郊外；或者寓居上海，奢靡淫逸，流连忘返。在他看来，打江山，坐江山，大丈夫固当如是。从事革命时，他把家中的田产全部卖光；待做了都督，家中所有债务都还清了，还债时，特意命人用洋油箱挑着银元前去。乡下的亲戚到都督府里去看他,他总要送他们一些钱,表示为人的慷慨。有一次,他的夫人回乡省亲,也都带兵前去。在离娘家三里路以外的地方,夫人和侍女就从明瓦大船上岸了。她们骑着高头大马,一路上洋号洋鼓,吹吹打打,引动远近的人们赶来围观。他还派人从乡下把外祖父接到府城里享福,用四人大轿抬着,到绍兴时,派了队伍出城鸣炮迎接。把那老人吓得几乎从轿子里跌将出来。由于都督权位的荫庇,府中人物,连穿布衣来的,不上十天也大都换上了皮袍子,虽然天气并不怎么冷。

革命,确实给周树人带来前所未有的畅快,但是隐忧不是没有的。他总觉得革命来得太突然了。几乎要使所有的人们都来不及应付,无论是官绅,还是市民。年底,他曾写过小说《怀旧》叙述革命军入城的消息所引起的乡绅、塾师以及佣人的惶遽情景。投映在他们眼中的革命军,一例为"长毛",为"山贼",为生活中可怕的侵入者。小说虽然使用了幽默的笔调,却不掩对于革命和群众的哀矜。而今,"三黄造反"的说法出来了,"同胞同胞,何时吃饱?都督告示多,日子过不了"的民谣也出来了。周树人感到十分不安而且愤慨,亲自找到王金发,让他严加约束。但是,他的劝告没有被接受。

突然,宋紫佩派人找他来了。

绍兴府中学堂的青年学生,以他们的敏感,同样意识到了革命的危机。经过开会讨论,认为宣传革命,应当有比武装演说队更好的办法,于是有人提议办报,对王金发的军政分府实行抨击。议定之后,宋紫佩建议征求周先生的意见。

利用民间舆论对政府实行监督,这是极好的主意。树人当即表示了他的看法。他想:革命的政府是不会害怕舆论的。害怕,只能意味着虚弱。只要有一个代表民意的宣传喉舌,就可以构成对政府的某种压力。承受一点压力是十分必要的。

"不过,发起人要借用先生的名字……"派来的青年望着先生,讷讷地说,"为了社会,我们知道您决不会推却的。"

用报纸来监督政府,特别是自己人的政府,的确是破天荒的事情。不过,以笔杆对抗指挥刀,无论如何不是好玩的,何况在王金发的背后,踞立着全城的恶势力。但是,他没有怎么想及个人的安危得失,倒是想,拯救革命,必先拯救革命党。对于革命党,也如对众国民一样,没有充分地暴露是不可能达到彻底救治的目的的。

他同意了。

周树人答应青年学生的要求以后,便积极地参加了报纸的筹备工作。

报纸的发起人有:周树人、陈子英、孙德卿。报馆设在大善塔下的一幢旧斋房里。总编辑是陈去病,经理是宋紫佩,周树人则被公推为名誉总编辑。

两天后,出报的传单印发出来了。五天后,即1912年1月3日,《越铎日报》正式创刊。周树人第一次使用一种服之不孕的毒刺——"黄棘"作为笔名,为日报撰写了一篇措词激切的"出世辞":

……共和之治,人仔于肩,同为主人,有殊台隶。……继自今而天下兴亡,庶人有责……爱立斯报,就商同胞,举文宣意,希冀治化。纾自由之言议,尽小人之天权,促共和之进行,尺政治之得失,发社会之蒙覆,振勇毅之精神。……唯专制永长,昭苏非易,况复神驰白水,孰眷旧乡,返顾高丘,正哀无女。呜呼,此《越铎》之所由作也!

骂,成了报纸的最大特色。开首骂的是军政府和那里面的人员,以后便骂都督,都督的亲戚、同乡、姨太太……自然,王金发有什么革命措施,报纸都会采取支持的态度,如逮捕章介眉,修复秋瑾墓,准备北伐,等等。但是,那主调仍然是骂。

根据周树人的建议,报上开辟了"稽山镜水"专栏,刊载杂感式的时评。他自己就为这个专栏撰写了不少思想犀利的短文,如《军界痛言》一类。作人起而响应,也参加了写作。兄弟俩还根据《大陆报》、《东亚报》等外文报纸,包写"译电"一栏的全部文字,报道重要的国内大事和国际新闻。

作为一份地方报纸,《越铎日报》真可算得别开生面,因此,它的销售量也就由原来的二百份迅速增加到一千七百多份,产生越来越大的影响。

最初,报纸是从陶成章经办的"北伐筹饷局"里领取九十二元余款当作开办费,买一箱纸和付一个月的印刷费,便一下子用完了。几乎是白手起家。于是,同人就计划招股筹款,招股简章还是由周树人校改后交付印刷的。在发行方面,他也想了些办法,像找人包销,便可借用商业性手段弥补书生的鲁钝。一切在于扩大舆论阵地。除了撰文,他还常常到报馆里来,指导青年的工作。时间和精力的大量消耗,成了他的日常需要。他一面感觉疲乏,一面仍感觉亢奋。那个诞生在遥远岛国里的信念原来并没有被完全埋没,在此期间,他已经能够利用自己的文字,为改造国民根性,促进民主共和,做一点切实的工作了。

报纸与军政府的关系越来越紧张。终于,有消息传到周家说,都督因为你们榨取了他的钱,还骂他,要派人用手枪来打死你们了。

鲁瑞听了,十分着急,叮嘱树人再不要出外惹事。树人笑了笑,告诉他母亲说:"王金发虽然是绿林大学出身,而杀人却不很轻易。况且我们拿的是校款,这一点他还会明白的,恐吓的话,也不过说说罢了。"

他仍然照常地走路。晚上,还打起写着"周"字的大灯笼。

一天,徐叔荪跑到报馆,见到宋紫佩,十分神秘地说:"王都督看了报纸,暴跳如雷,敲着桌子骂:'豫才是什么东西,给他一个好看!'"停了停,又轻声地说:"王金发总是强盗出身,说不定真的要做出事来。依我看,你还是劝豫才先生避避风好。"

宋紫佩听后,赶紧备了一封信,叫他的族弟子俊送到新台门去。

傍晚,很好的夕阳。周树人同范爱农在小堂前喝酒谈天,正上兴头的时候,宋子俊赶来了。

周树人拆了信,眉头一皱,放在桌子上,厉声说道:"我料他不敢!"

然后,转身对宋子俊说:"告诉紫佩,谢谢他,但是我不走!"

这时,范爱农取过信看了,认真地说:"王金发是武官,骂过也就算完了。可他手下的那批人,却靠不住。豫才,还是当心点好,先避上一二天再说吧。"

周树人沉吟了一下,苦笑道:"好,依你的话!"又对宋子俊说:"不过,译电稿还得照常拿。至于到哪里拿,明天问我母亲好了。"

在革命的形势底下,他头一回开始避难。

第二天,宋子俊根据鲁瑞的指点,雇来乌篷小船,找到皇甫庄附近的一个小村子,才找到周树人。

周树人如约把夜间写就的一封稿纸交给他,临走时,特意嘱咐说:"你让李宗裕胆子放大些,别的不管,只管将稿子发出去!"

事实上,王金发并没有要杀周树人的意思。根据范爱农得的新消息,倒是派人给报社送去了五百元,而青年们也都把钱收下了。周树人闻讯,即刻到报馆去查问究竟,略说了几句不该收钱之类的话,一个名为会计的便不高兴了,反问道:"报馆为什么不收股本?"

周树人说:"这不是股本。"

"不是股本是什么?"

对于心粗气浮的少年,他感到争辩是毫无用处的,甚至可能因此引起其他一些不必要的麻烦,便默然走了。

眼前的气候一天天变得阴惨起来。

南京政府成立以后,上头的精神据说是咸与维新,不修旧怨了,漂亮的士绅和商人看见近似革命党的人,便亲密地说道:"我们本来都是'草字头',一路的呵。"这时,混进革命政府内部的立宪分子和各式的反动人物,都在加紧进行活动。章介眉被释与陶成章遇刺几乎同时发生,作为连发的信号,告诉人们:革命已经发展到了一个危重的关头。

王金发做了都督以后,没有能够满足孙德卿的私欲,他便拉拢徐叔荪,联合地方的一些旧乡绅,其中包括刚刚获释的章介眉,共同反对王金发。他们利用"三黄"的一些劣迹,攻击王金发为"民贼",把绍兴军政分府说得比清政府还要黑暗,甚至连逮捕章介眉也成了一大罪状。

以章介眉作为关节点,《越铎日报》同人迅速分裂为两派。

2月3日,报纸的面貌突然起了变化。编辑陈瘦崖乘陈去病、宋紫佩不在报社,写了一篇抨击王金发的文章,与另一篇替章介眉开脱的文章一起刊登了出来。报纸过去重在揭露章介眉的罪恶,现在则为他呼冤叫屈,过去也骂都督府,却不失批评的善意,现在已经对王金发实行人身攻击了。

陈去病和宋紫佩从乡下回来,得知转向的情况,严厉斥责了陈瘦崖。斗争的大幕于是拉开。春节期间,封建保守势力在徐叔荪的支持下,突然占领了报社,片面进行改组。改组后,由孙德卿任总经理,陈瘦崖任总编辑,王文灏任执事。《越铎日报》就这样被阴谋劫夺了。

教育界每况愈下。起初,绍兴军政分府有过整顿教育的计划,正是在那么一点改革的氛围里,很快成立了新教育会。但是,现在连这个教育机构也任由自由党一伙把持去了。师范学校的经济十分困难,上面一直拖欠着不肯支付教学经费,后来实在支撑不下去了,才被迫采取提前考试和放假的办法。没有钱,怎么好办学校呢?

"天下多秋气,一室难为春。"周树人觉得举步维艰了。

正在这时,他接连收到许寿裳的两封信,信中转达了教育总长蔡元培的延揽之意,催他尽早去南京教育部工作。

——走!早该走了!

故乡。母亲。……如果说,初离故土的时候,是出于激愤的支配,决绝之中也未销尽少年的单纯,总算有一个奇异的梦境在远方招引;而今梦已做过了,异样的地方和异样的人们,也都一一阅历过,那么还要寻找什么?革命?光复的绍兴不正经受了一场革命的洗礼?最时新的招牌和口号都有了,啸聚山林、浪迹江海的革命者来到了坐大轿的时代。抬轿子的那么多:从旧官僚,立宪党,一直到身份不明、临时入股的投机家……革命的元凶已经复活,知识者因清醒而受伤,惟有底层的人们依旧平安,平安而沉默。虽然光复时泛起过倾城的欢乐,但也如同看赛会一般的新奇罢了。他们不可能具有国家主人那样一种解放的愉快,因此也便不可能产生失却的警惕与悲哀。他们早已习惯各种压迫、摆弄,以及周而复始的变迁,从来就没有认真期待过……

十四年过去了,寻找的十四年。又是离家,又是南京。《天演论》、《浙江潮》、《民报》、《河南》……真可怀疑,中国,是否能够被革命所拯救?革命。如果陶焕卿健在,是不是还有必要再辩论一回呢?那时候,整天做着关于"动"的宣传,至今大"动"才过,是不是还需要再"动"下去?要是他健在,而且真的做起"焕皇帝"来,也许一点也不许"动"了,也许要比王金发更厉害些呢!……

文学,哲学,思想,教育,都太迂远了,现实的问题是:日益腐败的政府,分裂的报社,一文不名的学校……危机四伏……尼采说"超人",大约因为他还不至于陷落到彻底的困境。其实,个人意志算得了什么呢?环境才是真正有力量的……

作为革命的领导人,陶焕卿之死不是来自迎面的屠刀,而是背向的阴谋;作为革命的拥护者,自己也未始怯于群鬼的包围呵!但是,无论死亡或败退,都是当此革命胜利的时刻……

真正的痛苦属于思想者。在革命的旗帜下,周树人感觉到一种蒙受欺骗的屈辱了。

他把离绍的决定告诉了范爱农。这位亲密的合作者很表赞同,只是神色间颇为凄凉,怏怏地说:"这里又是那样,住不得,你快去吧……"

2月19日,《越铎日报》发表了一则《周豫才告白》:

仆已辞去山会师范学校校长,校内诸事业于本月十三日由学务科派科员朱君溪至校交代清楚。凡关于该校事务,以后均希向民事署学务科接洽,仆不更负责任。此白。

## 五　夜茫茫

在古都北京,频繁的权力斗争与人事更迭,意味着封建政体的再生性与稳定性。当环境变得无可选择时,他便一面抵御无涯的黑暗与寂寞,一面利用可能的一切条件,默默地做着整理和改造中国文化的工作。他始终把握住自觉意识,以不倦的探索,实行对现实世界的超越。

### 37　范爱农之死

仿佛一枚成熟的果实,被革命的硬喙那么一剥啄,便皮肉去尽,只余硬核,遗失在远方的角落。于阴暗之中,居然也慢慢地长出根来……

那是风沙溟洞的北京。

在南京,只作两个多月的短暂的勾留,便到这里来了。初到教育部工作时,曾经复萌过对于民国的一点希望;北迁以后,就全部给黑暗吞噬了。毕竟是帝都。千百年的污浊,难道一场雷阵雨就可以洗刷干净么?

以孙中山为首的南京政府,在存在的三个月期间,发布一系列命令,禁止刑讯体罚,禁止买卖人口,革除清朝官厅的称呼,宣布学校一律废除障碍"民国精神"的旧科目,小学废除读经;此外,大力宣传"非常之建设",发布了一些有关"振兴实业,改良商货"的通告。实际上,保护"人权"的口号只是停留在纸片上,对于农村中盘根错节的封建关系并没有丝毫的触动。虽然,"破坏告成,建设伊始"的改革图景一度引起人们的兴致，"中华民国工业建设会"、"工业建设会"、"西北实业协会"等经济团体纷纷成立，并且发行了《经济杂志》、《中国实业杂志》、《实业杂志》等刊物，但是，从中央到地方，其混乱和腐败的情况是同步的。由于整个政治结构没有实质性的改变，组织间的各种派别和势力明争暗斗，互相掣肘，孙中山等对于建设的倡议根本不可能得到真正的实施。当时，革命派并没有能够掌握自己的命运，在临时政府内部，最初屈居于次要地位的立宪派实力迅速膨胀，足够可以摇撼新生的共和国政权。就这样，随着革命形势的倾斜，人们殷殷向往的建设机会也便完全丧失了。

中国历代的政治家精通权术。清廷的内阁总理大臣袁世凯，在取得帝国列强的支持下，纵横捭阖，先把朝廷的权力集于一身，然后收买、笼络和利用当时处在革命与反革命之间的"第三种势力"——立宪派的头子，从而，以手中北洋军队的强大兵力，对革命派一面作战，一面议和，一面麻痹，一面胁迫，终于致使南京的参议院以合法的形式，把他这样一个大野心家、大独裁者选举为临时大总统；两个月以后，接着迁都北京。

"惊人事业随流水"。一切努力，都变得无法挽回了。

周树人住在绍兴会馆里，这是他离开老家以后，一生中居住时间最长的地方。会馆在宣武门外南半截胡同。北半截胡同出口处，是有名的菜市口——前清时代杀人的地方。戊戌政变时杀谭嗣同等"六君子"，就在于此。时间相去不远。当时有这样一条规定，凡馆内住户不得携带家眷，这样，自然可以把相当的清静剩给周树人了。

他最初住的"藤花馆"。据说东边有一个藤花池，但这时已经不生涟漪，也不见藤花的颜色了。入夜，邻居却吵得厉害，使他心里特别烦躁。不过，即使嚣声沉寂，他也未必安宁的。"心事如波涛，中夜时时惊。"几年来，他常常会想起李贺这些诗句。此际，便不得不惊异于这位早逝的鬼才，早在一千年前，即已如此熟悉类似自己的这般无路可走的苦情……

教育部在前清学部的大衙门里办公，离住地不算太远，不用车子，走一下也就到了。

袁世凯篡夺总统职务以后，仍继续任命蔡元培为教育部长，次长则由南京时代的景耀月，换成曾经担任过清末学部参事官的范源濂。旧学部人员留用的很多，他们的封建意识非常浓厚，这样自然形成一个顽固的壁垒，把南方来的部员一概视为革命新党而加以排斥。旧官僚出身的范源濂更是一个权欲熏心、可恶透顶的人物。他上台以后，立即把北方派系抓在手里，加以博得袁世凯的支持，轻而易举地攫取了教育部的实权。为了进一步培养羽翼，他还组织了一个"尚志学会"，对抗蔡元培。在部员中间，新派人员本来很少，而且又有一些极易妥协的分子，于是，像周树人一样的坚定分子，不久便显得相当孤立。

官僚性的作风是与整体的机构和制度相适应的。5月15日，周树人到部里正式上班。从头一天起，新的工作环境所给予他的印象十分恶劣。他在当天的日记里写道："枯坐终日，极无聊赖。"部里对等级差别、文牍程序之类，都有极其离奇而烦琐的规定，但是，真正的官僚是从来不受它的约束的。每天早上，只消在簿子上画上一个"到"就行了。不管案卷如何地积如山丘，部员们照例地混日子。办公的时候，有的下棋，有的品茶，有的念佛经，有的唱京戏，还有的则用尘拂啪啪有声地大掸其身上的灰尘……

比起在南京的时候，周树人的意气的确消沉多了。大家都无意办公，即使一个人孜孜矻矻地干公活，又于事何补呢？因此，每当上班，除了一些必办的公事需要办理之外，他便一头埋进古籍里。在书籍与书籍之间，只要情致接续不上，就又沉入到国民和历史中去，作冥冥漠漠的遐思。

南京远了。故乡更远。但有《越铎日报》、《民兴日报》以及家书，可以让他时常靠近他所熟悉的地方和人物。然而，由文字传递过来的信息，却是日渐增加着他的忧郁的色彩。7月19日，二弟的来信告诉了他一个极其意外的消息——

范爱农死了！

这是他归国以来所承受的一次最为惨重的打击！什么革命、民主、共和，一刹那间，全都被眼前的事实击得粉碎！

本来，爱农是浮水的好手，怎么可能被淹死呢？他疑心这消息并不确，但无端地又觉得极其可靠，虽然并无证据。这样，一连几天过去，他都无法消释心头的悲凉……

周树人离绍以后，继任的是孔教会会长傅励臣。他一面敷衍范爱农，留他作监学，一面同自由党头目何几仲串通一气，极力排挤他。不到一个月，他就被赶出了山会师范，连铺盖也被扔到门外去，处境十分狼狈。后来，他到岳父家里去寄食，无奈岳父只是城里的一个小学教员，生活也很清苦，于是又跑到杭州去，找一位姓沈的老同学谋事情做。但是，这位身任浙江军政府教育司司长的同学并没有帮他的忙，无法可想，只得仍旧逃了回来，依靠陈子英接济过活。这时，在《越铎日报》内部，宋紫佩一派同孙德卿一派的分裂已经公开化了。这群热血少年，另外办了一家新的报纸——《民兴日报》，继续同危害地方革命的恶势力做斗争。范爱农就住在报馆里，有时也执笔写写社论。他很困难，但还喝酒，是朋友请他的。其实，他已经很少同人们来往了，常见的只剩下几个后来认识的年轻人。然而，渐渐地，他们也好像不大愿意听他的牢骚话，以为不如讲笑话有趣。

"也许明天就收到一个电报，拆开来一看，是豫才来叫我的。"或许是解嘲，或许是自慰，反正他时常这么说。

在他所有的朋友中，恐怕真也只有周树人一个人能够理解他，值得他信赖。分手以后，他经常写信给周树人，仅5月15日至6月4日，就写了四封，平均五天一封。被赶出学校不久，他在信中这样向朋友表白心迹："如此世界，实何生为！盖吾辈生成傲骨，未能随波逐流，惟死而已，端无生理。"生活愈穷困，那言词也愈加凄苦。

周树人很想为他在北京寻一个位置，知道这是他非常希望的，然而一直没有机会。当他刚到杭州,知道周树人返回绍兴时,还特地写了信来,说:"相见不远,诸容面陈。"怎么知道,从此就再也没有见面的机会了呢!……

　　一个生来就跟世界互不协调的人,他以他的诚实,让人感觉怪僻;他以他的执著,让人感觉孤傲。拿早年留学日本来说,他就始终不愿进入官立学校,虽然进入官立学校的学生可以领到官费,而且毕业回国,面子和资格都有了,容易找到较好的职业。相反,他进了一所升级和毕业都很难的私立学校。以这样的性格,在一个等级森严的势利社会里怎么能不碰壁呢?在绍兴,谁都知道他是一个老革命;可是谁都不承认他是一个老革命。"徐案"发生以后,他是遭通缉的一个,好在最后还能保留住一条萎顿的生命。革命一来,没快乐上几天,就又还原成革命前的范爱农了。平时,他每以白眼看人,却热心革命;他戴毡帽,穿蒲鞋,从来不修边幅,却认真办公;他喝酒,醉眼朦胧间也说些呆话,却是周围最清醒的人。革命军进城时,他是何等踊跃!送朋友离绍,又是何等悲哀!然而,所有这一切,都随故人的逝去而烟消云散了!他那么信任革命,而革命却不信任他!要是他还活着,他也还能像最初那样,伸手去摸王金发的光头皮吗?……

　　突如其来而又莫名其妙的死亡……

　　凡有个性的人,诚实的人,清醒的人,就注定要被这个世界抛弃。

　　罪恶的黑手……

　　22日,大雨滂沱。周树人没有上班。晚上,同许寿裳等几位朋友一起到陈公猛家,为被挤去职的蔡元培饯别。归来已值深夜,独坐备觉凄清。他再次想起了许铭伯讲述的谭嗣同雨天就义的情景,不禁默默暗诵严复的悼诗:"求治翻成罪,明时误爱才。伏尸名士贱,称疾诏书哀。燕市天如晦,宣南雨又来……"

　　革命所需要交付的代价如此之大,其实又何止乎流血!如果说,谭嗣同是有声的牺牲,那么范爱农则是无声的亡逝了。有声之死,尚能使后人缅怀壮烈,可世间有谁注意到死于无声的爱农呢?有谁能为他写几句哪怕是多余的哀词?这时,杜甫的许多在飘泊支离间写成的苍凉的五律,都如奔矢般聚集心头……

凝听无边的夜静,哀思绵绵,他第一次以老人般的情怀,写下三首整齐而凝重的诗篇:

> 风雨飘摇日,余怀范爱农。
> 华颠萎寥落,白眼看鸡虫。
> 世味秋荼苦,人间直道穷。
> 奈何三月别,竟尔失畸躬!

> 海草国门碧,多年老异乡。
> 狐狸方去穴,桃偶已登场。
> 故里寒云黑,炎天凛夜长。
> 独沉清冷水,能否涤愁肠?

> 把酒论当世,先生小酒人。
> 大圜犹酩酊,微醉自沉沦。
> 此别成终古,从兹绝绪言。
> 故人云散尽,我亦等轻尘!

第二天,周树人把写就的悼诗取出来看,无意中发现"鸡虫"正是何几仲的"几仲"的谐音,真是奇绝妙绝!带着一种报复的快意,他随即在诗后附加了一段话,暗示这层意思。收束的两句是:"天下虽未必仰望已久,然我亦岂能已于言乎?"其中"天下仰望已久"一语,原出于接收山会师范的学务科科员之口,当时绍兴知道这句口头禅的人很多。这么一骂,那针对性就显露出来了。他正要告诉何几仲们:即使远在他乡,奈何你们不得,但是你们有办法堵住我的嘴吗?

写完,他具了姓名,接着又涂掉,换上"黄棘"两个字。必须使用为爱农所喜欢的笔名,他想。于是,便轻快地折好笺纸,套上信封,给《民兴日报》送去。

## 38　官吏生涯：不满与无为

周树人获得了一个晋升的机会。8月，他被任命为教育部佥事，社会教育司第一科科长。

官职成了新的困扰。本来，从这个司所执掌的事务，诸如关于博物馆和图书馆，关于文学和美术，关于动植物园等事项看来，正好包括了他曾经为之追求不舍的改造国民性的必要手段，可是他深知周围的环境，料想只身奋斗也不会创造什么奇迹。然而，与其让头脑冬烘的遗老或是不学无术的奴才把持，倒不如就由自己统管起来。他想，利用职权，独行其是，总可以在现代文化的空地上作一点开拓性的工作吧？

他决意充当这个在他看来还不至于十分可恶的官长角色。

但是，他太健忘了。

大凡富有理想的人都容易健忘。由于热情的驱使，他们往往向前看而忘却惨痛的教训，甚至是刚刚留下的巨创。

说远一点：在山会师范，作为监督苦苦撑持，最后结账时才剩下一角又两个铜板；说近一点：初来北京，在蔡元培的倡导下从事美育普及工作，其结果是一样悲惨。那时，教育部举办"夏期美术讲习会"，他担任题为《美术略论》的讲授。开头有人退席，中途出现空场，接续近两个月时间的冷落局面，丝毫没有使他感到气馁，意想不到的只是，讲习会还没有结束，"临时教育会议"就断然做出了"删除美育"的决定。为此，他在日记上写道："此种豚犬，可怜可怜！"可是，除了腹诽，又有什么办法可以表示自己的抗议呢？

不过，此人的确强韧得可以。按照原定的时间，跑到原定的地点，他又继续作他分内的讲演。最后一课，听众只剩下一个人，但这已经使他像遭逢知己般地感到满足了！他知道，在这个丑剧不断上演的世界上，毕竟还有爱美的人！

上任不久，教育部成立了一个美术调查处，目的是为了给建立美术馆和博物馆提供一些可供参考的材料。这个机构设在教育部内，不作行政编制，其中人员有不少是兼职的。周树人是其中的负责人之一，但是，他根本无法在一个松散的组织中调动力量，去做系列切实有效的工作。美术调查处成立后，除了派去齐寿山、许季上和戴芦舲三人前往沈阳考察清宫美术物品之外，几乎没有任何一项较为重要的调查活动。

周树人的个人计划倒是有的，从他次年2月发表的《拟播布美术意见书》，可以发现他对美学源流的深入了解，以及一个战略家和实践家的恢宏气派。文章上承东京时期系列论文的血脉，再度表示对于物质文明日益曼衍，而人情随之日趋肤浅的危机感，指出："美术诚谛，固在发扬真美，以娱人情。"多方面阐明播布美术的重要性。在批判"沾沾于用"的实用主义态度的同时，批判企图使美术神秘化和贵族化的做法，从而坚持了美育普及的平民化方向。虽然文章已经从原来的发扬"摩罗"精神以撄人心的叛逆立场，退回到了一个"起国人之美感"，"辅道德以为治"的温和位置，但是所有这些设想仍然不可能真正地付诸实施。在一些长官和同事看来，什么意见书，不过是书呆子的梦呓而已。

作为部内聘员，周树人多次出席读音统一会的会议。在会上，新仓颉们并没有认真讨论问题，倒是借机尽量地标榜自己。在采定字母方案的议程中，便分成几派，互相攻击。会议的正、副主席吴稚晖和王照非但不加制止，为了入声存废问题，居然也彼此破口大骂，混战起来。周树人实在感到讨厌，希望能制订一个方案尽早结束这场战争，于是同朱希祖、许寿裳、马幼渔等几位旧友一起亲自动手，以章太炎早年拟定的一套标音符号为基础，用构造最简单的古字制定了三十九个注音字母。在表决时，他们的建议获得多数通过。

轻易的胜利，却不曾使周树人感到乐观。他知道，这套字母根本不可能代替汉字，只能注在汉字的旁边，起到一种拐棍的作用。况且，有了拐棍，也不知要等到何年何月，才可以蹒跚地走路呢！

身在官僚阶层，要想绝对抗拒官场习气的侵入，那是不可能的。为此,周树人深以为苦。

他明知伍博纯主持的通俗教育研究会不是好东西,一旦被拉,还是推却不得,敷衍加入了。后来经过改组,由教育部长汤化龙发布命令,指派他为小说股主任。很早以前,他就从林纾和梁启超那儿知道了小说的作用,不但阅读了不少中外小说,而且亲自翻译过和创作过,应该说,这个职位对他来说是最合适不过的。开始,他确实表现得相当积极,频频召开工作会议,拟订"办事细则",讨论"进行方法",根据事先制订的章程,对来自不同单位的会员作了调查、审核、编译等几方面的分工,其中特别注重小说的分类以及审核标准问题,为此,还指定会员整理成草案,以便进一步深入研究。正在这时候,政事堂机要局长张一麟变成了教育总长,次长兼通俗教育研究会会长也由梁善济换成了袁希涛。

二人君临教育部以后,立即召开大会,重新确定工作方针。张一麟在会上说:"……宗法社会遂为中国社会之精神,一家人咸听命于其家长,孝悌贞节,皆为美德,著于人心,蒸为风俗……"还说:"而积极一方面,则编辑极有趣味之小说,寓忠孝节义之意,又必文词情节,在在能引人入胜,使社会上多读……"周树人开始感到危险的威逼;这种危险,并非来自对治者们的压力的恐惧,而是出于一个曾经战斗过来的精神战士的警觉与自责。最先,他是打算通过审核,在社会上清除一批淫猥与无聊的读物的;至今才知道,在那份关于审核标准的草案中,留有不少可以纳入专制思想的空洞地带。譬如规定小说必须"合于我国之国情","国情"者,可否就是总长的所谓"中国社会之精神"?说借小说"补助道德之不逮","道德"者,又是否系总长的所谓"孝悌贞节"一类"美德"?……他决定放慢脚步,拖延审核的时间。

但是,为了适应政治的需要,于文艺和教育一窍不通的总长以及经理干事之流,却不容许他这样做。他们提出尽快编译"妇孺皆知"的小说"以期普及",简直是推着他的脊背走。在第十二次会议上,次长袁希涛对从前的议案多所指责,无视大家的意见而中途退场。长官以及奴才的这种气焰,是可忍孰不可忍?周树人终以部务太繁,不能兼顾为由,禀请辞职。

在第十三次会议上，小说股主任的名字果然改变了。

稍有成效的，还是那些相对带点独立性的工作。从1913年起，社会教育司司长夏曾佑兼管京师图书馆。实际上，这位酒徒只是挂了个名字，真正的管理工作却是落在第一科的周树人和沈彭年的头上。改组、迁移、扩建，从选择馆址到计划预算，大小事务都得亲自过问，有时候简直被弄得昏昏糊糊的。为了筹建历史博物馆，他也耗费了不少心力。当初视察国子监和学宫，见到被剜为臼的古铜器，自己心里也曾有着被剜的痛苦。1913年，为筹备将于次年在莱比锡举办的以展出墨迹、书籍为主的"万国博览会"，德国派了会员米和伯博士来华，并在北京设立"筹办处"。由于中国在楮墨拓印方面历史悠久，所以被列为首位展出。这时，米和伯同教育部取得联系，要求向历史博物馆借取展品。周树人将十三种藏品送到部里，因为珍贵，当晚回寓所拿了两张毡子，就睡在藏品旁边，这样守护着直到天亮……

这位面向西方的爱国者，是如此热爱自己的国宝。他不止一次把自己买到的文物，如瓦当，如大镜，赠送给历史博物馆，作为小小的象征性的纪念。

周树人还参加了两个展览会的筹备工作，一个是儿童艺术展览会，一个是专门以上学校成绩展览会。向世界展示纯净的灵魂和茁长的智慧，展示民族未来的希望，这是很有意义的。在展出前后，周树人都很忙乱，连星期天也得不到休息。

他是重视儿童教育的，这种重视，多少包含着对于成年一代的失望吧？他重视儿童心理的研究，重视儿童读物的收集与流布。在充满压抑的空气中间，他尽力为作人翻译的《童话略论》找出路，自己也动手翻译了《儿童好奇心》、《儿童观念界之研究》等论文，还那么有兴致帮助作人收集儿歌。最令他反感的，是冒充儿童创作的赝品。他不容许大人们向孩子装正经，扮鬼脸。孩子应当有孩子的世界。

许寿裳为长子许世瑛挑选的启蒙老师正是周树人。在开蒙的上午，他给那小孩工工整整地写了两个大字："天"、"人"。这是两个多么简单又多么复杂的字眼呵！"天"在上面，"人"在下面，它们就这样长期对立着，从过去到现在，从现在到将来……

其实，何止孩子难于索解此中的奥义呢？即使曾经沧海，在"天"与"人"之间，也难免要感到困惑与悲哀。

进京以来，所见官场的怪事不少：学校的会计员可以升做教育总长；教育总长可以化为内务部长；司法官、海军总长，可以兼做教育总长。而且，总长们就像走马灯一样换来换去，甚至几天就能换一次，几年间也在一打以上了，这群长官大抵是做"当局"的，升降浮沉，都有一定的背景。底下的小爬虫，其纷纷扰扰地争官做，便挤轧得更加厉害了。为了赢得主子的赏识，他们什么事情都可以做出来。

袁世凯要做皇帝了，先使爪牙在政府各部门活动，其中也暗暗通知了教育总长，让他上一份呈文，在自己的名字前头写一个"臣"字，这样便是表示拥护了。总长立刻照办，但是用什么为题呢？挖空心思，结果作了一篇呈大总统文，请提倡小学教育。呈文在报纸上发表了，有些教育界的热心家却忽略了那个重要的字眼，读后反而高兴得不行，互相告语道："现在要振兴小学教育了！"

险恶的环境真使人逆料不得，防不胜防。就说夏司长夏曾佑，本已绝望于政治，知道中国的一切事情是万不可办的，整天大喝其酒，敷衍度日，怎知道这位曾同严复一起办报，先后鼓吹过"诗界革命"和"小说界革命"的风云人物，竟是孔教会的发起人！孔子生日，总长汪大燮令部员前往国子监跪拜，据说还是他出的主意，何等的阴鸷可畏！

袁世凯是很少召集教育部同人讲话的。在总统府，他那冗长的训词都说了些什么？无非重复他从前在任北洋军阀期间，曾经编辑过多少种教科书之类的"史话"。对于目前民国新教育的宗旨和方针，简直毫无认识。装腔作势，空洞无物，不放过任何一个机会显示个人的政绩与才能。所谓大人物大抵如此……

这就是所谓环境了。试问：在这样的环境中，难道真的可以做事的吗？

## 39　补树书屋·佛经·古籍·碑帖·沉默的深渊

袁世凯成了权力中心。他打着民主共和的旗帜，通过虚假的选举，做了正式的总统，接着向复辟帝制的目标过渡。革命党人始终是他的心腹之患，因此，他处心积虑极力设法捕杀。继陶成章之后，宋教仁被刺，王金发也被诱杀了，大批国民党人被送上断头台。在满洲，章太炎遭到软禁。孙中山以"武力讨袁"为号召，江西都督李烈钧率先宣布独立，发檄讨袁，发动"二次革命"。揭竿不久，即在镇压下宣告失败，孙中山、黄兴等人于是再度亡命日本……

这位大独裁者，在诉诸武力的同时，加强舆论钳制。他公布《报纸条例》，剥夺新闻自由，公开鼓吹"莫谈国事"，回避政治。作为屏风和装饰，宪法起草委员会秉承他的意旨，公然把孔子之道作为"修身大本"写进宪法。儒家"忠、信、笃、敬"的绝对忠诚，正是封建统治者所需要的，因此，在就任总统的当天，被他定作"立国之大方针"而加以宣布。于是，尊孔、祭孔活动一时盛行国内，人物无论新旧，也不管愿意与否，一律在这个背时已久的思想偶像面前敛首低眉……

1915年12月12日，中华民国的五色旗被扯得粉碎，袁世凯终于登基称帝了。31日接着下令，次年改为中华帝国洪宪元年。

在洪宪帝制运动活跃的时候，袁世凯进一步完善他的特务系统。整个北京城，连饭店客栈，都布满了侦探；还有"军政执法处"，只见因嫌疑而被捕的青年送进去，就不见他们活着走出来。大小文官受到更加严密的监视，凡反对帝制或表现不服者，都有人暗暗盯梢。在这样的空气里，他们只好想尽办法躲避注意。重的有人赌博，讨姨太太，轻的则玩弄书画和古董……

专制而恐怖！

周树人从偏远的绍兴来到京城，从基层来到上层社会，因此得以从一个较高的位置鸟瞰全国革命的形势。满清的时候，他还未曾如此地失望过；现在对中国，却是深深地失望了！中华民国，实际上已经不复存在，也许本来就未曾存在过……革命以前，自己是奴隶；革命以后，反而是奴隶的奴隶了！烈士的血迹被踏灭，其实又何止于革命新贵的脚印？他觉得有许多国民同时也是民国的敌人……

他反对过，但是没有效果。

范源濂复任总长时，提出"祭孔读经"，他就是坚决的反对者。每年祭孔，都要经受一场重大的屈辱：作为一个执事官，虽然按照等级还够不上顿首或者鞠躬的资格，但也总得戴了冕帽，将"帛"或"爵"规规矩矩地递给诸公。这回，他同许寿裳、钱家治、张协和、张宗祥等从浙江同来教育部任职的五个人一起，联名写信驳斥"祭孔读经"的荒谬。该信一式两份，一份送范源濂，一份摊放在办公桌上，让大家观看。

结果，这几个人都遭到了报复，被排斥到外地去。周树人因为是社会教育司的，才侥幸免于外放。

周树人深知个人反抗的无力，何况反抗的武器惟有一支秃笔！写文章固然不能，写信也不得许可，那么剩下就只能作作日记了。可是，日记里又能记些什么？昙、阴、雨——如此而已！袁总统就任之日，聊且写一句"天候转冷"，记录那令人彻夜失眠的遽变。无字可以纪念国耻，为了给纪念日留下一个永久性的烙印，当天，他自己给自己发了一封信，以期保留一个特别纪念邮戳——这是活在一个怎样的世界里呵！

但是，周树人不能，也不想做出彻底的牺牲。牺牲是无谓的，他知道，应当尽可能地保存自己。而且，自己活着，着实已经不完全是属于自己的了。他有家，有母亲，而且连信子外家的经济负担也得部分落在他的肩上。他沉重着呢。

1916年5月6日下午，周树人搬进了绍兴会馆西边的"补树书屋"。从前，院子里长着一棵大楝树，因为被风刮倒，补种了槐树，故有

"补树"的名号。据传槐树上曾经缢死过一个女人,这屋子也就一直没有人住;书屋前倚供奉历代乡贤牌位的"仰蕺堂",后靠供奉文昌魁星之类神位的"睎贤阁",真可以说是与鬼神为邻。

周树人正是为了逃避喧嚣的人声才住进这里的。在这鬼气森森的地方,他读佛经,抄古籍和碑帖,直到深夜一两点才睡。他房子里连糊冷布的窗也不留一个,夏夜,蚊子多了,便摇着蒲扇坐在槐树下纳凉,从密叶的缝隙里看那一点一点的青天和若有若无的星子。晚出的槐蚕,吊死鬼般在空中摆荡,每每冰凉地落在头顶上……

长久以来,他一直同古籍进行搏斗。起先,他一边麻痹自己,一边在线装书的死海里打捞越中先贤的遗迹和古小说的残骸。在南京,于办公之余,便常常同许寿裳一起影抄从江南图书馆借来的善本书。《沈下贤文集》中的三篇传奇,曾经使他收获不少欢喜。可是到了北京,情况就有点不同了。在一年多的时间里,他抄了《谢承后汉书》、《谢沈后汉书》、《虞预晋书》、《谢氏后汉书补逸》、《云谷杂记》、《易林》、《石屏集》等,还参照诸本,多次校录《嵇康集》。除去钩稽小说的材料之外,他的目光又转移到了历史,尤其是野史和笔记中来了。他发现,这些古籍经过千百年时间的淘洗,尚有崚嶒的骨头和热血的蒸气。谢承、谢沈、虞预,他们都是故乡的先贤,功名淡薄而潜心著述者。谢承的《后汉书》,一反正统的风气,不作帝纪,是极其难得的。可是其草创之功,却已大都混杂湮没在后人的史籍和类书中间,他不禁深感先贤埋头苦干的寂寞了。至于嵇康,简直是硬干,"非汤武而薄周孔",敢于和当权派不合作,敢于向庸俗虚伪的礼教宣战,更是为他所佩服。在政治高压下,不要说十年前为之鼓吹的"挑战反抗",要作沉稳的抵御已属不易,此中需要一种特立自持的精神。的确,他从嵇康的文字中秉承了作为异端的人格力量。古今无所谓界限,在他眼中,袁氏政权与司马氏政权是同样的黑暗!

在古籍的延长线上,他正式接触到了佛经。虽然,早在日本的时候,他就已经从章太炎那里一再听过"宗教救国"的宣传,但是,凭着对革命的信仰和从西学基础上建立起来的现代意识,总觉得先生对于佛学的过分强调未免有点走火入魔了。他怎样也想象不到,今天竟用了佛家的经典来拯救自己的灵魂!

进京之初,对于佛经还没有什么热心;1911年,书账从一种增至四种,表明了可怕的接近,而到了次年4月,购置的数量便大得惊人,一年中间已不下八十种。从这时开始,他不与别人接近,一个人到琉璃厂买了来拼命地啃,只是间或同许寿裳谈论一下佛经教义,或和住在故乡的二弟互相交流着看。

开始,他只是从佛经中抽取关于古典文学的某些资料,如《法苑珠林》、《大唐西域记》等,就具备这方面的用途。他刻印《百喻经》,抄录《法显传》,也都曾经着迷于其中广博的比喻与清丽的文辞。但是后来,作为必然的结果,他无疑侧重于佛经与整个历史文化背景相联系的事实。在读佛经的同时,也看庄老的著作,探寻三教合流的过程。当他对宗教哲学思想作进一步的研究,从而旁及中国社会历史的病根时,他不能不受这方面的感染。不过,感染过病毒的人才能有效地抵抗病毒,这也是实在的。

佛教,以"苦"来解释人类世界的宗教,其中唯识学派对于主观内省的重视,华严宗对于彼岸性的精神世界——"法界"的追求,小乘教寻找自我解脱所作的坚苦修行,都使这位人类灵魂的勘探者产生很大的兴趣。阅读之余,他对许寿裳说:"释迦牟尼真是大哲!我平时有许多难解的人生问题,不想他早就大部分给明白启示过了,真是大哲!"

为了躲避政府鹰犬的耳目,部里的人都各有一套防身的本领,连许寿裳也学会打漂亮的麻将,可是周树人什么也不会,在阅读古籍和佛经之余,只有玩古董。

1915年,他开始大量收集各种古物、古画、古砖和古碑,特别是汉代画像、六朝造像和唐代石刻,以及金石文字的拓本。购置不到的,还请人在外地代买代拓,或是借来摹写和抄录。罗振玉编的《秦汉瓦当文字》刚刚影印出版,他便用二十二天时间摹写了全书。弄碑刻之类,的确是一件最消耗时间的工作,而他也乐得这种消耗。从拓本上抄下本文,与

《金石萃编》等相校,从中发现可能的一个又一个错误,这样边录边校,往往要挨到深夜一二点钟。长夜漫漫,他真希望快点消耗完黑暗,否则就消耗完自己。

不过,在暗暗的销铄之中,他也时有振作的。他常常从别人所不经意处培养着自己的兴趣。譬如汉魏六朝石刻,以前的考据家只注重文字,而他却注重画像和图案的研究。这位自小酷爱美术,具有高度审美眼光的中年学者,在独辟蹊径的研究中,伤痕累累的心,遂沉浸在美妙无伦的图案里而感受到少有的愉悦。

他颇有点自豪地对许寿裳说:"西洋名家交口称赞日本的图案如何了不得,怎知道其渊源是出于我国的汉画呢!"后来,他还编《汉画像目录》、《六朝造像目录》等,以期把寂寞中的收获留给世界。凭着碑石精美的雕刻,他窥测着那一时代的风俗习尚,撷拾历史的孑遗。当他几乎已绝望于文学前途的时候,曾有过别的动念,就是走进祖国的文化遗产中去,写他所触摸到的文学史、美术史、字体变迁史……

玩物往往丧志。在金石实物和拓本的包围中间,周树人的意向并没有沦丧,只是被压抑到了意识阈限以下。他仿佛如雪野中的动物,在黑暗里进行着一场冬眠。可惊异的是:对于文学的原始的冲动和愿望,仍然梦魇般不时地释放出来。

他极力推荐作人的译作,发表海涅的译诗,撰写《异域文谈》,这些活动,都象征性地说明他在暗暗作着绝望的挣扎。不过,放出阈很快也就关闭了。其实他阅读古籍、佛经和从事金石研究,不都可以视作一种象征么?因为他毕竟从中持续着精神方面的探索,这种探索,是被压抑的冲动的要求和自我的意识阻力之间的一个折衷。用周树人自己的话来说,这叫"麻痹",叫"装死"。当一个人无力抗争而又不甘颓废的时候,"麻痹"和"装死",应当说是积极的。正是借此,他最大限度地保存了自己。

他有时也自轻自贱,至少对身体是这样。庄子式的随随便便,既拯救了他又毁坏了他。在北京,他恢复了东京时代那种俭省而又没有节律的生活。他习惯不吃早餐,由于教育部的膳堂办得很糟,午饭和晚饭,就包在"海天春"、"镒昌"一类小饭馆里,或者到附近的"广和居"去吃廉价的豆面炸丸子。时间来不及,就买点馒头、饼干充饥,再就是到街头饭挑上买饭吃。要是自个儿弄饭吃,书桌上也往往只摆着一碗炖肉,一碗汤,从不晓得怎样改换菜蔬似的。持久的精神折磨和游击式的进餐,使他的身心同时受损,胃痛、牙痛、神经痛、气管炎、神经衰弱,开始交相出现。看病和服药,从此成为他日记中常见的内容。

一切的一切,都得适应环境。四周是漆黑的,你不能发光;四周是寂默的,你不能声张;四周是平和的,你不能动作——这就叫"适者生存"。一个战斗的进化论者,于是得以时时体味人生最深刻的一种悲哀——自嘲。

多少年以前,曾请族人刻过一个图章:"绿杉野屋";而今是住进"补树书屋"里来了。没有野气,没有绿意,没有青春的气息。来京不久,收到作人寄来的小包裹,拆看内中戈庚所著 *NoaNoa*,它所记叙的这位法国画坛猛将逃向泰息谛的生活,那是多么的令人神往!孤岛,野蛮人,像大自然一样纯真而美丽的风俗人情,那么强烈地诱惑着他的记忆和想象。可是,他已经不复能够回归到少年时代,回归到故乡和底层中去了。正是"而立"之年,他随同北迁的政府一起走向崩溃。此刻是置身在最高官僚阶层里,在张开着却又不断收拢着的大网中间。他知道等待自己的命运将是什么。好友陈师曾以刻有"俟堂"的印章见赠,所谓"君子居易以俟命",不正是这层无可等待的意思吗?

无可等待也是一种等待——

那么,等待吧!

# 第 二 部

## 爱 与 复 仇

　　魂灵被风沙打击得粗暴,因为这是人的魂灵,我爱这样的魂灵;我愿意在无形无色的鲜血淋漓的粗暴上接吻。

——鲁迅《一觉》

　　我总觉得复仇是不足为奇的……但有时也想:报复,谁来裁判,怎能公平呢?便又立刻自答:自己裁判,自己执行……

——鲁迅《杂忆》

# 六　最初的战叫

东西方文化的撞击,诞生了中国历史上的一个电闪雷鸣的辉煌瞬刻——五四时期。

蛰伏成为过去。

作为传统的反叛者,他的叫喊也许不算最早,但是,却无疑是最清醒、最坚实、最激越的人的声音。

## 40　关于"铁屋子"的议论

庆父不死,鲁难未已。

1916年6月,袁世凯在忧愤和疾病的困扰中死去。在一个高度的政治文化专制的社会里,一个人的存废,可以足够牵制一个国家,一个民族的命脉。独夫死后,强控制的局面立刻松弛下来。权力真空出现了。于是,在北洋军阀内部和南北军阀之间,陆续出现各种各样的角逐。而这时候,自由民主的潮流,在长久的沉寂之后又开始了可怕的骚动与喧哗。

中国社会,已经不复为武人专擅的世界。随着封建专制政体的崩解,知识分子迅速分化为独立的力量。科举制度的取消,最后切断了他们同官僚阶层的固定格式的联系,从而改变了过去那种稳定的附庸地位。他们重新寻找自己。外来的思想成群结队飞过中国的天空。不同方位的瞻望与追索,带来了一个共同的发现:面临的全面危机,并非仅仅由异族的铁骑所引起，传统本身才是民族变革的主要障碍。要进行政治革命，必须同时开展同封建专制主义的思想文化的斗争。这群自由职业者，不再学他们的兄长那样，把热血全都交付火铳与枪膛。异质的观念意识直接成为掌握中的武器。就从这个相对宽松的历史罅缝里出发，一支由《新青年》杂志所纠集的先锋队，开始向现代突进了。

一代精英集中在北京大学。校长蔡元培坚持兼容并包的自由主义原则，实际上保护了这些异端分子，为他们进一步扩大影响提供了有利条件。1917年1月，《新青年》主编陈独秀被任为北大文科学长，编辑部随之从上海迁到北京。从此一场父与子、新与旧的斗争进入了新的阶段。继胡适发表《文学改良刍议》之后，陈独秀接着发表《文学革命论》，首次高张"文学革命"的旗帜。

如果说古老的封建营垒——北京是新文化运动的策源地，那么，北京大学就是它的中心。

作为现代的人，再也不可能像古代的遁世者那样，可以全然不管秦汉魏晋的更替。对周树人来说，兄弟在北大，同学在《新青年》，根本无法割断自己跟时代思潮的联系。只要听得见涛声，他是不会拒绝融化的。更何况，他从来就不具备隐士的性格。

周作人是在1917年4月来到北京的。

两年前，作人便有来京做事的要求，为了离开绍兴，甚至说什么科员之类也都可以做做。但是，树人没有答复。理由同劝阻宋紫佩一样，以为潮流汹涌而无立足之地的缘故。当时，朱希祖算是尽了同学之谊，介绍作人到大学里教英文，没想到他在没有征求作人个人意见的情况下，径自回信谢绝了。直到最近，由于环境的好转，有人重新提议让作人到北京大学担任教职，他才改变了态度，等到取得蔡元培的书面答复之后，立即寄出六十元旅费，催促作人成行。

这些年来，他对时局的看法十分悲观，即使感觉到了某种变动，也仍旧以惯常的怀疑和忧虑的目光打量眼前的日子。

二弟到来以后，树人便把南向的居室让了出来，自己移到北头的一间里去。从窗门到室内诸物，作人都做了一番新的摆布，而他却一直生不出这份近乎闲逸的情致，每天办公回来，几乎完全陷入了古籍和金石拓本的围城之中。

记得他从日本归国时，曾着意带走一束樱花，而今到哪里寻找那片绚丽的回忆？想不到的是，他竟无聊到用木盒子养起壁虎来了。至于脾气，也越来越坏。他隐默时可以一言不发，激愤时就喝酒，仿佛立意要毁灭自己似的。夜间，不知道谁家的猫来屋上骚扰，他往往大怒而起，拿起竹竿追打不舍。总之，在作人眼中，大哥的变化实在太大了。

一天，树人拿来几册《新青年》，交给作人道："听季茀说，这里面很有些谬论，可以一驳的，你翻翻看。"

一个倡言"文学革命"的杂志，登的尽是古文，未免有点滑稽，但作人并不觉得它有怎样的乖谬。那么何以会招惹明敏如许君的非议呢？该是用了过去《民报》社时代的眼光去看它的吧？然而，二弟的看法便对吗？……

用手造的墙，把自己同时代隔离开来总是不好的，周树人想。

阴森的槐荫下，来客非常稀少。往昔的同学，只有许寿裳、张协和伍崇学尚有过从。每逢节日，他们便带了板鸭和各种食品，让树人吃上一点"人间烟火"。8月，一位稀客出现了。

他就是钱玄同。这位东京时代的老同学，现任北京大学和北京高师的教授，兼做《新青年》杂志的编辑。有了头一回造访，他便每隔三五天来谈一次，一谈就是半夜，谈到兴头处，主人就留他吃饭，有时则同往广和居小饮。

显然，他怀有一种特别的精神使命。

是一个初夜。钱玄同将手提的大皮夹放在破桌上，脱下长衫，在树人的面前坐下。因为怕狗，走路快了一点，所以许久还有喘气的样子。

他一面翻看着桌面的古碑的抄本，一面发问道："你抄这些有什么用？"

"没有什么用。"

"那么,你抄它是什么意思呢?"

"没有什么意思。"

"我想,你可以做点文章……"

树人懂得他的用意了。《新青年》同人虽然付出了很大的努力,但是并没有赢得社会上的广泛的响应,甚至连激烈的反对者也没有。这种境遇,与自己当年筹办《新生》的时候十分相似。树人想,他们该是感到寂寞了,但是说:

"假如一间铁屋子,是绝无窗户而万难破毁的,里面有许多熟睡的人们,不久都要闷死了,然而从昏睡进入死灭,却也并不感到就死的悲哀。现在你大嚷起来,惊醒了少数的几个人,让他们承受无可挽救的临终的苦楚,你倒以为对得起他们吗?"

"既然有了几个人起来,你也就不能说决没有毁坏这铁屋的希望!"

希望。其实希望中国有所改革,有所进步,不也是自己的本意么?然而,无论是青年时候的慷慨激烈,或是中年以后的苍凉寂寞,而今都一一不复愿意追怀了。只是希望在于将来,又怎敢以自己的失望,证实他人之所谓实有的虚无呢?况且,自己所见的人物和事件就有限得很……

即使全然没有了希望,难道这黑暗就不该受到诅咒吗?……

当终于目送了同学的背影消融在夜色之中,周树人不免感到歉疚;聊可自慰的是,好在最后已经答允做文章了。

智慧的痛苦不是轻易可以消除的。

对周树人来说,深刻是一种负担。人们大抵健忘,而他偏偏执著于过去;人们沉醉于好梦之中,而他偏偏直面丑恶的现实;人们所见是形而下的图景,而他偏偏还要继续探究形而上的世界,那超越个人本质的同一的精神实体。从民国成立到现在,人们欢呼过多少回庆祝过多少回?在他看来,不外是五色旗与龙旗的变换而已,民族的根柢并没有什么变化。俄国革命是成功了,但是对中国来说又何其遥远,况且还不知道到底改变了些什么呢。因此,对他来说,什么文学,什么革命,都不可能唤起如报人、青年般的热情。

至于决定给《新青年》撰稿,也无非是受了同情心的蛊惑而已。目睹改革者肩负了各种压力而挣扎着前行,自己竟默无表示,无论如何是可憎恶的。何不从旁呐喊几声,给他们壮壮胆子,使他们于寂寞驱驰间添一份慰藉呢?他觉得,自己离战士固然很远,但实实在在是不能当看客的……

时间一天天踅过去了,可文章还没有影儿。

## 41　狂人:救救孩子

1918年5月,《新青年》发表了中国第一篇白话短篇小说《狂人日记》,署名"鲁迅"——

中国是一个吃人民族!

我们在被吃的同时也一样吃人!

没有吃过人的孩子,或者还有?

救救孩子!……

小说以主题的大胆,表现的深刻以及格式的特别,引起了思想文化界一批敏感分子的注目。人们于是打听:鲁迅是谁?

自从答应了钱玄同,周树人曾几次试图进入创作状态,但都被一种海洋般弥漫的情绪覆盖了自己。写什么呢?写什么呢?

——吃人!

他终于找到了一个可以突破的缺口。人世间一切残酷的、虚伪的、陈腐的现象,都从这样两个症结的字眼,获得了最生动的形象和最本质的说明。几千年来,在乡土中国,个人是孤立的、孱弱的、不堪一击的,社会可以通过众多的渠道消灭个性,其中包括由血缘关系组成的最亲密的家庭。所谓家庭,只是一个缩小了的社会,而社会也就是一个扩大了的家庭。无论是定于一尊的极权主义或是层层制驭的差序格局,两者都是一致的。因此,即使吃人的方式和方法有着各种差别:政治的,经济的,道德的,伦理的,公开的,隐蔽的……却都无一不是联合进行,天经地义的!中国在黑暗里陷得太深了!非有全民族的伟大的忏悔,不足以拯救我们的现在和将来!

在日本,他曾经为"人国"的建立幻想过,呼吁过;想不到十年过后,一旦重新执笔,就又回到了本题。

可是,"吃人"的结论能够为社会所接受吗?不会当成疯话吗?章太炎先生不就被人称作"章疯子"?在一个十足畸形、头足倒置的世界里,又有哪一个真正健全的人,不是被看做疯子而存在的?……

周树人想起一个人来了。

那是啸嗥的姨表兄弟阮久荪,一向在山西做幕友的,两年前,忽然说同事要谋害他,于是赶紧逃到北京。可是没有用,他终于找到会馆,向你历诉众人如何如何跟踪他,说四处已经布置好罗网,再也插翅难逃了。最后,是你留他在会馆里住下。第二天清早,他就来敲窗门,十分惊恐而且凄惨地说:"今天我要被拉去杀头了!"说完递过一封绝命书,托你交给他的家人。在送他前往医院的途中,当他突然瞥见站岗的巡警时,那面色和眼神是何等可怕呵……

迫害狂……

就写狂人!借狂人的嘴巴说话!周树人马上想到尼采,他笔下的查拉图斯特拉就是一个狂人,他的话说得多么愤激,又多么精警!安特莱夫,迦尔洵,陀思妥耶夫斯基,他们写狂人心理,写下意识,写幻象和错觉,真是真切极了!对了,果戈理的《狂人日记》,一样是写社会的残酷和个人的不幸。

那个九等文官小书记波普里希钦,惟在精神折磨中,他才说了那么多暴露旧俄官场的话。到底,他是被关进疯人院里去了,虽然他追逐的目标是那么渺小……

小说的名目不错,可以按照它的格式写。周树人仿佛已经把握住了一个短篇的框架。但是,果戈理的单纯写实的手法显然是不适用的,情节在这里反而是一种窒碍,每则日记的日期也不必写的。总之,太具体的东西局限性也大。必须具有囊括性质。那么,就使用象征。一重诅咒,一重忏悔,一重警告。只有象征才能把所有这一切贯穿起来,将个别人物的活动环境推向一个更广延的思想现实中去……

狂人:受迫害者,见证者,同时也是觉醒者。那么,围绕狂人的将是怎样的一群?谁是传统意识的代表?谁又是社会和家族的代表呢?权贵,尊长,帮凶,帮闲,看客,许许多多沉沦未醒的人们……

溶溶的月光……

握笔的头一个晚上,就碰上这么好的月光。仿佛是一层暗示,明白,然而朦胧。灵感翩然而至。用文言把楔子写完以后,简直用不着怎么思索,他就纵笔写将下去:

今天晚上,很好的月光。

我不见他,已是三十多年;今天见了,精神分外爽快。……

赵贵翁和他的狗。门。古久先生的陈年流水簿子。小孩子。好一个女人。陈老五。狼子村的佃户。大哥。何老头子。海乙那。母亲和妹子……

狂人语无伦次而又充满机锋,偶尔辍笔读来,竟也不禁暗自吃惊于语调的酷肖。他弄不清楚,自己何以会如此熟悉这位狂人,如同与朋友作断续的长谈,或听自己于暗夜间的喁喁的独白。

收梢了。

果戈理小说的结尾是这样的:"……这世界上没有安身的地方!大家迫害他!——母亲呵!可怜可怜患热病的孩子吧!……"孩子很好。孩子就是未来。反正已经绝望于自己的同辈,而下一代,倒是希望着他们能够得救的。好的,就这样。他往油灯的苗焰瞄了一下,援笔蘸了墨汁,迅疾写完日记的最后一则:

没有吃过人的孩子,或者还有?

救救孩子……

用什么笔名发表呢？总不能用真姓名。这时,他记起在东京期间用过的"迅行"的别号,心脏不知怎的竟狂跳起来。由于编辑者不愿意有别号一般的署名,他便决定沿用其中的"迅"字,表示开始于青年时代的事业并未中断,算是保留一点反抗挑战的意味;再冠以母亲的姓,这样一来便成了:"鲁迅"。

鲁迅的名字出现以后,立即以其特异的光芒,使原来见于教育部的档案和公文里的姓氏变得黯淡,黯淡到可以叫人遗忘了。

最令人感觉欣慰的,莫如朋友的赞誉。

在南京,许寿裳从鲁迅寄去的《新青年》中读到这篇小说,立刻从中辨出了好友的过人的思想和悲悯的格调,但看署名却姓鲁,不免感到困惑:天下难道还有第二个周豫才吗？

鲁迅很快便收到南京的来信。

他告诉许寿裳,小说确是他写的,最后还说:

> 历观国内无一佳象,而仆则思想颇变迁,毫不悲观……大约将来人道主义终当胜利,中国虽不改进,欲为奴隶,而他人更不欲用奴隶,虽则渴想请安,亦是不得主顾,止能侘傺而死。如是数代,则请安磕头之瘾渐淡,终必难免于进步矣。此仆之所为乐也。

借此,许寿裳肯定:死灰已经复燃,他要放火了！

## 42　全方位进击:打倒国粹派

任何新事物的产生,都不可能避免挣脱母体之前的阵痛。在中国,由于革命是在一个封闭的体系、僵固的制度和保守的心态中进行,因此尤其艰难。自从《新青年》标榜"文学革命",而且日益显示出了白话文学的实绩时,传统势力的反抗也就随之而至了。

20年代前夕。北京激荡不安。

此刻,"文白之争"已经大大超出了语言学范围。中国的文字,长期以来沦为上流社会的专利品,统治者实行政治统制和思想垄断的重要工具,因此,把书面语言同口头语言统一起来,以白话代替文言,使之为更多的民众所掌握,促进民主思想和科学文化的传播,便成了中国革命的一个带根本性的问题。但是,作为思想的直接现实,语言的重大作用,并没有被人们充分认识。白话文学的提倡者摇旗呐喊了好几年,直到钱玄同和刘半农合作演出有名的"王敬轩双簧戏",一批死抱传统的自大的爱国者才从酣梦中醒来。形势急转直下。他们发现,这时已经是兵临城下了。

抵抗最早也最激烈的是林纾。二十年前,他曾经是先进的维新派分子,反对缠足,反对迷信,反对大家庭制,提倡兴办女学;此外,在杭州的白话报上作过白话道情,作过有别于传统形式的小说传奇,作过新乐府,其实也可以说是当时的白话诗。此后,他翻译了大量的西方小说,成为全国景仰的文坛领袖之一。还有刘师培、辜鸿铭、严复、章士钊等,都是风云一时的人物,并且都曾出过洋,令人惊异的是,他们先后全都掉转头来对付以西方现代意识武装起来的革命派。历史开的玩笑未免太严肃了。

为了反对文学革命,林纾前后写了三篇文章,还写过两篇十分刻毒的影射小说。在致蔡元培的公开信中,他攻击新文化的倡导者"覆孔孟,铲伦常",斥以大逆不道,企图胁迫这位"鬼中之杰出者"带头就范。为此,蔡元培进行有节制的辩驳,坚持了一贯的自由化主张。

中国文化是政治文化,它必然地要同政权产生直接或间接的联系。作为对文字的有力补充,林纾进一步运动国会中的同乡参议员弹劾蔡元培,迫使他们驱逐《新青年》同人。面对林纾之流的顽固抵抗,新文化阵营组织了一场阵容更为雄厚、火力更为猛烈的反击。

这时,《每周评论》和《新潮》已经先后创刊,阵地不断扩大。陈独秀发表《本志罪案之答辩书》,慨然以天下为己任,对各种外加的非圣无法、离经叛道的罪名直认不讳,宣称拥护"德先生"和"赛先生"。胡适提出系列建设性意见,强调文学创作的形式和方法问题,尤其致力于理性主义的提倡和方法论的引进。李大钊接连发表《庶民的胜利》、《Bolshevism 的胜利》等政论性文字，以罕有的热情，介绍苏联和宣传马克思主义。周作人则鲜明地提出"人的文学"和"平民文学"等口号，提倡人道主义，主张个性解放。钱玄同关于废止汉字和用罗马字代替汉字的激进主张，发人所不能发，有力地掩护了新文学的进击。主将们虽然各有自己的一套主义和主张，但反专制、反传统、反复古的大目标基本是一致的。

1919年，鲁迅开始介入《新青年》的编辑工作。

既然已经进入同一条战壕，他就必须密切注意前头的方向和四周的枪弹，随时保持一种警戒状态。在同人中间，他特别欣赏"王敬轩双簧戏"，以为这种存心捣乱的精神是很可发扬的，虽然胡适等人认为不妥。黑暗势力实在太顽固了，非有强大到千百倍的攻击不足以损伤它什么。只要是真正的战斗，过激一点怕什么呢？何况这也不失为一种策略？在双方的力量处于非常悬殊的情况下，他是主张有非常的战法的。

反正旧势力溃灭的命运是无法挽回的了。关于这一点，他知道得很清楚。当刘师培伙同北大的遗老辜鸿铭、黄侃之流，加紧筹备《国粹学报》和《国粹丛编》的复刊工作时，他曾经给钱玄同发出一封信，用极端轻蔑的语调写道：

> 中国国粹、虽然等于放屁、而一群坏种、要刊丛编、却也毫不足怪。该坏种等、不过还想吃人、而竟奉卖过人肉的侦心探龙做祭酒、大有自觉之意。即此一层、已足令敝人刮目相看、而猥欤羞哉、尚在其次也。敝人当袁朝时、曾戴了冕帽出无名氏语录、献爵于至圣先师的老太爷之前、阅历已多、无论如何复古、如何国粹、都已不怕。但该坏种等之创刊屁志、系专对《新青年》而发、则略以为异、初不料《新青年》之于他们、竟如此其难过也。然既将刊之、则听其刊之、且看其刊之、看其如何国法、如何粹法、如何发昏、如何放屁、如何做梦、如何探龙、亦一大快事也。

国粹丛编万岁！老小昏虫万岁！！

问题的严重性并不止于文字形式本身。在复古派背后，传统思想根深蒂固。因此，文学革命绝不是终极目标，最持久最艰难的战斗，惟在国民思想的改造。

从呐喊的头一天起，鲁迅一直跟主将们保持同一的步调，写遵命的文字，然而也仅仅因为这是时代的使命而已。他是战士而不是喽啰，他有他的头脑和位置。早在留日期间，他便已致力于国民性问题的探讨了；随着革命的成功、败绩、蜕变，尤其是近期发生的张勋复辟事件，使他不能不特别重视社会意识的变革。作为现今给自己布置的任务——思想革命，是他青年时期的思想在新的历史条件下的发展与定型。由于他不想以主持自居，所以也就没有想到过要著大文作号召，仅在通信中向钱玄同表白了这层意思。

他写道："倘若思想照旧，便仍然换牌不换货，才从'四目仓圣'面前爬起，又向'柴明华先师'脚下跪倒；无非反对人类进步的时候，从前是说 no，现在是说 ne；从前写作'咈哉'，现在写作'不行'罢了。所以我的意见，以为灌输正当的学术文艺，改良思想，是第一事。"关于思想革命的主张，可以说，是周氏兄弟共同的思想果实。直到次年3月，当作人首次把"思想革命"当作一面旗帜高擎起来以后，这封信才由《新青年》编者加上标题，在通信栏内发表。

1918年4月，《新青年》增辟了"随感录"专栏，刊载对于社会和时事的短评。

鲁迅是从第二十五篇开始为它撰稿的，发表时署名"俟"，又写作"唐俟"。他清楚地知道，由历史沿袭下来的思想文化结构具有怎样的稳定性，自己以及周围的伙伴不见得就有超出于现实之外的突变。过分的执著与深刻的疑虑，使他根本不可能成为一个乐观主义者。虽说思想变迁不小，但于希望的有无到底没有大把握，只知道等候是不会错的。

从绝望中汲取力量的源泉，是真正的理性主义和英雄主义。鲁迅从旧垒中来,情形看得真切;也许正因为他已经绝望于那腐败的一切,战斗起来也就显得格外凶猛,机警,每每击中要害。他写的"随感录",凝炼,尖锐,一如匕首,什么国粹家的论调,大小官僚的经验,扶乩,静坐,打拳,以及冒牌的讽刺画,无一可以逃避其思想批判的锋芒。

鉴于爱国主义往往成为反对改革的掩体,鲁迅以为,必须集中力量攻击国家的弊病,暴露国民的劣根性。以此为出发点,打着"祖传老病"的旗号反对吃药的"国粹派",自然成了他心目中的最可恶的敌人。

"国粹"是什么呢?他打了一个出色的比喻:"即使无名肿毒,倘若生在中国人身上,也便'红肿之处,艳若桃花;溃烂之时,美如乳酪'。"以残酷为乐,丑恶为美,腐朽为神奇,这就是"国粹"——野蛮文化的混合体。鲁迅没有停留在社会现象的罗列上面,犀利的目光,总是穿透事实而直及国民思想性格的底层。他指出,中国人"自大而好古",而且没有"个人的自大",而只有"合群的自大",因此党同伐异、扼杀天才的悲剧是不可避免的。自私,取巧,专谋时势的成功的经营,以及对于一切的冷笑,这就是国人的事业。中国社会的现状,简直是将几十个世纪缩在一时,许多不同甚至对立的思想和事物挤在一起。这样,人们也便容易使出中庸、调和的老法子来。但结果如何呢?他写道:"正如我辈约了燧人氏以前的古人,拼开饭店一般","伙计们既不会同心,生意也自然不能兴旺,——店铺总要倒闭"。

鲁迅的深刻性,在于他不但批判了"旧思想旧本领的旧人物",而且当"新人物"风头正盛的时候,揭露了他们"学了外国本领,保存中国旧习","说是应该革新,却又主张复古"的"二重思想"。

他指出,"新人物"可以搬用所有关于改革的语汇,制订各种关于改革的规划,但是却又步步设防,用了固有的原则对改革实行规限,实际上等于取消改革,延缓旧世界的灭亡。对于改革,鲁迅主张坚决,彻底,甚至不惜使用过激的手段。他说:"要想进步,要想太平,总得连根的拔去了'二重思想'。因为世界虽然不小,但彷徨的人种,是终竟寻不出位置的。"

在反对国粹派的斗争中,鲁迅不但把社会意识同个人意识相联系,而且把爱国意识同世界意识结合起来。他认为,传统文化并不能决定自身的意义,只有从人出发,才能对它做出合理的价值判断。作为传统,它不应当被绝对化和固定化,真正的落脚点在未来的时间维度上。因此,在"国粹"和"我们"之间,他明确地提出了"保存我们"的观点。他说:

做了人类想成仙;生在地上要上天;明明是现代人,吸着现在的空气,却偏要勒派朽腐的名教,僵死的语言,侮蔑尽现在,这都是'现在的屠杀者'。杀了'现在',也便杀了'将来'。——将来是子孙的时代。

其实,"子孙的时代"是怎样的时代,鲁迅自己也弄不清楚,他只凭着一颗善良的心灵,臆想孩子将来应当成为"完全的人",有"血的蒸气","醒过来的人的真声音"。这是基于人性的一种要求,不过,作为对现实世界的逆向观照,抽象的人性仍然是具体的。

他的目光常常含着哀矜,投向众多无主名的牺牲品,尤其是妇女和儿童的身上。正是他们,以惨痛的死亡、畸形、无从反抗的沉默,显示了专制政体和封建礼教的非人性。他的"随感录",开篇就是以妇女和儿童为本位写作的。此外,他还写了两篇专论:《我之节烈观》和《我们现在怎样做父亲》,愤怒地抨击中国的亲权、父权和夫权,讴歌尚未灭绝于名教的斧钺底下的人类天性,表示了使人类都受正当的幸福的希望。他以复调弹奏出自己的最深沉的心声:"自己背着因袭的重担,肩住了黑暗的闸门,放他们到宽阔光明的地方去;此后幸福的度日,合理的做人。"

早在《新生》运动期间,个人意识被他从现实存在中抽取出来加以特别的强调,标榜自我,张扬个性,体现了一种崇高的孤独感。到了20年代,他已经不能无视作为异己力量的社会传统的巨大压迫了,从失败和痛苦中生长起来的忧患意识,把个人主义和人道主义统一在他的身上。如果说他早期的文学活动带有相当浓厚的浪漫主义气息,那么,清醒的现实主义便成了新时期的文学创作的基点。

鲁迅的杂文,同他同步创作的小说一样,在中国现代文学史上具有奠基的意义。

这些短文以最直接的方式切入社会,干预时事,突出地体现了他的以文艺改造国民性的功利思想;他性格中的峻急的一面,在这里得到充分的倾泄,致使讽刺和攻击永远伴随着一种无法遏止的激情。虽然,早期的杂文不及后来的尖刻与婉曲,但是从形式到语调都已呈现出了多元的倾向。作为一个文体实践家,他杂取魏晋文章的清峻通脱,唐人小品的精炼泼辣,直到章太炎的论辩文字的朴拙激切;在外国作家中,则取易卜生的愤世嫉俗,夏目漱石的从容机智,尤其是尼采的奇拔冷峭,使之熔冶一炉。在新闻性、政论性中间,明显地渗入哲理和诗情成分。在现代杂文的初始阶段,鲁迅以其深刻的内涵和独特的文体,超出于其他的专栏作家。

杂文和小说,构成本时期鲁迅创作的双翼。杂文是时事的折射,小说则是记忆的显影;杂文重在反映政治社会和文化领域的急剧的局势性变化,小说则主要表现磨损面很小的国民心理的结构性变化;杂文相当于讽刺喜剧,跳跃着一种热烈的、轻松的节奏,小说则是系列悲剧,流布着一种永恒的忧郁与沉思。

这时候,杂文所以不能完全取代小说的创作,固然因为他为往日的梦魇所笼罩,无力摆脱某种绝望或者依恋情绪的纠缠,而且斗争的情势尚且允许他有余裕咀嚼个人的哀戚;另一方面,当新文学运动起来以后,怎样的文章才算标准的白话文,便需要改革家们以切实的创作实践进行回答,正如胡适所说:"若今后之文人不能为吾国造一可传世之白话文学,则吾辈今日纷纷议论,皆属枉费精力,决无以服古文家之心也。"鲁迅坚持小说创作,是完全服从于新文学发轫期的战斗任务的。

继《狂人日记》之后,他连续发表了两个短篇:《孔乙己》和《药》,进一步深化"吃人"的主题。

孔乙己是在一家门面虽小,然而有着特别格局的酒店,站着喝酒而穿长衫的惟一的人。一件又脏又破的长衫,一口"之乎者也"的说话,表明他是封建遗老们所极力维护的"中国书"的受害者。无论在物质上还是精神上,他都被剥夺净尽,惟以"回字有四种写法"的矜持,"君子固穷"、"窃书不算偷"之类的自欺与自慰,以及关于"清白"问题的辩护,反映出一种特殊的自卫心理——仅余的一点自尊心。他匍匐于科举制度下面,结果却以这个制度培养起来的贫困和懒惰,惨死于另一个已经阔气的同类——丁举人的大棒之下!

与孔乙己不同,夏瑜是自始至终反抗官府的,关在牢里仍然劝牢头造反,说些"天下是我们大家的"这样被认为不是"人话"的话。自然,他要遭到比孔乙己更为严厉的惩治:处死时,连鲜血也得被做成供人吃用的"人血馒头"!

吃人的方式各不相同,本质却毫无二致。围绕孔乙己和夏瑜的社会环境,尤其是思想环境,其荒漠与残酷是十分相似的。

孔乙己一到酒店,所有喝酒的人都取笑他,故意提一些令他发窘和不安的问题。直到他被丁举人打折了腿,掌柜还是明知故问,惹旁人快意的说笑。隔膜,凉薄,以赏玩别人的苦痛为乐。茶馆主人华老栓,得知"人血馒头"可以治疗儿子的痨病,不惜亲自向刽子手买来,象征性地完成了一次专制与愚昧,强暴与昏迷的最黑暗的交易。

看客的形象,自幻灯事件以来,一直为鲁迅所未敢忘怀,所以,也就得以以各种不同的方式重复出现在他的小说之中。谋害死者的元凶到底是谁?读者不能不深思这样一个问题。

连最亲密的人也不能理解自己,的确是改革者的悲哀。夏瑜无论生前死后,都是被另眼相看,低人一等的。连他的母亲,也深以儿子的被害为大冤枉、大耻辱。在小说结尾,作者对墓地、花环和乌鸦等意象进行了精心的组合。由于某种特殊的"血缘"关系,两个扫墓的老女人出现了。惟一的莫名来历的花环使其中的一个感到安慰,以为是儿子显灵,但又不能确信,于是怀着一线希望说道:"你如果真在这里,听到我的话,——便教这乌鸦飞上你的坟顶,给我看吧。"可是,可惊怖的乌鸦,却哑地大叫着从树上飞走了,留下的是明明白白的拒绝。另一个女人自然经验不到这种快慰与悲哀,但是,她们所得的结果不也同样是一个无所有吗?既然如此,那么多的烈士为什么要流血?为谁流血?……

筹办《新生》杂志的时候,鲁迅曾经选定一批插图,其中之一便是墓地与乌鸦。关于死亡的主题,他太熟悉了。凡新的生命都是对于死亡的突破,这他知道;可是死灭之中一定会有新生的机运吗?写及夏瑜,想及秋瑾,他的心里便布满阴霾……

鲁迅除了杂文和小说创作,偶尔也写诗,全方位地向前推进。

柏拉图说,诗人需要一种疯狂;而中国新诗的最早的拓荒者,却几乎都是理性主义者。从形式上看,诗体革命的步子比小说散文的跨度要大得多,它必须越过诸如音律、对仗之类许多特设的栅栏。因此,作者们只要找到了可以入诗的材料,在这方面便显得格外用力,不见得有什么灵感。

一年之间,鲁迅以"唐俟"的笔名一共发表了六首诗。

在诗里,他诅咒那些"趁黄昏起哄"的昏乱思想,表达了对国外的先进制度和文化思想的企望,而对被关在"破大门"之内的中国的黑暗、肮脏的现实,则表示了改革的决心。他的诗并不重在表现情感,虽然战斗的意气并不见得稀薄;其中,主要还是借助心灵的对应物,形象地阐释自己的思想。因此,比较同时的胡适、沈尹默和刘半农诸家,就没有他们的纪实性;他运用的全是象征、隐喻的手法,这在当时是非常突出的。朱自清评价说"全然摆脱了旧镣铐",大约指此而言,其实他并没有能够完全打破传统格律的限制。

"我其实是不喜欢做新诗的。"他没有说谎。关于作诗的动机,当与写小说一样,是因为他有感于改革者的寂寞。待到报刊蜂起,称为诗人者陆续出现的时候,他这个打边鼓的也就洗手不干了。

诗这东西,在他看来,乃是发泄热情的器物。可是,如今他再也没有近似"摩罗诗人"的那种澎湃的热情了。他觉得在中国,需要对国民的病根作深入的揭露,以期引起疗救的注意。能够负担这项使命的文学,自然要推小说和杂感,诗歌长于鼓动而短于刻画,相对说来,是缺少这种力量的。无疑地,他具有诗人的气质,且少年诗作就表现了他在这方面的才情;但是过分的沉实多思,却注定当不成一个受宠于缪斯的"桂冠诗人"。所有与诗相关的生理和心理因素,都被他输入到散文作品里去,万不得已时不会戴锁链跳舞。

他是一个散文化的人。

## 43 明天与梦

赵家楼起火了!

五四运动使沉寂的北京变作了一座活火山。如果说《新青年》的创办是一个信号,一种征兆,那么这次大规模的学生运动便成了中国传统文化结构产生断裂的历史性象征。在断裂带,崛起的知识分子群体,最先进的生产力的未来代表,首次显示了变革中国现实的巨大的潜能。

1919年1月,为处理战后的世界问题,巴黎和会在英、美、法、意、日等"五强"的操纵下召开了。中国代表迫于国内舆论的压力,在会上提出废除袁世凯政府对日承认的"二十一条",以及取消列强在中国的领事裁判权等问题。可是,帝国列强不但拒绝讨论,而且做出决定,将战败的德国在山东的一切权利全部转让给日本。

"公理战胜强权"成了一句空话。中国知识界对巴黎和会的幻想破灭了。

5月4日下午,北京大学等十三所高校的三千余学生,从四面八方,涌向天安门。他们拟定了宣言,提出"外争主权,内惩国贼"的口号,主张立即召开国民大会。学生们手执各色各样的标语和旗帜,上面写着"取消二十一条"、"还我青岛"、"保我主权"、"宁为玉碎不为瓦全"、"国民应当判决国贼的命运",等等。有的还用英文和法文书写,画着山东地图及各种漫画。集会结束后,他们开始游行,口号如震怒的雷声此起彼伏,一致要求惩办亲日派卖国贼曹汝霖、章宗祥、陆宗舆。队伍浩浩荡荡,从中华门开始,向警备森严的东交民巷使馆区进发,由于巡捕和军警的阻拦,转而开往赵家楼胡同的曹汝霖住宅。愤怒的学生冲入宅内,把在场的章宗祥痛殴了一顿,然后放火!

火!火!火!……

所有的喧声,火光,都在会馆的围墙之外。

孙伏园和北大同学一起,刚刚参加了集会游行,心里兴奋得很,完了独自跑到南半截胡同里来,找他平素最敬爱的先生。

见面以后,鲁迅随即问起天安门大会场的情形,还有游行时大街上的情形,问得十分详细。

可是,孙伏园太早离开了队伍,不知道后面还有火烧赵家楼那样更为壮烈的一幕。当人流从讲述中滔滔而过,使孙伏园意外的是,先生竟没有任何激动的表示。

这一天过后,紧接着就是罢课,讲演,销毁日货,大逮捕……赵家楼的大火在全国迅速蔓延开来。

从报端的时态看来,中国也不是全然没有希望的,只是道路太迂远了。他总觉得这样。当人们都为眼前的变动亢奋不已,他已经看到了它的不祥的结果。他怀疑,这一回学潮是否是当年东京留学生的先驱活动的回声。在长达十年的沉默之后,一旦听到这样一个似曾相识的集体的声音,他有理由唤起某种警觉,暗暗抵抗着,以免受到新的诓骗。昔日的风云人物,如今都到哪里去了?为什么改革者到了后来往往再度成为改革的对象?今日的卖国贼,不就是昨日东京的热血青年吗?除了思想革命,他不相信还有别的办法可以改变国民的素质……

对于自己,他就觉得很难摆脱那些毒气和鬼气的纠缠:一面作白话文,一面钻故纸堆;一面鼓吹自由意识,一面恪守传统道德。只要从旧时代过来,要蜕变成新人就很难。然而,青年一代又如何呢?世上到底有没有如自己所说的"没有吃过人的孩子"?他始终凝视着无涯际的黑暗,逃不出"原罪感"的折磨。

既然他已经确定了思想革命的主题,那么,作为变革社会的一种方式,五四运动对他来说也就没有提供什么新的东西;如果说有,也只是把肩上的闸门放的更沉重,自觉更压迫罢了。希望是什么?他在东京时所珍爱的瓦支的画,画抚着竖琴的盲诗人,所有的琴弦已断,惟剩最后一根,在茫茫太空中作着只有诗人自己才能察觉的震颤。对鲁迅来说,思想革命,大约也就是这样一根生命之弦吧?

一年之后,正是5月4日,他在通信中谈到对传统和改革的看法:

　　近来所谓新思潮者,在外国已是普遍之理,一入中国,便大吓人;提倡者思想不彻底,言行不一致,故每每发生流弊,而新思潮之本身,固不任其咎也。

　　要之,中国一切旧物,无论如何,定必崩溃;倘能采用新说,助其变迁,则改革较有秩序,其祸必不如天然崩溃之烈;而社会守旧,新党又行不顾言,一盘散沙,无法粘连,将来除无法收拾外,殆无他道也。

　　……中国人无感染性,他国思潮,甚难移殖;将来之乱,亦仍是中国式之乱……

看得出来,他对中国改革的前景并不乐观。

使人难以理解的是,鲁迅的内心很阴暗,很疑虑,有时甚至绝望到近于虚无,但是显露出来的锋刃却是斩钉截铁,坚定而且明快。"五四"当天发表的四篇"随感录",简直可以看做是运动的预言或檄文,其中《"圣武"》一篇尤其激烈。

外来思想,总不免有些自由平等的气息,在中国有什么呢?没有精神的燃料,出声的弦索,共鸣的发声器,什么思想主义都与中国无关。秦皇汉武以降,历史的整数里面只有"刀与火"——权力崇拜。满足于威福,子女,玉帛的纯粹兽性方面的欲望,保存死尸,就是古今一切大小丈夫的最高理想了。所以对于外来思想的侵入,他们才有了一种恐慌,极力加以防范。其实,无论什么主义,全扰乱不了中国;从古到今的扰乱,也并非因为什么主义造成的。我们连发表思想都要犯罪,讲几句话也为难,怕什么自由主义呢?我们等级森严,甚至连人身也有各式各样的依附和买卖,又怕什么人道主义呢?最近时常听得人说"过激主义来了",却没有听得人问什么是过激主义?虽然我们还无从知道其中的实情,但可以肯定:"过激主义"不会来,只有"来了"是要来的。

真正抗拒了这"来了"的可怕思想,而牺牲别的一切,用骨肉碰钝锋刃,用血液浇灭烟焰,这样,才会在刀光火色的衰微之中,看出新世纪的曙光!

稍后,鲁迅又写作了两组短文,片断地记录了他的思想轨迹。

其中的"自言自语",可以说是后来的《野草》和《朝花夕拾》的素描练习。而"寸铁"栏内的文字,精悍之极,真可谓寸铁杀人。

他指出,造谣说谎诬陷中伤等,作为中国的大宗国粹的存在,这是一个事实;先觉的人,历来总被阴柔的小人昏庸的群众压迫排挤倾陷放逐杀戮,在中国又格外凶也是一个事实。但是,古来的许多鬼祟著作,却自行消灭了,而酋长也终于改了君主,改了预备立宪,又终于改了共和了,难道不也是十分彰明的事实吗?他终于用了最明亮的调子写道:"喜欢暗夜的妖怪多,虽然能教暂时暗淡一点,光明却总要来。有如天亮,遮掩不住。想遮掩白费气力的。"

天真的快亮了吗?

从小说《明天》,可以清楚地看到作者在这个问题上所遭受的困扰。虽然这是一个假托的事实,但是,如果中国的出路问题没有成为鲁迅的意识中心,就不会选择"明天"的命题。在此前后,他有不少文章都是与这个主题密切相关的。

小说写的是一个孤苦无援的寡妇单四嫂子,她把所有的希望都寄托在儿子的身上,儿子一死,希望也就仅仅在于做一个会见儿子的好梦而已。即使暗夜为想变成明天而仍在寂静里奔波,于她又有什么关系呢?天亮了,梦也就没有了。对作者来说,也只有当他完全进入了记忆之乡,我们才可能窥见他的心灵深处,那个蛊惑了人类几千年的希望之所在。

而在他的杂文里,却是很难看到这种失落的悲哀的,他用理性给掩盖起来了。即使在这个短篇里,也都因为主将不主张消极,而自己又不愿将寂寞传染给青年的缘故,终于没有明白说出单四嫂子竟没有做到看见儿子的梦,只用了"朦朦胧胧的走入睡乡"这样一个句子含混了过去。

稿子写好以后,便托钱玄同交给了《新潮》。

对于《新潮》,他一直抱有好感,并且给过不少具体的指导。这不但因为它是一个创作的杂志,重要的是,杂志的创办人是一群在校的稚嫩的青年。在鲁迅个人,倒是很想破破寂寞,从中闹出几个新进的作家来的。

如果说中国真有所谓希望,那么希望也只能属于这些青年。虽然,青年所给予他的印象未必便好,然而毕竟旧习不多,比较单纯,易于疗救和改造。五四运动以后,青年问题,在鲁迅的战略性思考当中无疑占据了一个突出的位置。

是8月的头一天,孙伏园找到鲁迅,笑嘻嘻地说:"还是请先生做点东西。"

这是不应该推诿的。伏园才转到《国民公报》当编辑不久,应当不断支持他的工作,可是,此刻却想不出什么好名目,便说:"文章是做不出来了。有一个日本人的剧本却是很值得翻译的,只是双方正在交恶,有点不合时宜,怕读者不喜欢看。"

这个剧本,就是武者小路实笃的《一个青年的梦》。

自从看了作人写的一篇介绍性的文章,鲁迅便设法把剧本找了来,读后很受感动,觉得里边的思想很透辟,信念很坚强,有一种很亲切的声音。

"人人都是人类的相待,不是国家的相待,才得永久和平,但非从民众觉醒不可。"他觉得这句话特别精彩。

国家这个东西,虽然现在仍是人类真诚相爱的障碍,但相信总有拆除的一天。在剧本里,恶魔操纵了帝国主义,煽动它们互相残杀,而受害的是和平的人民。在惨酷的战争当中,画家寻找艺术,乞丐寻找良心。在人类纯正的心灵之间,应当充满爱,充满同情和感谢。所有不把人当人的事,幸灾乐祸的事,压迫和掠夺别人的事,都应当从这世间消灭掉!可是在中国,社会上却大抵无端地互相仇视,争斗不已;现在成了世界上出名的弱国,南北还没有议和,打仗比欧战更长久。他觉得,这个反战的剧本对于中国读者是很合适的。作者让青年由一个"不识者"领进梦中去经历战争,那么让中国青年也都通过剧本去领略一回吧,让他们都去忧虑人类的命运,创造出一个新的世界秩序来!

在半夜里,多么需要有上高楼大叫着撞一通警钟的人!

日本是有人了,所以他们是幸福的。中国呢?虽然仿佛有许多人觉悟,但他始终不敢相信,生怕是旧式的觉悟,到头来仍然免不了落后。即便如此,撞钟便没有必要吗?

晚上,他点了灯,看见书脊上闪光的金字,不由得忽然想起作者在《新村杂感》里的另一段话:"家里有火的人呵,不要将火在隐僻处搁着,放在我们能见的地方,并且通知说,这里也有你们的兄弟。"他们在大风雨中,擎出了火把,而自己却总是用黑幔去遮盖它!他回想起白天的说话,不禁对自己怀疑了起来,接着是不满、恐怖,而且惭愧!

"人不应该这样的。"他想到这里,便立即动手翻译起来……

次年,从他正式到学校兼课时起,青年就不再是一组意念,一群影子,而是日常生活中的结结实实的组成部分了。

## 44 别 故 乡

故乡,对每个人来说,都具有一种母性的魅力。这种近于"恋母情结"的东西,在鲁迅个人,则埋藏得很深,其中尚有数不清的诸如憎恶、厌倦、隔阂、烦恼之类的纠结。

从少时开始,家里遭到异常的变故,因此,阴暗的心情一直郁结着难以消释。加以现在,母亲和三弟留在老家,也仍然要受族人的欺侮,难怪年初同许寿裳通信时,连"与绍兴之感情亦日恶"的话也说了。

很早以前,他就有过牺牲老屋,挈眷北迁的计划;适逢族人联合卖掉新台门,交屋的期限又定在年底,这样,在与周作人全家迁入八道湾新居之后,便仓促地赶返绍兴。

时值深冬,天色阴晦,寒风如吼。

鲁迅到家时已经很晚。家人见他回来,自然非常高兴,但也看得出笑容里的许多怅惘与凄凉。他先是坐下歇息,喝茶,但终于谈到搬家的事。鲁瑞告诉他,行李已经大体齐集,不便搬运的木器也小半卖出去了,只是收不回钱来。三弟建人原在县立女子师范教书,因为准备搬家才辞了职,近日把该办的事都办了,该寄存的东西也都寄存了,并作了登记。只是很多事情,必须等他回来才能决定;因为他是兴房的长子,只有他才配作这一房的代表。

"你休息一两天,拜望过亲戚本家,我们便可以走了。"鲁瑞说。

"是的。"

"还有运水,他每次到我们家总要问起你,很想见一回面。我已经将你大约这几天到家的消息通知他,他也许就要来了。"

"哦,很好!他现在怎样了?"

"他?……他景况也很不如意……"鲁瑞沉吟了一会儿,说:"夜深了,你还是先睡,等他过来了再仔细说吧。"

不知什么时候下的雨。头一次在阔别十年然而又将永别的老屋里过夜,听瓦顶嘶嘶的雨声,心里说不出是什么滋味……

清早起来,雨已停歇,而天色照例很阴惨。

鲁迅没有出门,盥洗完了,就由三弟陪着在屋内到处走走看看。桂花明堂左右的两株桂花树,早已花残叶落了。往日在这里听老祖母如歌的说话,还有小兄弟们的戏耍情景,都历历如昨,但同时又感到很遥远。靠近南墙,是搁花盆用的石凳和浇花用的石池,此刻是那么冷落:所有的花都不复存在了,惟留从日本带回的水野栀子,孤零零立在那儿。孤零零。它有必要留着吗？人去堂空。明堂的石板地上,野草几乎混同了泥土的颜色,而父亲手植的天竹却依然青青。画在廊厦的壁画也仍在的。但过不了多久,所有这一切连同房子,都将易主了……

午后,表弟郦辛农来了。鲁迅知道他喜爱花木,便将仅存的一盆水野栀子送给了他。台门里,人们进进出出,杂乱得很。其中,有看热闹的,有来道别的,有买木器的,也有趁机拿走东西的。像对面住的"豆腐西施",就一边说着迂阔而尖刻的话,一边拿走了"狗气杀"。小堂前挂的赵孟頫的名画也都不见,不过鲁迅对它并没有特别看重,知道了只是淡然一笑,没有说什么。

天气一天天变冷。有一天,鲁迅才吃过午饭,坐着喝茶,觉得外面有人进来了,回头一看,立刻站了起身,迎上前去。

来的便是运水。

他变化实在太大,简直认不出来了。四十几岁的人已经满脸皱纹,大抵是终日吹着海风的缘故,眼睛的四周肿得通红。他头上是一顶破毡帽,身上只穿一件极薄的棉衣,浑身瑟索着;手里提着一个纸包和一支长烟管,那手粗笨而且开裂,活像松树皮。

"阿水,你介老了!"

运水站住不动,脸上现出欢喜和凄凉的神色;翕动着嘴唇,却没有话,但终于恭敬地说道:"大少爷,你做官,做老爷了!……"

鲁迅心里立刻透上一阵凉意,他知道,他们之间已经实实在在地隔了一层可悲的厚障壁了。他说不出话。

运水回过头:"启生,给老爷磕头!"说完便拖出躲在背后的孩子来。这孩子戴着小毡帽,套着银项圈,正是二十年前的运水,只是黄瘦了些。"这是老大,没有见过世面,总是躲躲闪闪……"

这时,鲁瑞闻声走来,打发建人的孩子领启生出去玩,接着招呼运水坐。他略一迟疑,然后坐下,将长烟管挨在桌沿,递过纸包说:

"冬天没有什么东西了。这一点干青豆倒是自家晒的,请……"

鲁迅问起他的景况,他只是摇头。

"难呀！第六个孩子也会帮忙了，却总是吃不够……小孩多，捐款重，年岁差，又不太平……"

他只是摇头，脸上的许多皱纹全然不动，如同雕像一般。大约他只是觉得苦，却又形容不出，沉默了一会，便提起烟管来默默地吸烟了。

鲁瑞知道他家里的事务忙，明天得回去，又没有吃过午饭，便叫他自己到厨间炒饭吃去。

运水出去以后，鲁瑞很为他的景况叹息，对鲁迅说，凡是不必搬走的东西，尽可以送他，听他自己去拣择。

下午，运水帮工人鹤招清理完东西，给自己拣了几件：两条长桌，四把椅子，一副香炉和烛台，一杆台秤。他又要了所有的草灰做肥料，准备等周家启程的那天，再用船来载去。

此后一连几天，近处的本家和亲戚都闻讯前来看望。陈子英也来了。鲁迅一面忙着应酬，一面偷空收拾些行李。绝大部分书籍都得运到北京去，于是请和尚师傅做了十二个木箱装了，再卖了两担字帖画谱之类，剩下的都是些无法处置的东西，只好用火来消灭了。

烧到祖父的日记时，建人不免犹豫。桌子般高的两大叠日记。线装得很好的日记。用红条十行纸抄写的字迹工整的日记。他向大哥道："这日记也烧掉吗？"

"是的。"鲁迅答道，但接着问："你看过吗？"

"还来不及看。"

"我翻了翻，没有多大意思，买姨太太呀，姨太太之间吵架呀，写这些有什么意思？"

建人忆起祖父临终前发高烧的时候，还在记日记，心里想，总不至于都写姨太太吧？于是说："他一直记到临终前一天的。"

"要带的东西太多，还是烧了吧！"

这样，两大叠日记本子，连同当年皇帝赐封的两副诰命，都付之一炬了。

在这期间，除了看望本家和接待客人，鲁迅还要参加族里的会议，在卖屋契据上签字画押；此外又到阮港祭扫过祖父祖母的坟墓，给父亲安葬好，迁了四弟的坟墓，如此忙乱着终于到了启程的一天。

运水早晨便到了，这回启生没有同来，只带着一个五岁的小女儿管船只。不过，最后一天也一样忙碌，时间已经不容许谈天了，纵使他们的心里各各有许多话要说。

傍晚。

乌篷船从张马桥开出，载满江深黛的暮色缓缓前行……

鲁迅靠着船窗，不时地探出头来，回望船后逐渐模糊的绍兴。

身旁的侄儿忽然问道："大伯，我们什么时候才回来？"

"回来？怎么还没有走就想回来了？"

"可是，启生约我到他家玩去……"是一双乌亮乌亮的大眼睛。

……又是运水。又是童年。鲁迅全然陷身于一种迷茫的忆念和想象之中。老家没有了。故乡没有了。从兹一别，再也没有了回程。所谓人生，其实不也是单程的吗？一切单纯、美好的过往，都如即时两岸的青山，纷纷退向身后，再也回不到眼前来了，再也不可能重见……

一年以后，他完成了一个短篇，就叫《故乡》。在小说的最后部分，他写下沿途的许多感受，重复着关于希望的主题：

老屋离我愈远了；故乡的山水也都渐渐远离了我，但我并不感到怎样的留恋。我只觉得我四面有看不见的高墙，将我隔成孤身，使我非常气闷：那西瓜地上的银项圈的小英雄的影像，我本来十分清楚，现在却忽地模糊了，又使我非常的悲哀。

……

……

我躺着，听船底潺潺的水声，知道我在走我的路。我想：我竟与闰土隔绝到这地步了，但我们的后辈还是一气……我希望他们不再像我，又大家隔膜起来……然而我又不愿意他们因为要一气，都如我的辛苦辗转而生活，也不愿意他们都如闰土的辛苦麻木而生活，也不愿意都如别人的辛苦恣睢而生活。他们应该有新的生活,为我们所未经生活过的。

我想到希望,忽然害怕起来了。闰土要香炉和烛台的时候,我还暗地里笑他,以为他总是崇拜偶像,什么时候都不忘却。现在我所谓希望,不也是我自己手制的偶像么?只是他的愿望切近,我的愿望茫远罢了。

我在朦胧中,眼前展开一片海边碧绿的沙地来,上面深蓝的天空中挂着一轮金黄的圆月。我想:希望是本无所谓有,无所谓无的。这正如地上的路,其实地上本没有路,走的人多了,也便成了路。

## 45　八道湾·绥略惠夫和他的影子

艰难购置的八道湾住宅,在鲁迅个人是相当满意的。这里房间多,而且空地大,用许寿裳的话来说,"简直可以开运动会"。适宜于孩子们的游玩,却也正是鲁迅的本意,虽然他自己并没有孩子。

眷属随迁,不见得就能改变他恒常的生活状态。宅院分为三进,他在外客房南屋辟一处独居,让夫人朱安同母亲分别住在中间北屋相邻的房间里。平日,他们夫妇俩很少说话,甚至没有人知道他们相互间怎么称呼。鲁迅常常到北屋来看望他母亲,只是不进朱安的卧室,显然执意抗拒着她的存在。后院倒也常去,因为作人和建人住在那儿。

对于朱安,他曾经说过:"这是母亲送给我的一件礼物,我只能好好地供养起来。爱情是我所不知道的。"

从鲁迅结婚的头一天起,鲁瑞就已经感应到了儿子的痛苦,但总希望他能够慢慢地有所适应。想不到过了十几年,他们不但不相谐合,反而越来越疏远。她问过鲁迅,朱安有什么不好?他只是摇头,随后举了一个例子说:"有一次,我告诉她,日本有一种东西很好吃;她说,'是的,我也吃过的。'其实这种东西不但绍兴没有,就是全中国也没有,她怎么能吃到?这样,自然谈不下去了。谈话没有趣味,不如不谈……"到了北京以后,这种局面丝毫不见好转,鲁瑞深知自己已经无能为力了。

没有爱情的婚姻是人生最痛苦的折磨。人总要过人的生活,如果折磨仅仅来自外部社会,还可以通过家庭内部获得一种弥补,一种柔情的濡润;倘使没有了润滑剂,在社会的摩擦和撞击之下,只好成倍成倍地毁损自己,那结果是更为悲惨的。

古人云:"人非草木,孰能无情。"鲁迅恰恰把对人的感情移到草木上来了。在自己住宅的窗前,他亲手栽植了一棵青杨,两株丁香。杨树萧萧多悲声,丁香花白而忧郁,幽幽地,就像为他自己开放似的。

他喜爱丁香。

由于他失去了那份最重要的人伦之乐,在宅院里,多几分热闹便多几分寂寞也说不定的。好在他已经习惯了孤独的生活,即使苦闷不时地如潮涌来,他也仍然能够抵抗,能够继续着他的精神事业。

入秋,在译完尼采的《查拉图斯特拉如是说》的序文之后,他简直倾注了全部的热情,以罕见的速度,翻译了俄国作家阿尔志跋绥夫的中篇小说《工人绥惠略夫》。

虽然,留日时接触过《共产党宣言》,近期的《晨报》和《新青年》也都有着关于马克思主义和苏俄方面的宣传,但他都不大以为意。6月间,接到陈望道寄赠的《共产党宣言》的新译本,翻阅一过,觉得在大家都在空喊"过激主义来了"的时候,能够切实地做点"主义"的介绍工作是可称道的。不过,他仍然以为中国自有特殊的国情,对在东方的僵尸政治和蒙昧社会里移植这样的主义,究竟缺乏确信。所以,他更加倾向于少数先觉者的破坏抗战。从战略的方面看,他重视群体;从策略的方面看,他重视个人。群体意识与个人意识的矛盾,构成了他的长时期精神困扰的症结之一。对于从奉旨清理的德文书中挑拣出来的这部小说,虽然不满于主人公后来的思想,而其中向社会复仇的暴风雨般的语言,此刻,却引起了他的深深的共鸣。

绥惠略夫是一个被沙皇政府判处死刑的革命者。他在被押解的途中乘机逃脱,在彼得堡藏匿起来。死亡包围和追蹑着他,这种痛苦,不但与幸福者全不相通,即便与所谓"不幸者们"也不相通。他们反过来帮助警察来追捕他,而且欣幸于他的死亡。绥惠略夫逃向一家大剧院,在无路可走的境地里,终于像对幸福者一样对不幸者们施行报复,向剧场中的观众开枪!

在绥惠略夫的头盖里,发出这样的声音:

> 你是尽了你天职的全力爱着人类,你不能忍受那恶,不正,苦痛的大众,于是你的明亮的感情,对于最后的胜利,对于你所供献的各个可怕的牺牲的真理,都有确信的感情,昏暗而且生病了……你憎,就因为你心里有太多的爱!而且你的憎恶,便只是你的最高的牺牲!……因为再没有更高的爱,可以比得有一个人将他自己的灵魂……并非生命,却将灵魂给他的切近的人了!

这不正是作者,同时也是译者的对于改革者的挽歌和对于病态社会的咒语吗?

《工人绥惠略夫》是"一本被绝望所包围的书",但同时是"一部'愤激'的书"。它通篇指示着改革者的命运,又确乎显出尼采式的色彩。鲁迅认为,在中国,像绥惠略夫这样破坏一切的人还不见有,大约也不会有,当然也并不希望其有,但那向不可救药的社会宣战的精神是令人神往的。他觉得,在民国以前和以后,都有许多改革者的境遇和绥惠略夫相仿佛;甚至现在,乃至几十年后的将来,也都同样有许多改革者要遭遇到绥惠略夫的命运。

反抗社会并不等于仇视人类。在《工人绥惠略夫》里,由于亚拉藉夫的泛爱主义思想被彻底否定,绥惠略夫的报复手段也就得到了相应的认同。这是鲁迅所以为可怕者。对于作者的代表作《赛宁》,他虽然为沙赛作为人物形象的典型意义及其认识价值作了辩护,但对沙赛的"无治的个人主义"却是持明显的批判态度的。在鲁迅本人,既没有一个单纯的人道主义者的悲天悯人的说教,也不可能有极端个人主义者的暴戾乖张的行状。个性主义和人道主义同时为他所具有,像正负电荷一样不可或缺地结合在一块,只是彼此起伏消长,时时不同。如《工人绥惠略夫》的翻译,便是个性主义对人道主义在鲁迅身上的局部战胜。

对于颇受尼采影响的阿尔志跋绥夫,鲁迅简直怀有一种偏爱,紧接着,又译了这位俄国流亡作家的一个短篇《幸福》,并作附记,再次为他作了辩护。

在苏联,阿尔志跋绥夫被看做是一个反动的、颓废的作家。著名作家和批评家如高尔基、沃罗夫斯基等,都有关于批判他的非常严厉的文字。鲁迅则认为,阿尔志跋绥夫虽然没有托尔斯泰和高尔基的伟大,然而是"俄国新兴文学的典型的代表作家的一人";他是写真实的,他的作品"是时代的肖像","我们不要忘记他是描写现代生活的作家"。他曾把被批判的《赛宁》比做屠格涅夫的《父与子》,鲁迅以为是不错的,于是反批评道:"攻难者这一流人,满口是玄想和神秘。高雅固然高雅了,但现实尚且茫然,还说什么玄想和神秘呢?"

对于生活,要求作家如实写出不是容易做到的,所以鲁迅特别指出:"不厌事实而厌写出,实在是一件万分古怪的事。"

人们往往把人从社会中分割出去,而对个人有更多的责难。理解人不容易,要理解一个敏感的、病态的天才人物就更困难了。关于这一点,鲁迅是有着深切而痛苦的感受的。

一连几年内,绥惠略夫的形象影子一样笼罩着鲁迅的创作。最突出的,要算差不多同时写作的《头发的故事》,无论是主题或格调,都酷似阿尔志跋绥夫。其中的 N 先生,冷若严霜,忧心如煮,简直就是中国的绥惠略夫,只差没有提上一杆枪而已。

说来平淡得很,这篇小说是由一个女学生的一绺头发引发出来的。

许羡苏是周建人在绍兴女师任教时的学生,秋季到北京投考,因为高师附近的公寓不收未入学的女生,在八道湾里寄住。不久,周建人去上海任职,鲁迅便无形中成了她的监护人。他们的关系一直很好。后来鲁迅离京南下,她仍借住鲁迅的寓所,常常替鲁瑞管理家务和代笔写信。

他们之间的通信,维持了许久一段时期。

当她刚刚考取女子高等师范学校的时候,校方下令短发的学生必须立即把头发养长;恰好她是剪了头发的,然而同另外的三个短发的同学一律拒不从命。为此,学校当局向各人的保证人、监护人和家长要求督促剪发。校长自己的头顶几乎秃到精光,却偏以为女子的头发可系千钧,实在滑稽得可以。没法子,接连疏通了几回都不奏效,保证人周作人一气之下把聘书退了,鲁迅激愤之余,也便有了关于头发的故事的产生。

一个月前,曾经做过一篇《风波》,其实说的还是头发。一根辫子搅起一场风波,那结果,竟平静得如同死水。九斤老太说"一代不如一代",而六斤的双丫角还是照样长成了大辫子,装上小脚,在土场上一瘸一拐地往来……

历史的进步在什么地方呢?多少故人,为了改革中国社会,或者饮弹而死,或者监禁受刑,甚至身首异地,踪影全无!他们都在社会的冷笑恶骂迫害倾陷里过了一生,连坟墓也早在忘却里渐渐平塌下去了。一场革命,轰轰烈烈,难道只是为了换得一块被叫做国旗的斑驳陆离的洋布?……

又是头发。又是头发。如今,剪发不但为军政官商所反对,连身为校长教员的太太小姐们也反对起来了。头发,已不复是改朝换代的标志,却也成了维系旧礼教的东西。又是头发。又是头发。这中国人的宝贝和冤家,使古今多少人吃毫无价值的苦呵!……

恰好再过几天就是双十节了,然而,人们也都还记得起来吗?

"他们忘却了纪念,纪念也忘却了他们!"揭去一张日历,N先生的牢骚立刻爆发出来了——

> 现在你们这些理想家,又在那里嚷什么女子剪发了,又要造出许多毫无所得而痛苦的人!
> 
> 现在不是已经有剪掉头发的女人,因此考不进学校去,或者被学校除了名么?
> 
> 改革么,武器在那里?工读么,工厂在那里?

仍然留起,嫁给人家做媳妇去?忘却了一切还是幸福,倘使伊记着些平等自由的话,便要苦痛一生世!

我要借了阿尔志跋绥夫的话问你们:你们将黄金时代的出现预约给这些人们的子孙了,但有什么给这些人们自己呢?

阿,造物的皮鞭没有到中国的脊梁上时,中国便永远是这样的中国,决不肯自己改变一支毫毛!

除去细枝末节,N先生和配角"我"都可以看做是作者的两面;他们通过互补,合起来强化议论和抒情效果,从中造出些矛盾和隔膜来。冷嘲热骂,欲纵还敛,使读者在宣泄的畅快中又不能不感到一种莫名的悲哀。

《时事新报》副刊《学灯》的双十节增刊同时刊载了四篇作品,依次是:周作人译的日本小说,鲁迅的《头发的故事》,郭沫若的《棠棣之花》,沈雁冰译的爱尔兰的独幕剧。

也许,因为《头发的故事》没有情节,通篇都是人物的独白,这种诗一样的直抒式语言,赢得了郭沫若的好感。对于自以为好的创作反而屈居在译文后面的编排次序,他颇为不平,于是从日本九州帝国大学里,径给《学灯》的编辑写了一封信。信中说,创作是处女,应该尊重;翻译是媒婆,应该客气一点。

这封信很快在《民铎》杂志发表了。

不料,郭沫若关于创作与翻译的这种态度,使鲁迅非常反感。他历来看重翻译,以为无异于偷运军火,其作用并不下于创作的。既然他认定了这是一个原则性问题,当然不会对此保持缄默。从此出发,未久,人们也就果然看到了他们之间的相向的锋芒。

## 46　教坛上:中国小说史

由于一个偶然的机会,鲁迅重返一度令他十分厌倦的教坛。这个机会对他的一生具有重大意义。从此,他成了青年学生的精神领袖,从"父与子"的对立立场,进一步站到与资产阶级学者名流相颉抗的新起点。在实际斗争中,他结识了自己的人生伴侣,从而结束了长期的孤独者的生涯。

北京大学国文系打算增加一门小说史,系主任马幼渔找周作人商量,请他讲授。周作人想,自己虽然未曾专门弄过小说史,家里倒搁着一部鲁迅辑录的《古小说钩沉》,可以拿来做参考;那么至少上半年最麻烦的问题可以解决了,至于后半,再敷衍着看吧。他当时一口答应下来,事后心里总觉得不大踏实,便同鲁迅说起这件事,以为改由他担任这方面的教学更为相宜。鲁迅说试试也好,这样,马幼渔便把聘书送过来了。

对于从小接触的中国小说,可以说烂熟于心;当他想到要任课编讲义时,却不禁顿觉欠缺起来。虽然经过十多年积累,毕竟还是不够,尤其是唐宋以后的部分,无论作品或史料,都必须匀出时间来认真地搜寻。不过,他认为,有这样一个机缘也好,可以把被中国人视为"闲书"的小说理出一个端绪来。在目前,好像还没有人把小说当作一种并非卑贱的独立的文体,从中国文学史中分出来进行自成体系的研究。自己的此番摸索,虽然未必可以说在深山大泽中拓出一条大路,但是,哪怕插一些路标出来,也多少可以为此后的跋涉者省去若干查找的工夫。他觉得,工作着是充实的。

但是,现在,他已经失去大量购书的能力了。

一年多以来,政府一直闹穷,部薪不能按月发放,加以家庭大,开销多,统管经济的信子又爱花钱,这样便常常入不敷出,得靠借贷来弥补,有时候还被弄得相当窘迫。

在傅岳棻代理教育总长期间,他自己就曾加入部里自发组织的索薪团,带着面包和水,到财政部包围总长李思浩。那结果是一场骗局,长官签发的支票和应许的诺言,全都不能兑现,从此对索薪也就冷淡得多了。

在这人世上讨生活已是相当艰难,又遑论购书呢?许多珍贵的书籍,只好四出走动,向图书馆和私人借阅。单是为了评述《水浒》,他就查看了一千多万字的古籍。这途中辗转耗费了多少时间？除了他，不会有人知道。

从讲义的宏阔和谨严来看，鲁迅完全无愧于作中国现代的第一代学者。然而，他所见的黑暗实在太多了；自从借狂人的口喊了一通以后，要完全返回到古代去已经不可能了。从前往往苦于麻醉法不能生效，现在则是根本无须乎麻醉了。他天生是一个叛逆社会而又同时与自己作对的人物，一个永远无法平和无法冷静的人物，因而也就绝对做不成那种方巾气十足的所谓学者。一个深受压抑的骚动的灵魂，只要可能，总会从学术的束缚中奔突出来，在最需要安静的地方作最不安分的独白。

鲁迅在北大开课的消息，给学生群带来莫大的兴奋。

临上小说史课，预备钟还未敲响，教室里已经没有虚设的座位了。两人一排的座位常常挤坐着四五个人，找不到座位的就站在门边、走廊，甚至坐在窗台上。本来，这是国文系的课程，而听讲的却不只是国文系的学生，别系和别校的青年也不少，有的甚至是从老远的外地跑来的。

当鲁迅踏进教室，周围立刻安静得只剩下呼吸的声音。他站在课桌旁，用了探究般的目光缓缓地扫视过听众，就开讲了。接着，有一种沙沙的细响发出，如千百只甲虫在干草上急急爬行，那是许多铅笔在纸片上作着记录。整段时间都保持着一种少有的静肃，只有当教育部委派的督学前来视察的时候，这种空气才会被打破。不过，虽然督学是奉命而来，又是按照视察的惯例悄悄进行，究竟难以避免陡然而起的驱逐的嘘声。这时，鲁迅必定停讲，把书本合放在课桌上，在不满方丈的教坛上来回踱步，直等到"嗤"的一声把督学最后送出门外去。

对于这种监督教学的作法，他感到十分可恶，但只幽默地对学生说道："我生怕扰乱他检查，所以才停下，想不到他不检查便赶紧回去汇报了！"

他是一个很普通的人，身材矮小，常穿的一件黑色的短短的旧长袍，臂弯上、衣身上打着惹人注目的补丁，皮鞋的四周也都缝补过。不常修理的头发粗而且长,根根直立,使整个方正的前额袒露出来。两条粗浓的眉毛平躺在高起的眉棱骨上,眼窝微微凹陷,眼角朝下垂着,仿佛永远挂着忧郁。在突出的颧骨周围,满布着深刻的皱纹,浓密的短髭一直遮掩到唇际。总之,样子是一点也不奇特,既不威严也好像并不慈和。说起话来,声音平缓而清晰,既不抑扬顿挫,也无慷慨激昂,那拿着粉笔或讲义的两手,也从来没有作过任何姿势去演绎他的语言。表情也是那么凝静,即使他的话不时激起满室的笑声,以至于要被迫停讲,而他自己,苍白的脸上也始终不曾露出一丝微笑。

鲁迅的魅力在什么地方呢?

在一个专制或是动荡的时代,思想始终是吸引人们注意力的中心。鲁迅讲课的特点,正在于极力突破课程的规范,把原来的小说史讲成了中国社会和国民灵魂的历史。因此,他从来不逐段逐句地照搬讲义,而是在这个基础上,不断地加以生发、穿插,处处显露出他所特有的思想批判的锋棱。

他对学生说,许多史书对人物的评价是靠不住的。讲到两种英雄,即"社会的英雄"和"非社会的英雄",即旨在破除传统的英雄史观。岳飞是社会的英雄,大家了解他的忠诚爱国,都敬重他。在一个"家天下"的中国社会里,他到底属于哪一个谱系呢?有一些真正的英雄,连所谓"正史"也往往不能遮掩其光耀,却为社会所不容:谴责,流放,杀戮,永远湮埋!这样的社会是正常的吗?能够改变的吗?作为社会中的一分子,在座诸君作何感想?他没有直说。他的话,只是一种启示,一个方位,导引着学生作自觉的反思。

讲到文学现象,也并没有停留在一般性的介绍上面。他比较了唐宋传奇,得出宋不如唐的结论,理由是:一、宋传奇多含道德说教,故不是好小说,因为文艺作了道德说教的奴隶了;二、宋传奇又多以古代为题材,不敢干预时事,忌讳太多,文情又不够活泼,自然不如以多谈时事为风尚的唐代传奇。在论述传统小说的演变时,他虽然注意到了艺术的独立价值,但始终不会放弃社会学方面的批评标准。他特别推崇《儒林外史》、

《金瓶梅》和《红楼梦》，以为这几部小说具有真实的、讽刺的力量，表现了中国罕有的人道主义的胚芽。

从《会真记》里，鲁迅这样谈到中国人的矛盾性。他说，中国人矛盾性很大，一方面讲道德礼义，一方面实行起来又绝不相关；又喜欢不负责任，如《聊斋》的女性，不是狐就是鬼，不要给她穿衣吃饭，不会发生社会舆论和公共监督，都无非是对人不需要负担责任。中国男子，一方面骂《会真记》、《聊斋》，一方面又喜欢读这些书，都是固有的矛盾性的表现。

他重视学生的知识积累。其中包括最古老最僵固的古文字知识，但总是设法通过事物之间的多边联系，使知识激活起来。为思想革命的观念所辐射，这些知识以不同的整合方式，显示着世界的光明与黑暗，真实与虚伪，美好与丑恶；于是，欢乐与悲哀，热爱与仇恨，忏悔与愤怒……便潮水般从四面八方弥漫过来。当人们从感情的沉湎和激荡中间抬起头来，方觉鲁迅苍白冷静的脸上，有亲切的光辉浮动，如严冬的太阳……

每到上课，他经常提前半个小时来到休息室，这时，许多等候他的青年便立刻把他包围起来。他打开十分醒目的黑底红色条纹布包，将许多请求校阅和批改的稿件拿出来，一面仔细地散发、讲解，一面又把新的接收过来。直到上课钟响了，他才拿起布包，夹在这些青年之中走上讲台。时间海绵般被他抓得很紧，总是两小时的课连堂上，课间休息的十分钟也用了。即使这样，他犹觉得时间不够用似的，越讲到后来越是加快速度，就这样拖延着往往忘了下课，直到下一门课的教授来拉门，以等待的微笑催促他为止。

下课以后，他仍然处于被包围状态，有些学生甚至跑到途中截获他。他备有一根铅笔，来不及回答的问题就用它速记下来。有同学发现，在长长的归路中，这根铅笔也一直紧紧夹在他的耳朵上，没有放下……

被缠得太厉害，自然也有逃之夭夭的时候。

这时，鲁迅驾驶的是三匹马车：学术，创作，翻译。

在译事方面，仍然上承留日时代的宗旨，着重介绍弱小国度的作品，使国人更多地了解世界上被侮辱与被损害的民族的命运和感情。

三年前,当周瘦鹃所译的《欧美名家小说丛刊》三卷出版后,由中华书局呈送教育部审查注册时,他因为看到其中有一册是专收英美法以外各国的,不禁大为惊喜,立即带回会馆给作人看,于是两人合拟了一条评语,特别称赞了那些于哀情之外的更为纯洁之作,喻为"昏夜之微光,鸡群之鸣鹤"。

他以自己的翻译思想影响作人和建人。他们所译的文章,从篇目的抉择到跋语的撰述,也都或多或少参与了他的意见。他信上建议作人介绍显克微支等人的作品时,就曾批评沈雁冰他们过于趋鹜新潮,希望作人能够坚持独立的翻译方向。

在翻译俄国、芬兰、保加利亚、捷克文学的同时,鲁迅还翻译一批日本作家的作品,其中除明治时代的森鸥外和夏目漱石以外,都是大正时代的新进作家,如"白桦派"的有岛武郎,"新思潮派"的芥川龙之介、菊池宽等。他们都反对流行已久的自然主义文学,不满于对生活纯客观的拘泥的反映,而主张尊重个性,表现自我,高扬理想而逼近人生,具有浓厚的人道主义和个性主义色彩。

森鸥外的《沉默之塔》是一个恐怖的故事。鲁迅认为,它是很可以借来比照中国的。

小说写派希族内部分裂,把一批创作、翻译和阅读"危险的洋书"的青年杀掉,然后用车子运往沉默之塔喂乌鸦。"危险的洋书"的说法是一大发明,为了消灭异端而连累禁止一般的出版物,使"文艺的世界成为疑惧的世界"。从派希族的眼光看来,凡是文艺,只要有点价值的,只要并非平庸的,便无不是危险的东西。小说写道:无论哪一个国度,哪一个时期,走着新路的人的背后一定有反动者的窥伺;只要遇到机会,他们就会起而加以迫害。只有那口实,会因为国度和时代的不同而有所变化,"危险的洋书"者,也不过是一个口实罢了。

鲁迅翻译的作品,几乎无一不是对中国国情的针砭,对非人类行为的猛烈的抗争。为了赚取五卢布而甘愿裸身站在雪地里被杖打的妓女赛式加，在无人诉语的境遇中服毒自杀的阿末，走投无路而终于被杀的美少年右卫门，他们惨苦的命运，都将使人永远无法忘怀。在小说《三浦右卫门的最后》里，那些豪杰之士从小便如飞行家研究奇技一般，专门研究使别人吃惊的致死方法，"在他们，凡有生命以外的东西，是什么都贵重的；只有这生命，是无论和什么去交换，都在所不惜的。"

通过这些作品，鲁迅力图向中国读者揭示生命的本来意义，呼唤世间所缺乏的诚与爱；但是，对人道主义与个性主义固有的冲突却又不无困惑，在内心深处，有一种难以驱除的孤独、寂寞与悲凉。

翻译与创作，对鲁迅来说是一致的，他往往把译事看做自己的思想情绪在别一渠道中的宣泄、补充与扩大。在写作《我们现在怎样做父亲》的后两天，当他在有岛武郎的《著作集》里读到《与幼者》一篇，便大有知己之感，翻译过后，还另外写下一则随感，其中说：觉醒的有岛氏"也免不了带些眷恋凄怆的气息"。灵犀一点，其实又何止于作者如此呢？

没有哪一部文学史批示说这些作品都是代表性的，它们的移译，全凭了鲁迅个人的兴味来取舍。这种自由选择，充分表现了译者高度的自主意识。

谈到这段在大学兼课的日子，鲁迅曾向郁达夫说道："忙倒也不忙，但是同唱戏的一样，每天总得到处去扮一扮。上讲台的时候，就得扮教授，到教育部去，又非得扮官不可。"

至于他的创作，其实也在"扮"，他说"删削些黑暗，装点些欢容"，就是这个意思。由于他自觉思想太黑暗，又不能确知是否正确，因此所说的话，也就常常与所想的不尽相同。有些感伤的情绪，也都主张掩盖起来，不必形诸文字的，他对刘半农发表的《寒食诗》就有类似的批评。从表达自己这方面看，恐怕翻译要少顾忌一些，少"扮"一些。那些意识和潜意识中的阴暗面，只有到了《野草》时期才得以袒露出来。

或苦于"扮"，或乐于"扮"，人生之"扮"则一。而人格的辨识，惟在这苦乐之间。

## 47 《新青年》的解体

历史总是要保持一个恒量。

五四运动的大营北京大学在斗争中负了盛名，但因此也遭了艰险。终于，陈独秀被捕入狱了，《新青年》随之停刊。1919年年底，杂志同人决议将编辑部转移到上海。

在沪出版的《新青年》，仍由出狱后的陈独秀负责编辑。这时，他变得更为激进，决心赋予手头这个复活的杂志以一种战斗的政治色彩。8卷1号，劈头就是他的《谈政治》，同期还开辟了一个"俄罗斯研究"专栏，介绍十月革命后的新生的苏维埃国家。紧接着，针对研究系利用《改造》进行的反动宣传，他又发起一场关于社会主义的大论战。这场论战，对马克思主义的传播和中国共产党的成立，起了推动的作用。

所谓"研究系"，是一个麇集资产阶级政客的集团，狡猾善变是他们的共同性格。辛亥革命后，原来的君主立宪派分别成立民主党、联合统一党、共和党，袁世凯时代合并为国会中的第二政党——进步党。尔后，以梁启超、汤化龙为首的领袖人物又提出"不党"主义，自行取消了进步党。由此分化为宪法研究会和宪政讨论会。这两个派别不久统一为宪法研究会，简称为研究系。这班政客依附北洋军阀，其中不少在北京政府中担任要职，此外还豢养些帮闲文人，共同窃食革命的果实。

真正的革命者，在革命胜利后却过起了流亡生活。1916年，孙中山从日本回到上海，在孤立无援中从事反对袁世凯的斗争。为了适应新的形势，他宣布恢复曾经一度取消的国民党，亲自奔赴广东，领导护法运动，试图捍卫共和政体和民元约法的尊严。但是，由于南方军阀的背叛，再次遭到失败。1919年，国民党改称为中国国民党。次年，孙中山重返广州，在护法的旗帜下成立非常政府，任非常大总统。从此，广州成了"革命的策源地"，一个新的南北对峙的局面形成了。

空间的距离，往往带来心理上的隔阂。本来，《新青年》的同人们是为共同的全面反传统的意识所集结起来的，各自的世界观很不相同，随着政治季候的急遽变化，其中的差异性便作为深刻的裂痕出现了。

1920年12月，陈独秀应邀出任广东省教育行政委员会委员长。人事变动成了事情发生的诱因。

陈独秀赴粤前，先后给北京同人和胡适、高一涵发出两封信，报告编辑事务移交陈望道办理，以及编辑部人员的变动情况，对《新青年》"色彩过于鲜明"做了检讨，希望北京同人多做文章，以使杂志日后仍然趋重于哲学和文学。信中特别提到南方关于胡适和陶孟和接近研究系的传闻，希望他们有所警惕。

信是温和的。可是，在胡适看来，却不免有着虚矫的成分。目下的《新青年》，难道可以指望其改变色彩吗？在上海同人的主持下，任北京同人怎样抹淡也没用。鞭长不及马腹。他心里有一种亡失阵地的焦急与悲哀。虽然，他认为很有必要就接近研究系一事进行辩正，最后还是被当作私人问题给按下来了。他毕竟是一个"和平主义者"，一个有着相当涵养的人。《新青年》何去何从，成了他心目中的头等大事。

他给陈独秀写了一封信，提出解决《新青年》问题的三个办法。语调同样的温和，可是看得出来，里面极其深隐地表示了他的不满。

或者传阅原信，或者通知内容，同人们都知道了胡适提出的三个办法：一、听《新青年》流为一种有特别色彩之杂志，而另创一个哲学文学的杂志，篇幅不求多，而材料必求精。二、趁此机会，将《新青年》编辑部移到北京，由北京同人于9卷1号内发一个新宣言，略根据7卷1号的宣言，而注重学术思想艺术的改造，声明不谈政治。三、暂时停办。

最后接到通知的是周氏兄弟。

这时，周作人得了肋膜炎，在家静养。鲁迅来到后院，同他商量过后，立即执笔回复。

思想革命始终是他们共同关注的目标。当此新思潮汹涌而入的时候,他们认为,完全有认真加以研究和介绍的必要。只要有助于古老传统的崩解,就不应加以排拒。几年来,无论在思想革命或是文学革命方面,《新青年》都建立了很大的功绩。可是,作为在手的惟一一份杂志,如果它一旦被改造成单纯的政治性质,则无论如何是可遗憾的。他们同胡适一样认为,要上海同人改变目前的方向相当困难,因此应当把编辑部迁回北京。这样,不但可以催促同一战阵的伙伴多做文章,充实杂志的内容,最重要的是,北京既是旧垒中最坚固的部分,又是文化新军最早出现的地方,因此杂志留在北京将会产生更大的影响。

在鲁迅个人,对胡适信中"不谈政治"的声明颇不以为然,于是,在陈述了两人的意见以后,对于这点特别做了说明。政治这东西,也并不为官场所专有,我们自说自的话,又何须告诉他们,乞请他们恩准呢?

> 寄给独秀的信,启孟以为照第二个办法最好,他现在生病,医生不许他写字,所以由我代为声明。
>
> 我的意思是以为三个都可以的,但如北京同人一定要办,便可以用上两法而第二个办法更为顺当。至于发表新宣言说明不谈政治,我却以为不必,这固然小半在"不愿示人以弱",其实则凡《新青年》同人所作的作品,无论如何宣言,官场总是头痛,不会优容的。此后只要学术思想艺文的气息浓起来——我所知道的几个读者,极希望《新青年》如此——就好了。

胡适读罢,觉得鲁迅关于不必声明不谈政治的主张是对的,便立刻在第二天寄给陈独秀的信中补入了。

真是一个可敬畏的朋友!这几年,他一直是《新青年》中的一员健将。胡适记得,自己写了《贞操问题》,他就写了《我之节烈观》;自己写了《我的儿子》,他也就写了《我们现在怎样做父亲》,几乎都是同时进行的。在他,也许并非出于有意的配合,但在自己方面总觉得是一种有力的声援。他看问题,总是比别人深入一层,但因此顾虑也就特别多;不过,倘以为不成熟的意见是决不会随意说出来的。

胡适的信发出没几天,李大钊就转来了陈独秀给同人们的复信。他没有想到,他的三条办法会激怒他的老朋友。

陈独秀对胡适将《新青年》"移回北京而宣言不谈政治"的建议分外不满,他指出,提出另办杂志的主张,纯然是为了反对他个人;因而郑重声明,如果另起炉灶,将与《新青年》完全无关。

接着,胡适收到陶孟和转来的又一封信。在信中,陈独秀警告说,必须考虑与研究系接近的后果,不然将一失足成千古恨。信的末尾,还用了"言尽于此"的字眼,颇有点"最后通牒"的意味。

事情竟发展到了短兵相接的地步。

在这个时候,周氏兄弟收到钱玄同的来信,并附李大钊等信札三件。钱玄同明确表态支持胡适,认为陈独秀说胡适追随研究系是神经过敏所致。信中集中攻击了中国社会,以为中国社会决不会比政府好,要改良中国政治,必先改良中国社会。虽然,他不同意胡适反对谈"宝雪维儿",却认为马克思、"宝雪维儿"、"安那其"、"德谟克拉西",所有主义中国人都讲不上,只好请几位洋教习来教大家"做人之道",等到有些"人"气以后再行推翻政府。

钱玄同的意见虽有偏激和颓唐之处,而重视国民根性的改造是不错的。鲁迅不解,陈独秀何以要把另起炉灶看做是反对他个人,另起炉灶有什么不好呢?要是反对个人而有利于大伙的事业,又有什么不好呢?为什么不可以有更多的考虑和讨论的余地?……

鲁迅给李大钊写信说,对于胡适提出解决《新青年》问题的三种办法,还是以第一种为好。应当有一个哲学文学性的杂志,而且,还须减少点特别色彩。

李大钊把钱玄同和周氏兄弟的意见及时通知了胡适,并且表示,有必要给陈独秀写一封信,辩明关于研究系谣言问题。

过了两天,胡适写了一封颇长的信,由北京同人传阅。送到鲁迅手上时,已经先后有五个人看过了——

  守常、豫才、玄同、孟和、慰慈、启明、抚五、一涵诸位:

    年底的时候,独秀有信寄给一涵和我,信中有云:"《新青年》色彩过于鲜明,弟近来亦不以为然,陈望道君亦主张稍改变内容,以后仍以趋重哲学文学为是。但似此办法,非北京同人多做文章不可。近几册内容稍稍与前不同,京中同人来文太少,也是一个重大的原因。"(此信日子为"十六夜",但至十二月二十七日夜始到。)我回答此信,曾提出两条办法,(原信附上)我自信此两条皆无足以引起独秀误会之处,不意独秀答书颇多误解。守常兄已将此书传观,我至今日始见之,未及加以解释,恐误会更深,故附加一函,并附独秀与孟和书一份,再请你们一看。

第一:原函的第三条"停办"办法,我本已声明不用,可不必谈。

第二:第二条办法,豫才兄与启明兄皆主张不必声明不谈政治,孟和兄亦有此意。我于第二次与独秀信中增补叙入。此条言两层:1. 移回北京,2. 移回北京而宣言不谈政治。独秀对于后者似太生气,我很愿意取消"宣言不谈政治"之说,单提出"移回北京编辑"一法。理由是:《新青年》在北京编辑或可以多逼迫北京同人做点文章。否则独秀在上海时尚不易催稿,何况此时在素不相识的人的手里呢?岂非与独秀临行时的希望——"非北京同人多做文章不可"——相背吗?

第三:独秀对于第一办法——另办一杂志——也有一层大误会。他以为这个提议是反对他个人。我并不反对他个人,亦不反对《新青年》。不过我认为今日有一个文学哲学的杂志的必要。今《新青年》差不多成了《Soviet Russia》的汉译本,故我想另创一个专关学术艺文的杂志。今独秀既如此生气,并且认为反对他个人的表示,我很愿意取消此议,专提出"移回北京编辑"一个办法。

总之,我并不反对独秀,——你们看他给孟和的信,便知他动了一点感情,故轻信一种极可笑的谣言。——我也不反对《新青年》,我盼望《新青年》"稍改变内容,以后仍以趋重哲学文学为是"(独秀函中语)。我为了这个希望,现在提出一条办法:就是和独秀商量,把《新青年》移到北京编辑。

这个提议，我认为有解决的必要。因为我仔细一想，若不先解决此问题，我们决不便另起炉灶，另创一杂志。若此问题不先解决，我们便办起新杂志来了，表面上与事实上确是都很像与独秀反对。表面上外人定如此揣测。事实上，老实说，我们这一班人决不够办两个杂志，独秀虽说"此事与《新青年》无关"，然岂真无关吗？故我希望我们先解决这个问题。若京沪粤三处的编辑部同人的多数主张把编辑的事移归北京，则"改变内容"，"仍趋重哲学文学"（皆独秀函中语），一个公共目的，似比较的更有把握，我们又何必另起炉灶，自取分裂的讥评呢？

　　诸位的意见如何？千万请老实批评我的意见，并请对此议下一个表决。

胡适上<br/>十、一、二十二

　　慰慈赞成此议。　　适。

　　一涵赞成此议。　　适。

　　赞成移回北京。如实不能则停刊，万不可分为两种杂志，致破坏《新青年》精神之团结。　　陶孟和。

　　赞成孟和兄的意见。　　王抚五。

　　我还是主张以前的第一条办法。但如果不致"破坏《新青年》精神之团结"，我对于改归北京编辑之议亦不反对，而绝对的不赞成停办，因停办比分裂还不好。

守常。

　　后来守常也取消此议，改主移京编辑之说。适注。

看来分裂确是不可避免的了。

　　其实，早些时候的"问题与主义"之争，其所以发生在《新青年》内部就绝不是偶然的。陈独秀们热衷于政治，胡适们却作超政治的构想；陈独秀们要做政治的实行家，胡适们侧倾向于走进研究室。既然信仰各不相同，难免有分裂的一天；现在连行动都已经颇不统一了，为什么还要强调统一思想？倘按照"中庸"的老法子，勉强凑合在一起，那结果恐怕比分裂还要坏！……

兄弟俩商议过后，鲁迅在胡适的信末以作人的名义写下这样一条意见：

> 赞成北京编辑。但我看现在《新青年》的趋势是倾于分裂的，不容易勉强调和统一。无论用第一、第二条办法，结果还是一样，所以索性任他分裂，照第一条做或者倒还好一点。
>
> 作人代。

写罢，再将胡适和各人的意见看了一遍，觉得有一个很突出的地方，就是大家都十分注重《新青年》这个名目。他想，问题不在于挂什么招牌，倘使有一个杂志，其内容抵得上《新青年》的充实，为什么就甭用"新青年"三字不可呢？何况，时代天天进步，新书刊也当层出不穷，难道其中就不可以产生有影响的作家和作品？为什么一定要抱住一个旧有的名目不放，把它当成为既定的权威，不让有任何更改的余地呢？

过于看重名分没有什么意思，甚至他觉得有点无聊了。于是，在作人的意见下面，他又加了这么一条：

> 与上条一样，但不必争《新青年》这一个名目。　树。

看上一遍，心里忽然感到了一点寂寞、一点悲哀。《新生》与《新青年》。盲诗人与独弦琴。钱玄同黑色的大皮夹。会馆之夜。狂人。墓地。乌鸦。传过去又传过来的各种信函……凌乱地塞到一起，但一时间也没有怎么细想，便把信转到钱玄同那边去了。

分裂已成定局。

北京方面的来稿越来越少，而上海方面对胡适等人也不存什么奢望。在最后的僵持阶段，陈望道和陈独秀都曾先后写信向周氏兄弟约稿，希望在艰难中取得支持。

对于他们，鲁迅是颇怀好感的。特别是陈独秀，他对自己的创作，是

《新青年》的所有同人中催促最力而且奖誉最多的一人。《域外小说集》的再版,也是经由他几度接洽的;此外,建议自己将发表在《新潮》和《新青年》的小说剪辑订正,准备付梓的仍然是他。对于朋友的恳求,自己还能说什么呢?

很快,他寄出了小说《故乡》。

1921年1月,文学研究会在北京成立,周作人系发起人之一。从这时候开始,《小说月报》改由沈雁冰主编,成为这个新生的文学团体的机关刊物。

孙伏园主编的《晨报》第七版,由鲁迅命名为《晨报附刊》,带有一定的独立性,开创了中国报纸文艺副刊的先例。

这两家报刊,同《新青年》一起,同时成了鲁迅创作的催生婆。

他说过,他自己并没有什么话要说,也没有什么文章要做,然终不免呐喊几声,无非是出于一种"自害的脾气",想给人们去添点热闹而已。他自比为一匹"疲牛",无妨废物利用,所以无论张家李家,也无论耕地挨磨,甚至做乳牛的活广告,也都可以任由别人拉去。

他写信给周作人说:"我们此后译作,每月似只能《新》、《小》、《晨》各一篇,以免果有不均之诮。"有时被友情拉拽得苦,为了应付,也就不能不动用一点"世故"了。

# 七 冰谷中

他来到了精神崩溃的边缘。

既要反抗实有的黑暗,又要反抗内心的绝望,付出的代价是惨重的。但从此,他也就成了一名"圣战者"——

从某种意义上说,自己才是最强大的敌人。

## 48 《阿Q正传》:国民灵魂的肖像画

在嘉兴南湖的游舫上,一个新的政党诞生了。

共产主义不复是一个理念,一种传闻,一具幽灵,而是改造中国的现实化了的力量。中国共产党,用西方工人阶级最先进的思想——马克思主义学说武装自己的队伍,把人类解放的理想第一次写上高悬着铁锤镰刀的旗帜,在东方古老的土地上,在专制主义和神秘主义交混而成的传统文化的丛林里,在小生产的汪洋大海之中,开始了伟大、艰难而曲折的进军历程。

在共产党的背后,工农运动如大潮涌来……

所有这些,对目前的鲁迅来说,仿佛都不生什么影响。他继续走他的孤独的道路。

像一个从事精神分析的医生那样,他在社会的无数病态现象面前睁大眼睛,探寻民族的痼疾。每当深入国民的灵魂,他的心,都止不住愤怒而痛苦的震颤……

不知是谁出的主意,要在《晨报副刊》增设一个称为"开心话"的专栏,每周一次。这样,出语幽默的鲁迅便成了首选的撰稿人。事情往往取决于一种偶然的机会。经孙伏园那么一说,一个被压抑了四千年的沉默的国民的灵魂,终于在他的心中活起来了……

"面子"是中国精神的纲领。没有自负的本钱而偏自负,在一个层层制驭的社会里,十足是奴性的自尊。辜鸿铭说中国人脏,就是脏得好,这算什么"国粹"呢?《新青年》登过一首诗,居然说"美比你不过,我和你比丑"。以丑恶骄人,其实又何止乎国粹家如此! 一种世代相传的弱者的哲学。写一个弱者,弱者的集合体,写他的精神胜利。他必须穷乏到一无所有,物质的穷乏与精神的穷乏。穷乏而必欲为强者往往产生卑劣,但因为穷乏,自然也还多少保留了一点天性的质朴与善良。阿桂出现了。土谷祠。牵砻与舂米。赌与偷。《龙虎斗》。阿桂。阿Q。除了光脑袋上的一根长辫子,好个阿Q,简直什么也不剩了……

又有一些熟悉的人物相率出现在记忆里:一个,两个……都把他们的事情算到阿Q份上去,对,都是阿Q……

灯下。鲁迅开始为小人物阿Q作传。

由于笔下的这个讽刺性形象与"开心话"一栏的要求相当吻合,因此,他几乎不用怎么费心思,立刻把握到了小说的总体风格。文章写得很顺手,亦庄亦谐,第一章序在一个晚上便写完了。

《阿Q正传》从发表的头一天起,以戏剧性的悬念,引起了广大读者普遍的关注和不安。

作者巴人是谁?

阿Q是谁?

人们纷纷猜测,悄悄议论,因为"开心话"触及了自己或熟人的隐私而变得颇不"开心"了。更有趣的是,在北大校园,居然有人认为文章是《晨报》主笔蒲伯英写来讽刺胡适的。"巴"是巴蜀,"巴人",无疑是四川人了。而胡适,他有一个笔名叫"Q.V.",阿Q正好使用了第一个字母，天下还有这么碰巧的事吗？何况序的末尾还特地提到"有'历史癖与考据癖'的胡适之先生"？

即使有了这番考据，人们仍然极力设法通过各种渠道询问作者的真姓名，因为这是同阿Q的原型大有关系的。这个没有姓氏，没有名字，甚至没有籍贯的流浪汉实在教人放心不下，谁敢担保哪一天他不会窜到自己的家里来呢？

于是，阿Q成了人们跟踪的对象。

阿Q没有家，住在未庄的土谷祠里；也没有固定的职业，只给人家做短工。但他很自尊，所有未庄的居民，全不在他眼里，加以进了几回城，自然也就更自负了。他鄙薄城里人，如把未庄叫"长凳"的叫做"条凳"，油煎大头鱼外加葱丝者，都是荒谬可笑的。然而未庄人，在他的眼中更是不见世面的乡巴佬，居然没有见过城里的煎鱼！

他自以为是一个完人，可惜头皮上有几处显眼的癞疮疤，于是忌讳说"癞"以及一切近于"赖"的音，后来推而广之，连"光""亮""灯""烛"都讳了。一犯讳，阿Q不是骂，就是打，不过这得看对手是否口讷或气力如何；然而结果总是他吃亏的时候居多，只好改作怒目而视，或者反讥道："你还不配……"仿佛头上的癞疮疤成了世上稀有的高贵与光荣。倘使被打，他就会想："我总算被儿子打了，现在的世界真不像样……"于是也就获得了凯旋般的快乐。

一年春天，阿Q醉醺醺地在街上走，看见王胡在墙根捉虱子，忽然觉得身上也痒起来，便并排坐下捉自己的虱子。可是，他捉的不但没有王胡的多，放在嘴里咬也不及王胡的响。他先是失望，继而气愤，便骂了王胡，不料被王胡扭住辫子拉到墙上去碰了几下响头！王胡长着一部难看的络腮胡子，向来是只配被他奚落的，从没有奚落他，更不必说像今天一般的动手了，这大约算是生平第一件的屈辱。在无所适从之中，阿Q正好碰上平日最厌恶的"假洋鬼子"，不由得轻轻地骂了一声"秃儿"。这秃儿举起手杖——即阿Q之所谓哭丧棒——狠狠地揍了他，任他怎样辩解说是骂的旁人也无用。在他的记忆中,大约这要算是生平的第二件的屈辱。幸而挨过打以后,他反而觉得轻松了些,而且"忘却"这件祖传的宝贝也发生了效力,回到酒店时便又感到有些高兴了。

这时,对面走来了静修庵里的小尼姑,阿Q便将因屈辱而生的敌忾向她发泄。"我不知道我今天为什么这样晦气,原来就因为见了你!"他这样想着走近她的身旁,突然伸出手去摩她新剃的头皮。在酒店里的人开怀大笑的时候,阿Q看见自己的勋业得了赏识,便愈加兴高采烈地扭尼姑的面颊,最后用力地一拧,才放了手。

他这一战,早忘却了王胡和假洋鬼子,似乎对一切"晦气"都报了仇;而且全身也更加轻松,飘飘然地似乎要飞去了……

愚蠢,狡猾,卑怯,自大。作完"优胜记略"和"续优胜记略"两章,作为国民弱点的集合体——阿Q性格大体上已经描画出来了。这是一部具有哲学意味的小说。作家的理性探讨,使它带上了非凡的概括性和深刻性。在小说连续发表到第四章的时候,沈雁冰就发表评论说是"一部杰作"。他说,"阿Q这人,要在现社会中去实指出来,是办不到的",指的就是这样一种品格。

不过,写至第四章的时候,鲁迅也就再也做不到像写前三章时的那么从容了。他不能不陷入悲愤交搏的状态。阿Q的去向,触及了他平生记忆中的最深隐的痛点。

人生的第一要义是生存。无论是"食"与"色",对阿Q来说,都没有获得做人的最起码的条件。"精神胜利法"遭到现实的威胁是必然的。

阿Q想得不错,"应该有一个女人"。思想之余,他果然在赵太爷家惟一的女仆吴妈面前跪下,央求和她困觉。既然如此,秀才的痛打和地保的勒索也就成了势不可免的事情。阿Q除了用一顶毡帽来抵押地保的酒钱以外,还得答应"五条件",其中每条都制订得十分苛刻。随着"恋爱悲剧"的发生,突出的是生计问题。即使阿Q"真能做",却再没有人来叫他做短工。棉被,毡帽,布衫早已没有,接着卖了棉袄,所余的破夹袄则是确定卖不出钱的了。他只好忍受寒冷和饥饿的熬煎,在出门求食的途中,居然至于偷吃静修庵里的老萝卜……

无论从政治或经济的角度看,阿Q都是一个赤贫。只要现实环境不加改变,他的一切努力仍将无法改变自己的命运,更何况这些努力只限于鸡鸣狗盗一类的动物本能,即使由于偷窃变卖而在个人历史上有过一度短暂的"中兴",也终究要滑到末路上去。

据说人类是高级动物,那么,其与一般动物的差异性在什么地方呢?缺乏自觉意识,甚至连维持生命的能力也不可能拥有,人类还成其为人类吗?不能说,用达尔文的进化观点解释人类社会是完全荒谬的。在这里,小说以最浅显的生物学原理,于揭示"精神胜利"这一传统民族心态的归宿的同时,展现中国国民身内身外的双重悲剧,显示了作家的思想力量和道义的光辉。

当人类生活濒临绝境,革命理应成为社会的需要。可是实际上,无论对于全社会或是阿Q个人,这种需要都好像缺乏一种内在的根据。所谓革命,不过是一次不意的邂逅,一种多余的装饰,一出闹剧,一场误会而已。

当革命党要进城的消息传到村里以后,引起了村人很大的不安和恐怖。阿Q本来听说过革命党这句话,又亲眼见过杀掉革命党,所以对于革命一向是深恶痛绝的。只因为它居然使百里闻名的举人恐惧,使未庄的鸟男女们害怕,因此也就不能不使他快意而且神往了。

小说这样描写他对革命的畅想:

"造反?有趣……来了一阵白盔白甲的革命党,都拿着板刀,钢鞭、炸弹、洋炮、三尖两刃刀、钩镰枪,走过土谷祠,叫道,'阿Q!同去同去!'于是一同去。……

"这时未庄的一伙鸟男女才好笑哩,跪下叫道,'阿Q,饶命!'谁听他!第一个该死的是小D和赵太爷,还有秀才,还有假洋鬼子……留几条么?王胡本来还可留,但也不要了。……

"东西……直走进去打开箱子来：元宝，洋钱，洋纱衫……秀才娘子的一张宁式床先搬到土谷祠，此外便摆了钱家的桌椅，——或者也就用赵家的罢。自己是不动手的了，叫小 D 来搬，要搬得快，搬得不快打嘴巴。

"赵司晨的妹子真丑。邹七嫂的女儿过几年再说。假洋鬼子的老婆会和没有辫子的男人睡觉，吓，不是好东西！秀才的老婆是眼胞上有疤的。……吴妈长久不见了，不知道在那里，——可惜脚太大。"

一样的占有，专制和虐待，完全是"彼可取而代之"式的革命。阿 Q 不能不革命，但是又决不能成为革命者，这两者都根于同样的现实。以阿 Q 的卑怯，不可能有真正意义上的造反的举动，然而莫名其妙地终于做了革命的牺牲。

这是怎样的一场革命呢？在未庄，两家绅士的少爷赵秀才和假洋鬼子先前本不和睦的，在听到革命党进城的当天，立刻成了情投意合的同志，相约到静修庵里去革命。他们砸烂了那儿的刻有"皇帝万岁万万岁"的龙牌，将老尼姑当作清政府，很给吃了一番苦头。革命党虽然进了城，倒是没有大异样，知县大老爷还是原官，不过称呼有所改变，举人老爷也做了官，带兵的还是先前的老把总，惟一可怕的革命行动是剪辫子，影响所及，未庄里将辫子盘在顶上的也日渐增多了。城乡的阔势力勾结在一起。革命成了一种时尚。赵秀才托假洋鬼子介绍去进自由党，买一块银桃子挂在大襟上……

革命反倒带来了反革命的进一步猖獗。作为革命的成就之一，就是处死阿 Q！

事情发生在赵家遭抢之后。是一个暗夜，一队兵，一队团丁，一队警察，五个侦探，乘昏暗包围了土谷祠，正对门架好机关枪。他们如临大敌，却毕竟轻而易举地把一个手无寸铁的阿 Q 抓了出来。于是，"大团圆"的结局接踵而至。

鲁迅开始并没有料想到阿 Q 的"大团圆"，可是，生活的逻辑推动着他,使他无法在预定的地方停下来。他愈写到后来,心里愈加沉重,到了阿Q画押的时候简直有点写不下去了。然而,待变成文字发表出来,这个场景竟是那般的轻松,让读者如睹喜剧般的发笑:

"我……我……不认得字。"阿Q一把抓住了笔,惶恐而且惭愧的说。

"那么,便宜你,画一个圆圈!"

阿Q要画圆圈了,那手捏着笔却只是抖。于是那人替他将纸铺在地上,阿Q伏下去,便尽了平生的力画圆圈。他生怕被人笑话,立志要画得圆,但这可恶的笔不但很沉重,并且不听话,刚刚一抖一抖的几乎要合缝,却又向外一耸,画成瓜子模样了。

阿Q正羞愧自己画得不圆,那人却不计较,早已掣了纸笔去……

时至生死关头,仍旧是精神胜利。不过,留给阿Q这般自得或自惭的机会着实不多了。这个被指控为强盗的屠头,在没有任何辩白机会的情况下,被押往法场枪毙示众。当他坐着囚车穿过喝彩的人们,穿过随他而走的可怕的眼睛,穿过又凶又怯的闪闪的鬼火群,我们又重会了鲁迅许多小说中的看客。直到死前的一刻,阿Q,方才意识到了自身生命的危险,感觉到灵魂被连成一气的眼睛所咬啮的痛楚,一个原始的欲望陡然升起——

"救命!"

然而阿Q终于来不及说出这句最简单的遗嘱。他并不清醒,并不如呼喊"救救孩子"的狂人;从肉到灵,他都无法最后拯救自己。他死得这样惨,死在有声的喝彩和无声的叫喊之中……

小说的结尾尤其沉痛:

至于舆论,在未庄是无异议,自然都说阿Q坏,被枪毙便是他的坏的证据;不坏又何至于被枪毙呢?而城里的舆论却不佳,他们多半不满足,以为枪毙并无杀头这般好看;而且那是怎样的一个可笑的死囚呵,游了那么久的街,竟没有唱一句戏:他们白跟一趟了。

由于作家悲愤的深广，读者无论取何种角度，都不可能对《阿Q正传》作全景式的鸟瞰。天才的作品是没有公式的。任何单一的创作原则，都不可能描画出如许众多的或显或隐的线索和场景；任何单一的美学风格，都不可能囊括它那无比丰富的语调、色彩和内涵。我们只知道他在一个二万多字的篇幅里写下了那么多：民族和阶级，历史时代和未来，乡村和都市，官僚绅士和百姓顺民，阿Q和阿Q似的革命党，物质世界和精神世界，真实的和荒诞的一切……在这个文字世界里，每个中国读者都可以找到自己经验过的东西，似曾相识的东西，无法回避的东西，却又绝对无法一一道出其中的底蕴。在我们可以测知的作者的一面，只知道他真诚，沉重，焦苦，试图为自己的同胞，也即为自己，从绝望的包围中极力找出一条生路来……

作者巴人是谁？

阿Q是谁？

许多人栗然危惧，特别是那些小政客和小官僚们，总以为是在讽刺他。鲁迅在教育部里上班时，就亲自听到类似的议论。几年以后，人们仍在疑神疑鬼，致使高一涵出面解释嫌疑，这使鲁迅感到悲哀。

小说发表以后，改编、插图、翻译，都逐渐地多了起来。阿Q的画像，大抵蒙着流氓的凶相，有点古里古怪，那条拖在脑后的改装的辫子，就没有一条生得合式的。要知道，那是一条从几百年血泪历史中拖过来的辫子。至于改编移植，也都很有不够准确的地方。这使鲁迅感到悲哀。

此外，他还收到不少批评家的善意的褒扬和恶意的谴责，有以为是病的，也有以为滑稽的，也有以为讽刺的；或者还以为冷嘲，致使自己也要疑心心里真的藏着可怕的冰块。这不能不使鲁迅感到悲哀。

人们尽可能地设法从阿Q那儿逃开，以不认识阿Q为幸，那么阿Q在哪里？

## 49　可怕的"互助"

周作人刚刚为文学研究会拟就成立的宣言，就病倒了。发热，咳嗽，医生诊断说是得了肋膜炎。他在家卧了三个多月，又在医院住了两个月，待基本痊愈，才由鲁迅护送到香山碧云寺静养。

在这段日子里，鲁迅忙乱极了。

家庭的经济重担依然压在他的肩上，虽然说信子可以统领家务诸事，可是除了他，谁也无法担当索薪与借债的合适的角色。而今，生活又多出了一份内容：探视病人，并代为购书、寄书、请假、寄稿，以及处理有关的日常事务。于上班、兼课、著译之外，再加上这一切，该是何等沉重的压迫！其实严格说来，他也是一具带病之躯，并不健康的。在作人起病前一个月，就认真病过一回，在此后几个月的日记里，也都断续有着诸如项痛、腹痛及服用规那的记录。在他这儿，肺病早已深深潜伏着，只是到了三年以后，才选定一个戏剧性的日子突然"亮相"罢了。

生活于人，其耐受力到底可以维持到怎样的限度，实在难说得很。

一天，鲁迅在替作人拆阅信件的时候，有一个叫宫竹心的青年的来信，引起了他的一种特殊的好感。一个邮局里的工人，能够不为繁忙的工作所累而致力于读书，已经是很难得的了，何况还要建议在北京设立借书处，不敢忘怀他那许多艰难的同类呢。

复信时，他热情地回答了宫竹心提出的问题，并且寄赠了作人编著的《欧洲文学史》和新版的《域外小说集》，还把一份收罗详尽的杜威博士的讲演稿借了给他。

宫竹心原籍山东，一样的"破落户的漂零子弟"，他从小喜爱文学，十六岁时，就开始向各家报刊投稿。五四运动以后，他逐渐阅读了《新青年》、《新潮》等刊物，进一步接受新文化运动的熏陶。在崛起的作家群中，他最佩服的是鲁迅、周作人和冰心，特别是周作人翻译的《点滴》

和《晨报小说集》等,对他的创作有着很大的启发。这时候,他虽然考进了北京邮政局,却并不满意这种机械式的工作,总想通过投稿,能在报馆里谋得一个位置。

小人物对他所崇拜的名人的期待是十分殷切的。鲁迅用周树人名义所作的复信,自然使宫竹心读后很感奋。他马上写信给鲁迅,要求会面,并且告诉了自己和妹妹宫蒳荷的学习写作的情况。鲁迅答复说欢迎来访,信中把自己的作息时间和电话号码都作了详细的交代,表示极其愿意读到他们兄妹俩的小说。

8月的一天,宫竹心头一次来到八道湾。可是,不巧得很,鲁迅外出访友去了。

他见不到鲁迅,便草了一封短简,连同自己的小说《厘捐局》和宫蒳荷的小说《差两个铜元》一起留下,请鲁迅代为介绍发表。

鲁迅到家时已值深夜,看了留下的书信和作品,心里很不安。第二天,他立即写信向这位不相识的青年致歉,并希望说,以后来访时最好能事先通知他。

宫竹心告诉他,打算先行辞去邮政局的工作,然后专靠文笔讨生活。对于支配着这个计划的全部意识,鲁迅了解得很清楚。哪一个青年没有做过好梦呢?只是理想与现实往往相冲突,而结果又往往以理想的幻灭而告终。比起众多的失业者,应当承认在职是一种幸运,不管是怎样一份职业。现实的残酷性正在于,你必须承认这份残酷的合理性,承认它并且保持它。作为一个为幻灭所苦的人,鲁迅实在不愿惊扰这位天真而热情的来访者。然而,只要现实一旦报复了他,他将毫无防备地完完全全被击倒。要是这样,你以为有所保留是对得起他的吗?

于是,鲁迅坦诚地告诉他,先行辞去职业是失策的。接着谈关于小说的印象。至此,他又不免踌躇起来。他知道,文学青年是十分敏感的,既要让他们明白自身的弱点,又不要伤害强旺的自尊心。对青年来说,重要的毕竟是朝气,是勇往直前的决心。他先从结构上批评了小说的近于速写的缺点,然后鼓励说,发表的资格是十足可以有的,而且立意和手法也并不坏,做下去一定会有所发展。他以为凭个别作品很难做出定见,希望宫竹心能多寄几篇给他看,甚至没有誊正的草稿也可以。

也许是过分担心的缘故,写着写着,笔端又绕到职业问题上来了。他写道:"先生想以文学立足,不知何故,其实以文笔作生活,是世上最苦的职业。"他愤慨于出版界只讲名声,不讲内容的风气,列举了一些出版商欺骗和盘剥作家的现象,希望宫竹心对出版界以至整个社会持有一种清醒的认识。

最后,他问宫竹心是否能译英文或德文。他着实希望青年能搞点翻译。翻译所以重要,大则可以对幼稚的中国新文学有所补益,小则可以通过翻译具体学习写作。此外,翻译比写作容易卖钱。钱这东西也不是不重要的。生活着可不容易。

两人的通信非常频繁。过了一个月,宫竹心便趁了一个晴和的日子,迫不及待地重访八道湾。

这时候,周作人已经从西山回来了,会见就安排在他的苦雨斋里。谈话非常融洽。有名的"周氏兄弟"原来都一样没有大人物的架子,这是宫竹心没有完全料想得到的。有趣的是,他们的风度很不相同。鲁迅目光锋利到极点,好像一眼就可以看透别人的五脏六腑,什么都遮瞒不住他;对话则非常敏捷、简短而辛辣。相反,周作人的面容和谈话,是一派古典式的温柔敦厚,虽然他的文字很现代,有些也很愤激。

又过了两个月,宫竹心单独访问了鲁迅。

单独的接触有利于了解一个人。这一回,宫竹心发现鲁迅的思想里面有着更多的独特的东西,尤其是文艺论。只是这类东西,一时消化起来很困难。但是它耐咀嚼,几乎每次咀嚼,都能从中体味出一种新的意义和价值。

这次谈话,无意间形成了一个中心内容:题材问题。鲁迅指出,当前的小说有一个显著的趋向,就是描写学生生活。宫竹心捉摸不透这样的概括是褒是贬,于是说:

"这样的题材太多,太泛了,不要再这么写下去了。"

鲁迅却回答说："不过还可以写。"

在谈到以车夫乞丐作为主人公的小说太多时，宫竹心说："真是太多了，应该换个题材了。"

"不过还可以写。"鲁迅还是那句话。

这使宫竹心感到十分诧异。其实，问题不在于写什么，而在于怎么写，——这是鲁迅关于题材问题的一贯看法。就拿他个人的创作实践来说，他写闰土，写七斤，写阿Q，写农民而且把农民放进小说的中心位置，在中国小说史上都不算第一个。《水浒》描写的就是农民的群像，拿结构来说比鲁迅的小说庞大得多。但是，鲁迅却避开单纯的"官逼民反"的传统主题，主要着眼于农民的日常生活和精神状况，在这方面的深入刻画是前无古人的。他写孔乙己，写陈士成，表面上看来都是《儒林外史》中的人物，实际上，他是从对传统思想文化的整体性否定出发，去把握知识分子的命运的。现代的社会批判意识赋予了主题的深刻性，而人道主义，则使作品显示了吴敬梓的小说所没有的同情的气息和暗淡悲凉的色彩。此外，同样的题材，表现手段也很不相同。旧小说取章回体，动作是白描的，对白是素朴的。鲁迅的小说多取法于外国作家，没有固定的程式，几乎是一篇换一种写法。闰土所在的《故乡》，带有明显的抒情性质；《阿Q正传》里写阿Q欺负小尼姑以及对吴妈的单恋，很受了一点弗洛伊德的精神分析学说的影响，然而，与《金瓶梅》里那些庸俗猥亵的性描写是大异样的。写阿Q对革命的神往和陈士成掘藏前后的心思，又都可入"意识流"一类。鲁迅对宫竹心说，他满意的作品是《孔乙己》，比较说来，这一篇还平心静气些。也许，平静是指更多地借助了传统描写的客观性，主观的色彩成了底色，看上去并不特别耀眼。

鲁迅从来未曾想到要做青年的导师，他本来就认为，青年是无需什么鸟导师的。同青年在一起，实在是因为绝望于前辈和同辈的缘故。不过，他所真心喜欢的青年，还是那穷困、沉实、富于才具而又不事浮嚣的部分。这里潜藏着一种寻根意识。他日夜向往着寻找着他的精神家园，在这里，散发着百草园、西瓜地、水草与罗汉豆，以及大青山的腐叶的混合气息。接近青年，帮助青年，大约会使他觉得正在偿还着一笔债务，赎去部分罪过，从而暗暗实现某种精神上的回归，把自己从一个由来憎恶的上流社会里分离出来。

当然，与他往来的大抵是文艺青年，宫竹心是接触较早的一个。因为他自觉稍为懂一点的还是文艺，或许适合自己使用的也只有文艺。如果说文艺还有一点作用，就在于它可以对付全体，即为了社会也为了人生。在前后兴起的两个较大的文学团体——文学研究会和创造社中间，他所以倾向于前者，主要是这个原因，虽然《小说月报》刊出的作品并不怎么令他满意。至于创造社，过分地标榜自我，主张艺术独立和超时代，在他看来未免太才子气了。有一次，他听了张定璜的一番报告以后，当天就写信给周作人说，"我近来太看不起沫若田汉之流"，流露的正是对才子气的厌恶。

第二年春天，鲁迅收到宫竹心的一封信，信里要求推荐他到学校里做事，还特意写了"互相"之类的话，读后不免感到失望。

互助？什么意思？能够这样急功近利吗？人与人之间就都变成了互相利用的关系？是不是太自私了一点？

他常常这样从宣言、文章、书信里觉察人们的内心形象。不过，从抽象的人格到具体的人格，他都有着准确的推断，不愧是发掘灵魂的天才。对于宫竹心的来信，迟迟未作答复，在他是从来不会如此的。碰到这样的"青年问题"，还是第一次。"互助"的字眼实在令他作难。

终于到了不能再往下拖延的时候。

他写道："先生来信说互助，这实在很有道理。但所谓互助者，也须有能助的力量，倘没有，也就无法了。而现在的时势，是并不是一个在教育界的人说一句话做一点事能有效验的。"至此，他心里好似突然明朗了许多，于是写将下去："以上明白答复，自己也很抱歉。至于其余，恕不说了，因为我并没有判定别人的行为的权利，而自己也不愿意如此。"

鲁迅决计退避了，虽然在回顾两人的短暂的关系史时，他也不无遗憾。

## 50　盲诗人和小生物的故事

　　快乐的人聚在一起,常常感到无聊;寂寞的人聚在一起,却往往多得慰藉。"漂泊诗人"爱罗先珂的到来,便使鲁迅干涸的灵魂得到了润泽,他们一起相处的时光,始终是他所十分珍重的。

　　爱罗先珂是乌克兰人,1914年4月受俄国世界语学会派遣去日本,从此开始了长达九年的流浪生涯。他先后到过日本、暹罗、缅甸、印度;在印度,由于英国当局的驱逐,只好重返日本。不久,又被日本当局驱逐,便想返回久别的祖国了。当他历尽艰辛,长途跋涉来到赤塔,当地红军却不肯信任他,拒绝他入境。他不禁大失所望,带着凄怆而迷惘的心情,于两难之中漂向中国。

　　在上海,爱罗先珂取得日本朋友的帮助,到一家日本人开设的医院里当按摩师。正在这时,他结识了上海世界语学会负责人胡愈之。后来有人将他介绍给蔡元培,请他到北大教世界语。

　　一个外国人,没了眼睛,又是单身,以后将怎样生活呢?蔡元培考虑到他既懂英语,又懂世界语,还操得一口流利的日本语,便委托给周氏兄弟照顾,以为这样会便利些。

　　爱罗先珂本人也很乐意住进八道湾里来,因为在这以前,鲁迅就已经同他有过文字上的交谊了。

　　1921年五一节,爱罗先珂参加了日本社会主义同盟组织的大游行,被警察当局拘留。释放后不久,当局决定将他驱逐出境。在逮捕他的那天晚上,三四十名警察和便衣闯进他的住房,对他拳打脚踢,然后捉住手脚,拖下楼梯,直到倒在地上。他苦苦哀求:"放手吧,放手吧!"但是没有用。警察像拖一条死鱼一样拖着他,沿着石子路,一直拖到警察署。一些警察怀疑他是否真瞎,竟想硬挖开他的眼睛来……

　　《读卖新闻》有一篇江口涣的文章,对爱罗先珂被辱放逐的情形作了详细的记述。读过以后，鲁迅开始密切留意这位不幸的异国诗人。

他找来爱罗先珂的童话集《天明前之歌》，很快地翻阅了一遍，深为作者的赤子之心所感动。他翻译了头一篇《狭的笼》，接着把爱氏的童话寄给病中的作人，并表示了继续翻译的愿望。十天后，果然译成《池边》；接续地，又从中选择了《春夜的梦》和《雕的心》。根据旧日学生胡愈之转达的爱氏的建议，鲁迅又译了他的得意之作《鱼的悲哀》，以及另外的几篇。发表后，他请胡愈之把翻译的报酬，全数交给了爱罗先珂。

第二年，鲁迅把自己译的九篇，胡愈之译的两篇，和馥泉译的一篇，编成《爱罗先珂童话集》，交由商务印书馆出版。

鲁迅翻译的动机，是想通过这些童话，传播被虐待者的苦痛的呼声，激发国人对于强权者的憎恶和愤怒。因此，对作者平和而且宽大到近于调和的思想，他不能不有所批评。但对于童话中那发自内心的叹息和感愤之辞，他是十分赞赏的。

在《狭的笼》所加的译者附记里，最后便说：

> 他自己说：这一篇是用了血和泪所写的。单就印度而言，他们并不戚戚于自己不努力于人的生活，却愤愤于被人禁了"撒提"，所以即使并无敌人，也仍然是笼中的"下流的奴隶"。
> 
> 广大哉诗人的眼泪，我爱这攻击别国的"撒提"之幼稚的俄国盲人埃罗先珂，实在远过于赞美本国的"撒提"受过诺贝尔奖金的印度诗圣泰戈尔，我诅咒美而有毒的曼陀罗华。

泰戈尔鼓吹用东方文明拯救西方文明，力图维护传统秩序，在东方国家里是一个颇具代表性的人物。胡愈之曾著文介绍西方学者对他的批评，并把他同中国的遗老辜鸿铭联系在一起。在日本的时候，爱罗先珂与泰戈尔之间曾经发生过一次重大的遭遇战。泰戈尔认为，西方的文明是物质文明，而印度的文明才是真正的精神文明。爱罗先珂反对他的这个观点，并且证明，物质和印度哲学不是没有关系的。

名人未必伟大，伟大往往存在于平凡人的心灵中间。在这里，鲁迅把泰戈尔同爱罗先珂相提并论：一个是赫赫有名的诺贝尔奖金获得者，一个是默默无闻的漂泊的盲诗人。鲁迅居然对前者表示大不敬,而对后者满怀敬佩之情。这种胆识,确是惊世骇俗的。

由于鲁迅的介绍与推崇,在中国,爱罗先珂的名字变得响亮起来了。

数年的流浪生活,好像对爱罗先珂没有什么影响,他的脸长得很清秀,丝毫不着风尘之色。黄色的头发一直垂到肩头,卷曲如波纹,闪烁着阳光般的明媚。身穿圆领绣花俄式上衣,或皮色短衣,腰间束着一根缀着铜片的粗宽的皮带,略添几分阳刚之气。只有将头稍稍偏右的惯常动作,以及深陷的眼睛,微蹙的眉梭,显露着内心的疲惫与忧伤。

八道湾里的大人和小孩,都喜欢爱罗先珂。这是一个热爱生活的人。他喜爱孩子,喜爱小动物,尤其喜爱音乐,他不愿意把自己同外部热闹的世界隔离开来。

当他带了心爱的六弦琴来到北京之后不久,便感觉到四围的寂寞了。连夏夜也没有昆虫的吟叫,甚至蛙鸣也没有,仿佛这是他最难忍受的,便买了十几个蝌蚪子,放在他窗外的院子中央的小池里。池子原来是周作人掘来种荷花的,然而从来没有养出半朵荷花,养蛤蟆倒是挺合适。爱罗先珂常常踱过来访问这些成群结队的蝌蚪,有时候,孩子告诉他:"他们生了脚了!"他便高兴地微笑道:"哦!"

他还劝作人的妻子信子养蜂,养鸡,养猪,养牛,养骆驼。后来,果然也就有了许多小鸡,满院飞跑;再后来也就听到了小鸭的"咻咻"的、"鸭鸭"的叫声……

三贝子花园是他常去的地方。到了那里,他就让在旁的朋友们把动物的名字一个一个告诉他。孩子们问,你什么也看不见,到这里干什么呢?他说,我能闻到动物的各种气味,凭着气味,也就能知道哪是老虎,哪是大象,哪是猴子,我还喜欢听动物不同的叫声。进到鸟房,他便会高兴地叫嚷起来,他说:"小鸟都是人类的佳宾,如果没有它们,人类就太岑寂了!"

有时候,他混进孩子中间捉迷藏。小孩子以为他是盲人,不会发现他们,不知道他的听觉特别灵敏,听到轻悄的脚步声,快跑几步,就把孩子逮住了。建人的四岁的男孩很调皮,常常缠住爱罗先珂玩耍。爱罗先珂叫他的诨名道:"土步公呀!"他必定回叫道:"爱罗金哥君呀!"爱罗先珂很不喜欢这个名字,每次听了都叹息着说:"唉,唉,真窘极了!"

爱罗先珂住在后院靠东的最后一个房间,那儿,除了床褥和桌椅,就是他心爱的伴侣六弦琴。在家的时候,他大抵坐近桌前摸一种厚纸,或用右手握着锥子,沿一把铜尺的边缘扎着小孔,那是在读书和写作。有时,也叫助手给他诵读文章。需要休息了,便持着手杖出去,不是到周作人的居室,就是在阶下的砖路上往来散步。吃过晚饭,或日间特别感觉寂寞时,他就会拿起琴来,一边弹一边高唱俄罗斯民歌……

鲁迅是常来看望他的一个,作为工作,则在他的直接帮助下继续翻译他的童话。

爱罗先珂很喜欢《桃色的云》,以为这一篇更胜于先前的作品,而且想从速赠与中国的青年。为了他的这个愿望,鲁迅终于下定开译的决心,在不到一个月的时间里把它赶译了出来——

> 破雪草:自由是最要紧的。
> 福寿草:冷的自由世界,比暖的监狱好。
> 紫地丁:我虽然爱自由,但是冷也讨厌。
> 勿忘草:暖比什么都好呵。

土拨鼠是《桃色的云》中一个重要的角色。它说:"我想爱一切。不,我爱一切的。想做一切的朋友的。然而一切都不将我当朋友,因为我是土拨鼠……"它是寂寞的,然而焦渴。它不满于世代相传的黑暗阴湿的土穴里的生活,决心做一个强者;不为自己,也要叫起春来,叫醒上面的为冬所窘的冻着的世界。

在这个童话剧里,爱罗先珂说自己最爱的是土拨鼠。其实,土拨鼠不正是他的自况吗?对于这点,鲁迅是有着深切的理解的。

除了工作,鲁迅还陪着诗人消度寂寞的时光。或者一起在院内散步,或者把他没织完的袋子递到他手上,看他继续不停地编织,听他娓娓地讲说他所愿意诉说的一切:故乡的幽林和黄莺,印度的盲童,日本的风光,暹罗遍地的音乐……有时,鲁迅也用日语跟他倾谈。他的寂寞的确很深,每到末了,几乎都要诉苦似的说:

"寂寞呀,寂寞呀,在沙漠上一样的寂寞呀!"

半夜里,爱罗先珂也会唱起歌来,而且唱着唱着就像他的乡愁一样没有完结,直到隔壁的建人的妻子芳子走过来说:"爱罗君,现在已经夜深了……"

有一天,爱罗先珂忽然发起愁来,对鲁迅说:"将来的科学家,会不会发明一种奇妙的药品,注射到谁的身上,谁就会立即甘心去做服役和战争的机器呢?……"

这种热爱人类的心情,常常催使他冲破寂寞,参加到社会的各种活动中来。

中国的世界语运动,迄今已有十五年左右的历史,但是一直得不到广泛的开展。北京大学是比较重视世界语的,校长蔡元培拨出专款,并聘请孙国璋为讲师,开办世界语讲习班。然而他的教学并不令人满意,鲁迅甚至认为,他并不懂世界语,讲习班要让他教下去,中国是没有人会弄好世界语的。爱罗先珂到来以后,从根本上改变了过去的面貌,世界语班逐渐增加到五六百人。由于他的鼓动,学生对世界语的兴趣大增,几近狂热,不久就成立了世界语学会,又租房设立会址,还在法政大学开设了世界语班。

大约人道主义者都会赞成世界语。世界语,成了鲁迅和爱罗先珂的友谊的桥梁之一。几年前,鲁迅就曾著文表白过赞成世界语的理由;次年,在兼任北京女子师范大学讲师的同时,在世界语专门学校讲授小说史并任该校董事。教学期间,因考虑到学校经费困难,他还多次退还该校送来的薪金。他是世界语运动的真正的支持者。

爱罗先珂在北大、北高师、女高师、俄文法政专门学校等多处发表过演说,内容多属社会问题,语调相当激烈,并不如童话般的梦幻而纯白。

他猛烈攻击中国的传统制度和文化,称之为"过去的幽灵"、"可怕的恶魔",而中国,则是"最旧的习惯、最固执的成见和最牢固的迷信的一个最旧的国家"。许多青年从母亲的乳汁里,从祖父祖母的关怀里,从互相间的交往里得到各种愚蠢的思想,陷于各种偏见,于是造成了可怕的沉闷。"几乎听不见青年学生响亮的声音,"他说,"按照这个'习惯国'的习惯,似乎老头儿才说话做事,少年人都只静静地听着,一点事情都不干。"他指出,这样下去,"不但阻止了中国人民的进步,并且使中国人民倒过来向后走了"。……

背着"过激党"的称号到处漂流,便足以引起青年探险的兴趣了,加上他在演讲中的确没有顾忌,出语激愤而又满怀悲悯,自然深受青年学生的欢迎。所以,他每次演讲,都座无虚席,大约只有鲁迅、胡适、冰心讲演时才有这种盛况。

对于爱罗先珂不说中国的好话,鲁迅是极为欣赏的。爱罗先珂演讲的口头翻译,常常由他和周作人担任。周作人讲话不容易引起听众的兴趣,有些时候,爱罗先珂便直接指名要求鲁迅做翻译。有一次,俄文法政专门学校的学生因为要请盲诗人演讲,同教务主任发生冲突,那结果是实行"自治",并决定演讲照旧举行。鲁迅从《晨报》得悉风潮的背景,考虑到演讲可能遭遇的困难,便亲自陪同爱罗先珂按时前往。

爱罗先珂是一个不甘寂寞的人。只要可能,他总是设法参加各种晚会活动,有时还登台演出,自弹自唱。在北大第二平民夜校举办的游艺会上,他就拨响六弦琴,唱了俄国有名的民歌《斯钦卡·拉辛》。演唱前,鲁迅将歌词大意译成中文,题作《俄国的豪杰》发表。同年5月1日,爱罗先珂在孔德学校的集会上唱起《国际歌》,把一支悲壮的旋律献给了这个劳动者的节日。

1923年元旦,他还参加了北京学生举行的示威游行大会。这次大会遇到了强权者的武力镇压:纸灯一盏一盏地破灭了,黑夜的鬼怪们倾巢出动,赤手空拳的学生在惨酷的殴打下受伤、流血、仆倒……

这就是爱罗先珂所触摸到的中国。

"寂寞呀,寂寞呀,在沙漠上一样的寂寞呀!"……

爱罗先珂是一个世界主义者,可是乡愁却又特别的深。他平常总是穿着俄国式的上衣,尤其喜欢他的故乡乌克兰的刺绣小衫。他的衣箱里,除了一条在沐浴时穿的缅甸筒形白布裤以外,可以说没有外国的衣服。他是俄罗斯母亲的真正的儿子,千万里外,犹以家乡式样的衣服温暖自己的一颗冰凉的心。

是4月的夜间,鲁迅到第一舞台看了"俄国歌剧团"的演出。

这个流亡的艺术团体,以低廉的票价出卖自己的艺术,可是北京社会的反应是那么冷漠。整个舞台,中央三十多人,旁边一大群兵,但楼上四五等座中还有三百多的看客。

爱罗先珂说:"寂寞呀,寂寞呀,在沙漠上一样的寂寞呀!"

没有花,没有诗,没有光,没有热,没有艺术,而且没有趣味,没有好奇心。沙漠不正是在这里吗?

他们舞蹈了,歌唱了。美妙,诚实,而且勇猛。

兵们拍手了,非兵们也拍手了,但都在接吻的时候,这是怎样的一片沉重而恐怖的大沙漠呵!

面对漂流转徙的艺术家,如对好友爱罗先珂,心里充满着赞美、哀矜、愤懑、惭愧……

一个星期过后,鲁迅终于写了《为"俄国歌剧团"》,送到《晨报》发表,作为对沙漠的反抗之歌,是对于相识和不相识的同感的朋友的劝诱,同时也是为流转于寂寞中间的歌人的广告,是报以爱罗先珂的心灵的回声。

"寂寞呀,寂寞呀,在沙漠上一样的寂寞呀!"……

7月3日,爱罗先珂离京赴芬兰参加第十四次国际世界语大会。他行前曾说,9月将返北京,最迟不超过10月;如果回不来就来电告知情况。然而,9月过去了,10月也过了好几天,仍然没有诗人的音讯。

风瑟瑟吹……

鲁迅深深地起了思念了。

在一个月的时间内,他便写了三篇小说:《兔和猫》、《鸭的喜剧》、《社戏》,而且都同爱罗先珂有关。

《兔和猫》以动物世界折射人类社会,是颇受了爱罗先珂童话的启发的。在家里,一对白兔生下两只小兔,但终于有一天全然销匿了踪迹。死掉的该也还有,但因为哺乳不匀,不能争食的就先死了。虽然后来又生下了七个小兔,数目多出几倍,可是谁又能确保它们的自害和被害的厄运呢?白兔家族的更繁荣,难道真的值得大家高兴么?造物把生命造得太滥,也毁得太滥了。在小兔被害之前,所经见的即有鸽子膏于鹰吻,小狗遭马车辗轧,苍蝇被蝇虎咬住的旧事,都是暗暗的泯灭,而且暗暗的被忘却!更令人悲愤而迷惘的是,白兔生育多少数目,以及是否为黑猫所噬,都没有一个确证!

爱罗先珂有一篇童话叫《小鸡的悲剧》,写一只古怪的小鸡,一天到晚总想学会力所不能及的本领——像它所热爱的小鸭子一样游泳,结果淹死在池子里。《鸭的喜剧》,显然是为了与这篇童话相对而起的名目。

小说如实写了爱罗先珂的往事:他为了造就一个充满音乐,充满生机的和谐的环境,既养了蝌蚪,也养了鸭子。结果,蝌蚪被鸭子吃完,未来的池沼的音乐家是彻底地被消灭了。在爱罗先珂远去之后,遗下的沙漠,遂只有长成的小鸭的"鸭鸭"的独唱。异类不能共存。如果说小鸡之死是自然产生的悲剧,那么蝌蚪之死,就是人类手造的悲剧了。爱罗先珂君,你的梦,难道是可能完美的吗?其实,你所眷念不已的缅甸的音乐,那遍地的昆虫与她的和协的奏鸣,就包藏了无数杀机……

强者与弱者,统治者与被统治者,他们的生存利益是互相对立,难以调和的。生命无论如何卑微,都应当具有独立存在的权利,而在现实中,往往适得其反。惟一合理的办法,就是对虐杀者实行反抗和报复,一如《兔和猫》的结尾那样:动用剧毒的氰酸钾!

有人认为,爱罗先珂攻击中国的种种说法,都是受之于鲁迅的。事实上,对于爱罗先珂的作品,他倒常有不同的意见。虽然,他也同样怀有爱罗先珂一般的爱与悲悯，但却有着为盲诗人所没有的强烈的复仇心理。他从来认为，没有憎，是不会有真正的爱的。

爱罗先珂的离去，勾起了鲁迅的伤逝的情怀。在深情的回顾间，他是那般眷恋尚未成其为"读书人"时候的生活。那是一种纯白的生活，美丽的生活。他写诗般的写了《社戏》，总想留一点往日的余痕。故乡终究是故乡。可是，流光逝水，不但少年时代的嬉游已不可再，就是那般的月光也没有了！

但愿爱罗先珂君能早日回到他那日夜思念的故乡！……

## 51　估"学衡"·批评家的批评·女娲与弗洛伊德

五四运动成了新文学运动的添加剂。一年间，由原来仅有的三份白话杂志，迅速发展到四百余种白话报刊；几家有影响的大杂志，也都逐渐白话化了；报纸的附张不复刊载娱乐性新闻，而改作文艺副刊，发表白话小说、新诗、论文和译作。大小文学社团纷纷出现，随着《新青年》的解体，多中心的局面开始形成。胡适曾经预言，白话运动需要三五十年的奋斗过程，结果三五年间就获得了决定性的胜利。

1922年1月，《学衡》杂志在南京创刊。

作为新文学运动的反对派，如果说林纾、辜鸿铭之流尚属散兵游勇，那么麇集南京的一群，就算是第一次有组织的抵抗了。

有趣的是，复古派分子都不是地道的"国产货"。《学衡》杂志的几员大将，如胡先骕、梅光迪和吴宓，都是曾经留洋的学生。他们不但可以动用祖传的刀剑，而且可以操使洋人的枪炮，然而从势头上说毕竟是强弩之末，只消一两个回合，便告全线溃退。

胡先骕主张语文不应合一，否则看不懂古代的书，这样，文化遗产得不到继承，新的文化也就不能"脱胎"了。他既认为单纯的文学不是文章，又指责古文家故作堆砌艰涩之文，比起林纾的一味漫骂，这种战法有着更阴险的成分。梅光迪和吴宓的文章则超出文学的范围,以反"进化论"的思想,攻击新文化运动和它的领导者。

面对这股逆流,周氏兄弟奋起反击。他们不把论战局限在文学的小圈子内,而是把文学同文化联系起来,一如既往地把重心放在思想道德的批判上面。

周作人写了《思想界的倾向》、《复古的反动》、《我的复古的经验》等文,指出现在思想界,是一个国粹主义勃兴的局面,它必然产生两种倾向:复古与排外。复古反动也有两个方面,一是文学的,一是道德的,而旧道德还有很大的惰性。他主张青年放开眼界,扩大心胸,成为真的"古今中外派",给久经拘系的中国思想界一点自由与生命。

鲁迅不取议论的形式,而采用杂文笔法,随手拾来"学衡派"那些"自相矛盾"、"文且未亨"的部分,集中加以批驳。

他在有名的《估〈学衡〉》里说:"夫所谓《学衡》者,据我看来,实不过聚在'聚宝之门'左近的几个假古董所放的假毫光";"倘使字句未通的人也算是国粹的知己,则国粹更要惭惶煞人!'衡'了一顿,仅仅'衡'出了自己的铢两来,于新文化无伤,于国粹也差得远。"这种轻蔑的态度不是没有根据的,《"以震其艰深"》、《所谓"国学"》、《儿歌的"反动"》、《"一是之学说"》、《不懂的音译》等文都提供了有力的实证。像他所说的那样,如此的"假古董"本是无须认真对付的,"只要估一估就明白了",后来所以继续"毛举起来",好像连自己都不免感到琐屑,都因为不得已,复古的"恶作"实在叫他难以忍受。性格注定了他无法超脱。虽然,他的思想不会粘着于个别文字或译名上面。他明确指出:"暴发的'国学家'"与鸳鸯蝴蝶派是一丘之貉,"道尽途穷"是必然的。

此前朋友说他"毒奇",此后论敌说他"刻毒",都一致承认了他的毒性。从他写作杂文以来,迎击"学衡派"的一组恐怕是最"毒",最富于论战性的了,只是手法显得直露和单一了点。

但是,随着环境的复杂化和个人思想的深化,论战的技巧必将在他的手里变得娴熟和丰富起来。

在中国，由于社会的凋敝，人性的禁锢，使现实主义和浪漫主义文学在新文学运动中同时获得了勃兴的机会。在所有的文学社团中，突出地代表前者而标榜"为人生的艺术"的是文学研究会，代表后者而主张"为艺术而艺术"的是创造社。文学思想的歧异与行帮意识的介入，使它们一开始就陷于论争的状态。创造社攻击文学研究会为"垄断文坛"，"党同伐异"，压制天才；接着是关于如何介绍欧洲文学问题的不同意见的发表，文学研究会是以着重19世纪俄国文学、被压迫民族的文学，以及各国的批判现实主义作家的作品为宗旨的；后来发展到为了一两处误译，居然也要大动干戈，组织长文进行诋毁。这种内耗现象，给整整几十年的中国现代文学运动留下深重的影响。但是，它们作为国内最大的文学社团，既有理论，又有创作，共同构成的对旧营垒的冲击力量仍是强大的。

周氏兄弟自然不满于创造社，但是在创造社与文学研究会的论争中，他们都基本上采取独立的态度，即使周作人是文学研究会的发起人，也少有关于这个方面的文字。他们深感旧社会的顽固和旧势力的猖獗，因此用力也在对付旧派；保护整体的新文学运动，使之不致在萌芽期蒙受损害，这是十分重要的。

就在这时候，他们一致行动，对"学衡派"批评家一流企图扼杀新文学创作《沉沦》和《蕙的风》的做法，实行了一次出色的狙击。

《沉沦》是郁达夫创作的小说集，大多为自传性质，描写了现代青年的苦闷。由于笔涉性的要求与灵肉的冲突，便被打杀为"不道德的小说"。《蕙的风》是青年诗人汪静之的处女作，集中所收的真挚、热烈的爱情诗，在知识青年群中造成很大的影响。有人甚至认为，它所引起的骚扰，是比陈独秀的政论还要大的。诗人曾将原稿托请鲁迅看过，修改过，并且提出过指导性的意见。诗集出版后，随即遭到封建卫道者的非难和攻讦。东南大学学生胡梦华先后写了几篇文章，斥之为"不道德"、"堕落轻薄"、"有意的挑拨人们的肉欲"、"变相的提倡淫业"等等，进而污蔑诗人"思想卑劣，情感弱露"，乃至追究整个新文学运动的责任，说：

"年来士气颓丧,未始非文风堕落之故;轻薄的文学,若不再施以严厉的批评,让他兴盛下去,实有亡国之忧。"也有报刊起而响应,突出地显示了正统思想的力量。

周作人作了著名的《〈沉沦〉》和《情诗》二评,从反对旧道德、维护新道德方面立论,充分肯定了这两部作品。

在《〈沉沦〉》里,周作人引证了美国文艺评论家莫台尔《文学上的色情》一文关于三种"不道德的文学"的意见,认为其中的"反因袭思想的文学",实际上是"新道德的文学"。他指出,从因袭的社会看来是"离经叛道"和"不道德",正是一切革命思想共通的命运。他认为必须从"人性的本然"出发,把"不端方的小说"同"中国的'淫书'"严格地区别开来。在他看来,在色情上"倾向于裸露的描写"是"反抗旧潮流的威严",是对于"禁欲主义或伪善的清静思想"的反动,所以,《沉沦》虽然有猥亵的成分,却并无不道德的性质,而是一部描写不同于传奇时代的现代人的悲哀,描写理想与现实社会冲突的成功的艺术作品。对于《蕙的风》,他也辩护说,"这旧道德上的不道德,正是情诗的精神"。在诗评的最后,他高度赞扬青年人的歌唱是"诗坛解放的一种呼声",并且热情地期望他"精进成就"。

鲁迅没有从正面进行评价,而是通过对攻击者的悖于常理的言论的驳难,进而肯定这两部新作。不同于周作人的引经据典,侃侃而谈,"杂感家"鲁迅的否定性思维是特别的健全而敏捷,一下子就抓住了要害问题,并且上升到理性的高度,就文艺批评的一些带普遍性的问题,表示了建设性的意见。

《对于批评家的希望》,是迄今为止他写得最精粹最成功的一篇文艺短论。它的密度很大,论及文艺批评必须具有实事求是的态度,注重现象和本质的区别,考虑到范畴的规定性和真理的相对性等等。而所有这些,都是取喻类比,以讥诮的语调进行论述的。对于日见其多的批评家,他轻蔑地写道:

> 独有靠了一两本"西方"的旧批评论,或则捞一点头脑板滞的

先生们的唾余,或则仗着中国固有的什么天经地义之类的,也到文坛上来践踏,则我以为委实太滥用了批评的权威。试将粗浅的事来比罢:譬如厨子做菜,有人品评他坏,他固不应该将厨刀铁釜交给批评者,说道你试来做一碗好的看;但他却可以有几条希望,就是望吃菜的没有"嗜痂之癖",没有喝醉了酒,没有害着热病,舌苔厚到二三分。

作为姐妹篇,《反对"含泪"的批评家》则不作宏观的抽象的议论。鲁迅把胡梦华当成惟一的靶子,逐条反驳,皆中鹄的。对于旧派人物堵塞新潮流的进行这个基本事实,周作人一面反对"忍受",一面又主张"宽容";鲁迅则要求"聪明的批评家",都"应有对于新兴潮流的理解与承认"。他以为,"中国之所谓道德家的神经,自古以来,未免过敏而又过敏了",因此,无论是"老先生"或是"小先生",他都并不抱什么奢望。他研究过国民性,并不相信气质这东西会是那么容易改变的。

那么,他为什么还要不断地往稿纸上写:希望、希望、希望呢?

一个时期以来,鲁迅的脑中一直萦绕着《兔和猫》和《鸭的喜剧》的主题:生命的创造与毁灭。

创造是伟大的。弗洛伊德认为,人类的一切创造活动,包括文学,都是受到压抑而潜伏在下意识里的本能冲动,是性的潜在的产物。很早以前,鲁迅就倾心于叔本华、尼采、柏格森、弗洛伊德一流的关于人类的灵魂、意志、生命的哲学,并且从哲学的研读和生活的体验中,获得某种生命的悲剧意识。至于那些只为物质世界寻找知性的基础,完全遗弃了人生意义的泛逻辑主义的哲学,对他来说就变得无足轻重了。

一天,他突然冲动起来,想采取弗洛伊德学说,描写性的发动和创造,以至衰亡,从中解释人和文学的产生。于是连带想到古代神话,想到人类之母的女娲,想到她的抟泥作人和炼石补天的故事……

女娲忽然醒来了。就这样开始。弗洛伊德释梦,谓源自现实世界的不满足感。不是不足就是太多,这是很可懊恼的。性苦闷。就这么回事。太阳,月亮,眨眼的星,浮云与斑斓的烟霭,都有一种凄茫。女娲打欠伸,诧异,惊喜,疲乏,头昏,无所谓不耐烦,不歇手地做,焦躁地伸手与信手地拉拽,讨厌,有趣而且烦躁,夹着恶作剧的将手只是抡,愈抡愈飞速,抡、抡、抡……

伟大而寂寞的创造。

因为出于生命的本能,女娲的创造动机是纯洁的。她补天,只是出于同情,出于爱,出于对自己无意间惹祸的忏悔。总之,真正的创造者,都不是群小们所可比拟的……

第一节完了。他于是读报,恰好看见胡梦华对《蕙的风》的批评,说要含泪哀求,请青年不要再写这样的文字云。这可怜的阴险使他感到滑稽。这样,一个顶长方板的手段细巧的小丈夫,无论如何要在女娲的两腿之间出现了。

都是小东西。尽管装扮不同,而且会变花样不同的脸,却都一样的怪模怪样,言动异常,可怜可笑。他们或是呕吐得很狼藉,或是互相攻伐,以至天柱折,地维绝,随意糟蹋和毁坏着这世界。直到女娲去寻石头补天,他们也只有"冷笑,痛骂,或者抢回去,甚而至于还咬伊的手"。自私,阴险,卑鄙,龌龊,然而又都是女娲一手所做的小东西!

有建设就有破坏,可悲的是,建设远不如破坏来的快……

最后,女娲在紧张的劳动中躺倒了。禁军终于杀来,在一柄极大极古的大纛之下,手持斧头躲躲闪闪地攻到女娲死尸的旁边。他们选择最膏腴的肚皮上扎了寨,并且宣布说,惟有他们是女娲的嫡派,同时改换了大纛旗上的蝌蚪字,写道:"女娲氏之肠"……

女娲的伟大创造不但不被人们所理解,反而成了可供利用的偶像。这之后,代代相传的也只是关于仙山的传说,完全与创造者的事业无缘了!

悲愤到极处就是讽刺。往女娲的胯下塞些小东西,实在是一件惬意的事,只是由此陷入了自称"油滑"的开端。记得开始时是很认真的,而且原意也并非如此,但是没有法,明知可能破坏前后结构的完整性也只得这么写。女娲毕竟已经不再呼吸了。

《不周山》。

当鲁迅把最后一篇连同从前的小说一起结集出版以后,创造社的批评家成仿吾便以"庸俗"为名,加以一笔抹杀,只推《不周山》为佳作。这种粗暴的批评自然不能使鲁迅心服,为报复计,在集子印行第二版时,即将此篇删除,作为回敬的当头一棒——任由你笑骂去吧!我的集子里,而今只剩下"庸俗"在跋扈了!

## 52　声明:人格与艺术

《鸭的喜剧》尚未付印,盲诗人已经飘然返回了北京。

这一回,他并不作久居计,途经沈阳时便对记者说次年暑假要归国定居的。寒假期间,他先后到上海、杭州游览,其实都是出于一种惜别的心情。意外的是,开学后不到两个月,他却突然提前走了。

有谁能猜透盲诗人内心的秘密?寂寞难耐。北京所以是一片沙漠,难道仅仅因为没有花朵,没有音乐,黄莺和林子都远在千万里外的缘故吗?在这里,热心于世界语的同道太少了。从前,学生们熙熙攘攘前来听讲,原来不过是受了好奇心的驱使而已。他们听过几回之后,便都陆续退去,后来竟至于从最大的讲堂搬到最小的房间里去,听众也只剩下两个,连《安特莱夫与其戏剧》的讲演刚刚开讲就再也无法继续下去了。

此外,恐怕有一个很重要的诱因,就是剧评事件的发生。

12月底,爱罗先珂看了北大学生演出的《黑暗之力》和燕京女校学生演出的《无风起浪》。看后,写成《观北京大学学生演剧和燕京女校学生演剧的记》,于次年1月6日发表。

文章说,在文明各国中,女人不和男人一同演剧的可羞可惨的现象是只有中国才有;而北大学生演出时,以男扮女,竭力学优伶的模样,实质上是遵守旧的道德与旧的习俗。他指责道:"倘使连大学和专门学校的男女学生们,对于这一点简单的早为全世界所排斥的偏见,也竟奈何不得,则对于全世界正在激烈争斗着的社会问题和政治问题上,那里会给予一点微末的影响呢?"他说,这样下去,中国将会沦入更加可怕的黑暗。

观后感是由鲁迅翻译的。对于这篇记文,他已经预感到发表的后果,知道在中国非但不能容纳,还要发生反感的,尤其是在躬与其事的演出者。但是,他没有阻止的勇气,他了解这位异邦诗人对中国青年的热爱是何等深切,所以才有这样急迫的言论,况且人又老实,不懂得恭维。他也曾把罗素两年前来华讲学,回国后就著书称赞中国,以致门槛差点被中国留学生踏破的故事向爱罗先珂谈过,但没有用。俄国人好像总是特别一点的。

果然,剧评发表的当天,立即引起北大学生的抗议。参加演剧的学生魏建功答以《不敢盲从》一文,用影射、挖苦的语言对爱罗先珂进行人身攻击,并且特意在标题中的"盲"字及文内的几处"观"字和"看"字上面加上引号。

看了这篇文章,鲁迅气得差点要找魏建功角斗。在爱罗先珂的观剧记刊出以后,就有朋友告诉他说,不少人疑心文章是他做的,至少也有他的意见夹杂在内:因为常用"观""看"等字样,是作者本人所做不到的。他扫描的目光,不时地回到《不敢盲从》的最后一行:"我再感谢鲁迅先生介绍了爱罗先珂先生的教训的美意!"这不正是有意的暗示吗?

——卑鄙!

等到慢慢地冷静下来以后,鲁迅觉得,首先蒙受损害的不是自己,而是爱罗先珂。一个深爱着中国的外国人,在中国所应得到的回答就是这些吗?亏他还有勇气说拿"人格"做保障!什么人格!简直是"猴子样"!就是猴子!比猴子不如!

鲁迅不能让友人蒙受屈辱,他说话了:"若说对于魏君的言论态度的本身,则幸而我眼睛还没有瞎,敢说这实在比'学优伶'更'可怜,可羞,可惨';优伶如小丑,也还不至于专对他人的体质上的残废加以快意的轻薄嘲弄,如魏建功君。尤其'可怜,可羞,可惨'的是自己还以为尽心于艺术。从这样轻薄的心里挤出来的艺术,如何能及得优伶,倒不如没有的干净,因为优伶在尚不显露他那旧的腐烂的根性之前,技术虽拙,人格是并没有损失的。"

读报的当天就写下了自己的愤慨,题作《看了魏建功君的〈不敢盲从〉以后的几句声明》。

前两天,写《关于〈小说世界〉》,里边说:"凡当中国自身烂着的时候,倘有什么新的进来,旧的便照例有一种异样的挣扎。"这样男人扮女人的艺术,不就是一种异样的挣扎么?里边还说到中国青年中的"无从挽救"的"废物",其实就包括了魏建功一类的。旧小说,新小说,旧戏剧,新戏剧,闹来闹去,且新进的人们都喜欢以新潮派自居。没有人格的新,哪里来新的文艺?在声明的末尾,当他特别着重地指出这么一点的时候,简直要掷笔而起了:

临末,我单为了魏君的这篇文章,现在又特地负责的声明:我敢将唾沫吐在生长在旧的道德和新的不道德里,借了新艺术的名而发挥其本来的旧的不道德的少年的脸上!

此前,《晨报附刊》还发表过九篇批评《不敢盲从》的杂感。可是,所有这一切的辩护,都无法挽留爱罗先珂。4月,他走了。

爱罗先珂终于走了。

作为朋友,还能做些什么呢?鲁迅默默地翻译了他的童话《红的花》;为了出版《桃色的云》,亲自描绘了石刻云纹作封面,并在上海订制了一千枚三色套印的爱罗先珂像,供新潮社出书使用。他很珍重《桃色的云》,许久以后,在劫难中设法挽救有数的几部书籍里就有它。那是盲诗人特别喜爱的作品,译本里,保留着他们两人共同消度的时光。

感情是美好的,不然,人们不会珍惜它,为它付出沉重的代价。在世间,见利忘义、卖友求荣的固然不少,但是看重感情的人也不是没有。像鲁迅,就很念旧。然而他不是那种浅薄的感情至上主义者,为了真理,他宁愿抛弃多年的老朋友,即使内心深处也不无悲悼。正因为这样,他常常要被那些末流作家或小报记者描绘成褊狭阴险、反复无常的小人。可是,这些于他又有什么关系?他个人就不时地解剖自己和背叛自己,他从不觉得自己特别的崇高。

北大发生风潮,他便颇不满于蔡元培,而寄同情于风潮中的牺牲品冯省三。老朋友又如何?难道人类的尊严仅仅是权力者才配享有的吗?

那已是去年的事情了。学校数十名学生因为反对征收讲义费,风潮突然芒硝火焰般爆发起来。蔡元培等提出辞职,大部分学生便公推了代表极力挽留,表示反对风潮。未久,蔡元培等宣告复职,风潮又芒硝火焰似的消灭了。学校当局做出让步,取消了讲义费,但是却开除了一个学生:冯省三。

鲁迅历来认为,学潮总是事出有因,不会是空穴来风。譬如这一回北大风潮,旋起旋灭,难道竟只干系到一个人?果真如此,则一个人的魄力何其太大,而许多人的魄力又何其太无呢!

他认识冯省三,知道那是世界语的拥护者和宣传者,一个有为的青年。如果说他罪在带头反对征收讲义费,现在的讲义费不是取消了吗?既然事实证明了当初的要求是正当的,那么,凭什么理由勾销了一个青年的学籍?难道仅仅是为了保护当局或是个人的威权,才做出如此的惩罚?教育者们口口声声讲教育,找一个莫名其妙的借口就可以轻易地剥夺别人受教育的机会,难道不觉得这讽刺太大了一点吗?可愤慨的,还有所谓群众,真不知道何时才能变个样子!讲义费取消了,学生得胜了,有谁曾经想起过其中的牺牲者?谁为牺牲者祝祷过?……

再远一点,三贝子花园那里,有谋刺良弼和袁世凯而死的四烈士坟,其中有三块墓碑,直到今天还没有人去刻一个字!……

牺牲在祭坛前沥血,为群众祈福,祀了神道之后,群众就分他的肉,"散胙"了。试问,还能留下些什么呢?……

他写了《即小见大》,抒写了内心的忧愤。

冯省三被学校开除以后,同鲁迅的关系渐渐地密切起来。因为他经济困难,鲁迅也会不时地给他一点援助。后来,鲁迅赠他五元旅费,帮助他离开了北京……

送走爱罗先珂与冯省三,先后不满一个月。

## 53　八道湾院内的战争

鲁迅不会是一个幸福的人。

幸福,首先是关于个人的概念,是一种自我体验。而他,是连一点自我观照的余裕也没有的。幸福意味着完满,他却残缺不全;幸福包含着欲求,他却充满绝望。对于他,与其说是为光辉的理想而奋斗,毋宁说是为沉重的负担而生活。

婚姻完结以后,他只能作为家庭的一名旁观者,从亲人的谈笑中间寻找一点苦涩的安慰。最深沉的亲人之爱,当是在文学和科学事业上给予兄弟以支持,并通过他们建立与人类世界的更亲切的联系,同时表达着一种牺牲。而今,仅存的希望也幻灭了。

在这个时刻,惟有这个时刻,他才最直接最强烈地感受到了人类的自私和冷酷,以及灵魂的不能相通。

他站在悬崖上。他面临了精神崩溃的边缘。

战争来的如此突然,谁都未曾料想到,包括被卷进去的每一个人:鲁迅,作人,甚至羽太信子。

连整天呆在家里的鲁瑞,也一点看不出这场可怕的内战的迹象。战事发生以后的一个星期日,许羡苏去看望她时,她这样说:"大先生和二先生忽然闹起来了,也不知道是什么事情,头天还好好的,弟兄二人还忙着把书抱进抱出的商量写文章呢……"

战争双方都没有把秘密彻底揭开,如此一直到死。

一个奇异的谜。

而谜面是明白的。1923 年 7 月 14 日鲁迅日记记云:"是夜始改在自室吃饭,自具一肴,此可记也。"

五天连续在冷战中过去。

上午,作人默默走进屋里,把一封信放在桌面就又默然走了。信封上只有"鲁迅先生"四字,拆开来一看,是写得很简单的绝交书:

鲁迅先生:

我昨日才知道,——但过去的事不必再说了,我不是基督徒,却幸而尚能担受得起,也不想责难,——大家都是可怜的人间。我以前的蔷薇的梦原来都是虚幻,现在所见的或者才是真的人生。我想订正我的思想,重新入新的生活,以后请不要再到后边院子里来,没有别的话。愿你安心,自重。

七月十八日,作人

仿佛意料之中,竟却又困惑莫解。他请人到后院去把作人叫来说明这一切,然而竟看不到作人的影子。

阳光显得很悭吝。院子暗了下来。接着是雨,淋漓地下一个下午,青杨和丁香不住声地发出萧飒的吟响……

……不要再到后边院子里来……不要再到后边院子里来……不要再到后边院子里来……

……这个女人!

……当初,离开日本是为的谁呢?买下八道湾是为的谁呢?排长长的队伍日夜索薪是为的谁呢?……所有的钱都交出去了,还有东京……女人,女人,女人……女人真有如许大的威力吗?昏庸!……

……不要再到后边院子里来!

都说兄弟永不分家,这就是他所说的"蔷薇的梦"?那么种下的好梦为什么要亲手来摧毁?摧毁了的东西还能拼凑起来吗?为什么要拼凑呢?谁来拼凑呢?……丁香还是那丁香,青杨还是那青杨,八道湾还是那八道湾……只有你一人在这个家之外,在你曾经惨淡经营的这个家之外,你被放逐了,你完完全全地成了一个被放逐者!

……何事脊令偏傲我……有弟偏教各别离……百草园,三味书屋,蟋蟀,鸣蝉,念不完的四书、五经、唐诗……还有皇甫庄。看戏呀,钓虾呀,破洋山呀,弹地毛呀……都在一起,快乐的童年,忧患寂寞的童年……那小床,那院子,两个人自编自演的嬉耍,演到兄弟失散,沿路寻找的情形,便都同时凄苦地叫:"大哥呀!""贤弟呀!"……走向人生大舞台,就各各扮演多重的角色,但是原来那角色绝对不可能重扮的了!……"大哥呀!""贤弟呀!"……不要再到后边院子里来!

雨,雨,北方的雨,南方的雨……离绍兴时是雨,离南京时也是雨……离家,还家,离家,还家……在一起时,读一样的书,谈一样的问题;不在一起时,也读一样的书,谈一样的问题……书信来来往往,到了后来,索性就编号,至今已快到四百号了……

南京,东京,绍兴,北京……共同的道路,而今是再也不能携手同行了……以后他怎样走?何须问怎样走?反正是不再需要你了……雨,雨,风雨泥泞,但无论怎样他是不再需要你了!……

而你,怎样走?你知道吗?……

不要再到后边院子里来……

……始于《域外小说集》,终于《现代日本小说集》,心血字迹混杂在一起……你极力地扶助他,成全他,用他的名义发表各种译作,直至他名满京都的时候,你仍然放心不下,你一刻也没有忘记你是兄长,兄长应该做些什么……在绍兴会馆,你叫他将起草的讲义交给你看,由你修改定稿,甚至抄正了再给他带上讲台,他给《新青年》翻译的稿子又何尝不是如此呢?……你那许多辑录的古籍,都有他的一份劳作在的,这劳作,都仅仅是为了一种纪念意义而存在?……不要再到后边院子里来!

那么大的人出疹子,居然使你怀疑到了猩红热;远在西山疗养时,你总是极力地挤出时间,设法去看他,给他做伴。只要他病了,病得严重,你就惶恐终日,甚至胡思乱想到要替他料理后事照顾眷属那类事情来……他拿什么眼光看你呢?他为什么竟拿那样的眼光看你呢?……

……过去的生命。过去的生命哪里去了?……静静的病室。低低地读他病中的诗,读《过去的生命》,感受他那病苦呻吟中的诗思……是的,没有了,是永远永远地走过去了!……

你伤悼什么?值得你这般伤悼吗?……一切有价值的东西都值得怀念,为什么不呢?……可是,你所伤悼的是否都是有价值的东西?有价值的东西被毁灭以后还成其为有价值的东西吗?

你这个悲剧的角色!

……不要再到后边院子里来!……呵,你后悔了?所有应该支付的都必须支付,有什么可后悔的?然而,种花者得刺,这岂是公平的吗?世界上有哪一件事情算得上是公平的?是不是不公平就要反抗?你配吗?凭什么进行反抗?而反抗的结果又是什么呢?……惟有孤独不可战胜!……

……没有一个算得上亲人的亲人,谁也不会理解你!你是畸零者!……不要再到后边院子里来!还说什么呢?为什么要说呢?向谁说呢?如果愿意,你就从你的八道湾里搬出去吧……

……不要再到后边院子里来!……

黄昏模糊了昼与夜。窗外,雨下个不停……


鲁迅在痛苦的波涛中无望地挣扎。

一个以恢宏的目光关注着人类命运的人,却牢牢地被一层血缘的网络束缚住——这是怎样一种难堪的矛盾与撕扯!

然而,他毕竟是人,他一样渴望亲近和理解,一样有社会亲合的需要。在他付出牺牲的时候,他未曾考虑过报答;而一旦发现被掠夺,便不能不为自我的存在而抗争。当他致力于改造为封建社会所塑制的人格类型的时候,他同时在自己的身上看到那么多人性的弱点;而一旦遭受侮辱,却不能不为自己的清白辩护。可是,他太内向了。过分深刻的洞察力使他最终放弃了辩护权。只要认为所有的努力都无助于改变全局时,他就主动退让了。

在社会上,他可以作绝望的抵抗,不失为敌阵前的一名凶猛的战将;在家庭里却是一头和善的小野兽,在经了群兽的搏噬以后,只独自暗暗地舔伤口的血迹,咬紧牙关,不发一点儿声响。

## 54 砖塔胡同

总之要尽快地离开八道湾。可是,举目京华,何处是栖身之所?

焦躁中,鲁瑞告诉他说:许羡苏的同学俞芬小姐住的院子里,有三间北屋空着,只是屋子矮小,住家要比八道湾差许多。这时,住房条件对他来说并不是重要的。经过实地看屋,他决计先搬过去,作为一个过渡性居所,然后再找合适的地方。他让孙伏园托许钦文再转托许羡苏同俞芬商量,俞芬立即同意了。

书籍与朱安。

虽然他没有什么很庞大的搬迁计划,但是朱安的处置问题,足够令他烦恼。书放不下,可以用箱子装起来,搁到教育部里去;人呢?经受二十年没有爱情的婚姻生活的折磨,此刻,他真想做一个彻底的孤独者,把自己同一切所谓亲人和生人者隔离开来。但是,能够做到吗?

本来,一些朋友和学生都曾劝说过他:既然没有感情,就打发她回娘家,负担她的生活费用;比较时行的做法,这已是相当客气的了,何必为此牵累了自己,陪着她一起做牺牲呢?他不是没有过这样的打算,只是觉得太残酷了。按绍兴的习俗,一个嫁出去的女人,如果退回娘家,人们就会认定她是被夫家"休"掉的。那时候,家人的歧视,舆论的谴责,都将一齐向她袭来,她的处境将会变得不堪设想,甚至连她一家的社会地位也要大受影响。对于一个体格和情性都十分柔弱的人,她承受得起吗?这么一想,又不禁自责起来。

不过现在也着实到了一个关键时刻。他想,还是征求一下她的意见吧,于是把决定搬离八道湾,到砖塔胡同 61 号暂住的情况告诉了朱安;并且问她,是打算留在八道湾呢,还是回绍兴朱家?又说,如果回绍兴的话,他将按月寄钱供给她的生活。

两个人很少这样商量事情,对朱安来说,恐怕是男人的一次最亲切的谈话了。然而,这种亲切又是何等地叫人悲哀呵!

她回答说:八道湾我不能住,因为你搬了出去,母亲迟早也要跟你去的,让我独个儿跟叔婶侄儿侄女过,算什么呢?再说婶婶是日本人,话都听不懂,日子不好过呵。绍兴朱家我也不想去。你搬到新地方,横竖总要人替你烧饭、缝补、洗衣、扫地的,这些事我都可以做,你让我随你一起搬出去吧……

还说什么呢?

都一样是走投无路、无"家"可归的人。既然一同被命运捆了来,那么,也一同由命运捆了去吧!

砖塔胡同的房子的确十分逼仄。

朱安住在靠东的一间,西边靠近街门的一间是为鲁瑞暂住而准备的住房,余下的中屋是鲁迅的卧室、书房、会客室兼餐室,没有凸出的长炕,也没有后窗,加上拥挤的用具,处处给人以一种压迫感。

构成书斋特色的一角,陈设简单,却十分整洁。桌上是一方砚台,上面盖着红木盖儿,一支"金不换"毛笔,还有一个古董式的小水池。书橱和桌面都散置着书籍,但并不多,显示出主人在混乱中的严整。由于朱安房内光线好,又安静,鲁迅便把三屉桌安放在那儿,白天伏在上面工作,向晚才回到八仙桌这边来……

这个中年男子的特异的生活,成了孩子们追踪观察的目标。

俞芬一共三姐妹,大妹叫俞芳,小妹叫俞藻。7月的一个晚上,俞芬把她们叫到跟前,严肃地说:"大先生一家就要搬来了,他们是喜欢安静的,以后记住,不能吵吵嚷嚷,只能斯斯文文。"她见没有答话,就威胁道:"不听话,小心我的扫帚柄!"

没几天,叫"大先生"的果然搬进来了。他穿的白夏布长衫,留着短胡子,脸色铁青,没有一点笑容,看上去确实有点可怕。俞芳小姐妹俩走近前去,叫一声"大先生",向他深深地鞠一躬,又向站在他旁边的瘦小女人鞠一躬,就飞快地跑开了。

因为好奇,小姐妹俩常常隔着窗户偷看大先生他们。此后,一连好几天,都不敢接近这新来的客户。

俞芳在院子南侧的小土堆上种了一株芋艿,竟引起了大先生的注意。有一天,他指着芋艿向俞芳问道:"这是你种的吗?"

"是的。"

"为什么总是只有一片叶子的呢?"

"新叶出来了,嫩绿嫩绿的,非常好看,我就干脆把老叶摘掉了。"

大先生告诉她说,这样芋艿是种不好的,教她以后不要再把老叶给摘掉。

恰巧俞芬在旁听了,一个劲儿骂俞芳呆,大先生却微笑着说:"小孩嘛,总有小孩的想法和做法……"

俞芳从此不再害怕大先生了。她感到大先生细心,和气,总之没有姐姐厉害。

不久,大先生送给俞芳和俞藻每人一盒积木。小姐妹俩高兴极了。她们常常比赛看谁搭的积木好看,有时候,还请来大先生当裁判。他一边看,一边发表评论,仔细地指出花纹和颜色组合的美丑。平时,他还给她们改文章,画"小人",说故事,从来没有拒绝过任何小小的请求。虽然他少有兴奋的机会,在孩子中间,却会不时地开开玩笑。有一次,他伸出右手,捏紧了拳头放在桌上,叫三姐妹使劲打,并声明说他是不怕疼的。小俞藻第一个打,恰好打在那大骨节上,没有打痛大先生,反倒把自己的手给震疼了。俞芬不服,跑过去用力一拳,到底还是打疼了自己。"你们打人,挨打的没痛,打人的倒痛了——"大先生头一次笑得这么痛快,弯下腰,连连用绍兴话说:"畅肚呵!畅肚呵!……"

大先生喜欢甜食,尤其是奶油蛋糕。开始,他自己买了,也送给小姐妹一包。可是,俞芬收了起来,没有给妹妹们吃。大先生知道了,以后每次送给她们的糖果和点心,总是三包,大包的给大姐,两包较小的归小妹妹。对于孩子,甜食本来富于诱惑力,而这馈赠却还有着别一份沁人心脾的东西。

俞芳生肖属猪，俞藻生肖属牛，大先生就叫她们"野猪"、"野牛"，他很喜欢小姐妹俩身上的那股野性。她们探听得他的生肖是蛇，便称呼他做"野蛇"了。"野蛇！""野蛇！"她们联合起来对付他，一见面就齐声地嚷。

"蛇也有不野的吗？"大先生不但不生气，反而笑着反问道。

小姐妹俩听了，侧着头想了想，立刻格格格地大笑起来……

在家里，大先生只求安静。可是，两个小姑娘爱玩耍，常常叫嚷着互相追逐，闹得整个院子是她们的声音。大师母知道大先生在嘈杂时写不出东西的怪脾气，当吵嚷得凶时，自会走出屋外劝止。有一回，孩子们又在隔壁太师母处大声说笑，大先生亲自过来，笑着哄道："你们讲话，声音不要太响。因为我在写文章，如果听见你们的说话声，一不小心，就会把这些话写进去的。"

一天夜里，他刚刚睡着，就被住在南屋的两位女工吵醒，弄得彻底失眠，第二天不得不躺倒休息。

晚上，姐妹三人去看望他。俞芬说："大先生，你当时为什么不去制止她们呢？只要你大声咳嗽一声，她们听见了也会不吵的。"

大先生摇了摇头，说："她们讲的话又急又响，我听不清楚，不知道她们吵嘴的原因。既然口角起来，彼此心里都必定有一股气，即使喝止了，那气不顺也要失眠的。再说，我被他们提起了精神，也不一定就能睡着。她们吵累了，气消了，却是能睡好的。你一声咳嗽，或一顿喝止，让三个人里有两个失眠，不如让一个人失眠算了。况且，她们吵得起劲时，根本不会想到连累了别人，所以也很难怪她们……"

他是这样善于体贴人和尊重人，尤其是身份卑微者。他家的女工是满族人，惯吃面食，不爱米饭，他除了付给工资以外，还折给饭费，让她们另外吃面食；如果她们想吃米饭了，就一起烧。女工和主家的伙食可分可合，是十分自由的。每次请客，他都把她们计算在内，从来不会忘记她们。

对小人物的尊重，决非居高临下的施舍。俞芳姐妹多次听到大先生说起人力车夫,他都带着一种由衷的赞叹。小说《一件小事》,就是怀着深刻的自省意识写成的;从那些苦力身上,他惊喜地发现了人性的未泯的光辉。

初到北京时,他多坐骡车,后来也坐人力车。对人力车夫的穷苦生活,他体察得很深。是岁暮时节,他乘坐人力车回绍兴会馆去,一路上风雪交加,穿了棉袍依然感到砭骨的寒意。而车夫,却穿得非常单薄,特别是下身,只穿一条破旧的裤子。他想,这样怎么能御寒呢?到了会馆,他付过车费,特地多给了一元钱,让车夫买一条棉裤,并且说,这样下去要冻坏腿关节的。第二天天气更冷,他下班时,大大震惊于自己的发现,站在教育部门口寻生意的车夫,几乎全都是穿单裤的!

一天,他照样坐人力车从部里返回会馆,不小心把钱夹丢在车上。后来,被车夫看见了,急急忙忙跑进屋里送还给他,并一再要他当面清点一下,看有没有少了东西。他自然很感激,立即取出一元钱作为酬金。车夫不肯收受,经过反复劝说,这才最后收下,称谢而去。

说起这事情来,他不无感慨地说:"这钱夹如果被慈禧太后拾到,恐怕早就落到她的腰包里去了!"

在他自己,遇事总喜欢自己动手,不是那类爱消闲的人物。自己泡茶,自己收拾房间,凡是能做的事,他都不轻易求助别人,甚至女工。像敲煤块这类力气活,也是他自己干的。有一次,他敲破了手,弄得鲜血淋漓的,不包扎也不哼一声,抡起大榔头照样地敲,直到敲完为止。

他备有一整套的订书工具,工作之余,就自个儿装订或修补书籍。在书丛中间,引线穿针,敲敲打打,粘粘贴贴,大约该是他的一大逸乐了。

小姐妹们不能理解的是,这般叫人亲近的大先生,对大师母竟会是那么冷淡。

大师母平日沉默寡言,突出的前额底下有一双郁郁的眼睛。每逢节假日,她的房间也总是冷冷清清的,远不如太师母屋子里的热闹。她常常独自一人坐在自己的房内吸水烟,或者做做针线,有时则到太师母房里坐坐，往厨房里忙些杂活儿。

太师母在时，三个人同桌吃饭，气氛会好一些。倘使老人家去了八道湾，剩下两个人来，谈话就极少。大师母要是开口，无非是问问菜的咸淡，和口味是否合适之类；大先生或略一点头，或答应一声，接着就又哑然无语了。他孝敬太师母，出门时总要到她跟前转一转，告诉说"阿娘我去者"，回来时也一定来转一转，说一声"阿娘我回来者"，并且时常带着点心回来。这时，他便照例地先送给太师母挑几块，再让大师母挑，然后自己拿几块。在大先生和大师母之间，当面如何称呼，始终没有人知道。

大先生有一只柳条箱，他把底和盖分放在两处：箱底在他的床下，里面放着他换下来的要洗的衣裤；箱盖则放在大师母的房门右侧，被翻了过来，放置他替换的干净的衣裤。箱底和箱盖上面，都有一块白布盖住，很有一层神秘色彩。

大师母对大先生是很敬重的，只要大先生有客人来，她总是以礼相待。大先生病了，吃不下饭，她就把米弄碎，烧成容易消化的粥糊，还托俞芬到稻香村等有名的食品店里买糟鸡、熟火腿、肉松等为他喜欢吃的菜下粥，使他开胃，能够多吃。至于她自己，却是不吃这些好菜的。在大冷天里，她领了太师母的意思，给他做了一条新棉裤，并且小心地摆放在他的床头，万不料竟被他送了出来。后来，太师母托他的学生孙伏园劝说，也全然无效。

三姐妹常常跟大先生学做操。有几次，当着大先生不在的时候，大师母也参加进来，和姑娘们一起做。她们心里都觉得好笑：年纪这么大了，腰腿又不灵活，再加上伶仃小脚，弯不下，跳不起，又何苦来！后来才悟到，原来她是暗暗地敬慕大先生，学大先生的样子，挣扎着要跟上大先生的步伐呢！

她对俞芳说："过去大先生和我不好，我想，好好地服侍他，一切顺着他，将来总会好的。"

怀着这份希望，她还说："我好比一只蜗牛，从墙根一点一点地往上爬,虽然爬得慢,但是我相信总有一天会爬到墙顶的……"

这就是孩子们眼中的大先生:热情,亲切,严肃,神秘。

其实,大人的世界哪里是未谙世事的孩子所能窥测的呢?对于鲁迅,那深沉的忧患意识,波涛般骚动不安的情绪,恒定的寂寞感,即使同代人又有几个可以知晓?

他苦闷。倘使到了极度紧张的时候,就拼命写东西,喝酒。酒是好东西,喝了就把一切都忘了。平时诅咒中国人健忘,此刻却要拔除自己的记忆!有时候,酒是一整夜一整夜的喝,于是发烧、咳嗽,肺病开始袭击他。病了就病了,病了照样喝,——生命算什么东西呢!……

在绍兴会馆的时候,也曾病过一回,叫日本医生看过。别人问起他身体怎样,他便说:"我还未死呢!"那时候,虽然精神并不见得特别振作,但总想做事情,不像现在这般自戕,时时想到死。

然而,当"金不换"一旦捏在手中,他又清楚地意识到了自己的道德责任。他必须向前走。可是,当他向着一个目标走去的时候,那目标又迅速向后退去,而遗下一片无可触及的空茫……

他绝对不是幸福的人。他从来未曾满足过,只有空虚、渴求和痛苦。他的奋斗是孤独的。然而,正是这样的奋斗,赋予他以稳定的、强韧的、崇高的品格。

## 55 《呐喊》:悲剧系列之一

在砖塔胡同,来访的青年并不很多,常来的有:孙伏园、常维钧、章廷谦、李秉中,以及许钦文和许羡苏兄妹俩。

在与作人决裂以后,由于精神所受的刺激,他曾声明两条定例,即一者不再与新认识的人往还,二者不再与陌生人认识。当他得知章廷谦偕爱人见访,立即写信辞谢,说:"此事并无他种坏主意,无非熟人一多,世务亦随之而加,于其在病院也有关心之义务,而偶或相遇也又必当有恭敬鞠躬之行为,此种虽系小事,但亦为'天下从此多事'之一分子,故不如销声匿迹之为愈耳。"这种遁词,不过是抗议作人夫妇的一种变态的表现罢了。

他虽然甘于寂寞,但同他们在一起时,仍然是愉快的。因为借此,他可以暂时忘却家庭的烦恼。

在这个小圈子中,过从特别亲密的是许钦文。

《晨报副刊》刚刚发表许钦文的几篇作品,就引起了鲁迅的注意。他问孙伏园"钦文是谁",当孙伏园告诉他说"就是许小姐的哥哥"以后,他便随时要孙伏园转达对于那些作品的看法,存在些什么问题,应该注意些什么,等等。

许钦文家境贫寒,流离颠沛,在"冠盖满京华"的境地里受到这样的关怀和指导,自然是十分感激的。

他很自卑,第一次见到鲁迅时显得异常拘谨。大约鲁迅看出来了,所以特意和他多说话。到了第二回,他同孙伏园一起去送戏票,并且同鲁迅一起看过新戏以后,便不再有什么顾忌,常常一个人遛到砖塔胡同里来。

这次看的新戏是由北京人艺戏剧专门学校演出的。北京很少人赞成新戏,因此这学校很受社会的鄙视。但是,作为社会教育司的科长,鲁迅是支持它的,因为它代表着戏剧改革的先声。

"今天这剧场里的空气倒不坏!"开演不久,鲁迅轻声地对许钦文说,显得很有兴致。

戏剧学校的学生,一开始公演,便是男女同台。的确,这不是爱罗先珂在时,那种男人扮女人的艺术所可比拟的。那时候,剧院就像肉菜市场一样的乱哄哄。他曾经慨叹过,像这样的剧院,即使有很好的剧本和演员,也是演不成好戏的。

"编剧本,"鲁迅又轻轻地说,"总要比小说多用些功夫。小说的读者,一般是知识分子;戏剧的观众可不同了,各方面的人都要照顾到,台词就得格外通俗和精炼。所以编剧本,就得使用一种独特的语言,即'戏剧语言'。在结构方面,写小说也比编剧自由得多,'焦点'可以随意安排。而戏剧则要顾及主角的精力,不能每场都出台,总得有个间歇的时间,编剧本不容易,如果要编,总要有点舞台经验才好。"

有个短小的哑剧,终幕打破偶像,从那里抽出一卷纸,接着展开,现出"还我自由"四个大字。还有做市虎伤人的表演,说是能够把坐在汽车里的阔人,和跟在汽车后面吃灰尘的穷人的魂灵互相调换,使得阔人的魂灵,也饱吃一顿由汽车掀起的灰尘。

鲁迅一边看,一边说:"无论小说或是剧本,只要说出了一般读者和观众想说而不能说的话,总会受到欢迎的。对穷苦人来说,哪一个不憎恶伤人的市虎呢?哪一个不想'还我自由'呢?让阔人也吃些灰尘,自然大快人心……"

离开剧场,走在灯火阑珊的路上,鲁迅继续对许钦文说:"对于吸引观众的注意力,戏剧有着许多有利条件:首先是音乐,还有舞台,那高大的建筑,生动的雕刻,美丽的背景,各色的灯光,总是堂堂皇皇的。我想,利用戏剧艺术来宣传新思想,实在很不错!"

"戏剧,"默默地走了一段路以后,鲁迅又开口了,"无论是喜剧、悲剧,都可以受到观众的喜爱,只要编得出色。比如莎士比亚的剧本,喜剧《威尼斯商人》和悲剧《哈姆雷特》,就是有代表性的作品。不过,在悲剧的种类里,我看还可以划出一部分来算作惨剧的……"

谈到喜剧、悲剧和惨剧,鲁迅认为,这类名称同样可以用到小说上来。

接着,谈起近作《祝福》里祥林嫂的命运,他说:"到后来,祥林嫂被弄得活既活不成,死也死不得,如果有鬼,将永远见不到惟一亲爱的阿毛了,悲惨到了极点。但是,这种痛苦,并不是她自己寻出来的。祥林并非她害死,再嫁本非她所愿,阿毛是狼拖去的,都出于无可奈何,所以说是惨剧。"

《祝福》无疑是一部少见的惨剧。人世间的不幸,几乎都集中到了一个普通农村妇女的身上。政治的,经济的,文化的,社会的与自然的,诸种因素交织而成大网罗,使祥林嫂无法挣脱。她有过追求,有过抗争,但是一次又一次的奋飞都落在鲁四老爷的手里。当她从地主老爷那里赚得出卖劳动力的资格,平稳地过上奴隶生活的时候,曾经一度产生过满足感。她的丈夫和儿子相继死去以后,再嫁再寡的遭遇,已经使她无可挽回地成为一个败坏风俗、亵渎神明的人物。于是,她被宣布说不准去拿祭品,即使辛苦一年的工钱捐了门槛,代替她给千人踏、万人跨,也不可能改变她的非人地位。世间最残酷的,莫过于把一个人绝对地孤立起来,并且产生犯罪感!她成了乞丐。她死了。"一个人死了以后,究竟有没有魂灵的?"一个受苦的灵魂在追问人类的良心:你知道吗?你能回答么?你将施舍什么?……

结果,只有连天爆竹的近于反讽的回声……

鲁迅拿《阿Q正传》同《祝福》做了比较,一时很难确定它算不算"惨剧"。他说:"阿Q被绑上囚车拉去枪毙。因为他有抢劫的嫌疑,这嫌疑由于做了小偷,做小偷由于失业,失业由于他向吴妈求爱,好像悲惨的结果全是他自己找寻出来的,似乎是悲剧性的。但阿Q却弄得姓也没有了,连名字叫阿桂还是阿贵,也都弄不清楚,成家已经完全成了奢望,这才跪到吴妈跟前去的。总的说来,原也是很惨的……"

同鲁迅分手以后,许钦文对孙伏园说:"今天看戏只一场,关于戏剧的知识可得到不少!"

"是呀!"孙伏园应和着说,"大先生讲的这些,许多是我从前没有听到过的。今天他好像特别高兴,看得出他是有意更多地帮助你的哩!"

鲁迅第一个小说集《呐喊》,和《中国小说史略》一起由新潮社出版了。对于孤立无援的他,多少可以算是一种精神上的补偿。

由于情感牵挂着已逝的时光,而理智又追蹑着前驱的战士,这样,便使得他选取故乡谙熟的人物作为国民的代表;又从现代意识获得了一种亲和力,创造出中国白话小说的第一个悲剧系列。其中,少有自然灾难和政治冲突,少有爱情和道德纠葛,少有"性格悲剧"的产生。即使偶尔笔涉英雄人物,如夏瑜,其旨也不在唤起崇高感,唤起一种仿效的冲动,而是置之于群体之中,让读者从形象的对立中反省自己。悲剧系列中的主角,大多是"小人物",他们表演的多是"无事的悲剧"。鲁迅的悲剧观念,乃是将人生有价值的东西毁灭给人看,试图唤醒关于人的一种新的价值观。

鲁迅创造的悲剧主要来自个人与其所在的世界之间的不可避免的矛盾和失调,这种不协调性是普遍存在的,因而表现为"大众的灾难"。人们首先要生存,要温饱,然后求得发展。但是,所有这些基本的、合理的、正义的要求,都受到了强力的阻挠,几乎无一例外地变为非法的、有罪的,根本不可能实现的。小说旨在揭示人类的基本要求与社会结构的矛盾,其中所有悲剧性的角色,都成了僵死的制度和陈腐的观念的牺牲品。无论是默默的生存,还是发狂般的抗争,最后,他们都注定要担负不幸、失败和死亡。由悲剧所唤起的,未必都如亚里士多德式的怜悯和恐惧,或如高乃依式的赞美,它可以因悲愤而至于冷肃,达于非"净化"境界——对于个人或社会历史的反思。

《呐喊》突出地显示了鲁迅作为一个出色的文体家的存在。在十五篇小说中,可以说,每一篇都是一种"有意味的形式"。这些小说,不但以激进的民主思想和鲜明的反专制主题,突破了中国古典小说的固有格局,而且以结构大于情节、空间大于时间等现代小说观念,以及富于独创性的美学风格,启示了大批的新进作家。

《中国小说史略》首次打破了中国小说自来无史的局面,同样具有开拓的性质。它所以变得重要,并不只是因为材料的丰富和体系的完整,可以省去研究者的许多查考的功夫,还因为它提供了新的观点和方法,奠定了中国古典小说研究的方向。

这部学术著作评论和涉及的作品近二百部,鲁迅从大量的作家、作品和文学现象出发,阐述小说的演变过程,揭示了小说发展的内部和外部的规律。他总是把小说放到当时的社会条件下进行具体的历史分析,特别重视政治、宗教、社会风气对文学的影响。在总体上，他把握了作为东方文化和专制政体的产物之一的中国古典小说的局限性，又不囿于一定的理论框架，发隐抉微，见解精辟。虽然，《史略》是关于中国文学方面的具有很大独立性的学术建构，但由于著者具有宏放的眼光，能够以世界文学作为参考坐标，所以在夹叙夹议中间，一样闪烁着思想批判的光芒。

《呐喊》出版后，立即引起评论界的一片赞誉之声，被公认为划时代的小说集。

被鲁迅严厉批评过的胡梦华，也著文称许它的思想的深刻性，以及其中的讽刺性质和地方色彩，认为"不仅是时下一般小说家流所梦想不到的，从历史上找，也很难找得着可与比拟的人"。稍后，《京报副刊》以《一个俄国的中国文学的研究者对于〈呐喊〉的观察》为题，发表了《阿Q正传》的翻译者王希礼致曹靖华的信，说读了《呐喊》以后，"我很佩服你们中国的这一位很大真诚的'国民作家'！他是社会心灵的照相师，是民众生活的记录者！"又说，"他不只是一个中国的作家，他是一个世界的作家！"鲁迅的作品开始走向世界。

相对而言，《中国小说史略》的命运是寂寞的。然而，赞誉也罢、寂寞也罢，他都没有心思去计较这些了。都过去了。

运动退潮了。战友解散了。所谓"兄弟"又如何呢？大红色的《呐喊》封面，赫然印着"周作人编"的字样，其实，《史略》的缘起，也都跟他有关系的。然而这一切，不都已经成了虚幻的"蔷薇的梦"了吗？……

新的战友在哪里？

## 56　《彷徨》：悲剧系列之二

"钦文！你今天下午还有事情要做的吗？"

许钦文在《法律评论》社做抄写、校对和发行工作。白天，他一面做工，一面到大学旁听。这一天，他下课以后，匆匆忙忙地折返报社，在东华门前,忽然听到叫他的熟悉的声音。

他扭头一看,见是鲁迅,十分高兴,随即高声回答道:"没有了!"

拉车子的跑得快,许钦文还留在东华门,鲁迅已经进了南池子的北口了。

"我们一道到中央公园喝茶去,我等你!"鲁迅旋转身子大声喊道,到了南口,又补充说:"长美轩,或者来今雨轩!"

许钦文快步经过天安门,买了门票,先到长美轩一望,茶摊上已经坐满了人,只是不见鲁迅。他继续向北走,一转弯,果然有人远远地向这边招手了。

鲁迅招呼他坐下以后,让他在一旁喝茶,自己则拿着报纸默默地翻阅,等茶房走过,轻声说了些话,不久就送来了一盘热气腾腾的包子。

放下报纸,鲁迅拿起一只包子,微笑着说:"这里的包子,很可以吃,不过我有一个就够了。"说着,用另一只手把盘子推到钦文的面前:"来,这些就由你包办吃完罢了。"

他很快吃完了一个包子,就又把报纸拿了起来。

不用多久,许钦文也把盘上的包子吃完了。这时,他才放下报纸,折拢,和茶桌上其余的报纸一起叠好,从衣袋里摸出一个铜元来压在报纸上,缓缓地说:

"以前,我还在日本的时候,写了稿子,自己以为还不错的,寄到上海商务印书馆去投稿。从此,一直等候着登载这稿子的刊物能给我寄来。过了许久终于寄来了,可是并不是盼望中的那刊物,而是我寄去的稿子,还是原封不动的呢。我不灰心,继续写文章,仍然寄到上海商务印书馆去。不久又退回来了,而且附来了字条,说是这样的稿子,不要再寄去了。这自然使我感到失望,但仍不灰心,还是写了文章寄去。后来,我到底出了几本书,是翻译的。回国以后,到北京来做事,商务印书馆也要出我的书了……"

"说这些干什么呢?他不是也在课堂上说过的吗?"许钦文暗暗猜想。

他接着说:"不过,事情总是多方面的。我和商务印书馆的编辑人员,虽然非亲非友,却也没有什么仇恨。我们写文章,总得有点新思想,总得发表点关于改革的意见,总得要让读者吸收点新知识。尤其是有为的青年读者,不满现状,渴望改革,总得设法给他们一点什么。编辑人员呢?本来是应该站在读者一边的,后来我明白了,事情并不完全是这样。且不说其中还有相当保守的部分,惟恐出了乱子要敲破饭碗,因此总是编发一些四平八稳的文章,即使是维新的,总也有所顾忌,因为编辑人员的上面还有总编辑和馆长、社长之类的老板,他们更要考虑到利害关系,害怕讽刺性的文章。如果触犯了有权势者,不但编辑的饭碗要打破,连刊物也要办不下去。当然,我们不会因此搁笔,仍然要写讽刺文章,仍然要揭破黑暗。不过要注意写得含蓄一点,不大刺眼。又要使明白的读者能够领会到。总之,在这种情况下,我们写文章投稿的就得多化一点心思,写得能够通过编者的眼睛,实际上,也不要使他们太为难,否则,发表不出去,不是等于白写了吗?"

鲁迅一边说,许钦文一边点头,"唔唔"地表示同感。其实,他心里还是在猜疑,先生为什么要邀他到公园里来说这番话……

静默了一会,鲁迅拿起茶杯,喝了一口,说:"钦文,你那两篇稿子,我看都可以的。可是,听说有一篇退回来了,是吗?"

许钦文这才恍然明白了。原来鲁迅介绍他的两篇稿子到上海商务印书馆去,知道有一篇退回了,担心他以后不敢再把稿子投到上海方面去,于是特地安慰他,鼓励他继续写稿的。他觉得眼眶里潮乎乎有一股热意,连忙回答:"是的,退回的那篇稿子,我已经收到了!"

鲁迅听了,微微一笑,习惯地环顾了一下四周。

卖报人疲惫不堪地缓步走来。鲁迅定神看了看他那打皱的脸部,随即从他面前的报纸里抽出一份,往衣袋里摸出几个铜元,加在原来压在报纸上的铜元上面,指着抽出的报纸,说:"这一份,我买下了。"

"是!"卖报人略一弯腰,拿起铜元和报纸又缓步走了过去。

"你在北京,已经为一般读者所知道;即使有人不赞成,因为你要讽刺他们,使他们皱眉头,但总算熟悉——有点知名的了。在上海,却还不行。自然,采用老作家的稿子比较稳当,编辑也不至于冒险,但老是用他们的稿子,新作家怎么能起来呢!"鲁迅点起纸烟,吸了几口,说:"所以,我总想自己办点刊物。不让新作家起来,是不行的!"

他显得不胜感慨,苍白的脸,也因此变得微红起来。这时,许钦文感到自己与先生的距离顿然缩短了许多,于是壮着胆子,把一个总想探究明白而又不好意思开口的问题终于说了出来:

"大先生,你为什么要给《幸福的家庭》加上那样一个小标题呢?常常有人向我提到这个问题,我回答不好,说实在话自己也很想弄个明白。"

1923年,不少报刊发起关于"爱情"、"配偶"之类的问题讨论。其中,有些意见是十分荒唐的。许钦文在《妇女杂志》上看到《理想的配偶》的征文启事,觉得可笑,便写了一个讽刺性的小说《理想的伴侣》。发表以后,鲁迅因此生了一篇小说的构思,这就成了《幸福的家庭》的来由。发表时,他加了一个副题,曰:"拟许钦文"。

鲁迅的小说比起许钦文的原作,显然具有更为开阔的艺术视野。他不仅没有局限于批评个人至上的狭隘的幸福观,针对五四运动的高潮过后,青年知识分子相当普遍的逃避现实、脱离社会的倾向,进一步批判了他们对于现存制度的不切实际的幻想。小说写一个文艺家的角色,为了捞取几文稿费维持生活,面壁虚构了一个题名为"幸福的家庭"的文稿。他不断为现实问题所困扰,最后写不下去,只好抓起仅仅写了一行题目和一堆草草的稿纸揉成一团,掷到字纸篓里。这对鼓吹"天才"和"灵感"的创造社一流的文艺家,也是一个讽刺。总之,只要黑暗而混乱的社会存在一天,就根本不可能摆脱个人的困境,什么爱情、婚姻、家庭的种种讨论,都只是梦呓而已。

见许钦文如此认真地提起这个小说的小标题,鲁迅不禁笑了,反问道:"你是怎样猜想的?"

"因为你早就留了胡子,而且在机关里办公,从来不写这类男女私情的小说,所以做一个声明,还有,就是想拉我们青年人一把,是吗?"

"不是的,"鲁迅笑着摇了摇头,说,"不是这样的。"

"究竟为了什么呢?"

"我不是已经在《附记》里写明白了吗?"

"是因为看了我的小说,你才产生了写作的动机,是不是?"

"这也是,不过那小标题还是有一个'拟'的问题,所谓'拟',首先是拟你的轻松的讽刺笔调。"

"讽刺的作法,我原是从你那里学来,而且还没有学好……"

"但你那篇小说,用的是个轻松的讽刺笔调。"

"你讲《儒林外史》的时候,不是强调这个方法,叫我们好好利用的吗?"

"是的,不过你没有听清楚'轻松的'这三个字。自然,我不是说你的笔法已经很老练了,你年纪还轻,怎么可能老练呢?"鲁迅停了一下,说:"我也常常写讽刺文章,但是没有你的轻松,往往弄得很沉闷,我那《幸福的家庭》,你看写到后面,不就渐渐地沉闷起来,露出了本相——'拟'不成了吗?"

说完,自嘲似的大笑起来。

"大先生,"静默间,许钦文谈起了小说史的课程,说:"我总觉得你讲的不完全是中国小说史,甚至重点也不放在那里,是不是这样呢?"

"唔,是的,如果只是为《中国小说史》而讲中国小说史,那是一点意思也没有的。现在的问题是,首先要使大家明白,我们的老祖宗有许多乌烟瘴气的东西,非反掉不可。但这并不是几个人口头上说说就可以做到的,总要养成一大批能写的青年作家才好。要韧斗,要在文化上有成绩,非韧不可。但是旧势力也很韧,决不是一下子可以消除的。"鲁迅一口气说下来,使劲吸了几口烟,又继续说,"为了那个小标题,《幸福的家庭》发表以后,就起来了一种'广告'论,说是我那个小标题,是给你做广告的。'广告'就'广告',算得了什么!但不久又起来一种'同乡'论,这就很无聊了,说是我给你做'广告',是因为同乡的缘故。你看,无聊不无聊?"

不等许钦文回答,他仰起脸,自顾自地哈哈大笑。

冲开水的过来,鲁迅要他把账算了,把一块银元交给那人,顺熟地打开小包裹,放进报纸,随手包好以后,余钱已经送来。他没有检点,顺手塞进衣袋,就站起身来往外走。许钦文发现,先生的动作分外敏捷,也许是突然想到了时间?

在砖塔胡同的极其简陋而拥挤的小房子里,鲁迅一共写出了十余篇作品。

其中,除了《祝福》和《幸福的家庭》,还有两篇小说:《肥皂》和《在酒楼上》。著名的讲演稿《娜拉走后怎样》和《未有天才之前》,都是在这期间经他校正发表的。另外,还写了论文《宋民间之所谓小说及其后来》,校勘了《嵇康集》,编完了《中国小说史略》下卷。

《呐喊》的出版完成了一种状态。以《祝福》为过渡,鲁迅的小说开始进入一个新的阶段。

前一个阶段主要取辛亥革命前后的历史为背景,人物大多是记忆中的农民,他们代表了中国的传统意识,自私、保守、自大、蒙昧、麻木,在一个古已有之的封闭的社会里默默挣扎;而刚刚展开的小说创作,则多以受洗于五四运动的中国现代知识分子为主角,虽然经济条件的改善仍然是他们争取的目标之一,但是使他们深感痛苦的主要是精神追求本身。因此,小说不再重在客观地描写社会现状,而着力表现个体心灵的差异、矛盾与分裂。如果说前者是"遵命文学",倾注着人道主义的巨大的热情,那么后者的战斗意气已经退减了不少,由于个性主义的挫折和理想主义的幻灭,在刻画一代知识分子的形象时,不免掺入了作者自己的孤独与伤感。前者结构严谨,语言简朴,凝炼含蓄;后者的技巧方面圆熟多了,形式更富于变化、流丽、泼辣,且恻恻有哀情。

对于社会人生的严重关注,鲁迅从来未曾改变自己,但是在艺术上却不许有丝毫的重复。《肥皂》和《在酒楼上》是以两个历经改革风云的人物为中心构成的小说，其中一个类似戏剧，一个颇像抒情诗，格局是很两样的。

四铭是一个具有高度认识价值的人物。在戊戌维新的浪潮中，他做过"奉旨改良"派。从前他极力提倡开学堂，后来竟称之为"胡闹"；他曾经攻击过反对女子的守旧派，结果大彻大悟，以为军人土匪还情有可原，搅乱天下的女学生是必须严办的。他是一个处于五四这一特定社会背景中的反改革派，一面骂"鬼子"，一面将儿子送进"中西折中的学堂"；一面保存国粹，一面不用国粹的皂荚子而用肥皂；一面复古，一面崇洋；一面淫猥不堪，一面维护道统；一面统摄家政，一面非常"惧内"，可以因太太一顿斥诘而成"无告之民"。可怕的"二重思想"，是很容易为中庸之道统一起来的。其实，这两者都是国粹，是中国文化传统所特有的东西。

如果说，鲁迅对四铭是无情的冷嘲，对吕纬甫则是有情的讽刺，在运动的冲击下，吕纬甫也曾经是一位"改革家"：到城隍庙里拔神像的胡子，连日议论些改革中国的方法以至于打起来……曾几何时，往日的幻想、自信、敏捷、精悍，都已消磨殆尽，变得模模糊糊，敷敷衍衍，随随便便，做了教师以后，甚至连教 ABCD 或《女儿经》之类的新学旧学之争，也看得无可无不可了。然而，从另外的两件事情看来，却又未失其认真、严肃与热情。一是为了满足母亲的祈愿，回乡迁葬小兄弟的骨殖；二是为了补偿旧日的心愿，送给邻居顺姑以她喜爱的剪绒花。既然改革已经无望，这类的小事情有什么意义？何况小兄弟已经踪影全无，寻找的少女也久离人世了呢？难道只有借无聊的事情，才能体现一个人的人格、价值与潜能？有所体现又怎么样？倘使全然为了心的慰安，那么这又是何其渺小的满足呵！

在酒楼上。酒，烟，对着窗外的废园，两个旧日的同学朋友就这样相聚在一起。"我"因懒散与怀旧的情绪而甘心于远行，吕纬甫则为无聊的事情而绕点小圈子。"我"说："觉得旧乡固不是我的旧乡，但南来又只能算一个游子，无论那边的干雪怎样纷飞，这里的柔雪又怎样的依恋，于我都没有什么关系了。"吕纬甫则说:"以后?——我不知道。你看我们那时豫想的事可有一件如意?我现在什么也不知道,连明天怎样也不知道……"在这里,"我"和吕纬甫都是一个人,鲁迅只不过借了他们作心灵的对话而已。关于干雪与柔雪的抒情文字,一看就知道,那是后来的散文诗《雪》的精魂。他们或有所期待,或有所不安,无非是作者个人的苦闷彷徨的独白。

作为艺术形象,当然不可能完全等同于作者本人。譬如写于两年前的《端午节》,教书兼做官的方玄绰分明有着作者的影子,连"'差不多'主义"也未尝没有鲁迅的思想在内的,但是,恼太太之无教育之类,又显然风马牛不相及。小说中的人物构成,其中一部分是意在回避副作用,另一部分则使用艺术上的夸张,特意把自己身上所有的缺点尽量夸大,即运用所谓"性格反语",以最强烈的自嘲和诅咒鞭打自己。这种憎恶与决绝的心情,一般人是很难理解的。

鲁迅的小说创作,动机在疗救社会,那是包含了疗救自己在内的。按照他的逻辑,解剖自己是一个前提,尤其在写知识阶级的时候,他总得先行反省一下。总之,他不会让自己轻松和超脱起来,他简直在找机会虐待自己。

## 57 西三条新居·老虎尾巴·闯"盗窟"

初到砖塔胡同,鲁迅经常对人说:"我打算在这里嬉嬉,也许人会胖起来。"其实是自我欺骗,他根本未曾认真"嬉"过,自然也不见其胖,九个多月以后就离开这里了。

自从鲁迅被逐以后,鲁瑞颇不习惯于作人一家的生活,虽有男女仆人,有时也得自炊而食。她离不开朱安,对于老大所受的委屈,更是不平而且惦念,这样便常常白天来砖塔胡同,晚上回八道湾去,有时还住上一两天。鲁迅知道母亲的心情,为了安慰她,使她能同自己一起安住,几乎一进砖塔胡同就又开始找房子了。

1923年10月底，鲁迅议定购买宫门口西三条胡同21号房宅一所，议价八百元。幸而许寿裳和齐寿山各人借出四百，才免了那份毫无积蓄的狼狈。翌年1月，交清余款，他便成了新屋的主人了。

所谓新屋实际上是一所旧独院，有房子六间，粉壁都剥落了。鲁迅亲自设计了一个方案进行改修，终于建成北屋三间，南屋三间，东西厢房各两间，同前后院子搭配在一起，构成一座严整而小巧的四合院。

修建完毕，鲁迅有一种如释重负的快感。一天，许钦文来访，他见过面就立即告诉说："下个星期日，打算搬到西三条胡同的新屋里去住了。"

接着，他告诉钦文，新居有一间可以独立工作的小房子，于是取出图样来铺在桌面，伸出手指头指着北屋后面中间的一个凸出的地方，说："就是这里，北京叫'老虎尾巴'的；整排的房屋等于是一只伏着的老虎，尾巴便这样拖了出来，——你看像不像？……"

老虎尾巴！

星期天，许钦文吃过中饭，赶到西三条胡同去。

依次找到了门牌，看上去台门并不高大，他敲门进去以后，见院子里的房屋也不显得高大，不知怎的，竟觉得这同鲁迅个人是很相称的：上下里外，一座普普通通的民房。

"有什么事情可以让我帮忙的吗？"见到鲁迅，许钦文高兴地问。

鲁迅也很高兴，说："先领你到各处看看再说。"

他陪着许钦文看了三间南屋，说是打算做会客室兼书房的；随即通过院子，从短短的小弄堂穿出去，便到了北屋的后面。小小天井显得有点空落，因而使三间平房中间的突出的小屋，显得特别抢眼。

"这就是老虎尾巴，有点像吧？"鲁迅指着小屋子说："自然，真的老虎尾巴还要长一点，而且末梢总是有点弯拢的。哈哈！有一点像就是了！"

转到老虎尾巴里面，鲁迅面向北墙的玻璃窗，往后园望了一下，说：

"这样采光,上午下午的光亮没有大变化。如果从东面采光,上午光线强,下午就暗沉沉的了;如果从西面采光,相反是上午暗沉沉,下午光线强。这种情况,就是一年四季,也都差不多的。写字桌放在东墙下面有好处,那么右手执笔写字,不会遮光。"

许钦文暗暗佩服先生做事的细心。

鲁迅说着,显得很得意,可是一谈到门窗的式样和构造时,立即失了笑容,露出满脸不愉快的神色:

"改革,实在是难! 就说这小小屋子,无论泥水匠和木匠,都总是要依他们的老法子做,稍微改变一点,就得空费许多口舌。我是多半托人代办的,不好意思多说,自然只好将就了!"

许钦文见他仰起脸不再说话,便问:"怎么这一间的屋顶特别低?"

"这倒是我故意造成这样子的!"他又一下子变得愉快起来,笑了笑,说:"因为便宜点,这是灰棚,上面是平顶的,比较正式的房屋,钱可以省去一半多,北京叫做老虎尾巴的特点,就是从正屋后面拖出一间灰棚。哈哈! 现在我是已经住到老虎尾巴里来了!"

说完,又大笑了一阵。

大玻璃窗下,是用几块硬木板在两条长凳上搭成的卧铺。许钦文凝视着这卧铺,心里顿时起了一种紧张的感觉:

"大先生,有什么要帮忙的吗?"

"那么,帮我抬一下这个吧。"鲁迅指着写字桌和书架子说。

可供摆布的器具并不多,很快就都搬弄完毕。鲁迅指着西墙下的椅子叫许钦文坐下,随即从抽斗里拿出一本《纺轮故事》,说:

"这书,你大概在《附刊》上逐段看过的了,但我仍然送你一本。今天搬来的东西,已经大体安放就绪,细小的事情我可以独个人做的,而且并非就得都安排好。还有几箱书,本来寄存在别处,过几天再去运回来也无妨。今天是星期日,要是没有别的事就再坐一会儿,不要紧的。"

许钦文想到写稿子的事情,只好起身告辞。

两个星期以后。

砖塔胡同那边来了一大群：许羡苏、王顺亲和俞芬三姐妹，她们都是特地来看大先生的新屋的。

女孩子的到来平添了新居的热闹。刚走进院子，鲁瑞、鲁迅和朱安，都闻声迎了出来，一家人把她们当成贵客来接待。

大先生兴致极好，亲自陪她们四围参观。

前院有两株枣树，树下种满了一色的太阳花。鲁瑞指着枣树说："这树上结的枣子没尝过，如果好吃，一定请你们来吃；万一味道不好就做蜜枣，还是好吃的，当然还得请你们来。"

她会说话，把女孩子们都逗乐了。

大先生看了看院子说："这院子树太少了，太阳花虽好，一种也毕竟单调；再说太阳花怕冷，秋风一起便要枯干，所以我打算再种些树。母亲喜欢花木，我已向云松阁定购紫、白丁香各两株，将来种在院子偏南的两边；碧桃一株，榆叶梅两株，种在母亲窗前，这样她可以隔着玻璃窗看花。可现在不是种树的时候，看来只好等明年春天再种……"

是不是突然想起了八道湾里的丁香和青杨？他好像颇郁郁，便也不再往下说了。

俞芳十分雀跃，连连拉着大先生的手说："太好了！太好了！明年这里就要变成大花园了！"

"想是这样想，但也不一定的，不知道这泥土是不是合适，"鲁迅说："另外，这些娇贵的植物，能不能经得住冬天的大风雪也很难说。不过，也只好种起来再说了。"

转到后院，鲁瑞回房休息去了，朱安到厨房里料理菜饭，作陪的只剩下鲁迅一个人。

由于院子小而空旷，东南隅的一株青果累累的杏树立刻吸引了两个小女孩的注意。鲁迅看着她们，笑道："等它熟了，便请你们来吃，好吗？"

"吃不完，我们还得用袋子带回去。"俞芬笑道。在砖塔胡同，她是常常带头敲大先生的"竹杠",要他请吃东西的。

鲁迅却一本正经地说:"记得绍兴出杨梅、出瓜的地方,都是只管吃饱,不许带走的,我们这杏树也按这规定办吧。"

大家听了,忍不住大笑起来。

后院里可观赏的大概只有一只深而且清的小水井了。鲁迅嫌这里太单调,报告说,这里明年也要种上几株树:花椒、刺梅,还有白杨……

完了,鲁迅领她们到每间屋里看去。所有的墙壁都粉刷过,裱褙过,家具什物也收拾得干干净净。同砖塔胡同比较起来,房屋显得特别宽敞;加之窗子多而大,自然给人以一种明净舒适之感。

在北屋,饭桌前挂着一幅小男孩的肖像,是在砖塔胡同没有见过的。鲁迅介绍说:"这是我四弟的遗像,你们仔细看看,他的相貌像谁?"

她们都说四先生长得很像大先生。鲁迅说:"这张画像的脸部是仿照我的画的,怎能不像呢?"

接着他小声地告诉她们:"当时,请来的画师没有看见过四弟,只好详细地询问四弟的相貌、年龄、身材、衣服等等。而母亲在悲痛中一时也说不清四弟的特征来,只说他长得很讨人欢喜,白白胖胖,穿和尚领长袍,等等。画师听了,得不到要领,无从下笔。我知道画师为难的是脸型,于是向画师说:'四弟的面容很像我,就照我的脸画好了。'这才解决了画师的困难。"

俞芬问道:"这幅画有大人脸、孩子身的缺点,太师母会看不出来吗?"

鲁迅说:"我至今没有告诉过母亲,也不曾告诉过别人。既然画像是为了安慰她的,只要她满意,精神有所寄托就好了,何必一定要告诉她这些呢!"

大先生也撒谎。

走进老虎尾巴,又看见一张肖像,那是挂在东壁书桌上方的照片:瘦长的脸庞,粗大的颈项,接连在一起如同一根大木桩;眼镜架在鼻端,显示着不可干犯的威严,紧连着厚嘴唇,八字胡子突出地高高翘起。

"大先生,这是谁呀?"

鲁迅回答说:"他是我在日本读书时的老师,藤野先生。"接着,他以一种少有的柔顺的语调,介绍这位旧日的师长,说起一些与自己相关的情节来。只是临末,令人纳罕的是,适才那么可爱的笑容全都从蜡黄的脸上消失了……

三天之后。一个有风的晴和的下午。

新居的安置告一段落,鲁迅便独自一人回到八道湾大宅去,打算取走存留的古籍和古物。

章廷谦住在他原来住过的房子里。他先到这里看了一下,然后走进小厨房,拿起一个洋铁勺往水缸中舀水喝。章廷谦见了,请他进屋喝茶。他说:"别惹祸,管你自己!"喝完水,就径自到后院里去了。

不一会,后院传出骂詈的声音。

——"不要再到后边院子里来",这不是早经"最后通牒"的吗?怎么能这样擅自闯将进来呢?鲁迅马上陷入了周作人夫妇的包围之中。

但是,他好像全然听不见泼过来的恶言秽语,只是静静地蹲在老地方捡他的书,像一尊石像一样。作人随手抓起一本书,用力远远掷入,以示警告,他仍然置之不理。

章廷谦闻声赶到西厢房,正好遇到作人举起墙角的狮形铜香炉,向鲁迅的头上砸去,便急忙抢了下来。他劝作人回房以后,随即退出外院,以为天下从此可以太平了。

其实,战争刚刚打响。

信子叮叮叮地忙着挂电话。她要把救兵搬来,借助外力,压一压鲁迅的气焰。果然,舅子重久、朋友张凤举、徐耀辰都很快来到了。信子向他们历述鲁迅对她不敬的"罪状",凡有遗漏处,作人立即加以救正。简直不容置辩。

鲁迅说:"这是我们周家的事情,别人不要管。"

张、徐二人听了,不加劝阻就退出去了。信子见状,立刻撒起野来。

鲁迅向作人说："你们说我有许多不是，别的不说，单是离开日本回国做事来支持你们，总算是不错的吧？"

作人把手一挥，说："以前的事不算！"

鲁迅不想与他们纠缠，取过部分书物就离开了，从此不再回来。

次日，作人写了一篇题为《"破脚骨"》的短文，特意拿到外院给章廷谦看。"破脚骨"是绍兴方言，即无赖、光棍、流氓、劫掠者。文章说："打倒又爬起，爬起又打倒，这两句话实足以代表'破脚骨道'之精义了。"

三个月后，鲁迅为手编的《俟堂专文杂集》题记道："迁徙以后，忽遭寇劫，孑身逭遁，止携大同十一年者一枚出，余悉委盗窟中。日月除矣，意兴亦尽，纂述之事，渺焉何期？聊集燹余，以为永念哉！甲子八月廿三日，宴之敖者手记。"取名"宴之敖者"，他后来解释说："宴从宀（家），从日，从女；敖从出，从放；我是被家里的日本女人放逐出来的。"

至此，两人作为兄弟的关系史全部结束。

《诗经》有诗云："东有启明，西有长庚。"古人用以比喻兄弟的失和。启明和长庚都是金星的别名，由于运行时所处方位不同，故将黄昏见于天际的称长庚，凌晨见于天际的称启明。恰巧，鲁迅周岁时得的法名就叫"长庚"，"启明"则是周作人的字。母亲鲁瑞不无遗憾地对许羡苏说：龙师父给大先生取个法名——长庚，绍兴叫"黄昏肖"，二先生叫启明，也就是"五更肖"，两星是永远不相见的。

## 58 西 安 行

1924年仍然是"军阀年"。

这时，国民党与共产党的统一战线已告成立，三民主义有了新的阐释，黄埔军校正在筹建中。但是，反动军阀并未受到重大的威胁。"二七"大惨案的鲜血在流。学生运动和工人运动的浪潮相继低落。各地军阀的野蛮统治，军阀与军阀之间的混战，构成了中国政治的主要背景。

军阀刘镇华以镇嵩军入陕，在动乱之中，窃据了陕西省长兼督军的位置。为了盗名欺世，巩固地盘，利用征收的烟卷特税，创办了"国立西北大学"。暑假前，特意筹设了一个"暑期学校"，邀请国内的学者名流前来演讲，借以宣传他的文治武功。

在被邀的十多名讲师中间，最先没有鲁迅的名字。鲁迅的陕籍学生王品青知道了这个消息以后，当即写信向西大校长傅铜推荐。他和同学王捷三常到鲁迅家中请教，因此知道鲁迅有创作历史小说《杨贵妃》的计划，并且有游一次西安的意思，便以唐人"孔子西行不到秦"的话从中劝诱。结果，傅铜很快发出邀请，而鲁迅也很快接受了。

对于长期以来中国女性所负的亡国的责任，鲁迅是颇不平的。在译日本历史小说《三浦右卫门的最后》时，他强烈地感觉到，杨贵妃的遭遇，与右卫门是很相类似的。但是，关于这事的著作虽然多，却以文明的材料及浪漫的诗意掩盖了玩弄和虐杀生命的事实，与日本小说的命意并不相同。因而，他愿意做一篇小说，发掘人间的真实；然而又望不见人类的黎明，每当想起自己的计划来，总不免爽然若失……

计划中的小说是从唐明皇被暗杀，刀锋落到自己的颈上的一刹那开始，倒叙他的一生，与杨贵妃缠绵了千百年的爱情故事。其实，两人之间的所谓爱情早已衰竭了，不然何以会有"七月七日长生殿"，密誓世世代代为夫妇的情形呢？在爱情浓烈的时候，怎么会想到来世？玄宗以来生为约，无非等于宣告爱情的完结罢了。到了马嵬坡，军士们要杀她，如果玄宗对她还有一点爱情，又岂有无法保全她的道理？只是到了垂暮之年，玄宗回忆起当年行乐的情景，心里才后悔起来，以致生出一场大大的神经病。一位道士用了催眠术替他治病，使他和贵妃终于相见，然而不过幻梦而已。

关于唐明皇和杨贵妃的性格，盛唐时代的政治、地理、宫室、人体、服饰、饮食、乐器以及其他用具等，鲁迅都有过很仔细的研究，如果能够实地考察一回，获得一些感性印象，于创作不是没有补益的。

自然，这时他的心情很不好，也需要一种解脱。大约有十年的时间，他未曾外出旅行了。虽然他不是那类可以遁情山水的人，可是又何必与生命为仇,终日闭门喝酒以自苦呢?

风雨当途。

7月7日晚,鲁迅一行十余人登火车,乘民船,辗转西来。用他后来的话来说,"道中喝了不少的黄河水",终于到了西安。

陕西是闭塞的,贫穷的,荒凉的。陕西人是朴实的,安静的,沉默的。江南游子,是第一次置身于西部高原,目睹由古老的黄河所孕育的中国文明。从"五胡乱华"起,直到民国后的战争,陕西人几乎每代都要经受一场浩劫。现代军阀,决不会比古时的行伍更人道一些。《晨报》曾经连载过军阀陈树藩等残害人民,如曝尸烈日、酷吊、戴肉镯子、煮人肉、穿肉背心、穿火鞋、骑火马等情形,那是连张献忠也要自愧弗如的。这里的物质生活,简直贫乏到极点。一切日常用品,都从外省远道运来,价钱也特别昂贵。人们往往衣不蔽体,连引渡他们来陕的船夫,竟也赤条条地一丝不挂!在精神上,"理学气"笼罩一切。对于妇女,夫死守节是普遍的道德,即使十几岁的寡妇也得遵从,不敢僭越。

现实社会的情形,给鲁迅的游兴蒙上了一层阴影;众多的名胜古迹,不但没有美好的弥补,反而处处留着缺陷。在古董铺里买点古物、碑帖之类还算如意,不然,他简直沮丧极了。

现在的西安毕竟不是唐代的长安,除了每户人家的门上贴着诗画,算是"遗风"之外,所谓古迹实在已经模糊得很。例如古陵,秦始皇的只是一座小山丘,周文武的只是一块毕秋帆题的墓碑,此外什么痕迹也没有。人们不知道墓中究竟是否秦皇汉武,只凭相传的一句话,便永远如此这般地崇拜下去。大小雁塔在悬想中是壮丽的,但看重修碑记,最早不超过清代乾嘉时候,可知距古代已经十分久远。就算函谷关,远望中也是一番新式洋楼的气象。"曲江流饮"原系八景之一,现在江水干涸,是再也流不出旖旎的风光了。在昭陵,那带箭的骏马和鸵鸟的石刻,总算使他追想起唐人魄力的宏放雄大,可惜的是,这样的古迹并不多见,残缺、零乱、颓唐,而且大多数都是伪古的。在他看来,就像看梅兰芳扮林黛玉,姜妙香扮贾宝玉一般。原来他还打算到马嵬坡去的,为避免看后更加失望起见,也便终于没有去成。

同来的孙伏园,对于此行却是相当满意的。初到时,他便为一片白色的木槿花所感动,对鲁迅说:"将来,《杨贵妃》里应该有一片白色木槿花。"意外的是,鲁迅静立而无所表示。孙伏园深感疑虑,对先生的脾气,他是有着相当的了解的。

鲁迅的答复是:"我不但什么印象也没有得到,反而把我原有的一点印象也打破了!"

21日,暑期学校正式上课。

鲁迅讲的是《中国小说的历史的变迁》,课程计八天,十二个小时。他从《中国小说史略》中提取精要的内容,减去繁难的考证,重点放在整个文学的发展规律的阐发上面。就内容而论,更是远远超出了小说史的范围。

开宗明义就是进化论。

他在说明中国进化的特殊情形以后,特别指出,进程虽然较慢,但进化是肯定的。然而,他又指出,时至今日,在许多作品里面,唐宋的,甚至于原始的思想手段也都依然存在。关于文艺发生学的观点,突出地重视劳动与宗教,他分析中国古代神话所以呈片断性、没有长篇的原因时认为,主要在中华民族过于劳苦和易于忘却,这是与长期形成的经济状态和民族性格相关的。文学的发展,首先决定于社会环境和政治风气,至于文学的自律,他倒谈得很少。在谈到汉末到六朝这一"篡夺时代"的小说时,他指出政治力量对文学的直接干预和影响,说:"汉末政治黑暗,一般名士议论政事,其初在社会上很有势力,后来遭执政者之嫉视,渐渐被害,如孔融、祢衡等都被曹操设法害死,所以到了晋代底名士,就不敢再议论政事,而一变为专谈玄理;清议而不谈政事,这就成了所谓清谈了","而《世说》这部书,差不多就可以看做一部名士底教科书。"这一时期的文人和文学的命运,在中国历史上是具有代表意义的。

此外，他谈了佛道二教的影响。作为意识形态之一，哲学思想对文学的影响是不容忽视的，他在唐宋小说的比较中着重说明了这一点。在谈到依靠集体力量编纂的《文苑英华》、《太平御览》和《太平广记》时，他深刻地揭露了统治阶级的文化政策："此在政府的目的，不过利用这事业，收养名人，以图减其对于政治上之反动而已，固未尝有意于文艺；但在无意中，却替我们留下了古小说的林薮来。"

他高度评价《阅微草堂笔记》的作者纪昀，鼓吹"攻击社会"的叛逆精神，说纪昀很有可以佩服的地方，"生在乾隆间法纪最严的时代，竟敢借文章以攻击社会上不通的礼法，荒谬的习俗，以当时的眼光看去，真算得很有魄力的一个人"。相反，俞万春作《结水浒传》，说山寇宋江等，一个个皆为官兵所杀，这在鲁迅看来，文章虽然漂亮，描写也不坏，但思想实在未免煞风景。

进化论于鲁迅，不是一个空洞无物的框架，当它作为当时最先进的世界观而被把握被改造时，就与一种素朴的阶级意识一起统一到他的身上来了。对于鲁迅，与其说是从进化论到阶级论，毋宁说是进化论中有阶级论，只是到了后来，随着新的理论学习与斗争实践的累加，阶级论更为突出，上升到了一个主导的位置而已。

从自身痛苦的命运出发，鲁迅一直同中国农村保持着某种亲缘的关系，即使作为官僚和文化人而置身于上流社会，也从未忘怀那些以大量的血汗、不幸和死亡掩护过他的广大的底层的人们。在中国古代优秀的知识分子当中，他秉承了忧患意识与为民请命的传统，而大异于旧式或新式的名教清流；对于外来文化，有选择地吸收和融会卢梭的重社会的启蒙理论，尼采的重个人的生命哲学，19世纪"摩罗诗人"的浪漫主义精神，俄国及其他弱小民族文学中的人道主义思想，从而铸就自己的基本人格。当他一旦介入新文化运动以后，便强烈地释放出其中的爱爱仇仇的情感，那带有鲜明的个性色彩的阶级战斗的光辉。

在关于小说史的演讲中，鲁迅把文学结构同文化性格结合起来进行分析，鞭笞了中国人的爱面子主义以及其他种种劣根性。他指出，董解元的《弦索西厢》和王实甫的《西厢记》等许多同类的作品,都导源于元微之的小说《莺莺传》,但后世的作品都以大团圆为结局,这是与原作不同的。他说:"这因为中国人底心理,是很喜欢团圆的,所以必至于如此,大概人生现实底缺陷,中国人也很知道,但不愿意说出来,因为一说出来,就要发生'怎样补救这缺点'的问题,或者免不了要烦闷,要改良,事情就麻烦了。而中国人不大喜欢麻烦和烦闷,现在倘在小说里叙了人生底缺陷,便要使读者感着不快。所以凡是历史上不团圆的,在小说里往往给他团圆;没有报应的,给他报应,互相骗骗。——这实在是关于国民性底问题。"《红楼梦》的价值,其要点正在"敢于如实描写,并无讳饰";其续作却是同样的"补其缺陷,结以团圆"。甚至连源流出于《水浒》的一些侠义小说,竟也逃不出这样的布局,事情就不仅仅是一个文学问题了。

但是,鲁迅毕竟是一个文学家,因此在小说源流的叙说中,也就不时地谈一点文章作法,如摹仿、讽刺、夸张、写真实等,以期在创作实践方面对学生有所启发。其中,有一个很值得注意的地方,就是他从审美的角度把握文学的本质,在把审美的无功利性作为鉴赏判断的前提之一的同时,也把鉴赏的无功利性看做文学作品的构成要素。毋庸置疑,鲁迅的创作具有明显的政治功利性,但是这种功利性又是通过艺术的非功利性来实现的。他批评说:"中国人看小说,不能用赏鉴的态度去欣赏它,却自己钻入书中,硬去充一个其中的脚色","满心是利害的打算,别的什么也看不见了。"因此,他反对把小说写成"劝善书",说:"文艺之所以为文艺,并不贵在教训,若把小说变成修身教科书,还说什么文艺。"

演讲的结果如何呢?一定会给在陕的学生以很大的教益的吧?但是,以鲁迅个人的观察,总以为自己讲的不论可悲还是可笑,听众一律是木然的反应,这不免使他觉得投火之无聊。

刘镇华让秘书请鲁迅给他的下级官兵演讲来了。东道主有一个要求,即演讲时调换一个题目。虽然没有具体命题,但用意是清楚不过的,反正丘八们不会需要那类干巴巴文绉绉的东西。

鲁迅不会连这点悟性也没有，但他的答复是愚顽的："给士兵讲可以，但是我还是得讲小说史，因为我只会讲小说史。"他不愿意为权势者歌功颂德，但是对于他们，又保持着某种警觉，有时甚至于对决无杀身之祸的小事情，也不肯直抒己见的。

然而，像这样明显的拒绝，难道是可以容忍的吗？

连当代圣人康有为也得吹捧自己，何物鲁迅，居然摆起臭架子来！刘镇华大为震怒，正当他掀去"礼贤下士"的假面而将有所动作之际，经人出面劝阻，才勉强作罢。

《新秦日报》仅仅因为透露了"兼座怒形于色"的消息，就被罚停刊了好几天！

总之，陕西的天空不见得就比北京晴朗。计划幻灭了，又不能写东西，除了古迹、古董，暂且回到古代去，还能干点什么呢？无聊间找寻刺激，竟找到鸦片上头去了。

在西安，鲁迅常穿一件黑布裤，一件白小褂，上街时再加一件白小纺大褂，头发零乱而长，面色很是晦暗。他的牙齿全部作深黄色，牙根则浓黑如漆，于是许多人都暗地里把他看做鸦片烟鬼。传闻到了他的耳朵，他并不当一回事，说："烟鬼就烟鬼，算什么呢！"

他终于叫孙伏园弄鸦片去了。

这时西安的鸦片不但没有禁绝，而且相当通行，有的军官家里还备有三四套烟具的。孙伏园托在省署任秘书的同学张辛南设法，自然很快找到。孙伏园觉得烟嘴太大，与纸烟雪茄过分悬殊，吸时极不方便，浅尝一下便放下了。鲁迅倒吸得顺利，待静静吸完，孙伏园问他有何感觉，有没有西方文人吸用麻醉剂以后那种"烟士披离纯"的产生，他摇了摇头，苦笑着说：

"只是有些苦味！"

使鲁迅颇获好感的怕只有易俗社。他在西安一共看的五场戏，都是这个剧社演出的。易俗社于民初成立，虽然主事人多有变动，但改良秦腔，自编剧本，却是始终一贯的。现在的社长吕南仲，与鲁迅同是绍兴人，久居西安，编著了不少秦腔剧本。他对鲁迅景仰已久，加上一层同乡之谊，言谈起来感到格外亲切。每次看完戏后，他都要请鲁迅谈谈意见，鲁迅从小喜欢戏曲，有很高的鉴赏力，对于这些剧目，总是热情地给予好评。

易俗社得悉鲁迅、孙伏园、夏元瑮三人提前返京的消息，特意设宴饯行。平时，鲁迅是极其讨厌什么宴会之类的，此行对西大的洋气十足的招待也颇不满，但是对易俗社的邀请，却毫不辞让，欣然前往。

适逢易俗社成立十二周年，鲁迅特拟了"古调独弹"四字，制成匾额，以同行的集体名义见赠。

"古调虽自爱，今人多不弹。"用唐人的诗意评价和鼓励剧社中人，倒也并非因为他特别喜爱作为"古调"的秦腔本身，可是，剧社立意改革的态度，以及认真严肃的台风是他所欣赏的。在一个艺术气氛十分稀薄的僻远之地，像这般的不媚群俗，有所操持，并不是容易做到的。他喜欢"独弹"两个字。

临行之前，鲁迅突然感到不安起来。

陕西人费心劳力，用各种的车载船装，请到这里来演讲，虽然说用的是官费，但毕竟是榨取当地大众的血汗所得，那么你留给陕地一点什么呢？一门不痛不痒的课？一块匾？一席空话？你不觉得你们是在内地里行骗吗？他找来孙伏园商议说："我们应该把陕西人的钱在陕西用掉……"

其实，他的经济状况并不好，单是买西三条新宅就背了一笔债；来西安前，又从孙伏园处借了八十三元，到西安发薪后归还的。然而，他并不顾及这些，他害怕的是精神债务。

他打听得易俗社经费困难，决定同孙伏园从讲学酬金中各拿五十元捐赠，由孙伏园亲自送去；计除路费外，还有多余，则全数赠给西大工人。同行的夏元瑮不主张多给，说："工人既不是父母，又不是儿子，而且下一趟不知什么时候才来，我以为多给钱没有意义。"鲁迅听了非常反感，特意告诉孙伏园，仍照原议多给。

全部交了出去,人就轻松了。

回京以后,鲁迅不禁怅然怀念起西安。

他捡了几种自己的著译:《中国小说史略》、《呐喊》、《桃色的云》,分寄给易俗社和西大的几位师生。他们都曾以热诚招待过他这个远客。此后,他还与孙伏园一起邀王品青等人上了一回馆子,答谢他推荐的盛意。

陕西旅沪青年为了报道陕西的灾情,计划出版《洪荒月刊》。筹备期间,主编周茨石写信给鲁迅,希望取得他的支持。他欣然回信说:"灾区的真实情形,南边的坐在家里的人,知道得很少,报上的记载,也无非是'惨不忍睹'一类的含浑文字,所以倘有切实的记录或描写出版,是极好的。"

一个叫曹冷泉的青年,带了自己写的关于灾区的纪实文章拜见他。他改过几个字,随即介绍出去,很快也就发表了。

西北之行,使鲁迅对于中国社会多出了一个观察点,认真说起来是收获不小的。但是,他又极其珍惜桌上的时光,以为这样不做事的闲逛,耗去生命不少,心里有一种紧迫感。自从大病过后,他自觉活不久,无论对国事或个人都极其绝望,常常自暴自弃。离京二十天,改变一下环境,心情便变得开旷了许多,虽然未能从根本上消除精神上的苦闷,但总算有了对工作的渴望,许久以来所未有过的这种渴望。

他自集了《离骚》的句子为联,请同事乔大壮写了,端端正正挂在西壁上。联为:

"望崦嵫而勿迫,恐鹈鴂之先鸣。"

## 八　女师大风潮

对文艺家来说,政治决非不祥之物。

正因为他把自己投置于权势者与众多的奴隶之间,承受加倍的压迫、冲击与摩擦,他的人格和艺术,才闪耀出如此炽烈的光华。

### 59　讲台上:《苦闷的象征》

希望是什么?是娼妓:
她对谁都蛊惑,将一切都献给;
待你牺牲了极多的宝贝——你的青春——她就弃掉你。

他曾经执希望之盾,抗拒那空虚中的暗夜的来袭,但此刻已经放下来了。没有爱憎,没有哀乐,也没有颜色和声音。他听到了裴多菲的"希望"之歌,在远方,一如自己的灵魂的低吟……

西壁的联句有一种"黄昏意识",渗透着浓重的悲凉感和危机感。可惨的人生!他就这样在黄昏中惊觉,在消沉中挣扎,在绝望中行进……

他在《希望》中写道:所有充满过血腥的歌声都变得空虚了,他不能不悲悼青春的逝去;可是,更可悲的是连身外的青春也快要逝去,世上的青年也多衰老了。没有星光,没有月光,没有僵坠的蝴蝶以至笑的渺茫,爱的翔舞。然而青年们很平安……

从西安回来以后,他从忧郁的波特莱尔和冷峻的尼采那里获取了一种最适合于自己的语言形式,表现内心深处的爱与仇,梦与醒,明与暗,那令人战栗的困惑、矛盾与不安。于是,有了《秋夜》、《影的告别》、《求乞者》,有了以后的一个长长的散文诗系列。他布置下枣树,枣树之上的奇怪而高的天空,星的冷眼,严酷的繁霜,夜游的恶鸟,制造出一个黑暗、诡谲而荒凉的世界。他写影,写无所赠的虚空和无所往的彷徨。他写颓败的泥墙、断砖、充满灰土的道路,写各式的然而又近于一式的求乞者。其中,"我"也一样求乞,用无所为和沉默,但将得不到布施,甚至布施心,而只有自居于布施之上者的烦腻、疑心、憎恶,以及虚无……

《影的告别》,以最分明的线条显示了诗人自身的苦闷:

有我所不乐意的在天堂里,我不愿去;有我所不乐意的在地狱里,我不愿去;有我所不乐意的在你们将来的黄金世界里,我不愿去。

然而你就是我所不乐意的。

朋友,我不想跟随你了,我不愿住。

我不愿意!

呜乎呜乎,我不愿意,我不如彷徨于无地。

我不过一个影,要别你而沉没在黑暗里了。然而黑暗又会吞并我,然而光明又会使我消失。

然而我不愿彷徨于明暗之间,我不如在黑暗里沉没。

然而我终于彷徨于明暗之间,我不知道是黄昏还是黎明。我姑且举灰黑的手装作喝干一杯酒,我将在不知道时候的时候独自远行。

苦闷。无人知晓,无人理解的苦闷是大苦闷。人们往往把苦闷从战斗者的身上抽离出来,而喋喋不休地加以指摘,以快乐为惟一健康的神色。他们不知道,人世间的苦闷可以有各种形态,苦闷之于战士是远出于庸人的快意之上的。一个从事独战的战士,苦闷只能是战斗的派生物或伴随物,甚至可以说,要消除苦闷除非也消除了战斗。未经黑暗的压迫,没有探索,没有受伤,没有痛苦,又何尝可以明白那纠缠如怨鬼般的苦闷的根由呢?满嘴高调的论客,无非自画招供,表明自己的隔膜、麻木,以及浅薄而已。

三年以后,这些散文诗便构成了一个名为《野草》的集子。作者表白说,他的哲学全都包括在这里面了。"生命的泥委弃在地面上,不生乔木,只生野草。"也许,他真的坦然欣然于未来的被烧毁,连同以野草作装饰的地面,但当此际,地火尚未喷出,仍然处于艰难的运行和奔突之中。

几乎与此同时,鲁迅开始翻译厨川白村的文艺论文集《苦闷的象征》,边译边印,把清样发给学生,作为在各校讲授的文科辅助教材。

厨川白村是日本著名的文艺评论家,毕业于东京帝国大学,得文学士学位,后来留学美国,在熊本、京都和东京等地任大学教授,曾因重病割去一足,于1923年关东大地震时罹难。他的著作相当丰富,属于国内最畅销的书籍之列。

厨川的性情是颇为激烈的,他对日本社会的病态现象,尤其是思想文化界的缺失和痼疾,多有痛切的批评和辛辣的攻击。因此,他不为周围的上流人物所欢迎,却赢得广大青年的喜爱。对于这位招惹不少怨敌的辣手的批评家,无论是人格、思想或文辞,鲁迅都是非常欣赏的。

《苦闷的象征》一书,比较完整地体现了厨川白村的文艺思想。

全书共分四个部分:第一创作论,第二鉴赏论,第三关于文艺的根本问题的考察,第四文学的起源。其主旨,作者说得极其分明,就是"生命力受了压抑而生的苦闷懊恼乃是文艺的根柢,而其表现法乃是广义的象征主义"。

厨川白村的文艺思想,主要来源于柏格森、弗洛伊德、康德、克罗齐等人的学说,特别是柏格森的生命哲学和弗洛伊德的精神分析学说。然而，厨川是很有独创力的。他不但致力于吸收，重要的是对前人学说的修正和改造。对于柏格森的哲学，厨川撷取了关于生命力的观点，作为自己的理论的核心概念，却摒弃其中的直觉主义的若干因素，那以未来为不可测的非理性的成分，而把诗人看做是时代的先知。弗洛伊德的关于潜意识的发现，对厨川的理论无疑产生了重大的影响，但是他并不满意于"泛性说"，以及从性欲出发的对于人类精神世界的消极说明，而强调生命力的突进、跳跃和创造。所以，从鲁迅看来，《苦闷的象征》既异于科学家似的专断和哲学家的玄虚，又避免了一般文学论者的繁琐，在同类的著作中是非常突出的。

厨川把生命力看做人生的根柢；人们的社会生活，如政治生活、经济生活、文化生活，都是这内部的生命力在外部的燃烧和流动。这种突进不息的生命力，一方面受着外部的社会生活的制约，另一方面又推动着社会生活，即如蒸气与机械的转动一样，阻力越大，推动力也越大，两者的矛盾统一，就是人类的全部生活。

他看到了"资本主义和机械万能主义"对于人的个性的束缚和压迫，提出"人间苦"的说法，以为要摆脱这种来自外部的强制压抑是不可能的。他说："我们为要在称为'社会'的这一个大的有机体中，作为一分子而生活着，便只好必然地服从那强大的机制。尤其是近代社会似的，制度法律军备警察之类的压制机关都完备了，别一面又有着所谓'生活难'的恐吓，我们就有意识地或无意识地，总难以脱离这压抑。在减削个人自由的国家至上主义面前低头，在抹杀创造创作生活的资本万能主义膝下下跪，倘不将这些看做寻常茶饭的事，就实情而论，是一天也活不下去的。"

中国的文人，对于自己所生存的外部环境，有没有这种正视的勇气呢？在精神和物质、灵和肉、理想与现实之间，他们的生命可曾存在过激烈的冲突和纠葛？

不久以后，鲁迅作了一篇短评，叫《论睁了眼看》，劈头就说："必须敢于正视，这才可望敢想，敢说，敢作，敢当。倘使并正视而不敢，此外还能成什么气候。然而,不幸这一种勇气,是我们中国人最所缺乏的。"在论及文艺和国民精神的关系时,又说:"中国人向来因为不敢正视人生,只好瞒和骗,由此也生出瞒和骗的文艺来,由这文艺,更令中国人更深地陷入瞒和骗的大泽中,甚而至于已经自己不觉得。世界日日改变,我们的作家取下假面,真诚地,深入地,大胆地看取人生并且写出他的血和肉来的时候早到了;早就应该有一片崭新的文场,早就应该有几个凶猛的闯将!"

中国文学的现状是,铁和血的赞颂代替了歌吟花月的声音,于是给人以一种错觉,满足地以为中国就要中兴。对此,鲁迅断定说:"没有冲破一切传统思想和手法的闯将,中国是不会有真的新文艺的。"

对于生命力,厨川有着自己的解释,就是个性表现的欲求。"生是战斗。"他固然承认生命所受的压抑的方面,但又强烈地反对人们受制于传统,拘囚于因袭的奴隶般的妥协和降伏的生活。生命力不是盲目的,被动的,它可以因个性表现的欲望而成为创造的活力。创造生活是最可贵的,尤其是文艺的创造,他说:"文艺是纯然的生命的表现;是能够全然离了外界的压抑和强制,站在绝对自由的心境上,表现出个性来的惟一的世界。忘却名利,除去奴隶根性,从一切羁绊束缚中解放下来,这才能成为文艺上的创作。"所谓文艺"是生命力以绝对的自由而被表现的惟一的时候",并不意味着作现实的逃避,而是本着一种自由意志,在可能的范围内实行尼采式的超越。

鲁迅对厨川重视创作主体这一点深表赞同。他认为,把创作视同反映,以为不过是外在的事象的忠实的描写和再现,那是皮相之谈。创作始终是作家的自我表现,作家只有深味"战斗的苦恼",向自己的心灵深处穿掘下去,直透内容的底蕴,才能产生真正的艺术。

译成以后,鲁迅作引言道:"非有天马行空似的大精神即无大艺术的产生。"说的也就是这一层意思。所谓自我表现,其实并非表现了纯粹的"自我"。"正如一个英雄事业的后面,有着许多无名的英雄的努力一样,在大艺术家的背后,也不能否认其有'时代',有'社会',有'思潮'。既然文艺是尽量地个性的表现,而其个性的别的半面,又有带着普遍性的普遍的生命。"厨川运用荣格的关于集体无意识的理论,就这样从作家的个性表现出发,引出作为文化先驱者的当然的结论:"这生命既遍在于同时代或同社会或同民族的一切的人们,则诗人自己来作为先驱者而表现出来的东西,可以见一代民心的归趋,暗示时代精神的所在。"这样的结论,是鲁迅所倾服的。但是,比起厨川,鲁迅更加看重"自我"的特殊性,那构成个体生命的具体内容。对于文艺的创造,他始终认为,文艺家的素质是十分重要的。

他写作《诗歌之敌》,反对仰仗科学和理性来认识诗歌,以为即使是科学方面的天才,以其有限的视野,决不能和博大的诗人的感得全人间世,而同时又领会天国之极乐和地狱之大苦恼的精神相通。在这里,鲁迅正是把文艺的创造看做"生命力的普遍性"的存在的。他指出,在普通的社会上,历来就骂杀不少的诗人。中国的大惊小怪,并不下于过去的西洋,造出许多恶名给文人负担,尤其是抒情诗人。文人无论是被骂杀,或是被豢养,一样都是"敌",因为归根结蒂是扼杀了创造的个性。而无论何种艺术的魅力,最要紧的是精神的炽烈的扩张。

在鉴赏方面,厨川强调作者与读者之间的共通性和共感性,强调文艺所给予的不是知识,而是"唤起作用",即"作家的内部生命的底里的或种东西"。这与鲁迅历来重视人的精神因素,重视国民性的改造是一脉相通的。"文艺是国民精神所发的火光,同时也是引导国民精神的前途的灯火。"在这方面,厨川反对以为文艺只有"美"和"有趣"之类的快乐主义的艺术观,当更加切合鲁迅的思想性格。

总之,对于《苦闷的象征》,鲁迅是十分重视的。在购进原著不久即动手翻译,速度快得惊人,全书译竣尚不到三周的时间。除了援进一种富于独创性的文艺理论,以利于改变中国的萎靡锢蔽的精神,他翻译此书,还因为其中的理论可以概括自己的创作状况,是对于自己的创作心态的最好的说明。虽然,他未尽同意里面的观点,但大体上总可以算作是自己的文字的一种补充。

出于一种知己之感，在译完《苦闷的象征》之后又三天，鲁迅再次购入厨川白村的著作《出了象牙之塔》和《走向十字街头》的原文版，越四月，即将《出了象牙之塔》译完。

其时，已是1925年春。

正当鲁迅在压抑和苦闷中埋头著述的时候，一场前所未有的大风潮在他的身边发生了。

在女高师改为女师大后不久，许寿裳辞去校长职务。数年间，他在教育经费经常亏空的情况下惨淡经营的情况，已不复为人提起，而性格上的某些弱点却成了被攻击的口实。接着起了流言，说是因为理科有他的亲戚做主任，所以理科仪器的费用占去了各科的设备费的大部分，等等。就在这个时候，有消息说有一位本校派出国的女教员回来了，她从前做过舍监，作风如何严谨云云。女人长女校是最合适不过的了！经一群女权论者的活动，这位女教员便轻易取代了许寿裳的位置。

她就是杨荫榆。

其实，新校长并不留心教育。这位扎着白头绳，身披黑色斗篷的幽灵般的女人，不过借机弄权而已。

她在政治上十分保守，当孙中山来京时，便禁止学生前往欢迎。平时，她无视校中已有的评议会，以及一切规程，令从已出，一意孤行。在分领到俄国庚子赔款的校费后，任意克扣，按置不发，又召集所谓特别会议，试图强行通过她预先拟就的分配方案。她所亲订的课程，大抵不合教育原理；招收学生也是营私舞弊，大开"后门"。什么主任的职权，教员的人格，均不放在眼内。她可以随意添设选科，增加钟点，最令人憎厌的是每次开会，必先对于议题向教员作长时间训话般的报告。有一次，她居然神气十足地责斥教职员为"岂有此理"，这样一来，许多教员就因为不堪忍受而陆续辞退了。可是，她并不以此自危，反而暗中称庆，多方联络，安置私人。白话文是她所不欢迎的，于是屡次表示这一科可以取消。据传她还准备聘请上海的一位鸳鸯蝴蝶派的文人到校任课，致使低年级的文科学生不胜危殆,不得不向校方请愿。对于学生团体,更是肆意破坏,惟恐动摇了自己的地位。她的卧室在校园最偏静处,在这里,经常集合着一群献媚取宠的无耻之徒。她们每天暗中侦察学生的动静,偶有猎获,就赶紧跑来邀功。

这种家长式统治,怎么能不激起青年学生的反抗呢?

11月初,有三位文预二年级学生,因战事阻隔,缺课两个多月,遭到杨荫榆的无理开除。另有两位别系的学生,以同样的缺课时间,竟获准保留学籍。文科学生愤慨之余,当即要求学生自治会主持公道,给予一致援助。自治会接受了他们的要求,交涉之下,杨荫榆不但坚持己见,而且公然辱骂代表。1月18日,自治会召开紧急会议,通过决议,从兹不复承认杨荫榆为校长。这样,"驱羊运动"便揭开了它的序幕。

一年前,鲁迅到校兼课不久,曾经作过一次著名的演讲:《娜拉走后怎样》。关于妇女解放,他着重讲了争取经济权问题,针对中国国情,强调韧的战斗。临近结束,他说:

群众,——尤其是中国的,——永远是戏剧的看客……

对于这样的群众没有法,只好使他们无戏可看倒是疗救,正无需乎震骇一时的牺牲,不如深沉的韧性的战斗。

可惜中国太难改变了,即使搬动一张桌子,改装一个火炉,几乎也要流血;而且即使有了血,也未必一定能搬动,能改装。不是很大的鞭子打在背上,中国自己是不肯动弹的。我想这鞭子总要来,好坏是另一问题,然而总要打到的。

至于鞭子从哪里来,怎么地来,他坦白说并不确知。而今,在女师大,他总该感觉到鞭子的抽打和师生的动荡吧?

除了退还聘书,实在没有别的迹象,可以表明他对整个"驱羊运动"的事态的关切。他对政局太绝望了。因此,对教育界也就不可能抱什么幻想。学潮之类,已经亲历过几回,能够闹出一个什么名目来呢?他知道自己不是那种领袖人物,身上有着许许多多的弱点,只好继续独自作形而上的探求,向无物之阵开战;这样,便从孤寂中感到了仅存的生命和热情的搏动,并从中获得慰安。

然而,在所有的生物中间,人类又是最不自由的。惟其不自由,才有冲破各种束缚而作的不屈不挠的追求。但不论何种追求,在某种意义上说,都是被迫的选择。

不久,他被卷入到女师大事件的漩涡中去了。

对学生的镇压本身包含着反人道的性质。随着事态的扩大,当学校同全社会联合起来对付学生时,他就再也不可能保持缄默;更何况有一个人,学潮中的活跃分子,于此际突然闯进了他的生活呢!

## 60 《语丝》与《现代评论》

有一夜,孙伏园到西三条里来,见面的头一句话就是:

"我辞职了。可恶!"

鲁迅颇感诧异。在晨报馆,孙伏园最近被排挤的情况是他所知道的,可是没有料到,事情会来得如此突然。

关于辞职的原因,孙伏园说,恰好出自他作的三段打油诗《我的失恋》。原来诗稿已经发排,等到孙伏园到报馆看大样时,却发现被代理总编辑刘勉己抽掉了。争执之下,刘勉己说这首诗实在要不得,但又说不出何以"要不得"的理由。孙伏园怒不可遏,顺手劈了他一个嘴巴,于是也就把自己的饭碗给一同劈掉了。

何必为一首小诗弄成这个样子呢?稿子之被抽,在鲁迅听来并不怎么气愤,倒是为此连累了伏园,觉得非常抱歉,心上似乎总是压住一块沉重的石头。

几天之后,孙伏园又跑来找鲁迅,说自己打算办一种刊物,与《晨报副刊》相对抗,并给予他们一些打击,问他的意见怎样。

鲁迅当然赞成,并且答应说愿意竭力地"呐喊"。

接着,孙伏园把计划告诉了周作人,又独力邀来过去经常在《晨副》

投稿的一群,经过一番会商,办刊物的事情就算决定下来了。

11月2日。星期天。开成豆食店北楼。周作人、钱玄同、江绍原、顾颉刚、李小峰、章廷谦和孙伏园一起,商议刊物的名称和出版的具体事宜。

平时,这几个人都喜欢议论时事,发表些文章,他们认为,如果刊物的出版周期太长,意见就不能及时发表,因而决定出一个周刊,便于登载一些杂感式的文字,又不至于太过时。印刷费由鲁迅和到场的人分担,每月每人八元。编辑、校对、联系稿子、跑印刷所等事项,由孙伏园、李小峰和章廷谦轮流担任。刊物的名称一时想不出来,就由顾颉刚在带来的一本诗集中随意用手指一个字,分两次指出,就成了"语丝",由钱玄同照样写了。既没有严密的组织,也没有一致的主张,那宗旨,多少模糊地体现在周作人草拟的《发刊辞》上面:"我们所想做的只是想冲破一点中国的生活和思想界的昏浊停滞的空气。我们个人的思想尽自不同,但对于一切专断与卑劣之反抗则没有差异。我们这个周刊的主张是提倡自由思想,独立判断,和美的生活。"总之,他们是要把《语丝》办成一个自由论坛。

第二天,孙伏园将情况向鲁迅做了报告。

鲁迅表示,倘能够不在有权者的刀下,颂扬他的威权,无所顾忌,任意而谈,排击旧物,催促新生,自然是很好的。他建议:第一期即当从资本和工本两个方面加以考虑,然后确定一个适度的印数,印出以后,卖不掉的就送人,以后少印;此外,还得与印刷所签订合同,保证如期出版,以获得读者的信用。

《语丝》的广告出来了。

《语丝》的创刊号出来了。

第1期出版后,鲁迅付了十元印刷费,比商定的多出二元,还颇有歉意。想不到印的两千份,几天之内就卖完了,外地的读者,仍然不断地汇款来信订阅。这期一共再版了七次,共印了一万五千册。这样,印刷费不但不成问题,而且有了盈余。由于登在《语丝》上的文章没有稿酬,于是先是印了"语丝稿纸"送给撰稿人，后来就请吃饭。大约出版了十多期以后，每月月底必有一次聚餐会，只是鲁迅没有参加。

相当一段时间以来，鲁迅始终没有在社交界露面。无论什么人请客，他肯定不出席；除了同一二朋友去小吃之外，也绝对的不大规模的请客。这脾气，直到他去厦门大学以后，才稍稍改变了些。

他虽然不出席同人的正式的聚会，却每次在北大上课之后，都会来新潮社小坐一会，询问一下关于《语丝》的情况，因为《语丝》没有社址，编辑和发行都在这个地方。在谈话中间，他常常参加一些意见进来。比如：一种刊物，应该如何在创刊号上显示出刊物的面貌，以后几期的稿应该如何安排；遇到质量较高的稿子，不要在同一期内挤满，可以把内容不受时间性限制的稿子省一些下来，留在稿荒时使用；特别是姓名比较陌生的来稿，或者尚未成名的外稿，必须仔细留意；有哪些地方哪些人来订阅，也都应当注意的。为了便于发现新的作者，从此，就有了一条不成文的凡外稿须署真实姓名的稿例。

原定的十六个长期撰稿人情形并不完全相同，其中也有自始至终从不撰稿的。没有哪一个像鲁迅一样忠实于《语丝》，从创刊到终刊，一直卫护着为自己所立下的宗旨。难怪他的论敌要把他看做是"语丝派主将"，其实，他从来没有伸出手去抓过什么旗子。

《语丝》的创刊号上，就有他的一篇很著名的文字：《论雷峰塔的倒掉》。在文中，他欢呼雷峰塔的坍倒和白蛇娘娘的得救，以异乎寻常的热情，祝福普天之下所有善良的不幸的人们；对于造起"镇压的塔"的法海，则是十分刻毒的诅咒：让"蟹和尚"永远被镇压在蟹壳里，非到螃蟹断种的那一天为止出不来！

这之后，他又把那篇曾经肇祸的打油诗拿了出来，特意增加了一节，同《影的告别》、《求乞者》一起发表在《语丝》第4期上。

时下的爱情诗滥得可以，什么"阿呀阿唷，我要死了"之类，看了令人头痛。于是，他调侃道：我的所爱在远方，可思而不可及；即使寻得，也无由回报同样时新而又珍贵的礼物，惟有猫头鹰、冰糖壶卢、发汗药、赤练蛇而已。生来就是这种下等人的脾气,喜欢这类古怪的东西,有什么办法呢?"从此翻脸不理我",你以为我的"失恋"真是一场误会吗?知道了这缘故,就再也不必心惊、胡涂、神经衰弱,以致泪落如麻了——

那么,由她去吧!

"假作真时真亦假"。字面上嬉皮笑脸,油腔滑调,其实体现了一个思想战士在得不到社会的理解和反响所产生的决绝的态度。

《晨报副刊》原来是鲁迅经常发表文章的地方,现在,只能使他反感。后来甚至发展到这样一种态度:凡是对于投稿《晨副》的人的稿子,由他主编的刊物都不予以登载。

孙伏园还留在《晨副》时,徐志摩、陈西滢等留英回来的人便有文章陆续出现在副刊上,以后篇幅越来越大,以致最后完全占领了地盘。这时,鲁迅早已不作新诗了,偶尔也留心看看,却从来不喜欢徐志摩一流的诗。但是,徐志摩偏偏到处投稿,《语丝》一出版,他也就来了。

一天夜里,鲁迅睡不着,坐起来点灯看新到的《语丝》第3期。赫然在目的是:《死尸》。徐志摩译。

不知为什么,读徐志摩的东西就不舒服,连译诗也如此。他完全没有如别人所说的那种审美观照的优游态度,往往一接触文字就要想到那人的面貌、品格,以至各种各样的关系来。关于徐志摩,自然要连带想及泰戈尔,想及梁启超和研究系,一种莫名其妙的情绪马上占有了他。

在译诗的前面,徐志摩写了一篇很长很虚玄的议论。他说:"我不仅会听有音的乐,我也会听无音的乐(其实也有音就是你听不见),我直认我是一个甘脆的 Mystic。我深信宇宙的底质,人生的底质,一切有形的事物与无形的思想的底质只是音乐,绝妙的音乐……你听不着就该怨你自己的耳轮太笨,或是皮粗,别怨我。"音乐?这种自以为高雅的文人意识和神秘主义的论调太可恶了。

鲁迅决意作一篇短文同诗人开开玩笑。

他自称为一个苦韧的非神秘主义者,因此,"只能恭颂志摩先生的福气大,能听到这许多'绝妙的音乐'而已"。但是,其意显然不全在音乐,故问:"只要一叫而人们大抵震悚的怪鸱的真的恶声在哪里?"

文章出来后,《语丝》同人中有几位颇不以为然。但是,他们的意见并不可能造成什么干扰,反正鲁迅是得意的。

也许,徐志摩真的被刺痛了,相当一段时间没有寄稿给《语丝》。一年后,当周作人向他约稿时,他复信说他"不敢随口答应",原因之一是,"我如其投稿不致再遭《语丝》同人的嫌(上回的耳朵!)",说的就是鲁迅的《"音乐"》一文对他的伤害。

可以说,这是积仇的第一步。

在《语丝》创办以后一个月左右,《现代评论》周刊出版了。这是一个以谈政治为主,兼及文学的刊物,社址也设在北京大学。编辑人员大多是英美留学生,在北大文科任教,且多住在东吉祥胡同,所以北京《大同晚报》称之为"东吉祥派的正人君子"。其中,主要撰稿人有王世杰、周鲠生、陈源(西滢)、杨振声、唐有壬、彭学沛、李四光、丁四林、沈从文和徐志摩,还有高一涵和陶孟和,他们曾经与鲁迅在《新青年》里一同战斗过。

次年,中国的政治空气陡然变得紧张起来。血,火,学潮,使人们普遍经受了一次新的震动。这时候,以鲁迅为一方,陈源和徐志摩为另一方,他们分别以《语丝》和《现代评论》为主要阵地,展开了一场激烈的笔战。

五四新文化运动时期的"父与子"的斗争基本结束了。"兄弟阋于墙",已经成了势所必至的事情。

## 61 奇 袭

清早。

在家里,鲁迅遭到了一次突然袭击。

他照例的夜深方睡,很迟才起来。正当熟睡之际,女工进来叫醒了他,说:"外边来了一个师范大学的杨先生,杨树达,说要见你。"

他立刻知道了那是杨遇夫,名叫树达的,因为邀自己讲课,曾经来访过一次。他一面起来,一面对女工说:"请进来吧。"

时钟:9点20分。

客人进来了。鲁迅一看,不禁吃了一惊,因为他并非熟识的杨树达,而是一个二十多岁,方脸,大眼,大有学生风的陌生青年。穿一件藏青色的长衫,时式的大袖子,手上拿一顶很新的淡青色中折帽,还有一个彩色铅笔的扁匣子,咯咯咯地发出摇动的响声。

"你是谁?"鲁迅疑心刚才听错了。

"我就是杨树达。"

哦,原来是一个和教员的姓名完全相同的学生,鲁迅想,于是问道:"现在是上课时间,你怎么出来的?"

"我不乐意上课!"

对于这样一个孤行己意的傲慢的青年,该说些什么呢?鲁迅随口问道:"你们明天放假吧……"

"没有,为什么?"

"我是接到了通知的……"鲁迅一面说,一面想,他连学校里的纪念日都不知道,可见已经许多天没有上课了,不,也许本来就是那类假借自由的美名的游荡者……

"拿通知给我看。"

"我团掉了。"

"拿团掉的我看。"

"拿出去了。"

"谁拿出去的?"

奇怪!这个人怎么如此无礼?鲁迅接着又想,听口音似乎是山东人,那里的人大多率直,况且青年人思想简单……或者,他知道我不拘礼节的也有可能……但他终于怀疑起来,问:"你是我的学生吗?"

"怎么不是!哈哈哈哈……"

"那么,你来找我干什么?"

"要钱呀!要钱!"

"要钱有什么用?"

"穷呀!吃饭不是总要钱的吗?我没有饭吃了!"青年手舞足蹈起来。

"怎么向我要钱呢?"

"因为你有钱呀!你教书,做文章,自然钱多得很!"他说着,脸上现出凶相,手在身上乱摸。

大约从哪里看了些上海的恐吓团之类的报道,便这么模仿起来了,还是得防着点。鲁迅想了想,便略略移动了藤椅,准备紧急时容易取得抵抗的武器。

"钱是没有的。"他决定地说了。

"说谎!哈哈哈,你的钱多得很。"

正好女工端茶进来,青年立即指着鲁迅问道:"他不是很有钱吗?"

女工很害怕,终于回答说:"没有。"

"哈哈哈,你也说谎!"

女工见状,慌忙逃了出去。这青年换过一个坐位,指着茶的热气说了声"多么凉",目光便又落到鲁迅身上。鲁迅想:该是讥刺我不肯借钱,是凉血动物了,但决计以沉默对付他。

"拿钱来!"他忽然大声叫道,手脚也愈加舞蹈起来,"不给钱是不走的!"

"没有钱。"

"没有钱?你怎么吃饭?我也要吃饭。哈哈哈哈……"

"有我吃饭的钱,没有给你的钱,——你自己挣去!"

"我的小说卖不出去。哈哈哈!"

鲁迅想:他或许投了几回稿,没有登出,气昏了。然而为什么向我为难呢?大概是不喜欢我的小说的吧?或许,该是得了神经病?……

"你要做就做,要不做就不做,名人一做就发表,拿稿费,还说没有钱?哈哈哈哈!晨报馆的钱已经送来了吧?哈哈哈!什么东西!周作人,钱玄同;周树人就是鲁迅,做小说的,对不对? 孙伏园;马裕藻就是马幼渔,对不对? 陈通伯,郁达夫。什么东西! Tolstoi, Andreev,张三,什么东西! 哈哈哈,冯玉祥,吴佩孚,哈哈哈……"

"你是为了我不再向晨报馆投稿的事而来的吗?"鲁迅心里起了新的疑惑。

"反正不给钱是不走的。什么东西,还要找!还要找陈通伯去。我就要找你的兄弟去,找周作人去,找你的哥哥去。"

连兄弟都要找遍,大有恢复灭族法之意了。鲁迅想:古人的凶心,的确都已遗传给了现在的青年。但他又觉得,这动机未免有点荒唐可笑;想着想着,竟自个儿微笑起来。

"你不舒服吧?"青年问。

"是的,有些不舒服,因为你骂得不中肯。"

"我朝南。"他忽而站起来,对后窗说,不一会就在床上躺了下来。

这时候,鲁迅拉开窗幔,使不速之客的面貌看得更清楚些。果然,青年有所动作了,眼角和嘴角都颤抖起来,每一抖都很费力,但不多时也就平静了。

说是疯人的神经性痉挛吧,颤动何以这样不调匀,牵连的范围又何以这样大,这样不自然呢? 鲁迅想,一定是装出来的。

他最憎厌装假。这样,先前的纳罕和尊重之意,全都消失了,只剩一种近乎作呕,或沾了龌龊东西似的心情。从语言和动作综合看来,青年的本意无非是用无赖和狂人的混合状态,施以侮辱和恫吓,使自己和他所提及的人们都不敢再做辩论或别样的文章;万一遇到麻烦,则又可用"神经病"作盾牌进行抵挡。——谁说现在的青年单纯而且偏激呢?

青年躺着,咿咿呀呀地唱起歌来。

鲁迅坐在一边,跟着他的歌调吹响口哨,借以嘘出心中的厌恶。

"哈哈哈!"青年翘起一条腿,指着鲁迅的鞋尖大笑。

鲁迅知道他在嘲笑自己早已磨破的鞋尖,但是并不理会。假象一旦识破,也就毫无兴味了。

青年忽而起来,走出房外去,极灵敏地找着厕所小解。鲁迅跟在后面,也相陪着走进厕所去,回到房里,青年重又开始无止的聒噪:"吓!什么东西!……"

鲁迅不耐烦了,但仍然恳切地说:"你可以停止了。你的疯完全是装出来的。当然,你此来也还有着别的目的,这我也知道。如果是人,见人可以明白地说,何必装怪相呢?我说,你还是说真话吧,否则所有工夫都是白费的。"

他好像没有听见,眼睛却注视着壁上的一幅水彩画,过了一会,便指着那画大笑:

"哈哈哈!"

鲁迅厌烦极了,便伸出鞋尘一触他的胫骨,说:"已经知道是假的了,还装什么呢?倒不如直接说出你的来意。"

青年仍然没有听见似的,徘徊了一会,突然取了折帽和铅笔匣子,向屋外走去了。

这可完全出于鲁迅的意想之外,他追了上去,拉住青年的手,说道:"何必就走,还是你自己把来意说出来,好让我更明白些……"那青年一手乱摇,闭了眼睛,拼了双手向前推挡。拉与挣之间,两个人终于到了大门口。

青年走了,傲然而且从容。

女工早已把情况告诉了鲁瑞她们,大家都非常紧张,等鲁迅进门以后,便立刻围拢来探问究竟。鲁迅把情形简单说了,判断进来的人很可能是流氓,是别人派来捣乱的。跟着,他布置说,事情还是防备点好,倘有人来,先问清楚是谁然后开门,再把门闩插上……

因为这人声言要找周作人,鲁迅心里很着急,但是又愤于日本女人的不测之威,怕传去口信会引起讨好之嫌。不过那结果,还是让人把消息捎给了八道湾。

"你不舒服吧?"

每记起白天的这句问话,鲁迅便不胜气恼。一个人无端地被侮辱,被侵害,还会是舒服的吗?对于中国的情形,他本来已经作了很坏的推断,但还没有预想到文化界对于他的敌手,竟至于使用疯子做武器,而这疯子又是假的,而装这假疯子的又是青年的学生……

他决意把事情的经过原原本本写出来,一者暴露幕后的鬼祟,二者表示自己的愤怒和侮蔑。他不是那种冷静的人,只要情绪一来,非得把文章写完不能睡觉。

一个晚上,就放下了四回笔。女工虽然将门关了起来,听得打门声却不敢出去,总是通知他亲自去开门。

他确乎受损了。


然而,事情还没有完。

一周以后,有几个学生告诉鲁迅说,那天访问他的学生叫杨鄂生,确实是神经错乱的,来访的当天是发病的头一天,此后病情就愈加严重起来了。

鲁迅听了,心里十分沉重。

他相信学生的反映会是真实的,因为自己对于神经病患者的初发状态并没有实见,也未曾注意研究过,自然很容易看错。自己翻译过不少有关疯人的故事,也写过疯人,疯人的命运是极其惨苦的。怎么能凭了多年的世故,便平白给一个清白无辜的病人以诬陷呢?何况遭了诬陷他也不能辩白!少年时候,被衍太太放出的流言所中伤,那印象实在太深了,不料今天自己竟也成了一个诬告者!当他知道了这学生是一个疯人,这时,倒真心希望这一回是装出来的。然而事实是事实,有什么法子呢?

记事的文章已经发出去了,他只好立即做一份辨正的声明,寄到语丝社去。

声明说,在前一篇记事中,由于自己神经过敏的推断的几段应该注销,但记事本身仍然可以保留,原因是:它意外地发露了人与人之间,至少是自己与这青年之间的互相猜疑的真面目。最后,他表达了由衷的祝愿,希望病人从速地回复健康。

过了三天,文章终于出来了:《记"杨树达"君的袭来》。

发表的当天，鲁迅接到署名李遇安的一封信，还有一篇文稿，那是读了文章以后，特意说明同学杨鄂生的情况的。读过之后，他觉得先前的一点辨正实在太简单，太无力了，实在不足以挽回损失的一切。他完全陷入了痛苦的自责之中，良久，才将补救的办法写信告诉了孙伏园，虽觉同样的简单无力，但也只得仍之了——

今天接到一封信和一篇文稿，是杨君的朋友，也是我的学生做的，真挚而悲哀，使我看了很觉得惨然，自己感到太易于猜疑，太易于愤怒。他已经陷入这样的境地了，我还可以不赶紧来消除我那对于他的误解么？

所以我想，我前天交出的那一点辩正，似乎不够了，很想就将这一篇在《语丝》第三期上给他发表。但纸面有限，如果排工有工夫，我极希望增刊两板（大约此文两板还未必容得下），也不必增价，其责任即由我负担。

由我造出来的酸酒，当然应该由我自己来喝干。

## 62　碰了两个大钉子

听说孙伏园辞去了《晨副》的职务，《京报》总编辑邵飘萍便找他去办《京报副刊》。他觉得《京报》的发行量不大，社会地位也不如《晨报》，很不想去。鲁迅却认为，《语丝》不过是一个散漫的团体，没有固定的收入，因而极力主张他办《京副》；况且《京报》是具有进步倾向的报纸，到那里去可以开拓局面，同《晨副》竞争。

鲁迅说，一定要出这口气，非把《京副》办好不可。

不料他开手给《京副》做杂感，就碰了两个大钉子：一是为了《咬文嚼字》，二是为了《青年必读书》。他遭受了来自上流社会的恶毒的攻击，署名和匿名的骂信收了一大捆，其中还有他所殷殷期待的青年。

他是头一次进行面对面的笔战。

近几年,翻译界渐渐兴起一种风气,喜欢用轻柔艳丽的字样来译外国女人的姓氏,如加些草头、女旁、丝旁等,不管译者平时怎样极力主张男女平等;另有一些鼓吹世界文学的文人,又偏喜欢让外国人姓中国姓,使一本《百家姓》居然在这样场合里大出风头。

鲁迅深感传统思想的根深蒂固,于是写了一篇短文《咬文嚼字》,以为此风不可长,希望引起翻译界人士和更广大的人们的重视。

短文发表后,孙伏园收到一封署名仲潜的来信,称文章是"最无聊的一种",没有登载的必要。相反,孙伏园答复说,那是极重要极有意义的文字。"因为鲁迅先生所攻击的两点,在记者也以为是晚近翻译界堕落的征兆,不可不力求改革的。"通讯在《京副》公开发表,两个人又经过一次信上的往还,这样便引出了署名潜源的一封信。

信中支持仲潜的意见,认为鲁迅"未免过于吹毛求疵",完全是"名人的'滥调'",并且责备孙伏园发表《咬文嚼字》是意在"欺读者"。

孙伏园照例在报上做了答复。他说,鲁迅的意见,在簇新头脑的青年界中尚且通不过,可见并不是"滥调"。

鲁迅当然不会做一个旁观者。既然论战由他引起,他就应当站出来正面对付论敌,只是对手未免太浅薄了。两位"潜"字辈虽然连骂带捧,却都在枝节上做文章,其实个别姓氏或名词的如何翻译倒在其次;至于将翻译当作工具,或者图便利、爱折中一类哲学,也都不在所讽的范围之内,那本意,在于如何摆脱传统思想的束缚,文章的开头不是写得很明白的吗?

对于"无聊"与"滥调"之类的指责,他回答说:"纵使别人以为无聊的东西,只要自己以为有聊,且不被暗中禁止阻碍,便总要发表曝露出来,使厌恶滥调的读者看看,可以从速改正误解,不相信我。因为我觉得我若专讲宇宙人生的大话,专刺旧社会给新青年看,希图在若干人们中保存那由误解而来的'信仰',倒是'欺读者',而于我是苦痛的。"

潜源咬住不放,又写了《咬嚼之乏味》的文章,专对这一篇《咬嚼之余》。鲁迅认为有必要再答几句,便继续写了《咬嚼未始"乏味"》。

文章列举数点,逐次进行反驳,此外,还暴露了在一个严分男女尊卑的国度里,必然产生的"'性意识'强","于无须区别的也多加区别"的现象,如将女人缠足穿耳,禁止女人剪发等。他的笔锋所向,仍然是专制愚昧的中国社会,而不在乎一个小小潜源。

驳文具有相当泛泛的内容,论篇幅,却不及潜源的一半。

斗争紧接着进行。

孙伏园为了丰富《京副》的栏目,加强学术界人士和青年之间的联系,于是刊出启事,征求"青年爱读书"和"青年必读书"各十部的书目;对于后一项,胡适、梁启超等都推荐了《论语》、《孟子》等儒家经典,实际上与五四以后文化界的复古主义运动合流。

就在《咬嚼未始"乏味"》发表的当天,鲁迅按照原定的表格,填写了自己对于"青年必读书"的答复:

| 青年必读书 | 从来没有留心过,所以现在说不出。 |
|---|---|
| 附　　　注 | 　　但我要趁这机会,略说自己的经验,以供若干读者的参考——<br>　　我看中国书时,总觉得就沉静下去,与实人生离开;读外国书——但除了印度——时,往往就与人生接触,想做点事。<br>　　中国书虽有劝人入世的话,也多是僵尸的乐观;外国书即使是颓唐和厌世的,但却是活人的颓唐和厌世。<br>　　我以为要少——或者竟不——看中国书,多看外国书。<br>　　少看中国书,其结果不过不能作文而已。但现在的青年最要紧的是"行",不是"言"。只要是活人,不能作文算什么大不了的事。<br>　　　　　　　　　　　　　(二月十日) |

何其偏激!何其荒唐!怎么可以说"不看中国书"呢?答复一发表,他

立即陷入了枪林弹雨之中。

柯柏森在《偏见的经验》一文中声称,鲁迅的选目吓得他一大跳。接着,他以卖国贼们都是留学外国的博士硕士的传闻相威吓,质问说,你看了活人的颓唐和厌世的外国书,到底要做什么事呢? 又问,假使中国书是僵死的,为什么老子、孔子、孟子、荀子辈,尚有著作遗传到现在呢? 于是,对于鲁迅的答复,一言以蔽之曰:"偏见的经验。"

本来应《京副》的征求,只是寄语少数那么一些曾见或未见的改革者,愿他们知道自己并不孤立而已,还是几年前一番"呐喊"的意思,根本料想不到小小一块文字竟还有这般的效力,能搅起这么大的风波。

大小国粹家的议论,其实早已领教过了,并没有什么特别新鲜的地方。可恶的是,这些家伙总是一再挂起"爱国"的招牌,好像全中国就是他们家里的一块什么宝贝似的。凡是翻译外国的东西,介绍外国的思想,都得动辄披以"卖国"的罪名。中国中国,他们何尝有哪一天想到过中国!

对于这一流人物,他决计不退让。他不懂得退让。

《聊答"……"》是针对柯柏森的,中间有一段写得很漂亮:"到我死掉为止,中国被卖与否未可知,即使被卖,卖的是否是我也未可知,这是未来的事,我无须对你说废话。但有一节请明鉴:宋末,明末,送掉了国家的时候;清朝割台湾,旅顺等地的时候,我都不在场;在场的也不如你所'尝听说'似的,'都是留学外国的博士硕士';达尔文的书还未介绍,罗素也还未来华,而'老子,孔子,孟子,荀子辈'的著作却早经行世了。"

有一个叫熊以谦的,发表了《奇怪! 所谓鲁迅先生的话》。文章就这么写:鲁先生不懂中国书,不解中国书,糟蹋了中国书。你怎么回答呢?

文章好像也颇有进化论的味道,说:"时至今日,世界大变,人事大改,漫说家庭社会里的传统思想多成了过去的,即圣经贤传上的嘉言懿行,我们也要重新估定他的价值,然后才可能拿来做我们的指导。夫有古人的嘉言懿行做指导,犹恐行有不当,要从新估定,今鲁先生一口抹煞了中国书,只要行,不要读书,那种行,明白点说,怕不是胡闹,就是横闯吧!"你又怎么回答呢?

最要你性命的,是搬出中国的特殊国情来,他说:"鲁先生要知道,一国有一国的国情,一国有一国的历史。你既是中国人,你既想替中国做事,那么,关于中国的书,还是请你要读吧!你是要做文学家的人,那么,请你还是要做中国的文学家吧!……"

这些鬼东西——又是圣贤!又是传统!又是爱国与亡国!

无非是罗织和恐吓的老法子。什么"青年必读书"!有什么"必读书"!要什么"必读书"!青年本来就不需要什么鸟导师,不管挂什么招牌,那写给《京副》的答复,本来就并非要争什么导师的资格的,赏以这样的荣名干什么?……可恶!

鲁迅反驳道:"我虽不学无术,而于相传'处于才与不才之间'的不死不活或入世妙法,也还不无所知,但我不愿意照办。所谓'素负学者声名','站在中国青年前面'这些荣名,都是你随意给我加上的,现在既然觉得'浅薄无知识'了,当然就可以仍由你随意革去。我自愧不能说些讨人喜欢的话,尤其是合于你先生一流人的尊意的话……"

至于亡国的责任,即当由读外国书的人去担负吗?他的回答是:"汉人总是汉人,独立的时候是国民,覆亡之后就是'亡国奴',无论说的是那一种话。因为国的存亡是在政权,不在语言文字的。"

文章的标题是:《报〈奇哉所谓……〉》。

又有一个赵雪阳的替熊以谦抱不平了。他引了一位什么学者的话,据此写文章说,周氏兄弟读的中国书非常的多,如今偏不让人家读,这是什么意思?

你只要一篇不答复他,他们就认为你失败了。而今都答复,总要把他们弄得狗血淋头,无法招架,躲回老巢去不可!

什么意思?就拿这个做题目!鲁迅写道:

> 我向来是不喝酒的,数年之前,带些自暴自弃的气味地喝起酒来了,当时倒也觉得有点舒服。先是小喝,继而大喝,可是酒量愈

增,食量就减下去了。我知道酒精已经害了肠胃。现在有时戒除,有时也还喝,正如还要翻翻中国书一样。但是和青年谈起饮食来,我总说:你不要喝酒。听的人虽然知道我曾经纵酒,而都明白我的意思。

我即使自己出的是天然痘,决不因此反对牛痘;即使开了棺材铺,也不来讴歌瘟疫的。

就是这么一个意思。

明明白白,就这样。

然而,总还有那么多不明白或是故作糊涂的人写信来,甚至有忠告鲁迅连家眷也搬到外国去的。他把所有这些骂信通通塞进书架底下,一个也不回。

为了一篇小文,他的耗费太大了。

胜利了,这才仿佛经验到了一种前所未有的无聊。

两个大钉子显然给鲁迅的思索划下很深的痕迹。社会动员了那么多人力去对付两篇短文,反改革的空气是何其浓厚!其中,攻击得最凶的竟是些青年,而他们的论调,简直和"戊戌政变"时的反对改革者一个模样,二十七年过去了,还是这样,岂不可怕!……

什么踱进研究室,什么搬入艺术之宫,全都是有意无意的圈套!……

死人套住活人!新思想战不过老法子!……

一天,当他心情较为开朗的时候,便同社会开起玩笑来了:润了笔,像小时候画漫画一样,画出一群嘴脸各异的"论辩的魂灵"。

## 63  悲怆交响曲

绝望的反抗特别需要透彻的理性与意志的力量。

即使因论战而或有一阶段的亢奋,但由于社会环境和个人生活条件没有根本的改变，鲁迅也就不可能彻底摆脱生命中的悲剧色彩。家庭是一个笼子，办公和教学完后便回到那里去，不是说这中间没有感情上道义上的一种牵系，一种依赖；虽然，他心里不只一次地不满过和反抗过。即使有一天，他终于冲破了这个笼子，也不可能冲破旧社会的偌大的牢笼。少年时，曾经许下血荐轩辕的誓约，二十年来不敢有片刻的忘怀。那完全是自己对自己的克制与折磨，是类似宗教徒般的坚苦的信仰。

对于中国的政治社会，鲁迅简直憎恶透了，失望透了。中国人虽然想了各种苟活的理想，也终于没有实现。牢狱般的生活安全而妥帖，只是缺少一样东西：自由。在《春末闲谈》中，他写过一种细腰蜂，其实是中国统治者的形象写照。这细腰蜂不但是普通的凶手，还是很残忍的凶手，手段极绵密极高明的解剖学家。它把小青虫捉进窠里饲幼蜂，用神奇的毒针，向那运动神经球上只一螫，便麻痹为不死不活状态，青虫因为不死不活，所以不动，但也因为不活不死，所以不烂，于是便保持了当日被捕时的新鲜，直到被它和它的子女们享用完！

人民是什么？那是与牛马同流的东西。不过，倘使结队成群还是可怕的，因此必须禁止集会，禁止说话，禁止写作，禁止思想！假使没有了会思想的头颅，没有权利感，统御起来是何等省事呵，阔人的地位自然也就永久稳固了！

问题还不仅仅在于政府。有怎样的国民，就有怎样的政府，而国民的素质是最根本的。然而，中国并没有俄国一样的知识阶级，可以启发国民；由"特殊国情"培养起来的"特殊知识阶级"，即使留洋归来，也大抵只能充当帮忙和帮闲的角色。于是，国民只好长期滞留于原初的状态：耐劳，多子，缄默，驯良。最突出的是卑怯，遇见强者，不敢反抗，一旦拥有权力，或者有"多数"作为护符的时候，又反过来欺凌弱者，凶残横恣，宛然一个暴君。待到失势的时候，便拿"中庸"的话来粉饰，一到全败，又有"命运"作精神的逃路。《阿Q正传》以具象画国民，而《示众》，则以印象派的手段画中国社会的众生相。总之，我们的国民是极容易变成奴隶的，而且变了之后，还万分喜欢。即使有破坏，也只有寇盗式的破坏和奴才式的破坏,并非如改革者的志在扫除,那结果,当然与建设无关,惟留下一片瓦砾而已。

"瓦砾场上还不足悲,在瓦砾场上修补老例是可悲的。"民国以来,我们不也在做着修修补补的功夫吗？五四的一点小改革算得了什么呢！……

实际上,中华民国久已没有了,现在也还是五代,是宋末,是明季！

中国人,什么时候争到过"人"的价格？至多不过是奴隶,假使真有谁替他们做出决定,定下几项奴隶规则来,自然就"皇恩浩荡"了。不管爱排场的历史家怎样铺张,修史时设怎样好看的题目都未免太绕弯子。一部中国历史,简捷点说,无非是两种时代的循环：

一、想做奴隶而不得的时代；

二、暂时做稳了奴隶的时代。

用"先儒"的话来说,即所谓"一治一乱"；那些作乱人物,都是为后来的"主子"扫除道路的,都是一批牺牲品。

但是,我们也就都像古人一样,永远满足于"古已有之"的时代吗？都像复古家一样,倘不满于现在,就神往于几百年几十年前的"太平盛世"吗？……

幸而谁也不敢肯定说：国民性是决不会改变的。愚民专制也未必都有实效,像俄国,尼古拉二世死后,罗曼诺夫王朝不竟也"覆宗绝祀"了吗？无法禁止人们的思想,——对此,其实历史早就作过明白的昭示的。

倘能给改革者一点慰藉,或许就在这里。

1925年2月至5月间,鲁迅撰写了《再论雷峰塔的倒掉》、《忽然想到》、《春末闲谈》、《灯下漫笔》、《杂感》等系列批评文字,以明确的阶级意识,揭露统治者的专制手段,以及它怎样与国民劣根性相结合,造成中国现今的僵死局面。在鲁迅的身上,有着明暗哀怒的两极。这时,战斗的热情已经逼近了自燃点,单从这方面的文章看,其激烈的程度大大超过了"呐喊"以来的任何时候,而比《热风》更富于切实的内容。

"我们要革新的破坏者,因为他内心有理想的光。"鲁迅写道,现在的青年的使命，就在于创造中国历史上未曾有过的"第三样时代"。至于这时代是怎样的一个时代呢？他不是预言家，不可能提供明确的答案，但是可以肯定，这时代必将彻底破坏不但使外国人陶醉，而且使中国一切人们无不陶醉的所谓"中国的文明"。在鲁迅看来，这文明，其实不过是安排给阔人享用的人肉的筵宴；中国不过是安排这人肉的筵宴的厨房；而且，这人肉的筵宴现在还排着，有许多人还想一直排下去。一旦扫荡这些食人者，掀掉这筵席，毁坏这厨房，一个簇新的时代就要产生了！

的确，中国青年有着数倍于别国青年的繁重的负担，前进相当艰难。青年也不能一概而论，有醒着的，有睡着的，有昏着的，有躺着的，有玩着的，自然也有要前进的。只要有前进着的青年，就有中国的希望。现在毕竟是青年们的世界了！

他是一个现实主义者，从不奢谈改造中国的玄妙的理论，而首先谋求中国人最起码的生存权利。"活下去"是重要的。他呼吁道："世上如果还有真要活下去的人们，就先该敢说，敢笑，敢哭，敢怒，敢骂，敢打，在这可诅咒的地方击退了可诅咒的时代！"他写过许多篇《忽然想到》的文章，权利感于他是十分强烈的。其中有一段说：

> 我们目下的当务之急，是：一要生存，二要温饱，三要发展。苟有阻碍这前途者，无论是古是今，是人是鬼，是《三坟》《五典》，百宋千元，天球河图，金人玉佛，祖传丸散，秘制膏丹，全都踏倒他。

分明地，这已经不复是一袭"热风"，简直是一股扶摇直上的飙风了。

他沉静，但却无时不在倾听中国的每一声响动。血书，章程，请愿，讲学，哭，电报，开会，挽联，演说，神经衰弱，他知道这一切是无用的。他这样告诉这些"可敬爱而讨厌的朋友"："我们听到呻吟，叹息，哭泣，哀求，无须吃惊。见了酷烈的沉默，就应该留心了；见有什么像毒蛇似的在尸林中蜿蜒，怨鬼似的在黑暗中奔驰，就更应该留心了：这在豫告'真的愤怒'将要到来。……"

而"真的愤怒"竟没有到来！

"绝望之为虚妄,正与希望相同。"

这是鲁迅在《希望》中反复引用的诗人斐多菲的话。

绝望于绝望,应该算是希望了吧?而这希望多少要带点虚妄的性质。绝望,希望,就在这两者之间,鲁迅觉得最能把握的仍旧是自己:自己的灵魂,自己的武器,和踩在无路之路上的自己的脚印。

一个人,在最急迫的战斗时刻,也许无暇从容反省自己,观照自己,回到自己的内心;正如有了一个清楚的目标,又找到了通向那里的道路,便少有返顾的机会一样。自然,这些都是对战士和过客而言的;雍容华贵者又另当别论。

反正这时候,鲁迅还在时时返回自身,或者,就对着自己的影子,画复仇者的肖像。

这是《墓碣文》。

一座颓坏的孤坟。墓碣的阳面写着:

……于浩歌狂热之际中寒;于天上看见深渊。于一切眼中看见无所有;于无所希望中得救。……

……有一游魂,化为长蛇,口有毒牙。不以啮人,自啮其身,终以殒颠。……

……离开!……

阴面的残文是:

……抉心自食,欲知本味。创痛酷烈,本味何能知?……

……痛定之后,徐徐食之。然其心已陈旧,本味又何由知?……

……答我。否则,离开!……

自然听不到回答。然而,"胸腹俱破,中无心肝"的死尸也无须等待回答。他于沉默中说:"待我成尘时,你将见我的微笑!"只有彻底埋葬以后,才会有自己的新生。这微笑的一闪烁,直如刀锋的毫光,既凛烈,又苍白。

在这里，鲁迅完全暴露了自身的血肉。他虚无，他阴暗，他极力摆脱然而不能。这是何等焦灼和痛楚！

两年来，他的心里的确荒凉了不少，但超乎常人的地方也恰恰表现在这中间：即使精神负担那么沉重，他居然可以把它当成盔甲披挂在身，一例抵挡刀箭。这该是怎样的一个奇迹！十余年如一日，他没有放弃自身的使命：向旧世界复仇。这旧世界在他的眼中是实有的，浩大而强固，他把自己灰暗的内心世界也当作其中的一部分了。后来有人嘲笑他是堂吉诃德，专与风车作战；其实那根本不是风车，而是一头不知吞噬了多少生命的巨兽，因为人们卑怯，所以不敢正视而已。他是有勇气的。他所创造的系列的复仇者，是真正的觉醒者和战斗者。虽然他们最后总是被逼致死，致疯，被遗弃于荒野，然而，却无一不具有崇高的格调、悲壮的色彩、深沉的力量。

此间创作的小说《长明灯》，延续和深化了《狂人日记》的主题。

两个作品的手法很不相同。但是，在吉光屯里，同样有着一个庞大的"吃人"集团：从劣绅四爷到赌徒茶客，以及平安守旧的居民和他们的孩子们。疯子与狂人同中有异，他是一个彻底的叛逆者，不但有思想，而且有行动。但他的目的不在于"劝转"吃人的人，而是扑灭屯上那盏代表了封建宗法社会的权威的标志——长明灯。

他不怕威吓，也不受欺骗。阔亭无论说"打断你的骨头"，还是说"我替你吹"，都一样毫无用处；他的回答非常坚定："不能！不要你们，我自己去熄，此刻去熄！"方头企图以灯的亘古恒在来消弭他的斗志，他沉实地说："然而我只能姑且这么办。"这是疯子的现实性。然而，他还有探索性的一面。当阔亭向他宣告，说他根本无法推开庙门的时候，他沉静地答以"用别的法子来"，以致终于决定："我放火！"

我放火！——

这一声摇曳着响亮的尾声的回答，立即使我们联想起作者的另一篇作品：《失掉的好地狱》。通过梦中魔鬼讲叙的故事，表明神、魔、人在斗争中无论谁胜,都是要获得地狱的统治权。结论是:地狱无论好坏,都不是我们所需要的,必须连这地狱也失掉!

对于吉光屯的人们来说,放火无疑是毁灭性的打击。于是,他们把疯子关了起来。只要手中掌握了权力或多数,就可以随意把一个人关起来,更何况是疯子!然而,面临失败孤境,他没有屈服。在人们以为最安全的粗木直栅的所在,孩子们又看见他:"一只手扳着木栅,一只手撕着木皮,其间有两只眼睛闪闪地发亮。"

有意味的是:长明灯更其分明地照出神殿、神龛,而且一直照到木栅里。

更有意味的是:孩子们把疯子的"自己熄"、"我放火"的话随口编派成歌,到处传唱。宣言于是成了戏言。

这就是小说的结局。

《狂人日记》的末尾是"救救孩子",孩子真的可以得救吗?真是绝望的战叫!

散文诗《颓败线的颤动》,写一个女性,在做出许多牺牲以后垂老,且因此而被遗弃。当她一旦发现自己被人利用以后,便走出深夜,也遗弃了背后的一切冷骂和毒笑。她的悲愤是大悲愤,故有"无词的言语",甚至连这言语也沉默尽绝,惟见颓败的身躯颤动,辐射,回旋,如鱼鳞,如沸水,如波涛之遭飓风,汹涌奔腾于无边的荒野。

这样的大悲愤,也见于前些时候写作的《复仇》二章。

其一:生命的大欢喜本在于大爱大憎,拥抱或杀戮。正当他们俩裸身捏刃,对立于旷野之上而准备动作的时候,因愤于路人如槐蚕、蚂蚁般的赏鉴之状,生命乃永久干枯下去,毫不见拥抱或杀戮之意,但当路人们变得无聊时,他们俩却以死人似的眼光,反过来赏鉴众人的干枯,无血的大戮,而归于"生命的飞扬的极致的大欢喜"。

其二:群众不只是看客,而且是充满敌意和杀机的一群。他们钉杀了"人之子"。而耶稣,这个遭到上帝离弃的以色列之王,为了大众而受尽了大众的戏弄,直到被钉在十字架上。他仍然悲悯他们的前途,但仇恨他们的现在。最后,他感受到了碎骨的大痛楚,却又旋即"沉酣于大欢喜和大悲悯中"。

人受了压迫,为什么不报复呢?鲁迅总觉得复仇是不足为奇的。但是,谁来裁判,怎样才算公平?他认为:公平莫过于自己裁判,自己执行;既没有上帝来主持,人便不妨以目偿头,或以头偿目。在他的心中,一直活着愤世嫉俗的尼采精神。那是战士的孤愤,是大爱者在无爱的人间的自白。人的心理机制需要一种平衡。群众的蒙昧只要构成了心理上的压迫,他便只好施行精神报复了。

孤独的行进乃是他的运命,如《过客》中的过客,踏过瓦砾,穿过丛葬,就这样从似路非路的地方走过来,而且一直走下去——

即使前面是坟,他也决不回转。"回到那里去,就没一处没有名目,没一处没有地主,没一处没有驱逐和牢笼,没一处没有皮面的笑容,没一处没有眶外的眼泪。"而他,不正是不愿看见他们心底的眼泪,不要他们为自己悲哀,才离开那里的吗?

所以他息不下,因为有声音常在前面催促他,叫唤他。他的脚走破了,有许多伤,流许多血,他需要补养,可是不能。他不愿喝无论谁的血,只得喝水,作血的补充。为了这个声音,他付出了高昂的代价。既然前面是坟,声音也就成了希望的诱惑,行进成了无休止的折磨。他知道自己是"中间物",知道努力与希望的距离,他甘愿像希腊神话中的西西弗推石头那样,作没有结果的努力……

一杯水。一片布。人世间也不是没有爱,没有怜悯与同情。这出小小"反戏剧"所写的老翁与女孩,就曾给予过客以他所需要的东西。可是他没有接受。他拒绝了。他容易感激,所以害怕感激。他说:

> 我怕我会这样:倘使我得到了谁的布施,我就要像兀鹰看见死尸一样,在四近徘徊,祝愿她的灭亡,给我亲自看见;或者咒诅他以外的一切全都灭亡,连我自己,因为我就应该得到咒诅。但是我还没有这样的力量;即使有这力量,我也不愿意她有这样的境遇,因为她们大概总不愿意有这样的境遇……

他太理智了，太克制了，简直是固执。他拒绝了世界上的一切援助。恐怕没有人会像他这样，甘愿永远成为一个人，一支孤军。

假如"过客"就是作者本人，他是否真的这般彻底地拒绝别人呢？

假如有人尊敬他，同情他，爱他，而且这爱也如"过客"般的执著，一往直前，绝不退转，他将怎么办？

又假如爱他的人是一位异性，年轻的异性呢？……

## 64  爱情，别一种火焰

3月11日，鲁迅收到一位陌生人的来信。拆开来一看，那上面写着：

鲁迅先生：

现在执笔写信给你的：是一个受了你快要两年的教训，是每星期翘盼着希有的，每星期三十多点钟中一点钟小说史听讲的，是当你授课时，坐在头一排的座位，每每忘形地直率地凭其相同的刚决的言语，在听讲时好发言的一个小学生……

他立即翻看信末的具名，是："谨受教的一个小学生许广平"。

哦，对了。许广平，他反过来重头读起，那许多怀疑而愤懑不平的话，都是针对北京教育界的现状而发的。学校当局害怕闹风潮，总是以毕业分配恐吓和收买学生，致使学生软化，行动受阻。信里既愤慨于买者的固位恋栈，蝇营狗苟；又愤慨于被买者的廉耻丧尽，人格破产。鉴于这种现象，她深以中国教育的前途为虑，于是只好苦闷下去。她请教先生，有什么法子在苦药中加点糖分？有糖分是否即绝对不苦？言辞是十分急切而诚恳的。

来信最后一段说：

现在的青年的确一日日的堕入九层地狱了！或者我也是其中之一。虽然每星期中一小时的领教，可以快心壮气，但是危险得很呀！先生！你有否打算过"救人一命，胜造七级浮屠"呢？先生！你虽然很果决的平时是；但我现在希望你把果决的心意缓和一点，能够拯拔得一个灵魂就先拯拔一个！先生呀！他是如何的"惶急待命之至"！

他变得骚动不安起来。面对一个年轻的痛苦的灵魂，你能坐视不救吗？然而，你又能拿出什么可拯救的方法！……

可悲的是，苦痛总是与人生相关联。睡熟倒也罢了，清醒的时候要免去若干苦痛，实在太不容易了。中国的老法子是"骄傲"与"玩世不恭"，自己就有这毛病，其实这算什么法子呢？苦茶加糖，其苦如故，只是聊胜于无糖而已，但这糖也并不容易找到。平时燃许多烟卷，不过是麻醉药，在烟雾升腾中又何尝见过极乐世界！连自己也没有指南针，至今还到处乱闯，倘使闯入深渊，自己有自己负责，领着别人，尤其是寄希望于自己的青年，将如何是好呢？……

想到学生在渴待答复，只得将自己如何在世上混过去的方法，分两点写了：

一，走"人生"的长途，最易遇到的有两大难关。其一是"歧路"，倘若墨翟先生，相传是恸哭而返的。但我不哭也不返，先在歧路头坐下，歇一会，或者睡一觉，于是选一条似乎可走的路再走……其二便是"穷途"了，听说阮籍先生也大哭而回，我却也像歧路上的办法一样，还是跨进去，在刺丛里姑且走走……

二，对于社会的战斗，我是并不挺身而出的，我不劝别人牺牲什么之类者就为此。欧战的时候，最重"壕堑战"，战士伏在壕中，有时吸烟，也唱歌，打纸牌，喝酒，也在壕内开美术展览会，但有时忽向敌人开他几枪。中国多暗箭，挺身而出的勇士容易丧命，这种战法是必要的罢。但恐怕也有时会迫到非短兵相接不可的，这时候，没有法子，就短兵相接。

总结起来，我自己对于苦闷的办法，是专与苦痛捣乱。将无赖手段当作胜利，硬唱凯歌，算是乐趣，这或者就是糖罢……

鲁迅当天的复信,许广平两天以后才收到。她从信封里抽出印着红线的笺纸,看了第一行的"广平兄"的称呼,看了全信清清楚楚用毛笔写的详细恳切的半训半导的内容,只觉得心里有一种莫名的激动……

她反复读信,不知道该怎样回复才好。对于这种心情,她仿佛已经清楚,可是推究起来却又十分模糊……

从天津到北京,追求的只是一个目标:知识和真理。在一片干裂的心田里,有哪一位师长,曾经沛然降落过为她所需要的甘霖?只有鲁迅先生。他虽然上的是小说史课,于社会仍然有剀切的批评,像他的文字一样。但是,听讲的机会实在太少了,一周之内才只有一个钟头!出于内心的这种亲近的企求,上课时,她便偷偷地把他的肖像速写下来……

给先生写信,曾几番踌躇,然后才做出决定的。事情虽然与同乡同学林卓凤商量过,写好以后也曾给她看过,但是在寄出之前所添加的一段话,即关于在学生二字上应不应加一"女"字的议论,显然透露了个中的一点情愫。

有了先生的此番答复,这回写信时,她也就款款地说了:"十三早得到先生的一封信,我不解;何以同在京城内而邮政的交通要阻隔到前后三天之久;我更不解,何以巧巧的也隔前后三天(13—15),我才能拿起这管笔陈述我的所要说的话,而于我读来信三天中给我感应最深时,乃不能写得只字于片纸中。"在辩说"兄"字的称呼妥当与否时,她写道:"先生之意何居?弟子乌得而知也。不曰'同学'不曰'弟'而曰'兄',游戏欤——游戏欤?此鲁迅先生之所以为'鲁迅先生'吾师也欤!?"从此以后,她在通信中也都常常在称呼和具名上闹点小花样,借以戏谑未免太严肃了的先生。

一连几封信,许广平都谈了教育问题,自然还有对于社会人生的看法。26日晚间,她向先生报告了自己单独进行的"个人的驱羊运动"。

18日,她用"持平"的笔名在《妇女周刊》发表了《北京女界一部分问题》一文;两天后,又以"正言"为笔名,在《京副》发表题为《评现代评论〈女师大的学潮〉》的文章,批驳了自称"局外人"的关于风潮是"有人在那里主使"的荒谬论点。风潮初起时,由于怀疑"各有复杂的背景",她曾袖手作壁上观;及见群情低落,杨荫榆及其拥护者飞扬跋扈,不由得挺身而出,施以总攻击了。她认为,女师大问题不是一个孤立的问题,而是社会问题,因此必须再接再厉,继续斗争,用"铁血"换取胜利和幸福。

早在天津女子师范学校读书时,她已经是学潮中有名的活跃分子。五四运动后,该校学生领袖邓颖超、郭隆真等联合其他女校,成立天津女界爱国同志会。她加入了这个组织,并任会刊《醒世周刊》编辑。此外,她还积极参加抵制日货的爱国活动,以及各种演讲宣传。这样一个富有头脑和热血的青年,一旦置身于斗争的漩涡,怎么可能甘于寂寞呢?

可是,当她回首往事,举目四顾时,却不禁发出知音难遇的慨叹。

在信里,她这样写道:"今日青年,尚复何望!!? 暗沉沉天日无光,惨淡之神州陆沉。同志同志! 天壤何处寻?……"由于鲁迅的前信有"正在准备破坏者,目下也仿佛有人"的话,所以使她狂喜万分,当即表示:"愿作个誓死不二的'马前卒'忠于一种我以为对的主义之下,不管这团体是直接间接,成立与未? 总之建设与努力,学生是仰望于先生,尤其愿得作一个'马前卒'以冲锋陷阵,小喽啰虽然没大用,也不防令他摇几下旗子!"

对于教育,鲁迅开始就向她表示过自己的意见,以为和政治状态及社会情形相关。他说:"现在的所谓教育,世界上无论那一国,其实都不过是制造许多适应环境的机器的方法罢了,要适如其分,发展各各的个性,这时候还未到来,也料不定将来究竟可有这样的时候。"在他看来,中国社会就像"一只黑色的染缸",无论加进什么新东西,结果都变成漆黑。染缸不打破,中国是没有希望的。直至现在,他仍然认为,"此后最要紧的是改革国民性,否则,无论是专制,是共和,是什么什么,招牌虽换,货色照旧,全不行的"。

许广平对鲁迅表示说:"先生自己也仍以悲观作'不悲观',以无可为作'可为'仍自往前的走去,这种精神学生是应当效法的。"

有多少人能够这样理解自己呢?虽然只是通信几回,鲁迅已经多少有一种知己之感了。然而,说到要做自己的"马前卒",却是万万不能的。这个问题,其实不是早就向她作了说明的吗?以自己的失望、多疑、世故,根本不是那种做领导的材料,为什么她总是要说呢?他认为有必要说得明白一些,以便打消她对自己的幻想。他说:

> 希望我做点什么事的人,颇有几个了,但我自己知道,是不行的。凡做领导的人,一须勇猛,而我看事情太仔细,一仔细,即多疑虑,不易勇往直前;二须不惜用牺牲,而我最不愿使别人做牺牲(这其实还是革命以前的种种事情的刺激的结果),也就不能有大局面。所以,其结果,终于不外乎用空论来发牢骚,印一通书籍杂志。你如果也要发牢骚,请来帮我们,倘曰"马前卒",则吾岂敢,因为我实无马,坐在人力车上,已经是阔气的时候了。

许广平第一次反驳了鲁迅。

她认为,领导的人只须用"仔细"的观察处置调剂"勇猛"分子即可,而本身未必一定须"勇猛"的。同时,她也不同意鲁迅的"牺牲"说,因为这一面是牺牲,对于另一面来说就是建设,只是观察点的不同。前信所以有"马前卒"之请,是自己愿意做出牺牲的缘故,为什么不可以接受呢?写信至此,她再次表示了追随鲁迅的决心:"现在先生既不马而车,那么我就做那十二三岁的小孩子跟在车后推着走,尽我一点小气力吧!"

在这一点上,学生真是"韧"得可以。

由于许广平在信中把鲁迅和孙中山一并论列,而且都落到"无拳无勇"四个字上面,对鲁迅的某个战略思想的形成有着很大的启发。

作为创造民国的第一人,孙中山站出世间来就是革命,失败了还是革命;尤其难得的是,中华民国成立之后,也没有满足过,安逸过,仍然不懈地坚持了革命的工作。"革命尚未成功,同志仍须努力",就是他的遗言。当他完成了生命的全程以后,对他的品质,思想,事业,就有了更清楚的了解了。《京报》有一条新闻,曾经深刻地感动过鲁迅,说是当西医已经宣告无效的时候,有人主张孙中山服用中药,但他不赞成,以为中国的药物固然也有有效的,但是缺乏科学的诊断。不能诊断,如何用药?于是决定不服用了。鲁迅以为,他对于自己的生命始终怀有这样分明的理智和坚定的意志,是很可佩服的。

正是这样一个永远的革命者,当他于3月间在北京病逝时,惹动一群苍蝇般的论客如梁启超之流,对他实行各种诬蔑和诋毁。为此,鲁迅写下《战士和苍蝇》,断言"完美的苍蝇"总不会超过"有缺点的战士",捍卫孙中山和他的战友的事业。

北方军阀及其走狗文人的攻击,使鲁迅在感情上必然地倾向于南方革命政府。长期以来,鲁迅一直执著于思想革命,因此对武装革命的意义估计不足。收到许广平的来信以后,他认真反省和调整了自己的思想,第一次以明确的语言符号记录下关于改造中国的最新结论。信中,他不无感慨地说:"改革最快的还是火与剑,孙中山奔波一世,而中国还是如此者,最大原因还在他没有党军,因此不能不迁就有武力的别人。近几年似乎他们也觉悟了,开起军官学校来,惜已太晚。"

由于政府的压迫,鲁迅近期时有"宣传"无效的想法,现在觉得也不尽然。鉴于前车,充实党人实力确乎是第一要图,但各种言动,仍然可以作为辅佐力量而存在。有了这样的认识以后,他也不会轻视自己的工作,而是把攻击传统的思想习惯继续当成神圣的使命来进行。他有一种计划,先前攻击的是旧党,现在还要攻击青年,并且还得准备"钻网"的法子,——他对于改革的前途是怀有充分的警觉的。这些攻打病根的工作,他知道即使有效,也恐很迟,甚至怀疑自己生前不会看见,但是还是不想放手,不能放手,且要寻找握有反抗和攻击的笔的人们,联合起来一试。一面觉得可为,一面又觉得无聊,他对自己的暮气很不满。

他转而问许广平:"小鬼年轻,当然是有锐气的,可有更好,更有聊的法子吗?"

在具名"小鬼"的复信里,许广平果然说了一个"有聊的法子",就是:暗杀!

她同鲁迅一样,出生于一个败落的官宦之家,女性的地位和家庭的困境培养起她的叛逆性格。她以大哭拒绝缠足,以机智争得跟男孩子一起用蓝青官话读书的资格,还曾以死反抗过包办婚姻。从小时候起,她便接受了兄长的自由民主思想的影响,是《平民报》和《妇女周刊》的热心读者之一。与世家儿女不同,她不穿绸衣,不戴耳环,不涂脂粉,志在移风易俗,除旧布新;又好读飞檐走壁、朱家郭解、扶弱锄强的故事,幻想习得剑术,以除尽天下不平事。在袁世凯窃国称帝时,她认为这是为国效命的机会了,于是私自给一位女革命者写信,希望能够投入到反袁斗争中去,只因不慎泄密,遭到家人的阻挠,以致成为平生的一大憾事。

她告诉鲁迅:"火与剑"的说法自然是不错的,然而太慢了,何况头脑较新的军人也未必有大建设!因此,她极想物色若干同志,暗中进行"博浪一击"。

信中说:"仗三寸剑,杀万人头,饮千盏血,然后仰天长啸,伏剑而殉,虽碌碌诸子,或且不足污吾之剑,然以此三数人之牺牲,足以寒贼胆使有所畏而不敢妄为!然后迫得他不敢不稍从民意,此时再起而联络国中军民各界,昭以大义,振以利害,加以舆论鼓吹,缓急先后或取于此。"字里行间,的确很有一股豪气!

说实在话,这样的牺牲精神和侠义性格,是鲁迅所欣赏的,但是冒险方式却绝不足取。"博浪一击",还是秦天下,即使代之以汉还是秦法,算得了什么好法子呢?民国的一些先烈,其中还有些为自己所认识的人,以暗杀白白做了牺牲,至今思之怃然。鲁迅知道,他自己还有一个"死症":虽然常常煽动青年冒险,但有相识的人,却又怕见他的冒险。这时候,他不能不把这一层意思直白说出:

> 我觉得"小鬼"的"苦闷"的原因是在"性急"。在进取的国民中,性急是好的,但生在麻木如中国的地方,却容易吃亏,纵使如何牺牲,也无非毁灭自己,于国度没有影响。……要治这麻木状态的国度,只有一法,就是"韧",也就是"锲而不舍"。逐渐的做一点,总不肯休,不至于比"轻于一掷"无效的……

4月12日,许广平约同林卓凤一起,第一次来到西三条。从此,鲁迅家里便成了她经常来往的地方。在这里,除了聆听鲁迅的教诲以外,还可以无拘束地提出各种各样的问题,谈天,说笑话,或者孩子似的和同学们一起分吃主人的糖果,抢走他桌面上的小摆设。

对他们师生两人来说,这一天揭开了关系史上簇新的一页。此后的通讯,虽然一样地谈政治,谈教育,谈职业,谈"假名",谈社会人生种种,却多出一份深情,一份梦幻,一份愉悦,明显地带上"情书"的性质。

16日晚,许广平在信中把鲁迅的"老虎尾巴"称作"秘密窝"。信的开头,是一段声色俱佳的文字:"'秘密窝'居然探险(?)过了!归来的印象,觉得在熄灭了的红血的灯光,而默坐在那间全部的一面满镶玻璃的室中时,偶然出神地听听雨声的滴答,看看月光的幽寂;在枣树发叶结果的时候,领略它风动叶声的沙沙和打下熟枣的勃勃,再四时不绝的'个多个多'!'戈戈戈戈戈'的鸡声,晨夕之间,或者负手在这小天地中徘徊俯仰,这其中定有一番趣味,是味为何?——在丝丝的浓烟卷中曲折的传入无穷的空际,升腾,分散,是消灭!?是存在!?……"

结合访问的印象,她悬想起鲁迅夜间工作的情景,内心不禁充盈着一种隐秘的喜悦。

鲁迅随即给调皮的学生出了一道试题,俨然师训,问:"我所坐的有玻璃窗的房子的屋顶,似什么样子的?后园已经去过,应该可以看见这个,仰即答复可也!"

许广平答曰:"那'秘密窝'的屋顶大体是平平的,暗黑色的,这是和保存国粹一样,带有旧式的建筑法,在画学中美的研究,天——屋顶——是浅色的,地是深色的,如此才是适合,否则天地混乱,呈不安的现象,在'秘密窝'中,也可以说呈神秘的苦闷的象征……"

完后,她也出了一道考题,这回自然要让先生当学生。"问曰:我们教室天花板的中央有点什么?如果答电灯,就连六分也不给,如果俟星期一临时预备夹带,然后交卷,那就更该处罚(?)了!其实这题目甚平常而且熟习,不如探险那么生硬,该可不费力吧!敢请明教可也!"

没法子,鲁迅只好交白卷,说,"这次试验,我却可以自认失败,因为我过于大意,以为广平少爷未必如此'细心',题目出得太容易了。现在也只好任凭占卦抽签,不再辩论,装作舌头已经割去之状。……"

然而缴械还不行,许广平穷追不舍,抓住"少爷"的称号,自称"老人",倚老卖老道:"加以'少爷'二字于老人身上呢,要知道,叫老人为'小姐',自然免不了辱没清白,但是尊之为'少爷',也觉不得是荣幸的,现时所急需的,就是注重在一撇一捺上打地基,如其舍去了空间呢!自然地基在抛弃之列,那时人们都觉得地基的龌龊范围的可厌了!那么就大家一同毁灭这地基自然更好,现在呢!这地基姑且算是桥梁舟车之类的过渡品吧!至于红鞋绿袜,满脸油粉气的时装'少爷'我还是希望'避之则吉',先生何苦强人所难,硬派他做个老莱子七十戏彩呢!"

鲁迅说:"试验题目出得太容易了,自然也算得我的失策,然而也未始没有补救之法的。其法即称之为'少爷',刺之以'细心',则效力之大,也抵得记大过二次,现在果然慷慨激昂的来'力争'了,而且写至九行之多,可见费力不少。我的报复计划,总算已经达到了一部分,'少爷'之称,姑且准其取消吧。"

最后的徒手反击非常有力。他简直以胜利者和仲裁者的双重身份,宣告结束这场迁延旬日的笔战。

世界上的文字,未必一定是写给所有的人看的,有时候读者也可以少到一个人:爱人、朋友或自己。这类文字,对大众来说可以是无聊的,但对个人来说却都是"有聊"的;写法也许称得上平直散漫无技巧,但也惟其如此,才见得出质朴的形式美。与许广平的通信,使我们在人间最勇敢最顽强的战士的身上,同时发现了最温柔的微笑。

据说,爱情的最高形态是灵与肉的结合。灵魂的发现,并不仅仅在于彼此在性格和品质方面的认同,共同追求的事业才是真正的契合点。如果这事业同人类社会的命运息息相关,那么,爱情就会找到最稳固的基础和最大的动力。

正是共同的斗争成了他们的媒介物，鲁迅与许广平，这对年龄差距十八岁的师生终于在人生的道路上携起手来了。

爱情，别一种火焰。当它一旦燃烧起来以后，便如同斗争的火焰一样炽烈而美丽。

## 65　在《莽原》周围

《语丝》虽然力图表现出反抗的精神，慢慢地，却有了疲劳的颜色了。《现代评论》的小圈子不是鲁迅愿意涉足的，其中多是名人，可是灰色的调子很明显。《京报》的有些周刊多载关于花草或旦角之类，已入于无聊庸俗一流了。于3月间创刊的《猛进周刊》倒不失其勇，而谈论新闻政治的文字却又太多。北京的出版物，屈指数来，使鲁迅真正满意的似乎还没有。

他这个人，生来是不会听命于人的。作为文艺运动的战略家，他的工作必然带有开拓的性质。这时候，一个新的计划在他的心里酝酿成熟了，就是：由自己着手办一种刊物，作为《猛进》的友军。

设想中的刊物，当然不能等同于《语丝》。他认为，最大的特点应当是，把青年的力量摆到首要的位置上。无论编者和作者，都必须是青年。青年单纯、热情、敏锐、大胆，没有太多的人际纠葛和精神负累，因此战斗起来也就无所顾忌，不易妥协。虽然，其中也有保守分子，但世界的新锐力量，毕竟只能在这部分人中间寻找。在北大，前些年支持新潮社和春光社，基本上是出于这种动机，只是那时候，培养文学新人的成分要更多一些。现在，白话文学基本上取得了对复古派的胜利，比起思想革命的任务，制作一些小说诗歌之类，实在已经算不得很急迫的事情了。所以，应当有更多的刊物起来，造成战线，开展文明批评和社会批评。

他曾给《猛进》的主编徐旭生写信说："现在的各种小周刊，虽然量少力微，却是小集团或单身的短兵战，在黑暗中，时见匕首的闪光，使同类者知道也还有谁还在袭击古老坚固的堡垒，较之看见浩大而灰色的军容,或者反可以会心一笑。"那么,未来的刊物自然也不必求大,而以类似的"小周刊"为宜。

4月11日夜间,鲁迅买酒邀高长虹、向培良、荆有麟、章衣萍五人共饮,大醉方休。他难得这般畅快地喝酒;平时醉酒,几乎都是赶上极苦闷的时候。正是在这次酒会上,他们共同决定了一个刊物的命运,从而使鲁迅的设想现实化了。

《莽原》诞生了!

事情的进行本来没有这么快。当它还只是一种计划的时候,有人向邵飘萍透露了消息,他就立即把广告给登了出来,并且夸大得厉害。报人的手眼来得特别快,这使鲁迅非常气恼。第二天,他草拟了另外一份广告,硬令登载,且不许改动。邵飘萍添了几句不相干的按语,便一同发表了。

鲁迅在预告中这样表明刊物的宗旨:"总期率性而言,凭心立论,忠于现世,望彼将来。"不管"将来"是否有这么大的诱惑力,他总是喜欢使用它。

邵飘萍为了改革《京报》,扩大它的影响,除聘请孙伏园主编副刊外,还请各文学团体和学术团体代编了一些周刊或半月刊,随《京报》附送,广告说明,由鲁迅编辑的刊物,将取代原来的《图画》周刊,作为《京报》的第五种周刊,于每星期五出版。

刊物的名目叫"莽原",也是采用《语丝》的办法,从字典上随手翻捡得来。报头是找一个八岁的孩子写的。鲁迅十分喜欢那歪歪扭扭的笔迹,而以幼稚为佳兆。"莽原"二字也不错,有大旷野的精神,意义比《语丝》要好得多。

为了对外联络的需要,他们把荆有麟在西城的住址定为莽原社的社址。其实,除了办刊前的那次酒会外,莽原社并无其他集会和任何组织章程。他们是散漫的一群,不需要什么纪律之类的约束。自由结合才是重要的原则。鲁迅被推举为编辑,只是出于思想的凝聚力,比起他们,显得更为老练和能干而已。

《莽原》出版不久,向培良往河南办报去了,章衣萍平时又不大做文章,所以具体的编务和撰稿工作,主要落到鲁迅、高长虹、荆有麟三人身上。

高长虹出身于山西的一个破落的书香门第。他从小养成孤僻和反抗的性格,敢于叛逆自己的封建家庭。辛亥革命胜利后,他在教员们的严厉监视下剪掉了辫子。十五岁时,父亲要他到天津报考法律学校,遭到他的断然拒绝。可是,他却服从了祖父之命,跟一个没有文化而且缠足的乡下女子结了婚,更不幸的是接着有了一个令他终生眷恋的孩子。袁世凯复辟称帝时,他还在中学读书,偏不肯参加学政界开提灯会的劝进活动,还写了一首《提灯行》的诗,对山西的复辟势力加以痛斥。这样,他当然要受到学校当局的压迫,不得已逃离太原,回到盂县老家。

1924年下半年,高长虹离开山西,来到北京。在一条僻静的胡同里,他创办了《狂飙月刊》;在这以后,又创办了两种周刊:《世界语周刊》和《狂飙》周刊,积极从事"狂飙运动"。

10月初,他带了两期《狂飙月刊》和一首新诗《离魂曲》,拜会了孙伏园,他表示希望得到支持,使诗作能在《晨副》发表,并且谈了争取出国深造的打算。孙伏园热情地接待了他,愿意给予资助。但不久,孙伏园辞去了《晨副》的职务,《离魂曲》不能发表,他的出国计划也便随之落空了。

当孙伏园起手办《京副》的时候,高长虹再次访问了他。他告诉高长虹说,前些天跟鲁迅、王品清等一起吃饭时,鲁迅曾经问起"长虹"是谁;接着,大家打听鲁迅对《狂飙周刊》的印象,鲁迅回答说是好的。

高长虹听到这个消息,精神极为振奋,决定找机会拜访鲁迅。

是将近岁暮的大风的夜晚,高长虹第一次来到西三条,携着他编辑的几份《狂飙》。

据高长虹后来的回忆,这一次,鲁迅的精神特别奋发,态度特别诚恳,言谈特别坦率。此时,鲁迅正在《语丝》上发表"野草"系列,长虹则在《狂飙》上发表"幻想与做梦"。对于"野草",长虹十分惊异于它的深邃,意象与辞采。谈起这方面的创作来,鲁迅说:"'幻想与做梦'光明多了!"这句话留给长虹的印象相当深刻。但是,长虹也毕竟体会到了彼此思想的不同,觉得同《工人绥惠略夫》中的亚拉藉夫与绥惠略夫会面时的情形相仿佛。

高长虹以绥惠略夫自况,亚拉藉夫自然是鲁迅了。可是到了后来,鲁迅却被诅咒为"无灵魂","倒卧在青年脚下的绊脚石","用捣鬼与造谣而假装其若有权威者";而亚拉藉夫则始终是"理想家","为爱做了牺牲"。这是很有戏剧意味的。

也许如高长虹感觉的那样,鲁迅是一个"直觉力很好的人"。他几乎一开始就确定高长虹是安那其主义者,因此谈起话来,多有意见不合的地方。高长虹有才气,很能作文章,至于文章的晦涩难解倒在其次,艺术这东西也不必一定求同。重要的是不失为旧轨道的破坏者。在反对帝国主义、北洋军阀和研究系,批判传统的文化观念,改造国民性,提倡世界语等方面,彼此大的方向还是颇为一致的。至于有点骄傲,鲁迅想,青年人大约总是难免的吧?但也不要求之太苛;他还在发展的途中,谁能估计他将来不会改掉这些呢……

对于《莽原》的工作,高长虹是肯干而且能干的。不论个人事务如何繁忙,也不论刮风还是下雨,他总是在刊物截稿的前一天将稿子送去。《莽原》几乎每期都有他的作品,有时甚至同期刊登好几篇。此外,他还约请了尚钺、高沐鸿等人撰稿,扩充刊物的实力。

《莽原》的出版,是没有编辑费和稿费的。鲁迅知道高长虹困难,所以特地关照出版者,破例每月单独付给他十元左右的酬金。在鲁迅个人,也会送给他一些书籍,或者资助他一点旅费。总之,应当设法保证一个人最起码的生活条件。人是要反抗的,而生活总是宁静些为好。

作为莽原社同人,鲁迅与高长虹之间的来往颇为亲密。在不到两年的时间内,两人会面不下一百次。高长虹经常是一个人到鲁迅的家里来，只是鲁迅不知道，暗暗地，他竟也爱上了许广平。

尚钺原来是鲁迅所熟悉的学生，只是没有直接交往过，他第一次到西三条，是由高长虹陪同前往的。

有一次，严重的气管炎刚刚好转，尚钺便带着在病中写的几篇短稿，一个人跑到鲁迅家里去。经过这次造访，对于鲁迅，便不复有先前的敬畏之感了。

鲁迅早已得悉他卧病的消息，所以他一进门，便马上问起疾病的情况。尚钺仔细地诉述了在气管炎以后，又得神经衰弱症时，鲁迅安慰他说"研究文学的人，最易患神经衰弱，以后只要不再深夜读书写稿子，也许会好起来。这一回，你恐怕是受了气管炎的影响，需要充分的休整。我有一个治神经衰弱的方子，曾经试验有效的，你买来试试看。"说着，开了一个药方，又从抽斗中取出三块钱交给尚钺，叮嘱道："大病才好是不宜多走路的，还是坐车吧，大概有三块钱也就差不多了。"

不久，轮到鲁迅病了，虽然他常说自己不会生病。星期五的下午，尚钺到北大一院上课，看见鲁迅请病假的条子，下课立即赶到高长虹那儿，探听了病情以后，径直跑到西三条里来。

鲁迅正端坐在书桌前，静静地看稿。

尚钺走进屋内，很注意看他的面孔，发现那脸色比平日红润了许多，眼皮却有些微肿，该不是发烧的现象吧？问起鲁迅，他却说："没什么，大约是感冒，休息两天便会好的。"

"先生怎么不休息呢？"

鲁迅沉吟了一下，摩挲着手头的样稿说："这是这一期《莽原》的校样，前天就拿来了，直到今天我还没有动手。"

"让我和长虹两个校对好了，先生多休息两天。"尚钺取过样稿，自告奋勇地说。

鲁迅又从桌面上取出一叠原稿交给尚钺，说："好吧。仔细一点。要知道文章上的争执，常常因为一个字的错误，引起很大的误解。"停顿了一下,才又微笑着说,"校对和创作的责任是一样重大的。"

尚钺一面点头回答,一面打开样稿来看,发现头一篇就是自己的,而第一页已经校对完了。鲁迅凑过来说:"这一页已经校对过了,你没有校对过吧?有错误就照着这样子改。……不过,最好明天能校完。"

尚钺从来不曾校对过,看见这个校样,心里非常不安。现在,他才知道自己的潦草字体是怎样地令先生烦恼,消磨着先生的宝贵的时间和生命。而先生呢?却从来未曾要求他把字体写工整,或者重抄一遍稿子。

"先生早就应该叫我把稿子重抄一遍的。"尚钺赧然地说。

"青年总有一个时期要草率一点的,"鲁迅笑道,"如果预先规定了一种格式或一种字体来写,恐怕许多好文章都写不出来,要消灭到格式和字体中去了。目前的问题,只是写,能写,能多写就好。"

这时,尚钺忽然记起前不久许多朋友在这里闲谈的情景来。

鲁迅曾经幽默地提出稿子字体的比较问题,并且随手拿出在座许多人最近的稿子来排名次。大家跟他开玩笑,都说他的字体要列入最坏的等级,他就笑着指着尚钺,提出抗议说:"还有他的,我的还不能列到最劣等。"大家听了大笑,一致承认了他的看法……

当时,尚钺只当先生说笑,所以并没有引起注意,现在看了校样,才深深地感觉着罪过。

第二天,他把校完的样稿送给鲁迅。鲁迅接过以后,又按照原稿找出几个错字来,温和地说:"你昨天走后,我忽然想起这几个错字来。我虽然在顶上点出来,但并未改。本来是想等作者来,问一问是否有特别的用意再改的。现在时间来不及了,都给他改正好了。"

事实上,尚钺校对时并没有看出错字,自然连错字顶部注的小点也没有看见。这时候,他虽然按照先生的意见一一改正过来,心中却惭愧万分:自己太不负责任了!而先生为了使自己认识错误而又不伤害一个青年人的自尊心,却是曲折婉转地绕尽了圈子!……

接着,鲁迅从校对问题谈到创作的态度。他说,无论创作或翻译,都同校对一样必须十分精细,此外并无窍门。

尚钺笑着说了一句："霹雳火秦明要是也来写小说,做翻译或者当校对,一定要失败的。"

鲁迅抓住这个机会,随即提出"忍耐"两个字。尚钺觉得,好像这是特意针对自己说的,因为先生曾经几次提到过自己性情急躁的毛病,于是怀着感激,仔细地聆听他就这两个字所做的出色的发挥。

他说,无论创作长篇或短篇,第一个问题当然是思想,而能使思想充分表达的便是"忍耐"。忍耐是一个锻炼的过程。只有忍耐,才能对问题或材料有着敏锐的观察和周详的思考;只有忍耐,才能深入开掘,由皮肤直进入到血肉里边去;也只有忍耐才能使浮游在意识中的字句,恰当地运用到人物的动作、背景和情感表现上面。如果作者缺少了深切忍耐的功夫,人物便会出现二重或多重人格的分裂现象,严重的,还会因作者的复杂经验而互相对立起来,比辜鸿铭在北大讲皇恩更加使人感觉不调和。这样,一篇作品的全貌,便因一句一字而使人感到灭裂了。文字虽然是小缺点,影响却是很大的。

他一面说,一面在尚钺过去的作品中举例说明,最后恳切地鼓励说:"你有你的特殊作风,只要努力,这些小障碍是不难克服的,现在,你已经比写《黎明》那时候进步得多了。"

尚钺告辞出来,顿然觉得世界光明了许多。一个从来不曾感受到人间的挚爱而为苦闷和孤独困扰着的青年,一旦受到一位他所敬爱的长辈的充满期望的抚弄,他的心,便由于某种自信的启示而突然变得平静起来,一如无风的春水。过去所经历过的一切,此际都如游丝一般在上面浮动:破败的家庭,学校,朋友,时时的梦想……只是刹那间换了一种颜色,沐浴在一片清朗的阳光之中了……

夜饭过后,几个青年朋友在老虎尾巴小聚,谈关于《莽原》的问题。

鲁迅说,外来的稿件并不少,可惜大多都属"言中无物"之类;只要言中有物,即使文字技巧差一点,也当非常欢迎的。因为《莽原》本身,就并不是什么"纯文艺"或具有什么崇高水准的刊物。

但有一点,大家的观点同鲁迅是一致的,对于"脂粉骷髅"式的小说或散文,以及"祖母教训"式的新诗,即使作者的名望很大,也不得不表示奉还的歉意。《莽原》所追求的不是什么优美与空灵,如果不能保持它的粗糙泼辣的青年态度,它也就失去存在的意义了。

"名气"这东西是不能照顾的。鲁迅谈着,顺便提出一位发表过很多文字的作家来。

这位作家第一次投稿当然使用原名,看罢之后,鲁迅认为不必借重,便把稿子退回去了。不久,他变了名字,又投来了一篇。鲁迅认定稿子是他做的,但是为了他的热心,不得不多看几遍,结果还是决定:《莽原》不需要这种"光荣"。

接着,大家便把这位作家搁到一边,由文学家的问题胡乱扯开去。从托尔斯泰到高尔基,从西洋文学到林纾,还有文学史上的各种轶事趣闻,谈得津津有味,尚钺向鲁迅提出问题说:

"文学史上许多文学家为什么大多都要前一辈的老文学家来提拔?好像拔萝卜一样,即使拔起来,许多根须都被拔断了,就算被拔出头也很痛苦呵。"

这个比喻精彩极了。大家深有同感,好像每个人一下子都变成了萝卜;而鲁迅,正是一个专拔萝卜的人。他带病给长虹校稿,直至咯血也不肯休息。荆有麟的稿子,发表前必定经他过目与修正,甚至有时候想不出的字词,也都空出格子来由他代为填写。他很欣赏朱大枬,连续发表他的作品,可是在文坛上,有谁会认识这个十八岁的小青年呢?……

鲁迅笑着回答:"萝卜所以要拔,还是因为他有块茎,如果没有这点块茎,"他说着,双手向上一提,做出拔萝卜的样子说,"像那位作家一样,提起来只是像所有的草一样的一点细根,谁又肯费这个气力?"

这时候,座中又有一个发问道:"像林纾有那样的文字技术,为什么不创作几本中国名作,而偏偏去做西洋名作呢?"

鲁迅幽默地说:"如果没有一个'西洋通'做助手,给他设计取材,恐怕林先生做的西洋名著也很难出版,至于这些名著的作者是谁?还得有

'考古癖'的人去研究一下。"

突然,女工拿着一张名片走进来。鲁迅一看,立刻把片子交回给她:"说我不在家。"

他继续说道:"林先生所以要做这些西洋名著,大概是想到了什么危言,才连带想到利用某些中国人自庚子以后的崇洋心理。"

女工又手擎片子笑着跑进来说:"他说他下午看见先生回来的,有事要见先生。"

鲁迅立刻沉下脸来,拿过片子走到门前去,提高了嗓门向女工说:"你再去对他说:我说不在家是对他客气。"

这人是谁?也许是哪位作家吧?或是别的什么名人?大家都在猜想。可是,见鲁迅回来后改变了脸色,便也没有谁提出询问。

鲁迅站到窗前,背着大家,没有说话。

窗外。枣树傲兀地刺向天空……

《莽原》出版后,立即成为北京青年热心的读物。冬芬在《京副》上发表《读过〈莽原〉》一文,充分说明了它在青年读者群中的影响。

文章说:"盼望,盼望了好久,有几个带着多少呆气的青年叛徒,揭起竹竿,举起投枪,对于伶俐地领着柔顺的一大群绵羊的聪明人,即是在虚伪、卑贱、微弱和欺诈的中国国民性里面抬头的聪明人,也即是以保守为稳健,以中庸为达道,以泥古为博学,以圆到为得体的聪明人,起了一个大大的反动,或说是打得他们落花流水,最好是斩草除根。我的盼望,如果是一部分有朝气的青年所共有的话,那末,我要跳跃着告诉他们我的盼望已有了归宿了!因为思想界的'梁山泊'已发现在'首善之区'的北京了,他们那'没有什么宗旨','只在道出自己'的告白,已开始贴在青年人的心底里了!简单一句话,在我们中国的思想界,已有了一伙青年底的叛徒了!他们的头领,却不是专爱招降的宋江,那是一个偏爱打人的李逵。你道他们的窠穴是什么?原来就是我们早已读到的《莽原》——伏着青年叛徒的《莽原》!他们的头领是谁,就是被学者骂过的鲁迅先生——不爱妥协的鲁迅先生。"

随着鲁迅离京,《莽原》解体,周围的青年开始背叛他。其中,反对最力者就是他最为爱惜的高长虹!

## 66　女师大事件:从旁观者到参与者

华盛顿会议以后,日本在中国的绝对优势不复存在,美国的势力迅速膨胀起来。帝国列强一方面以利益范围的形式瓜分中国,一方面培植地方军阀,驱使他们继续进行战争。在第二次直奉战争中,当吴佩孚在山海关前抵抗奉军进攻时,突然杀出一匹黑马。直系将领冯玉祥从热河前线回师北京,包围"总统府",囚禁了曹锟。然而,所有类似的偶然性事件都无法根本改变中国官僚政治的既定格局。北京政变后,各派军阀请皖系头子段祺瑞出山,组织"中华民国临时执政府"。作为临时总执政,他统揽军民政务于一身,集中了国会总统和内阁总理的一切权力。就这样,又一个独裁专制的政权产生了。

与北方政权相对立,广东革命政府致力于反对封建军阀和帝国主义的斗争。为了骗取人民的信任,段祺瑞政府曾经邀请孙中山北上,以共图国事。真正的对话是不可能的。随着孙中山的病逝,在北京,他所制订的关于联俄和国共合作的政策发生了强烈的逆转。不但苏联和共产党被当作洪水猛兽,连国民党也被目为"共产"、"赤化",一例在扫荡之列。

黑暗的北方。光明的南方。反差色愈来愈明显。由于国民革命已经在现实中国找到了根据,于是在青年知识界,北京便变得更可诅咒了。

"五七"国耻纪念日。

正当各高校学生为在天安门前召开纪念"五七"国耻和追悼孙中山大会而与警察相冲突,继而捣毁教育总长章士钊的住宅,造成流血事件的时候,女师大在校内展开了一场恶斗。

杨荫榆利用学生纪念国耻的爱国热情,阴谋布置一个演讲会,借机以校长的资格出席主持。学生会成员闻讯后立即加以抵制,派出代表请求总务长吴沆为会议主持人,结果遭到拒绝。于是他们决定:在招待演讲者登台的同时,必须阻止杨荫榆进入会场。执行决议的人员,除许广平以外,还有刘和珍、郑德音等一共六人。

早上,大礼堂内外布满了学生,当杨荫榆领着几位演讲者一起走进会场时,全场马上骚动起来,许广平等迎上去阻拦她,坚持要她退席。在一片嘘声中,杨荫榆恼羞成怒,大呼警察入校;吴沆等从旁鼓噪,竭力为主子助威。双方僵持了许久,最后,还是以校长的主动退避而草草收场。

这个结局当然不是杨荫榆所愿意承认的。下午,她在西安饭店设宴招待评议会会员,试图通过合法的方式,严惩聚众闹事的学生。晚上便有风声传出来说,大约有几个人要受开除的处分。鉴于这种情况,学生会派出许广平和刘和珍作为代表,到一位教育系的教员家里了解情况。这位教员警告说,她们必须切实认错,不然决没有回旋的余地。许广平说,反对杨荫榆是全体同学的公意,不是几个人私下认错可以解决的。她说得气愤,以手加颈,表示了至死也不让步的决心。

9日清早,开除六个学生会职员的布告终于贴出来了!

布告宣称,许广平、刘和珍等怙恶不悛,目无规纪,鼓动风潮,败坏学风,为此经评议会议决开除,"即令出校,以免害群"云。后来,鲁迅据此称许广平为"害马",连许寿裳和鲁瑞也跟着叫这个绰号,只要见到她,就说:"'害马'来哉!"

学生非常气愤,当天把布告扯了下来,丢在教室讲台的地板上,叫杨荫榆的牙爪找也找不到。学生自治会召开了紧急会议,颁发致评议会诸人的公开信,并郑重宣布:开除许广平等人的牌示"自归无效"!

当晚,许广平给鲁迅写信道:"在干柴之下抛一根洋火,自然免不了燃烧。五七那天,章宅的事情,和我校的可算是遥遥相对,同在这种'整顿学风'主义之下,生命的牺牲,学业的抛弃,诚然是无可再小的小事,这算什么呢? 这总是高压的时代必有的结果。"她颇以自己为大众请命而被罪感到自慰,对于斗争的前途,多少有一些清醒的估计,说:"我总觉得我的血性还能保持刚生下来的态度,这是我有面目见师长亲友,而师长亲友所当为我庆贺的,这种一纸空文的牌示,一校的学籍开除,是益发令我深一层的领悟到漆黑的缸遍处皆是,打破的运动,益发会鼓舞兴起,几千几万无量数的麻绳都变成了毒蛇来侵犯缠缚我来到了呀!我是多么荣幸,在自身得着这种机会,可以试试拿利刃——或者似'小孩脱衣入虎穴'——来相较量。虽则或者不免于牺牲,然而也不算没趣,现在教育部重要人员处和本校都接连开了火,也许波涛汹涌,也许消防队的力量大能够扑灭这种灾情,但是把戏总是有的,无论成与败……"

她对于个人被开除的确不以为意,信写到最后,干脆同鲁迅,开起玩笑来了:眼泪之多少呀,胡子之长短呀,大大议论了一通,——真是调皮十足的"小鬼"!

如平静的蜂房遭到打击,数日之内,到处是鸣不平的声音。11日晨间,全体学生在操场召开紧急大会,决定驱逐杨荫榆出校。杨荫榆闻讯后,立即逃往女师大附属学校。这时,大家一致推举总干事许广平为代表,拿封条封闭校长办公室。随后,学生会还派人轮流把守,张贴布告,不准杨荫榆擅自走进校门。

这一天,气氛相当紧张,有不少学生气愤得哭了。林卓凤找到许广平,问她善后的方法。许广平说:"被开除几个人还不算什么大不了的事情,现在,要紧的是能有几位说人话的先生……"

下午,学生会散发了《女师大学生自治会恳请本校教员维持校务函》,并派出同学分头谒见各级主任和职员,请他们站出来主持正义。林卓凤专程去找鲁迅。她想:现在是短兵相接的时候了,先生还能躲在"壕堑"里不出来吗?……

对于女师大的风潮,鲁迅一直保持缄默。许寿裳与杨荫榆是一种上下交接的关系,而自己与许寿裳的关系又是众所周知的。出于由来的洁癖,他不愿惹那种无谓的嫌疑。

鲁迅认为,理科学生与社会接触较远,有什么苦痛便感觉得迟;文科学生与社会接触的机会多,稍有苦痛的时候,便立刻感觉出来。所以学校每有风潮,多半是文科学生率先发难。学校当局应当明白这一点,对文科学生宽容一些,与宽容体育选手的功课不很好一样。但是,在"驱羊运动"之前,杨荫榆偏偏首先把文科学生革除了。他没有料到,风潮越闹越大,竟至于到了开除许广平等六名自治会职员的地步!这未免欺人太甚了!难道身为一校之长就可以这般骄横恣肆的?评议员又何许人也?是谁赋予他们如许大的权力?……在他身上,沉潜已久的血液开始涌动起来了。

只要有压迫和不幸在周围发生,逍遥就是卑鄙的。在许广平等被开除的次日,鲁迅沿用《忽然想到》的大题目,写下了第七篇杂感。

文章除了直接谴责"逞威"的女校长及其帮凶之外,还结合国民性中对于羊显凶兽相,对于凶兽则显羊相的"卑怯"的分析,教给青年以正确的战斗态度和方法。"要中国得救,"他写道,"只要青年们将这两种性质的古传用法,反过来一用就够了:对手如凶兽时就如凶兽,对手如羊时就如羊!那么,无论什么魔鬼,就都只能回到他自己的地狱里去。"

听了林卓凤的诉述,看过自治会的公函,鲁迅当即答复:准于明日参加自治会召集的师生联席会议。

接着,他代表女师大学生草拟了一份《呈教育部文》,历陈杨荫榆"尸位素餐,贻害学子"的言行,坚决提出"迅予撤换"的要求。他清楚地知道,杨荫榆不会一走了之,严重的斗争还在后头。作为政府教育部的一名官员,他比全体师生更加了解合法斗争的重要性。为了使学生方面减少不必要的牺牲,不致授人以柄,他认为将情况呈示教育部是十分必要的。当然,他不会不知道教育部对杨荫榆一流的纵容态度。正如当天他在《编完写起》所说的那样,这些大小机关官员本来就是"联成一气"的,有什么可以期望的呢?可恶的是,杨荫榆动辄打起教育部的旗子,那么也不妨趁势将她的劣迹公开。退而言之,就算毫无作用吧,当它开一回玩笑也行!

许广平也清楚地知道,杨荫榆这只"凶兽样的羊"背有靠山,只是放着凶兽样的羊而不驱逐,是她所万不甘愿的。至于那驱逐的结果将如何,她实在没有把握。读完鲁迅的《编完写起》,她马上写信,向先生表白自己的"羊兽观":群众不足恃,聪明人太多,公理敌不过强权,"锲而不舍"的秘诀反为强权者所宝用。结末,诅咒自身,诅咒环境,心情十分激切。

收到"小鬼"的来信,鲁迅照例发了一通感慨。女师大风潮,使他又一次想起前两三年被北大开除的冯省三,心中不免悲愤。群众吗?他想,将来总不过如此的罢!至于公理,同样和事之成败无关。女师大教员不少,可是,除了暗中活动之鬼,哪里有站出来说话的人?

"我现在愈加相信说话和弄笔的都是不中用的人,无论你说话如何有理,文章如何动人,都是空的。他们即使怎样无理,事实上却着着得胜。"写到这里,笔端凝然不动了。他突然觉得不应当这样写,自己是不是太屠弱了些呢?他甚至怀疑这就是他所常称的所谓"卑怯",于是笔锋一转,写道:"然而,世界岂真不过如此而已吗?我还要反抗,试他一试。"

听说学校当局有打电报给学生的家长或保证人,将她们领出学校的举动,他认为这样的手段太毒辣了,于是告诉"小鬼":在教员中间应该有一番宣言,说明事件的真相,即使由几个人联名也可以。如果没有一个教员肯负这么一点责任,即使将来校长走了,学籍也恢复了,学生又能从这类教员的身上学到些什么呢!……

关于宣言的构想,同呈文一样,对女师大斗争的整个进程来说,意义是重大的。

当鲁迅决心介入女师大事件时起就不只是以一名战士的身份出现。他是一名领导者,虽然并非自始至终都站在前台,叱咤风云。他是在斗争的关键时刻来到学生中间的。在压力面前,他主动承担来自政府机关和社会舆论这一最沉重的部分;在战斗者中间,他又是最了解斗争全局的一人。

他曾经说过:自己做事太仔细,又怕牺牲别人,因而够不上做领导的资格;其实在中国,作为领袖人物所最需要的不正是这样的品格吗?

21日。学校当局和学生自治会分别召集了会议。空气陡然紧张起来了。

下午4点半钟,鲁迅按照自治会关于召开校务维持会的通知,从家里来到了女师大。走进教员休息室,出乎意料的是,除了校役以外,那里早有两位教员坐着了。

他也就在他们旁边坐了下来。

"先生的意思以为这事情怎样呢?"其中一位不相识的教员在招呼之后,面向他问道。

"你问的是我个人的意见吗?"他说,"我个人的意见,是反对杨先生的办法的……"

他还没说完,就见那教员向旁摇了一摇头,但还是继续说了下去:"就是开除学生的处罚太严了。否则……"

"噷噷。"教员不耐烦的点头。

遇上点头他就默然了,于是探手进布袍的袋里摸出一支"哈德门"来,点起火便吸。

"最好是给这事情冷一冷……"不知怎的,那人又开始说话了。

他简直有点讨厌似的点头道:"噷噷。等着瞧吧。"

就在点火的当儿,他突然瞥见座前有一张印刷品,那里写道:

……窃用学生自治会名义,指挥讲师职员,召集校务维持讨论会……本校素遵部章,无此学制,亦无此办法,根本上不能成立。……而自闹潮以来……不能不筹正当方法,又有其他校务进行,亦待大家议决,兹定于(月之二十一日)下午七时,由校特请全体主任专任教员评议会会员在太平湖饭店开校务紧急会议,解决种种重要问题。务恳大驾莅监,无任盼祷!

署名是"国立北京女子师范大学"。这些有权势者,总是把自己说成是全体的代表,真是无耻之尤!评议会和自治会,哪一个更能代表学校呢？他们居然有脸说"正当方法"！恣意开除学生是"正当"的吗？设宴收买教员是"正当"的吗？明令不准学生召集会议也是"正当"的吗？只许州官放火，不准百姓点灯，说是"无此学制"，这算什么学制？杨荫榆的名论："须知学校犹家庭"，她要的岂不就是孝顺、服从，流行了几千年的家长统治吗？

他预料，在太平湖饭店，又有一个重大的阴谋计划在觥筹交错中完成。

食人的筵宴……

开会了。到会的大约有十余人。先是学生诉了许多苦，接着是教员挨次地说话。鲁迅只简单地说了几句所以来校的理由，并要求学校当局就今天的鬼祟行为做出解答。然而，说这些话有什么意义？举目四顾，除了连累的无权的教师和学生，就是砖墙、门、窗，场内并没有别个负有答复责任的生物！……

会议毫无结果，嗡嗡地议论一通之后，大家便都走散了。

鲁迅回到家里，天色已是黄昏。

他坐在窗前，看刺天的枣树和枣树上面的天空。夜色弥漫了开来，渐渐，烟雾也腾腾地占了满屋子。

太平湖饭店之宴早该开始了吧……

电灯亮了，眼前幻出一片光明。他于是看见教育家在杯酒间谋害学生，看见杀人者于微笑后屠戮百姓，看见死尸在粪土中舞蹈，看见污秽洒满了风籁琴……

来客了。进来的是荆有麟。

像以往一样，他们见面就立刻无拘束地谈起来。谈起学潮，荆有麟有一段话深深地触动了鲁迅。他说："中国什么都是黑暗，谁也不行，但没有事的时候是看不出来的。教员咧，学生咧，烘烘烘，烘烘烘，真像一个学校，一有事故，教员也不见了，学生也慢慢躲开了，结局只剩下几个傻子给大家做牺牲，算是收束。多少天之后，又是这样的学校……"

像他这样的青年学生，并没有自己一样的失败经历，而对中国的黑暗居然也有如此透彻的感受！鲁迅不禁记起下午那位教员和学生的对话。教员说了一句"你们做事不要碰墙"，学生的话里，也有一句"杨先生就是壁"。碰壁，碰壁！中国到处是壁，而且无形如"鬼打墙"，哪一个不曾碰到呢？能打这墙的，能碰而又不感到痛苦的，自然是胜利者，然而这样的胜利者安在!?……

荆有麟走后，他立即捏了笔，写下《"碰壁"之后》。

他及时暴露了杨荫榆的阴谋，在文章里，还进一步把女师大同中国社会的黑暗现象联系起来，在一个与旧式家族同构的政治制度和教育制度里，他要让人们看见，中国的大多数媳妇是怎样被婆婆决定了暗淡的命运的。

经过一番周旋，他构想的"宣言"，也终于白纸黑字在26日《京报》上发表了。在上面签名的教员，除鲁迅以外还有：马裕藻、沈尹默、李泰棻、钱玄同、沈兼士、周作人。

斗争公开化了。

名人联名的方式，使宣言得以具有一种不容忽视的力量。

读了宣言，许广平十分兴奋，当晚立即给鲁迅写信道："'站出来说话的人'已有了，而且七个之多。在力竭声嘶时，可以算是添了军火，加增气力。"

接着，她娓娓地倾诉说："读吾师'世界岂真不过如此而已么？我还要反抗，试他一试。'的几句，使血性易起伏的青年如小鬼者，顿时在冰冷的煤炉上加起煤炭，红红地在燃烧，然而这句话是为对小鬼而说的吗？恐怕自身也当同样的设想吧！但别方面则总接触些什么恐怕'我自己看不见了'，'寿终正寝'……的怀念走到尽头的话，小鬼实在不高兴听这类话。"在讲台上、文章中，鲁迅表现得那么激昂奋发，但是在给许广平的信中却无意暴露了自己隐秘而阴暗的内心世界，还有容易伤感等性格上的弱点。对于互相爱慕的男女来说，追求灵魂的结合应当是最高境界了，但是，当灵魂相通时，却又往往特别关注彼此的物质生命——身体的健康。正是在这里,"小鬼"表示了对她的"吾师"的怜惜之意。当她发出"不高兴"的警告之后,便提出如下两个条件,希望考虑接受:

一、戒多饮酒,二、请少吸烟。

这样的条件,对鲁迅来说该不至于太苛刻的吧?

## 67 "未名"的一群

一天,世界语专科学校的一个学生送来了一本译稿:《往星中》。鲁迅一看著者的名字安特莱夫,不觉像重见故人一样感到欢喜。

次日,整理完古砖拓本,他便开始校阅了。

译者李霁野是一个普通的中学生。他从台静农那里得到这个四幕戏剧《往星中》的英译本,翻译过以后,觉得内容同中国的社会现状颇相类似,在韦素园的鼓励之下,终于把剧本译完了。过去,他曾读过鲁迅翻译的安特莱夫的短篇小说,特别喜欢《黯淡的烟霭里》,所以很想得到鲁迅的指导。这,怎么可能呢?小人物对大人物难免有一种敬畏之感。可是,听另外一位同学张目寒说,鲁迅是最喜欢青年人的,并希望有更多的青年从事译作,李霁野犹疑过后,究竟将译稿托他转送给了鲁迅。

对于译稿,李霁野根本没有想到过可以出版,只当它是一回练习罢了。至于到了鲁迅手里,也不知道是怎样一个看法,实在没有把握。他想,这稿子不进字纸篓子,也得放在那里吃上一两年尘土吧!

过了不久,张目寒告诉他说,鲁迅不仅把译稿看过,而且记出一些有待商酌的地方,说有机会还得同你面谈一下。李霁野简直听呆了。

是冬日的下午,他应约同张目寒一起访问鲁迅。

一叩门,便被让了进去。不大的四合院里没有声音,静寂有如古寺。他们经过外间的小火炉,径直走进靠里的小屋子。这时,一位留着短髭,上身穿着灰色毛线衣,裤脚扎着带子的人从书桌跟前站起来。直竖的长发,方正的额角,锐利的眼睛。不用介绍,李霁野知道,这就是向往已久的鲁迅先生了。

小屋子十分明朗。后墙上方是大块的玻璃和天空。屋内的陈设有一种乡村风味,连折叠的被子也同主人的衣着一样朴素。

李霁野深深地呼吸了一下,胸部很舒畅,丝毫没有闷促的感觉。他们被让座到窗下的木板床上,鲁迅自己转过藤椅,靠近书桌一边坐下来。

乡下人惯有的拘谨,一开始就被毫无虚夸的谈话消融了。

坐在面前的,是鼎鼎有名的大学者、大作家,然而的确又是最实在,最诚恳,最平凡不过的一个人。他的谈锋热情而机敏,讽刺社会的说话听起来更令人痛快。他也说笑话,但是很有意思。虽然曾经在大学里偷听过他讲课,但是很难看见他的微笑,而这时,却可以不时地听到孩子般天真的清脆的笑声。不过,倘听到不以为然的事情,他便眉头一蹙,一点也不掩饰内心的不快,厌恶或悲愤。李霁野时时凝视着他那颜色苍白而表情丰富的脸孔,默读深刻的人生经验,由于一种倾慕到近乎无意识探究的心情,有时候竟至于忘了谈话。

先生吸烟吸得厉害,小屋子烟云袅袅,充满着浓烈的烟草味。

"怕烟吧?"他早已看出张目寒旁边这位头发和胡子统统长得要命的青年是怕烟的了,所以不待回答,便笑着说:"这不免太受委屈了。"说完,径自去开窗子。

李霁野说是不怕的,便趁这谈话告一段落时,站起来告辞。其实,他倒是怕久坐耽搁了先生的工作。

"既不怕烟,无妨再坐一会。"

青年听得出主人好意的挽留,于是,屋子里又响起了响亮的谈话声……

张目寒、台静农、韦素园和韦丛芜兄弟,与李霁野同是安徽的一个小镇上的人,而且是小学时的同学。通过互相介绍,他们都先后在一个短时间内同鲁迅见面认识了,每隔几天,总是三个两个相约着去拜访一次。

同鲁迅谈天是一种愉快的经验。看着他的心和机智自然的活动,他们都觉得,比读他的文章更多一种亲切感。

1925年7月,这群青年听说要出版一种《民报》,而且有副刊,正在物色一个编辑人,于是商量说,让韦素园去做这份工作是合适的,但是没有靠山。在窘迫的时候,他们首先想到了鲁迅。

为此,他们一起造访西三条。

对于韦素园,相识的时间虽然不长,但鲁迅认为是可靠的。他一直是学生运动的领袖人物,但是从来不显浮躁之色,虽然激烈却也沉静,办事是认真的。几年前到过苏联,在艰苦的时日里仍然钉在苏俄文学上面,归国后继续学习俄语不辍。春季,他曾去开封国民军第二军那里,给苏俄军事人员当翻译。走时,前来借过四十元川资,只是后来苏俄军人回国,他才回到北京的。

鲁迅表示了赞同的意见。他们接着说,由于弄不清楚这家报纸的政治背景,所以,不知道是否应该按原计划进行。

哪一家报纸没有背景呢?鲁迅回答说,背景这东西,我们可以不问,因为我们自己绝对办不了报纸,只能利用它的版面,发表我们的意见和思想。倘不受干涉,就可以办下去,直到完全没有自由,被迫放弃这块园地为止。总之,应当利用一切机会,打破黑暗和沉默对我们的包围。

大家托他写介绍信,他毫不迟疑地答应了。

在他写信给徐旭生代为介绍之后,不久,民报馆便请韦素园担任了副刊的编辑。

鲁迅得悉了这个消息,非常高兴,马上告诉他一定尽力提供稿子。他说,必须多注意培养新人,不能重蹈《京报副刊》的覆辙,他还说,最好多登一些具有现实意义的能战斗的杂文,尽可能把副刊办得活泼一点。这样自然要多树敌,但这是无从避免,也不应避免的。此外,还捎带说了:他因为忙,只能先译点东西,但若有所感,肯定还要写些短文的。

副刊出版以后,立刻轰动一时。民报馆增加了几个临时工作人员写订报单,订报的读者还是排了很长的队伍,拥挤不堪……

李霁野翻译的《上古的人》在副刊上分章发表。不料,副刊只出了半个月,报纸就被迫停刊了。

鲁迅知道了《上古的人》只登了一部分，便劝李霁野再校阅一次交给书店出版。李霁野怕自己校对会有错误，便说，"最好能请人校一校。"鲁迅立刻说道："我去绑季茀的票！"

大热天校稿，这是怎样的一件苦差事呢！李霁野嗫嚅着说："最好还是问问许季茀先生吧？"

鲁迅笑了笑："绑票还要征求同意的吗？"

后来，他果然亲自找许寿裳给校了译稿。李霁野将译稿卖给上海一家书店，连同《民报副刊》的稿费，才凑够了上大学的费用。

据说《民报》刊载了一则张作霖病故的不实消息，被张大帅一怒之下给查封的。鲁迅知道韦素园没有受到牵累，就笑着说：军阀之间的斗争花样很多，内幕永远也弄不清楚，这次没有殃及池鱼也算是侥幸的了！

《往星中》在自己手头搁了将近一年，至今还没有印成，鲁迅每天想起来心里就感到焦躁。

书稿本来已经编入《未名丛刊》，并且做了广告的，但现今升为书局老板的李小峰却仍不见有印行的意思。看来，他是把印书当做生意营生了。但是，类似这样的翻译稿子，又有哪一家书局情愿买下的？译者重名家，品类推小说，已经成为出版界的一股风气；所及之处，什么有才华的译者或者有价值的作品，都只好被活活地埋葬掉！……

——自己印！

他终于这样想。也许，少年时候被称作"乞食者"的那种依赖别人的痛苦经验一直在暗中折磨着他，所以，只要世间这种貌似正常而实质上极不公正的现象触犯了他，只要大而至军阀、官僚，小而至校长、老板之流的滥用权力的得意之色在想像的一闪烁间嘲弄了他，全身的血管就要立刻暴涨。大约在闲人看来，当会归之于自己跟自己过意不去一类的吧？总之他要反抗。这种反抗意识，在他有时候明确些，有时候隐蔽些，甚至隐蔽到不成其为意识。从做一件小事到做大事业，他都在极力争取实现自己的独立人格，而在自我实现的同时，把属于人的尊严、潜能与价值,从权力和金钱的控制底下尽量夺取过来,交给底层的广大的悲苦的一群……

现在,他要独立了。

幸好新认识的几个小青年是有为的、向上的,这就有了足够可以与数打以牟利为目的的书店老板相抗衡的资本!目前,中国的翻译力量太薄弱了,而翻译苏俄文学的简直就是空白!恰好,这群小青年是专事这个方面的,如果能让他们组织起来成为一支小小队伍,那么,不但于解救他们自己是必要的,而且将大有益于中国!……

原来他在编印着两种小丛书,一种是《乌合丛书》,专收创作,一种是《未名丛刊》,专收翻译,都由北新书局出版。现在他想,可以把《未名丛刊》从中移出,由素园他们几个人自办。稿子是自己的,另筹一笔印费,就可以开始。反正出版者和读者都不喜欢翻译书,以前和现在并不两样,于是他很有把握地认为,向李小峰提出来是不会遭到反对的。

是夏季的微凉的夜晚。韦素园、台静农、李霁野一起,到鲁迅家里谈闲天。

话间,鲁迅谈起日本的丸善书店,开始筹办时规模很小,全是几个大学生慢慢经营起来的。接着,又谈起几位译稿的出版困难的情况。青年们觉得,由自己来尝试着出版一点期刊和书籍,也不是十分困难的事情。这时候,鲁迅向他们谈了预先的一些想法,大家都说很好,于是便开始认真计划起来了。

当晚,商议的结果是先筹起能出四期半月刊和一本书的资本,估计大约需要六百元,在座的三人和韦丛芜、曹靖华各筹五十,其余的由鲁迅负担。虽然实际上已经构成了一个组织,但是并没有设立什么名目,也没有什么宣言或章程,只说定了卖前书,印后稿,这样继续地做下去。后来,由于对外必得有名,这才根据已出的丛书来命名,叫未名社。

这个实地劳作、不尚叫嚣的文学社,社址就设在北京大学第一院对面一个公寓里的,实际就是韦素园住的一间破旧而潮湿的小房子里。然而,直到第一本书出版了,社里的招牌还没有挂出来。

鲁迅把这小屋称为"破寨",到北大上课完后常常遛到这里来。寨者,山寨也,不无"落草为寇"的意思。后来,由于支持女师大的学生运动而被攻击为"学匪",真是一种巧合。其实他们不知道,鲁迅从来就有一种"土匪意识",所以也就乐于把自己的居室名为"绿林书屋",用以回敬那些御用文人。在他的心目中,"匪"与"官"是对立的,他说:"有官以为'匪'而其实是真的国民,有官以为'民',而其实是衙役和马弁。"在信中,还曾对他最亲爱的人说过,逼得紧了真的要去当"土匪"了!

他一来到"破寨"里就谈天,方便时也就在这里吃饭。学生公寓里的饭菜并不好,但他只是照样吃,添点菜反倒使他极为不安。爽快,平易,随便,或许这多少还掺合了一点过去与起义者在一起厮混时的"匪气"的。


更多的谈话,是在老虎尾巴里。

他健谈,谈到写作、翻译、编辑一类事情,往往能够针对听者的实际情况,或者结合自己的经验进行,听了很能启发心智。

对于读书,他多次强调说,范围一定要广,不应该只限于文艺作品,哲学、心理学,其他社会科学的书籍也要读,使自己有比较丰富的学识。他还赞成学习自然科学,以为可以培养观察力,说他当年学的医学对他是有益无损的。他说,多读文学大师的作品,是每个作家必备的修养条件;但是又要避免过多的影响和局限,不要钻牛角尖,这在青年作家是尤其应当注意的。他指出李霁野写的一些短篇,如《微笑的脸面》,就有安特莱夫的坏的方面的影响。还有韦素园,也很惋惜他受了梭罗古勃的太大的不良影响,虽然对他的才能抱着很大的希望。

问起怎样写作,他详细地述说了做小说的经验。

他说平时偶有一点想头,便先记下来,遇到或想到可写的人物特征时,也是如此。这样零碎的记录在心里慢慢融化。待觉得人物有了生命,这才将片段的拼凑成整篇的东西。全篇写就以后,才仔细看看哪些地方需要增删。最后还得注意字句自然的韵调,有读起来觉得不顺畅的字眼,再加以更换。他说,他的文章里找不出两样东西,就是恋爱和自然,在必要用一点自然的时候,也不欢喜大段的描写,最多拖出月亮来用一用罢了。

关于骂人,他也经常谈到,以为在他是难以避免的。遇到虚伪、卑污、令人作呕的世态,心里有悲愤便非吐不快。自然,骂人并非出于私怨,只是借此批一下社会的嘴巴罢了。然而,社会的冥顽,又是他常常叹息着谈起的。

说到大家译文的生硬,他总是说,能有不先苦涩的果实吗?哪里有一生下来就成为大人的人呢?送给他看的译稿,只要有觉得费解的地方,他总是另用小纸条注记,夹在稿子里,见面时拿出来商酌。他并不以为自己的意见一定是对的。

因为要编书,所以他也还会讲授一点小经验,如字的长体扁体以及标点符号之类。他经常说,不要怕做细小事,这在他自己是身体力行的。不让读者上当,也是他常说的话。先在期刊上发表然后集印成书的,对于再行买书的期刊的订阅者,他嘱咐说只收一点印刷的成本就可以了,如果订阅的人不多,赠送也都应该的……

就这样,他往往一谈几点钟而毫无倦容。青年知道他写作都在夜晚,所以稍稍谈说一阵也便告辞了,这时,他就会说,他惟一的休息和消遣便是谈天,挽留大家继续谈下去。

他是爱吃糖食和小花生的,常常用这些待客。有一回,当打开盛小花生的铁盒而恰巧空无所有,他不禁哈哈笑道:"这次权且演一回'空城计'了!"……

年底,作为《未名丛刊》之一,鲁迅翻译的文艺随笔集《出了象牙之塔》出版了。

在鲁迅看来,日本不像幸存的古中国,恃着固有的陈旧的文明,害得一切硬化,终于走到将要灭亡的道路。即使如此,《出了象牙之塔》的著者厨川白村于本国的微温、中道、妥协、虚假、小气、自大、保守等世态,给予直接的猛烈的攻击。为了针砭国民的"自大病"之故，连本国所有的功绩都故意抹杀了。对于他的这种批评态度，以及把社会的弊病归结为国民性弱点的观点，鲁迅是有着实获我心之感的。惟独书中有一篇题为《文学者和政治家》的短文，他声明舍去不译。文章大意是说文学和政治都是植根于民众生活的，政治家应该对文学有深切的了解，与文学家相亲近。鲁迅认为道理上是不错的，但和中国现在的政客官僚们谈论此事，却是对牛弹琴；至于两者的接近，在北京这地方也常有，许多政治上的丑态恶行，都被文士们给遮掩了。政治家与文学家的互相利用，距离厨川白村的原意又何其太远！

在想像中，这本书一出版就会销售一空，结果大出所料，开头一两天才卖去几本。书生做生意并不是容易事，好在都是初生之犊，于是想了法子，在对面红楼的广告牌上贴了广告，又委托"号房"代售，又在《国民新报》上登了广告，这样才渐渐地打开局面。

此后，《未名丛刊》还出版了十余种译作，"劳动阶级文学的大本营"的苏联文学占了其中的大部分。看得出来，鲁迅和周围一小群年轻的"匪徒"并不是盲目反抗的。

其实在这以前的"北新"时代，经过鲁迅编校，就已经出版了中国第一册关于苏联文艺理论的书籍：《苏俄的文艺论战》。

这是1923年至1924年间苏联文艺界关于文艺政策论争的结集，共收不同文学团体的三篇代表性论文；另外，还附录了长篇论文《蒲力汗诺夫与艺术问题》的节译。

译者任国桢是北大俄文系学生，听过鲁迅讲授的小说史课。虽然通信不多，见面也只有一次，但是给鲁迅的印象是深刻的。译稿收到以后，他便倾注了极大的热情，进行紧张而认真的校订。他知道，关注苏联文艺现状的，决不止于自己一个人。

出版前，他为《苏俄的文艺论战》写了一篇前记。其中，着意指出该书的现实意义，认为任国桢的翻译，"实在是最为有益的事，——至少是对于留心世界文艺的人们"。

文章以一半以上的篇幅，全面介绍了参加论争的"列夫"派的沿革和主张。这种明显的偏爱，并非由于鲁迅熟悉这一派的主干，曾经在北大任教的铁捷克的缘故。在任国桢译介的三个文学派别当中，"在岗位上"派声称自己在无产阶级文学运动中应当享有领导权，排斥和打击"同路人"作家，颇有惟我独革、定于一尊的味道，在理论上具有严重的庸俗社会学倾向。"红色处女地"派则认为，艺术是对生活的认识，强调对古典文学遗产的继承，多少轻视文学创作中的思想价值，主张直觉对艺术意图的渗入，从而表现出某种非理性主义和唯美主义的倾向。对此，鲁迅宁可选择近于"中间派"的"列夫"派立场。

他回顾了"列夫"的前身"印象派"向象征主义、神秘主义、变态性欲主义等"特殊的艺术"开火，以及演变为"未来派"以后，更为猛烈地攻击旧的生活组织的历史，以赞赏的笔调指出，他们是"改革者"，在俄国政府的高压下，"依然继续奋斗"。嗣后，其左翼派"在十月革命时受了波尔雪维艺术的洗礼"，这就是"列夫"的起源。鲁迅这样概括"列夫"派的主张："推倒旧来的传统，毁弃那欺骗国民的耽美派和古典派的已死的资产阶级艺术，而建设起现今的新的活艺术来。"以他从既有的材料中所意识得到的"列夫"派的理论，同他个人一贯主张的艺术为人生，反对固有传统，注重创造实践的观点是颇相吻合的。

在校读《苏俄的文艺论战》之前，鲁迅已从东亚公司购入一批有关介绍苏联的新书籍，如《赤露见タマフの记》、《新俄文学之曙光期》、《露国现代の思潮及文学》等，以后购进的就更多了。

对于苏联，他不再如几年前的淡漠，而表现出了一种急需了解的热情，尤其是文艺方面的情况。由于苏联的成功，他对马克思的学说也就相应地产生了研究的兴趣。然而这一切，都是同中国政治形势的发展密切相关的。这时，从他的内心的深渊地带，正在升起一颗新的希望之星，这就是孙中山领导的国民革命。即使导师已经故去，他所遗下的事业仍然在他的同志和战友那里得到伟大的继承。是中国革命最艰难的时刻，孙中山发现了苏联：革命的苏联，友好的苏联。苏联的形象，在进步的中国人的心中是崇高的。

当然，鲁迅在这时候对苏联发生的一切不可能有很充分的认识，甚至更多地带上理想化的成分。但是应当看到，从他接触和拿来的头一天起，就进行着严肃的选择，而且，只要有所选择，他就使用，决不像某些政客式人物或是书呆子那样搬弄马克思的文句。他思想中固有的阶级论成分，在马克思主义学说中获得了理性的凝聚与升华，从而更加坚定了斗争的立场和信仰。原来的人道主义，因此而增加了战斗的光辉。对于马克思主义，他主要学习和吸取的是历史唯物论；至于在文学理论方面，则更多来源于苏俄的普列汉诺夫、托洛茨基、卢那察尔斯基的阐释性的著作。这些著作，大抵是从日本进口的。有人从鲁迅的著作中找不到马克思的原话，或者发现后期竟至于重复某些早期的思想，于是终至于以不能确定其思想发展的"断裂层"为苦恼。在这里面，有一个最根本的认识上的缺陷，就是无视于鲁迅作为思想主体的存在。

马克思主义决不会融化鲁迅、抹煞鲁迅，只能丰富鲁迅。作为现代中国的一个伟大而独特的思想者，他是不可能没有自己的。

像一棵幼树，在鲁迅的培育下，未名社终于慢慢地长大起来。

鲁迅这个人有点特别。虽然在前辈或同辈中，他也还不乏亲密的朋友，但是在干事业的时候，总是喜欢同小人物混在一起。于是有人说他有"领袖欲"，其实他从根本上讨厌权力，接近小人物只是使他感到亲切和愉快罢了。如果要归结到某种观念上的东西，也许是因为，他意识到了世界正是由这样一群愚人、傻子、一代又一代年轻的奴隶所造成。

在给《未名丛刊》做广告时，他就声明，这些并非学者精选的宝书，大家非看不可的，只是想使"萧索的"作者和译者有书可印而已。至于《乌合丛书》，也明白说是"单印不阔气的作者的创作的"。大约差不多也在这个时候，他还曾向郁达夫提议过，值得搜罗全国各地的文学刊物，仔细评定，然后选编几本小说集出版，作点认真介绍的功夫；至于已有专集出版的作者,商定一概不收,"再拜而送之大门之外"。

社名"未名",就很有象征的意味。鲁迅自己解释说,未名并非"没有名目"的意思,而是"还没有名目"的意思,恰如孩子的"还未成丁"似的。对于青年的希望,在他是非常迫切的,虽然消沉起来也有过难以理喻的偏激与虚无。

由于《京报》要停止副刊,《莽原》周刊到了11月底便改为半月刊,由未名社出版。

除了《未名丛刊》,未名社又办起了《未名新集》,收同人的创作。这样,一边翻译一边创作,总算有了一个自足的场地。两套丛书一共出书二十余种,经鲁迅编订的就有十余种,从审阅、校改到联系封面、插图,付出了相当的工作量。为了保证社内资金的周转,他垫付的印书费,以及后来应得的版税三四千元,在未名社解体以前是分文不取的。后来,社里曾经准备再版《出了象牙之塔》,他在信里通知他们说:"再出版不妨迟,我是说过的,意思是在可以移本钱去印新稿。"

他的视点,总是落在新人新作上面。

不独对未名社,对于沉钟社的几位:冯至、杨晦、陈翔鹤、陈炜谟等,也一样关心。两年前,在北京大学教员预备室里,一个并不熟识的青年默默地给了他一包书,那是《浅草》。这赠品对他来说是无比丰饶的,当时默默的情景,至今也仍清楚地记得。而《浅草》,正是《沉钟》的前身。在他的印象中,未名和沉钟两个小团体的青年,脸上的笑影都很少。他想,大约不肯涂脂抹粉的青年总是如此吧?他们是绰约的,纯真的,他爱这些流血和隐痛的魂灵。

《语丝》创刊以后,那些作者较为陌生的稿子,大抵是经他介绍的。凡觉得有点才气的青年,或是有可取的稿子,他总是极力推荐。就是沈从文,虽则有人在他所憎恶的《晨报副刊》上鼓吹,他也还时时提起,惟恐做编辑的埋没了他。

还有一个人,就是陶元庆。

对于经常给自己的著作和未名社的书籍设计封面的陶元庆，他可谓关怀备至，不，简直到了推崇的地步。

自从在许钦文处了解到陶元庆的情况以后，他便托请这位陌生的小同乡为《苦闷的象征》作封面画。一个半裸的女子，长发披离，用鲜红的嘴唇舔着镗钗的尖头。中国的新文艺书籍，未尝如此用图案作封面的，鲁迅一看新颖的构图和鲜明的色彩便十分喜欢，以为是给自己心爱的译作披了凄艳的外衣。此后，便陆续不断地把许多封面设计的工作委托给陶元庆。

现在，他跟陶元庆已经很相熟了，而每让陶元庆作画，心里都觉得有点过意不去，他在给陶元庆写信时，就曾写过这样的话："真是得陇望蜀！"他爱护陶元庆绘制的每一件作品，几次嘱咐许钦文，印刷封面时一定要仔细核对原画，并且要陶元庆同意了才可以制版。在校印《彷徨》封面的时候，他接连给许钦文写了几封信，说要特别注意，不要把画面效果破坏了。

在鲁迅的协助下，陶元庆的个人画展终于在北京筹办成功。

展出的当天，鲁迅在同一个下午便接连看了两次，最后一次是特意陪同许寿裳一起前去的。两次看画，都在《大红袍》和《农女》两幅画前停伫了许久。由于画展的序言是鲁迅写的，且提前一天在《京报》副刊上发表，所以到会场参观的人很不少。

画展开过不久，许钦文到老虎尾巴去，一见面，鲁迅就认真地对他说："钦文，我正想和你谈谈，璇卿的那幅《大红袍》，我看见过了，真有力量！对照强烈，鲜明，握剑的姿态很醒目！"

"构图新，"许钦文补充说，"也平衡。"

《大红袍》是陶元庆同许钦文一起看戏完后创作的，但是，画中人半仰着脸的模样，显然是从绍兴戏的《女吊》里获得灵感的。戏中表现的是一种"恐怖美"，陶元庆却能去其病态，而保持其原有的悲苦、愤怒与坚强。蓝衫、红袍、高靴都是旧戏中常见的，握剑的姿势则采自京戏的武生，线条经过简化，愈加显得明朗有力。

鲁迅接着说:"我想过了,《大红袍》是一幅难得的画,应该好好地保存。钦文,我打算把你写的小说结集起来编一本书,就取名《故乡》,把璇卿的《大红袍》用作《故乡》的封面。这样,也就把画做成印刷品,给保存起来了。"

许钦文惊异得很,他根本不会想到大先生会做这样的计划。

"就这样吧,"鲁迅用坚定的口气说,"别的以后再说,且把《大红袍》先做成印刷品,而且得赶快做!"

过了若干时日,《故乡》编成了也出版了,那是鲁迅用《呐喊》的版税支作印刷费用的。而封面,正是明丽夺目的《大红袍》!

1924年1月,鲁迅在北京师范大学附中做过一回讲演,题目是《未有天才之前》。他说,天才不是在深林荒野里自生自长的怪物,而是由民众培育出来的。因此,"在要求天才的产生之前,应该先要求可以使天才生长的民众。——譬如想有乔木,想看好花,一定要有好土;没有土,便没有花木了;所以土实在较花木还重要"。但是,目前中国社会上的论调和趋向是扼杀天才的。要做泥土,必须扩大精神,"收纳新潮,脱离旧套",能够容纳和了解那将来产生的天才。要做到这一点并不容易,非坚苦卓绝者不能,这一点,正是泥土伟大的地方,也是反而有大希望的地方。

他个人不就是这样的泥土吗?

## 68  5月潮汛期:闲话·流言·新的鬼魅

"真的愤怒"到来了!

5月是一个潮汛期。继五四运动以后,五卅运动再度掀起高潮。

1925年5月30日,上海各校学生二千余人,分头出发到公共租界散发传单,组织讲演,抗议日本纱厂资本家杀害共产党员顾正红,以及逮捕和拷打工人的暴行,反对工部局旨在侵犯中国主权的无理提案,帝国主义巡捕于是大肆逮捕学生,仅南京路老闸捕房即关押学生一百多人。

下午3时，近万群众集合老闸捕房门口，要求释放学生，当场打死十一人，重伤十五人，被捕五十三人，造成震惊中外的"五卅惨案"。由于血的召唤，以工人为主体的上海人民奋起开展"三罢"斗争，全国风起云从。其中，省港大罢工坚持一年零三个月之久，这在中国工运史上是空前的。

中国工人阶级把解放运动推向了一个新的阶段——向帝国主义发起进攻。在斗争中，它充分显示了先锋队伍的觉悟和力量，年轻的中国共产党在全国的政治地位随之空前提高。

南方军事政治形势由于东征的胜利而得到了巩固。7月，广州成立中华国民政府。一年以后，即以"统一中国，打倒军阀"为目标，开始声势浩大的北伐。

"座中醉客延醒客，江上晴云杂雨云。"孙中山的早逝，给整个革命形势投下了一块阴影。"西山会议"派的出现，标志着国民党内部左派和右派的明显分化，反共倾向迅速抬头。这时，随着工农运动和军事力量的开展，争取中国革命领导权的斗争也变得尖锐起来了。

对鲁迅来说，1925年同样是一个重要的年头。

辛亥革命以后，虽然经历过大大小小的各种事件，但是于他都仿佛无所动心了。时间如一道黑色的河流围绕着他，暗暗流逝，却茫然无觉。没有什么可以打破中国政治的恒态：专制，混乱，翻来覆去。然而，漩涡出现了，浪花出现了，光明出现了。由于新的南北对峙局面的形成，女师大事件的进一步社会化，加以一位富于政治热情的年轻女性的"煽动"，这个孤独的思想界的战士，重又以积极的姿态向政治靠拢。

这一年年底，他与张定璜主编《国民新报》副刊。这家报纸是北京国民党左派发行的机关报，以宣传国民救国，民族自决，打倒帝国主义，消灭黑暗势力为宗旨，与上海的《国民日报》等报一样，政治倾向是非常明显的。这些报纸译载过列宁的《国家与革命》、《从战争到和平》等著作，发表过一批共产党人的作品，对他的政治态度是具有相当影响的。

但是，他毕竟不是政治家，与留学东京时加入浙学会和绍兴光复时组织武装演说队不同，这时候，政治意识不是外化为颠覆性行动，而是紧密地同思想批判结合起来，从而带上前所未有的明确性和深刻性。一个人同政治的结合，意味着在某种程度上改变个体存在的方式，即使他一向在群集里呆不久，由于实际斗争的需要，也不能不寻找集体的力量。只是这种集体，也必须同时保存个人的思想独立和行动自由。

许广平曾经告诉鲁迅，有同学劝她加入某个一百多人的团体，但因为不了解这个团体的性质而颇为犹豫。她说："他们不知是否有一种党的范围，而我则极怕党的束缚，基督的一部分是好的，我不妨都采取它，但不能因为遵守甲就舍弃乙，这是合作主义而非入党主义，这种态度我以为有斟酌余地，所以《北京青年》的团体，我不敢立刻决定加入与否了。"她征求鲁迅的意见，鲁迅的答复是："这种团体，一定有范围，尚服从公决的。所以只要自己决定，如要思想自由，特立独行，便不相宜。"虽然在事实上，许广平不久以后便加入了国民党，而鲁迅仍然向她发出不要因为深入政治而流于政客一类的警告。

对于长期的封建制度所形成的权力控制，鲁迅一直保持着一种戒备心理，无论它是以个人独裁或是以"众治"、"公决"的形式出现。集体所以成为必要的实体，决不致以牺牲个人的"内部之生活"为前提，恰恰相反，它为"人类之尊严"与"个性之价值"提供了保障。鲁迅加入女师大进步师生的战斗集体，并不等于他可以因"一致性"的要求而完全放弃个人的意见；而且实际上，他对付的也主要是"软刀子"一路。在一个结构并不严密的组织里，他一直争取和坚持着独立作战的权利。

在5月30日这个流血的日子里，也就是在鲁迅等人的《宣言》发表之后的第三天，陈西滢在《现代评论》发表了一篇题作《粉刷毛厕》的"闲话"。他借所谓听来的"流言"，说"女师大的风潮，有在北京教育界占最大势力的某籍某系的人在暗中鼓动"，于是认为，这些"挑剔风潮"的人"未免偏袒一方"，"不大公允"。

"闲话"不"闲",显然是影射鲁迅们的。

前不久,鲁迅本人还曾向朋友说过:"中国本是撒谎国和造谣国的联邦",对于流言之类,早在衍太太的时代开始,就已经领教不少了,还有什么可顾忌的?不过,他也还没有旷达到可以笑骂由人,等闲视之的地步。在读完"闲话"的当天,他动手写下反击的文章:《并非闲话》。

一开头,他就声明说:"但我就是这样,并不想以骑墙或阴柔来买人尊敬。"他揭露陈西滢一流"自在黑幕中,偏说不知道;替暴君奔走,却以局外人自居,满肚子怀着鬼胎,而装出公允的笑脸。"——什么"流言","说不定就是这些伏在暗中,轻易不大露面的东西所创造的"。流言的创造,其力量可以使粪便增光,蛆虫成圣,陈西滢把学校比做"臭毛厕"而疾呼教育当局打扫之,其实,这种地方是可以打扫干净的吗?……

他准备将文章寄《京副》,只是担心会危及孙伏园的饭碗,因为戳破了体面人物的脸皮,他们是什么事情都可以干出来的。不过,他确实很亢奋。虽然知道此举将使自己卷入另一场纷争,而且现在才不过拉开了序幕,但是于斗争本身他没有犹豫,认真说起来还潜隐着一种渴望呢。他是好斗的。上流人物太可恶了。

他当即把写文章的事情通知了许广平。表示既经骂起,就要骂下去。他说:"我明知道笔是无用的,可是现在只有这个,只有这个而且还要为鬼魅所妨害。然而只要有地方发表,我还是放不下,或者《莽原》要独立,也未可知。独立就独立,完结就完结,都无不可。总而言之,笔舌尚存,是总要使用的,东滢西滢,都不相干也。"

结尾,谈起《莽原》有些穿棉花鞋的毛病,便请许广平写点泼辣文章,说:"你这一匹'害群之马'多来发一点议论吧。"

原来许广平也写了一篇《六个学生该死》,在接到鲁迅的来信以后,随即告诉了他。由于鲁迅在信中描述自己的"人道主义"与"个人的无治主义"两种思想相消长的状况时说:"我忽而爱人,忽而憎人;做事的时候,有时确为别人,有时却为自己玩玩,有时则竟因为希望将生命从速消磨,所以故意拼命的做。"因此引起她特别的注意。回信时,她几乎以全部的篇幅,试图解决鲁迅表白的"诅咒'人间苦'而不嫌恶'死'"的黑暗思想。同样是"消磨生命",何不废物利用,而偏纵酒不可呢?她认为,是应当以积极的反抗态度看待人生的。

这时,两把钢刀忽然又在眼前晃动起来,一刹那间,鲜血如注……

听鲁迅的同乡说:他房里有两把刀,一把就放在床褥下面。他很孝顺他的母亲,如果母亲不在,他可能会自杀的。事实上,她也曾同孙伏园等七八个人在他家里看见过匕首的。看他那寂寞如古寺僧人的生活,听他那看透一切黑暗惟以"希望"安慰后生的议论,总一次次诱发她想起他那同乡所说的话来。她认为这是完全可能的,心里不免惶恐,于是写道:"不必过于欢迎'阎王'吧!闭了眼睛什么好的把戏也看不见了!幔幕垂下来了!要'捣乱',还是设法多住些时,褥子下明晃晃的钢刀,用以杀敌是妙的,用以……似乎……小鬼不乐闻了!"

钢刀问题同劝戒烟酒一样,那用心,鲁迅不会不知道。"其实我并不很喝酒,饮酒之害,我是深知道的。现在也还是不喝的时候多,只要没有人劝喝。多住些时,亦无不可的。"他写信给许广平,表示接受她的劝戒。

临末具名,第一次缩写为一个字:迅,流露了感激的深情。

见信以后,许广平进一步说:"'劝喝'酒的人是时时刻刻都有的,下酒物亦随处皆是的;只求在我,外缘可以置之不闻不问吗?"

在信中,她还向鲁迅报告了学生游行,以及"黑幕中人"陆续星散两个方面的情况。当她把动荡的政局和学校联系起来时,深感心长力弱,应付无方。她告诉鲁迅说,如此的苦闷,暴躁,"长此以往,将成狂人矣!"

接连收到许广平的两封信后,鲁迅温婉地劝解道:性急是不好的,既难于耐久,又容易碰钉子,到头来是自己吃亏,"因为现在的中国,总是阴柔人物得胜。"中国的青年,应当缓而韧,不要急而猛。不然,就是白用了许多牺牲,也不过为巧人取得自利的机会而已。

凭经验,他发现孙伏园的态度有所改变,似乎大有联络陈西滢的样子。譬如在《京副》上,指《猛进》、《现代》、《语丝》为"兄弟周刊",怎么可以这般并论呢?难道伏园真的连各自的色彩也看不清楚吗?他甚至怀疑,以前登载的几篇反对杨荫榆的文稿,都是出于不得已的缘故。人是多么的容易变化呵!出卖《语丝》而拉拢《现代》,他料想不久又将失去一位相随多年的青年朋友了,心里不免暗暗感到悲哀。

当他把关于伏园的情况告诉"小鬼"的时候,却把这种悲哀而又试图解脱的心情称作"无聊"。人到无聊比什么都可怕,因为这是从自己发生的,无药可救,大约与"小鬼"之称"苦闷"相去不远的吧?不过他觉得自己尚有一点可取之处,就是不甘"无聊",还有挣扎的勇气和力量。

他这样写道:

> 我明知道几个人做事,真出于"为天下"是很少的。但人于现状,总该有点不平,反抗,改良的意思。只这一点共同目的,便可以合作,即使含些"利用"的私心,也不妨,利用别人,又给别人做点事,说得好看一点,就是"互助"。但是,我总是"罪孽深重,祸延"自己,每每终于发现纯粹的利用,连"互"字也安不上,被用之后,只剩下耗了气力的自己而已。我的时常无聊,就是为此,但我还能将一切忘却,休息一时之后,从新再来,即使明知道后来的命运未必会胜于过去。

几十年来,在通信中,他好像很少这般剖析过自己。

1925年以后,《现代评论》明显地向右转,这群受过英美文化熏陶的"特殊知识阶级",曾经是"纯艺术"或"纯学术"的殿堂里的看守者,但是,当地位、荣誉、津贴的诱饵一旦抛落,便纷纷从中走出,先后投入到帝国主义和军阀政府的怀抱里去了。

个人的人格行为是离不开所在社会的文化模式的,作为西方文化特征之一的个人主义,在以权力为中心的中国社会里很难找到生存的土壤。那些以个人主义、自由主义相标榜的知识者,在权力面前,往往不是趋附,便是逃避,少有真正的独立和反抗。难得的是,能够秉承一种叛逆的性格而坚持到底,即使面临着失败和死亡。

在与帝国主义和封建军阀的文化代表如《现代评论》派的斗争中,鲁迅充分表现了一个战斗者的勇猛和坚韧。作为思想者,除了直接而紧张的论战之外,他的目光又不能不越过具体的障碍物,而落到如何改造中国的政治文化环境这个更重大更普泛的问题上面。

"五卅"以后,叭儿自不必说,进步的舆论界也多是一派谴责帝国主义,为自己一方辩诬的声音。鲁迅一方面肯定罢工游行、演讲宣传的进步意义,但是又反对不以实力为本的"民气"论,反对极小部分的自杀和极暂时中的死亡;他一方面表明了作为中国人的爱国主义立场,但是又反对隐匿自己的黑暗面,所以起而揭发对同类太操切,比英国或日本人还凶险的"同胞",本国的有权势者,袖手旁观者,灰冷的民众,并宣告中国的精神文明"一无所有"。他一方面抨击帝国主义,但是又主张"将华夏传统的所有的小巧的玩艺儿全都放掉","屈尊学学枪击我们的洋鬼子",只有这样,"才可望有新的希望的萌芽"。此外,对于"到民间去"这个时髦的口号,他也表示了质疑的态度。他认为,重要的是我们的民间怎样?青年单独到民间时,自己的力量和心情又是怎样?如果离开"和大都会隔绝的城乡"的实际考察,且又缺乏相应的组织措施,这样的口号结果只能流于"撒诳"。共产党的领导人李大钊等,很早以前也都有过类似的具有民粹主义色彩的"到农村去"的号召。鲁迅的批评是尖锐的,深刻的,富有远见的。对于在斗争中受难的上海同胞,他曾先后有过几回捐款,但是比起他在精神方面的奉献,应该说,所有这些物质援助都微不足道。"五卅"时期,在中国的整个思想文化界,他的思想仍然处于遥遥领先的地位。

在这个时期,他特别重视杂文创作,既不同于《热风》中的冷隽风味,也不同于《坟》中议论的汪洋,这个时期的杂文,以新闻性和论战性见长,风格是前所未有的明快,虽然有时也不免弯弯曲曲。他的小说,大抵是回忆的产物,通过系列完整的生活画面,透视中国社会的深层的心理结构;他以散文诗表现个人的情怀,如果说他的灵魂深处还有阴暗的部分,也都在这里显示无遗了。至于杂文,则集中地表达了他的富于创造性的思想,突出地呈现出他的复仇性格的锋棱,那抑郁和疑虑之外的"金刚怒目"的成分。

只要拿起杂文就再也放不下了。通过战斗的实践,他自己比谁都更清楚它的无与伦比的作用,因而比谁都更为珍视它。即使被讥评为"杂感家",仿佛一无所长,即使有论敌说这些杂感"实在没有一读之价值",即使在他的杂感中,这一时期的结集《华盖集》及其续编销路独少,他始终不恼不悔。别人以为无聊算得了什么?只要自己以为"有聊"即可,反正也不想戴"作家"的头衔在文场中鬼混。

做"作家"才真的没有意思!

## 69　两难中的选择

许广平经历过一场爱情悲剧。

在她刚进女高师的头一年,一位名叫李小辉的表亲从广州来到北京,他本来打算赴法勤工俭学的,因为误了考期,才改在北京大学读书。在这段日子里,他们开始相爱起来。

1923年冬,许广平的女友常瑞麟有两个妹妹同时得了猩红热,为了给朋友排忧解难,她自告奋勇前去照料她们,结果也被传染上了。但是,医生的诊断却是扁桃腺炎,这样她便从容地到常瑞麟家里养治。李小辉得悉她的病情,连续几次前来探望,最后一次还特地买了些西藏青果,说是可以医治喉症的。他分一半给许广平,自己留用一半,因为他也觉得有些喉痛了。迁延了一个星期,许广平进入昏迷状态,经日本医生动了手术,这才复苏过来。

她开始打听李小辉的情况,不幸的是,他在探视许广平期间也传染了猩红热。命运不可测。未及看上一眼,恋人已经离开人世,永远地离开了!

李小辉的亡失给许广平带来莫大的悲痛。十八年以后,她在一篇题作《新年》的散文里追忆道:"它曾经摧毁了一个处女纯净的心,永远没有苏转。"

需要有一个人填补感情的真空。

她选择了鲁迅。"选择",这是一个何等理智的字眼呵!她根本未曾想到过要爱就不知不觉地爱上了!不过,从局外人看来,经过景慕、理解、同情,直到最后整个地拥抱一颗伟大的心灵,这样的爱情道路应当是坚实的。

当她切实地感觉到了爱,而且下决心爱下去的时候,她犹豫了。这倒并不因为她考虑到了个人的得失,而是害怕因此伤及别人。的确,没有爱情的婚姻是不道德的。但是,只要先生同他的夫人还有着一丝感情的牵系,那么自己任何进一步的行动都必须受到良知的谴责。他们知道爱吗?对她来说,这是惟一的问题。

一天,她和同学一起到西三条看望鲁迅。待鲁迅送她们出来,经过朱安的卧室,许广平灵机一动,装作开玩笑的样子突然把鲁迅推进房里去。先生似乎从来未曾那么严肃过,他简直是恼怒了,说:"以后再不许这样!"

从此,她可以大胆地采取攻势了。

鲁迅是孤独的。可是,他不是不需要精神的伴侣。几年前,读过一篇叫做《爱情》的诗稿,最后说:"可是这婚姻,是全凭别人主张,别人撮合:把他们一日戏言,当我们百年的盟约。仿佛两个牲口听着主人的命令:'咄,你们好好的住在一块儿罢!'爱情!可怜我不知道你是什么!"他是那么激动,由此马上生出了一篇随感录。对于"无爱情结婚的恶结果",他是深知其苦的。人生的乐趣,大约除了写作,就只有同青年人一起谈闲天了。

想不到一位年轻的异性会突然闯进自己的生活。当感情上的认同开始突破师生的界限,他又感到虚怯了,这时许广平来信中的俏皮的话语便越发显得咄咄逼人。

你有爱的权利吗?你不怕辱没了对手吗?他清楚地知道自己的各

种弱点,年纪大了,身体又不好,最重要的是有着家室之累!这一切对他自然构成了一种自卑感。惟其自卑,在接受了从未经验过的温情之后,才害怕失去……

6月25日。端午节。

鲁迅休假在家,特意请许广平几位女师大学生和俞氏姐妹吃饭。

席间,她们向他劝酒。他因为太兴奋,也就多喝了一些,当气氛渐渐变得活跃起来的时候,他捏拳痛击俞芬和俞芳的拳骨,又伸手按许广平的头。噢,先生未免有点失态吧?

她们都以为他喝醉了,为了让他休息,于是连忙告辞离去。

许广平写信谑笑他,接着就收到他的"训词":

训词:

你们这些小姐们,只能逃回自己的窠里之后,这才想出方法来夸口;其实则胆小如芝麻(而且还是很小的芝麻),本领只在一齐逃走。为掩饰逃走起见,则云"想拿东西打人",辄以"想"字妄加罗织,大发挥其杨家勃谿式手段。呜呼,"老师"之"前途",而今而后,岂不"棘矣"也哉!

不吐而且游白塔寺,我虽然并未目睹,也不敢决其必无。但这日二时以后,我又喝烧酒六杯,蒲桃酒五碗,游白塔寺四趟,可惜你们都已逃散,没有看见了。若夫"居然睡倒,重又坐起",则足见不屈之精神,尤足为万世师表。总之,我的言行,毫无错处,殊不亚于杨荫榆姊姊也。

又总之:端午这一天,我并没有醉,也未尝"想"打人;至于"哭泣",乃是小姐们的专门学问,更与我不相干。特此训谕知之!

信刚刚发出,立即又见到许广平的笔迹了。

小鬼的信是因为喝酒的事情特意写来赔罪的。这使他很不安。他想:大约是俞芬听到母亲说了什么,便向她直白了,不然她怎么会这样诚惶诚恐地屡屡道歉呢?……

他决定向她做出声明：自己的行为与别人无干，并不受任何"戒条"的束缚，其中包括"太师母"。他在信里写道："虽是'太师母'，观察也不会对，虽是'太太师母'，观察也不会对"，并且说，"此后不准再来道歉"。其实，鲁迅的意思是要她破除各种精神障碍，在爱情的发展方面，给她以更大的自主权。而这，又恰恰是许广平所需要的。

不过这小鬼的确灵巧，回信时反攻为守，把秘密的意图全给掩盖了。她说："太师母而有'势力'。且有人居然受'欺侮'者，好在我已经拜谒过老人家，以后吾无忧矣，联合战线，同隶太师母旗帜下，怕不怕？……"

怕什么呢？以后两人的通信愈发放纵起来了，什么尊卑观念都被扫荡净尽。鲁迅称许广平为"广平仁兄大人阁下"，许广平则俨然以"兄"自居，称鲁迅为"嫩弟手足"、"嫩棣棣"，文字之泼辣并不让鲁迅。以致后来，连鲁迅也不得不向她承认："你的'勃豀'程度高起来了，'教育之前途棘矣'了。"

作为一次惩罚，他给"愚兄"写了一封很别致的信：

第一章 "嫩棣棣"之特征。

1. 头发不会短至二寸以下，或梳得很光，或炮得蓬蓬松松。

2. 有雪花膏在于面上。

3. 穿莫名其妙之材料（只有她们和店铺和裁缝知道那些麻烦名目）之衣；或则有绣花衫一件藏在箱子里，但于端节偶一用之。

4. 嚷；哭……（未完）

…………

第五章 "师古"无用。

我这回的"教鞭"，系特别定做，是一木棒，端有一绳。略仿马鞭格式，为专打"害群之马"之用。即使蹲在桌后，绳子也会弯过去，虽师法"哥哥"，亦属完全无效，岂不懿欤！

…………

第九章　结论。

肃此布复顺颂

嚷祉。

第十章　署名。

鲁迅。

第十一章　时候。

中华民国十四年七月十六日下午七点二十五分八秒半。

**鲁迅既称"嫩棣棣之特征",可知要把一个"嫩"字璧还许广平。但是,许广平坚不接受,回信仍沿用此语,意即"愚兄"不"嫩"。其实,在爱情问题的考虑和处置方面,许广平的确要比鲁迅显得老练许多。**

下面是"老资格"的回信:

经中央观象台审定确切的日历——七月十六——寄来的一封滑稽文收到了。该文有人名,时候,地址……按规矩,应当排成十一幕剧本,而不合于章回小说或讲义的体裁,兹为明真象起见择要纠正如下:——

"嫩弟弟之特征":

A.想做名流,或(初到女校做讲师)测验心理时,头发就故意长得蓬松长乱些。

B.(冬秋春)有红色绒袜子穿于足上。

C.专做洋货的消耗品,如洋点心,洋烟,洋书……(未完)或有蟒袍洋服多件在箱子里,但于端节……则绝不敢穿。

D.总在小鬼前失败,失败则强词夺理以盖羞,"嚷,哭"其小者,而"穷凶极恶"则司空见惯之事。

E.好食辣椒,点心,糖,烟,酒——程度不及格……

F.一声声叫娘,娘,犹有童心。

G.外凶恶而内仁厚的一个怒目金刚,慈悲大士。

…………

从执笔书"愚兄"起……至第三页下午七点二十五分八秒半止,这个标题的时候是不对的,难道在七点二十五分八秒半的半秒间能写这么长的一封信吗,真真是撒谎不要本钱,好笑!

一对具有共同理想、共同志趣、共同语言,接近于同一文化层次的恋爱男女是幸福的。可是,对鲁迅来说,这种幸福并不充分。因为当他播种爱情而有所收获的时候,每每要有失落的预感产生;在感觉着前景明朗的时候,眼前便旋即涨满了迷雾;当兴奋着陶醉着的时候,又不免有着返顾的悲哀……他本来就是一个多忧多虑、充满矛盾的人,更何况现实中明白地摆着人生的一大死结——婚姻!婚姻到来的时候没有爱情,而爱情到来的时候却已经有了婚姻了!

命运,就这样一次又一次折磨着他,而这场悲喜剧何时才是一个终结?

一天,他的心中突然起了波澜……

经受长期的压抑与紧张,朱安病倒了!

朱安,母亲所娶的媳妇而已。由于鲁迅刻意麻痹自己,朱安于他,仿佛真的不生一点儿关系,只是当许广平介入生活以后,她才成了不容否认的一个顽强的存在。他嗟叹,他厌嫌,可就是摆脱不得。

什么时候他才有类似今天这样的温和与同情?当朱安胃部剧痛,第一次以物质损耗的形式向他显示出过往的牺牲时,他被震骇住了……

他陪她看病,为她买药,心事重重。后来,她进了山本医院,医生疑是胃癌,这便不能不使他感到某种深隐的痛疚。

他知道朱安是一个内向的人,吃苦的人,而且自己就亲历过胃病的苦楚,能够体味到朱安病中的况味。也许,她早就得了胃病,也许还不只一次地疼痛过,但是有谁知道呢?他简直以为是出于自己的虐杀!

一天,他把朱安的病情颇为详细地写信告诉了许钦文,最后说:"实在无法(因为此病现在无药可医),只能随时对付而已。"在这以前,可从来未曾在朋友面前主动谈说过这个默默地跟随自己多年的女性。

忧患,疲劳,失眠……

这时候,连他自己也得服药了!

鲁迅由来有一种殉情主义的思想，以为道德必须于己他两利，才有存在的价值。在读了那《爱情》而写的随感录中，他就这么说过："但在女性一方面，本来也没有罪，现在是做了旧习惯的牺牲。我们既然自觉着人类的道德，良心上不肯犯他们少的老的罪，又不能责备异性，也只好陪着做一世牺牲，完结了四千年的旧帐。"又说："做一世牺牲，是万分可怕的事；但血液究竟干净，声音究竟醒而且真。"然而，旧帐如何勾销？在完全解放了孩子的一代以前，活着就不能勾销吗？……

而今，这种保守的道德观，明显地受到了现实问题的冲击。你既然已经下决心"做一世牺牲"，为什么还爱别的人呢？你不觉得自己的牺牲不彻底吗？如果说牺牲的血液是"干净"的，那么不做牺牲便不干净了吗？只能说，对于爱情你是"醒而且真"的，但实际上你已经暗暗背叛了原先的赎罪意识，那么，对那做定了旧习惯的牺牲的女性来说，你还能自称是"真"的吗？……

命运把他推到了一个两难的境地。即今要是重新回到牺牲的老路上去，你，又将如何打发许广平？拒绝她？你愿意吗？你能够吗？如果你真的要面向过去，对于许广平的爱情来说，难道这不也是一种牺牲吗？……

太难了！

在人道主义与个性主义之间，在旧道德与新道德之间，在牺牲者与同情者之间，他必须做出惟一的一种选择！

# 九　地　火

　　从血里寻找火,从夜里寻找光,从石头里寻找语言和翅膀——

　　寻找是思想者惟一的自由。

## 70　免职令:枪打出头鸟

　　自由的代价是巨大的。

　　"五卅"以后,女师大风潮明显地带上政治斗争的性质。既然它已经不复是围墙之内的杯水风波,就必须承受来自政权方面的压力,从训令,直到枪杀。

　　在教育部的支持下,杨荫榆暗中制订了一个毁灭女师大的计划。7月30日,她派人趁住校学生半夜睡熟之际,张贴解散学生自治会的布告;次日,又以防止外校男生来校援助为名,致函京师警察厅,要求派保安警察入校。

　　8月1日清晨。风云突变。杨荫榆偕同巡官傅家臻,带领武装军警一百余人包围了女师大,继而蜂拥入校,把守要道,截断电线,停止伙食,封锁校门。杨荫榆宣布:解散大学预科甲、乙两部,国文系三年级和教育预科一年级,所有住校学生立即离校。刘和珍、许广平、郑德音等拒不从命,带领学生进行坚决的反抗。下午4时,大雨如注。杨荫榆指使警察实行强制性行动,于驱逐殴打间,有十多个学生受伤仆倒在泥水之中。

正在相持之际,各校学生会代表闻讯前来慰问。杨荫榆见势不妙,偷偷逃窜而去,而警戒线并未解除。晚间,被围困的学生只好隔着铁门,与自己的亲人相对饮泣……

为了堵塞杨荫榆之流散布的"男女学生混杂"的流言,三十多个学生一致请求教师到校值夜,替她们作证。

当天下午,许寿裳到西三条看鲁迅,知道他上午到保和殿检书受了风寒,胃病复发了。坐下以后,许寿裳叙说了上午校内发生的情况,他听了十分气愤。他认为,作为教师,在学生处境艰难的时刻,有必要出面救助他们。许寿裳见他身体不好,劝他不必到校,他谢绝了。

学生的安全问题,显然要比个人的疾病之类要严重得多,在学生焦灼的期待里,鲁迅果然来了。在教务处,他同许寿裳等一起,度过了一个森严、混乱、萧索的长宵……

8月3日,杨荫榆在《京报》刊登《女师大启事》,声称:"报纸所载警察与学生发生冲突及学生受伤停止食茶饮水等情全属子虚。"次日又登出《杨荫榆启事》,说"住校暴劣学生肆行滋扰……故不能不请求警署拨派警察保护",百般进行抵赖。

女师大学生自治会随即发表《紧要启事》,针锋相对地予以揭露。

这时候,鲁迅写了《流言和谎话》一文,通过三个启事的比较,结合"京师警察厅行政处公布"的情况,充分发挥事实本身的雄辩力量,证明"武装入校"完全是有预谋的行动。接着,他又写了《女校长的男女的梦》,拆穿杨荫榆反诬的老手段。文章最后说:"我说她是梦话,还是忠厚之辞;否则,杨荫榆便一钱不值;更不必说一群躲在黑幕里的一班无名的蛆虫!"笔锋没有停留在杨荫榆个人身上,看来,他是决心与一个更为庞大的集团为敌了。

有小道消息说,章士钊在国务会议上呈请停办女师大。女师大学生立即召开紧急会议,拒绝解散令,发布"驱章宣言",组织成立校务维持会。自治会发出传单,声讨"摧残教育的蟊贼帝国主义的走狗章士钊"。

权力畅行无阻。果然,教育部正式颁布了"停办女师大令",同时决定在女师大原址另行筹办国立女子大学。

这项反动措施在社会上引起的反响是强大的。代表九十八校的学生联合会,在报上公布章士钊"摧残教育,禁止爱国","以数千女同学为牺牲"的罪恶;北京大学评议会决定与教育部脱离关系,宣布独立……

正当女师大学生秣马厉兵、背水一战的时候,章士钊秘密呈请段祺瑞,撤除鲁迅的教育部佥事的职务。

8月14日,免职令正式发表了。

枪打出头鸟。惩治领袖人物或骨干分子,是历代统治者消弭民众运动的惯伎。或许,这种非常措施也能成为一种助燃剂,但是它的威慑力量是不容低估的。

对于鲁迅,失去一个官衔根本算不了什么,顶多几文俸钱还有一点吸引力。官吏生涯已经够长的了,应当结束了。以后尽可以多做事:教书,写作,反正都可以的,虽然不见得一定惬意。惬意的地方都不在人间,具有反讽意味的是,一个人却偏要苦恋这个多难的世界!

现在,面对的是暴君、酷吏、小人,他们的联合阵线足够使他的精力消耗殆尽。但是,他不会放弃这场战争。他爱对头。他知道得很清楚:无论对章士钊或者他自己,斗争都不是私人问题。就说罢官,也不过是大规模的镇压计划中的一个小小附件而已。

女师大的存废成了斗争的焦点。

笔是不能放下的,因为它还有用,然而只凭一支笔是不够的,因为对付的不仅仅是几个流言家,而是以物质作甲胄和武器的大小独裁者。是的,必须继续揭露他们,必须赢得社会舆论的最广泛的支持,但是更重要的是,必须使学校的师生坚持下来,尤其是教师队伍。不要使学生失去了精神依靠,要保护她们,只要保护了她们就是保护了学校。总之,女师大一定不能解散!章士钊说解散就可以解散吗?权力这东西真的可以藐视一切支配一切?……事情不是这样,至少他不愿意这样。

在章士钊这一面,当然要竭尽全力使计划付诸实现。8月19日,教育部专门教育司司长刘百昭在武装巡警的保护下,率部员十余人来到女师大,奉命强行接收。

可以预见的结果是:双方发生了冲突。女师大学生七人受伤,各团体代表十四人被捕,刘百昭乘机逃出现场。翌日,他又率领军警羽党逾墙而入,逐处搜查,大肆骚扰,然后退出。他走后,门前的女子大学筹备处的匾额立即被砸毁。手无寸铁的学生,柔弱的青年女性,她们以仅有的力量进行最后的抵抗。

权力者在权力尚未受到根本动摇的情况下,是绝不可能做出让步的。他们不容许意志遭到违抗。他们必须成为强者,因为从来就是强者。

22日下午,刘百昭组织了一支混合军进攻女师大。他亲自率领部员、茶役、老妈子数十人,司法巡官马龙骥带领巡警、稳婆等,分两路从正门、侧门呼啸而入。按照刘百昭的命令,这群男女武将每十多人挟持一人,一边殴打凌辱,一边强拖出校。学生一个个披发破衣,呼号挣扎,被捆塞到十余辆汽车内,一起拉到报子街女师大附设的补习学校禁闭起来。这一天,学生受伤多人,重伤两人,失踪七人,是有风潮以来最严重的一次事件。

与此同时,章士钊立即在石驸马大街的女师大原址改设女子大学,任命曾在上海大同大学镇压学生运动有功的胡敦复为校长,阴谋取而代之。26日,段祺瑞发布由他起草的《整顿学风令》,意在制造恐怖,企图在全国范围内镇压学生的爱国民主运动。

《京报》、《世界日报》等报刊纷纷发表文章,揭露军阀政府及其教育部的罪行;由北京教育会等五十多个团体发起的爱国运动大同盟也召开了会议,组织临时委员会,议决联络北京所有学校团体联合举行"恢复教育,驱章大示威运动",动员北京各校一致脱离教育部,通电全国,请求一致否认章士钊为教育总长。从此,群众性的反抗浪潮更加高涨。

世界是颠倒的。现实是荒诞的。由司法总长兼教育总长,以非教育的方式掌管教育,这些都不是可以以常理喻的。在一个连基本人权也无法保障的国度里,还能奢谈什么呢!

鲁迅在报上得悉许广平等人失踪的消息,十分焦急,极力托人向各方打听。原来许广平在动乱中逃出魔掌,径向学生联合会告急去了。

他到医院里看望身受重伤的学生,与北大教员联名发表反对章士钊的宣言,总之,尽力做他应该做的一切,只是写不出讽刺性的小文章了。愤怒。沉重。没有幽默。现在需要的是战斗的檄文,是奔走,联络,加倍的实际工作!

本来,以他内向的性格是不大适应大场面的,平时也讨厌会议,至于挂什么"头衔"更是为他所憎恶的了。至今,对所有这些,他都变得突然热爱了起来。他需要了解一切,同时也需要付出一切。付出成了内在的需要,只要能够打破章士钊的计划,要他付出什么都行。8月13日,他正式担任女师大校务维持会委员,至月底为止,先后十多次赴会商议大小事务,平均两天一次,工作是十分紧张的。

目前最急迫的任务是:把被摧毁的学校重建起来!

维持会成了大家的头脑。在不足一个月的时候内,鲁迅和其他委员一起,协同做了大量的工作:开辟新校址,设立临时办事处,通函各地在籍学生返京,动员教员义务授课,募捐经费,为复课铺平道路。

就在这个关键时刻,鲁迅的肺病复发了。

生活在艰难时世,作为一个文化人,却不肯放弃自己的责任。写作,编辑,讲课,诉讼,开会……以他的带病之躯,怎么可能做这样的超负荷运转呢?没法子,只好再承受一份额外的工作:看病和吃药。

从病发的一天开始,至翌年一月,往山本医院凡二十三次,计四个多月。在这期间,他不但不为自己争得一个歇息机会,反而加大了工作量。这是怎样一个非常的时候呵!静心疗养,那是阔人们的事情。单就教学方面说,他便主动提出将自己在女师大的任课量增加一倍。此外,又承诺到黎明中学和大中公学讲课。黎明中学成立于五卅运动中,是由北京、天津、通州、烟台等地从教会学校自动退学的学生自费筹办的。它并不为教育当局所承认,京师警察厅也曾对它多方刁难,处境十分艰困。

大中公学创办于1924年,由蔡元培兼任校长。"大中"的原意是扩大孙中山主义在北方的影响,被政府视为"危险学校",五卅运动后与北大"沪案后援会"建立的五卅学校合并。这两所学校,都是被压迫摧残的学校。他甘愿把属于自己的时间和心力,饲这样一大群遍身野气的青年。一面严肃地病着,一面严肃地工作,在同事和学生面前,他绝口不提生病的事情。

在维持会的主持下,女师大在宗帽胡同租了一些民房作为临时校舍,与教育部的"国立女子大学"分庭抗礼。

9月21日,女师大与北京各高校同时开学。上午9时举行开学典礼,教员、学生和社会各团体代表、学生家长、保证人等共二百多人出席。鲁迅、许寿裳都在会上讲了话。

鲁迅的话总有一种力量。他说:

"我不是专门当教员,是做官的。我相信被压迫的决不致灭亡。只要看今天有这许多的同学、教员、来宾,可知压力是压不倒人的……"

## 71 胜利者没有胜利

免职令发表的当天,老虎尾巴先后有二十多人到访,简直是节日的盛会。只是没有节日的气氛,大家感到压抑,烦躁,愤愤不平。他们或以言辞,或以静默,探询屋主人的态度——

怎么办?

平日易怒的鲁迅,此刻却十分坦然,好像没有什么事情发生似的。

对章士钊的为人他总算看透了,因此类似免除他的职务的事情,在他并不觉得有什么特别的地方。早在"老虎总长"上台的时候,他便这样向许广平陈述自己的判断:"但看他挽孙中山对联中之自夸,与完全'道不同'之段祺瑞之密切,为人亦可想而知。所闻的历来举止,似是大言无实,欺善怕恶之流而已。要之在这昏浊的政局中,居然出为高官,清流大约决无这种手段。"稍后,他还说起过:"想章士钊,和社会奋斗,是不会的,否则,也不成其为章士钊了。"能指望如此典型的官僚做什么好事呢! 惟其司法才不懂法,惟其司法才敢于渎法。比起身受凌迟或死于无声的改革者,他想,罢官的结局未必就算坏。而且他觉得,自己做官也实在太不像官了。一个叛逆者,倘置身于官场中而又可以相安无事,怕也很难说得过去的吧! 那么反过来,从官方的立场看,把自己开除出去便是理所当然的了。只是对章士钊的骄横态度,总存那么一点报复之意,不能释然于怀。

但是,老朋友们都为他感到焦急,认为有必要尽快采取行动。

8月15日、17日两晚,许寿裳和齐寿山分别招饮于中央公园,力主上诉,据理批驳。而促使他决心提出诉讼的,还有一个很重要的人物,就是三味书屋时的"小寿先生"寿洙邻。这时,他在平政院任法官,自然深明此中的利弊。16日,鲁迅同他两人在有关诉讼的具体问题上交换了意见。

在一个人治的社会里,什么法律条文都不过是一堆破纸。然而,既然官方要利用它装点门面,自己又何妨利用它一回? 不久前,在给许广平的信中曾经写过这样的话:"治中国应该有两种方法,对新的用新法,对旧的用旧法。例如'遗老'有罪,即该用清朝的法律:打屁股。"想到自己即将使用这类对付"遗老"的方法对付章士钊,他不觉暗自好笑。

总之,不能让老虎总长和大小伥鬼太高兴。周处也好,武松也好,这一回是做定了!

尚钺来访的时候,他正在草拟起诉书。

看见尚钺进来,他放下笔,转身笑道:"老虎没有办法:下了冷口。"

"我已经知道了,"尚钺想到他的生活负担,担心地问,"先生,您打算怎样?"

"起诉。"他说得很平静,但刚说完就笑了。

尚钺随手在烟筒中拿起一支烟,问:"找哪个律师呢?"

"律师?"他也拿起一支烟,顺手燃着,把火柴递给尚钺,"律师只能为富人争财产;至于生存的权利,还得自己急取才行。"尚钺燃着烟,抽了几口,觉得烟味与他平常用的两样,一看原来是海军牌,便问:"丢了官应该抽坏烟了,为什么还买这贵烟?"

"正是因为丢了官,所以才买贵烟,"他看了看手中的烟卷,笑着说,"官总是要丢的,丢了官多抽几支好烟,对付它的精力也就来了。"

谈起罢官的内幕时,他把别人抄写的章士钊撤除他的职务的命令给尚钺看,说:"这事情已经酝酿很久的了,我不理会他,看他有什么花头。结果,他不得不撕破脸皮来这一着。"

最后说到起诉,他说,只好换一种幽默点的斗争方式了。自然这是被迫的。当尚钺在一边仍为章士钊的倒行逆施感到愤慨,滔滔不绝地言说时,他笑着轻轻地加了两个字:

"所以。"

免除鲁迅的佥事职务,在教育部中反应不一。

除了个别帮凶,作为上峰的指示,总是有那么一小批小爬虫、应声虫之类为之辩护。但是部里的大多数人,所持的还是反对的态度。他管的是社会教育司的事,干涉得了教育部对女师大的处置吗?如果说他不称职,何以十四年来都是称职的?如果称职,又为何要免去呢?然而,真正站出来说话的并不多。中国多的是腹诽。

反对最激烈的是许寿裳。由于与杨荫榆是前后任的关系,对于女师大风潮,原先是不愿与闻的,及至章士钊将鲁迅撤职,他就不能熟视无睹了。尤其不堪忍受的是,不但在解散学校的呈文中肆意诬蔑女性,且在22日武装接收女师大事件中,大打出手,凶险至极。8月24日,他亲自草拟了《反对章士钊的宣言》,与教育部视学齐寿山联名发表。

《宣言》历述章士钊与杨荫榆朋比固位,利己营私,潜构密谋,毁灭学校的罪恶,还特意揭发他毁坏法律,率意妄行,免除鲁迅职务一事,为鲁迅作了严正的辩护。《宣言》说:"昔者以杨荫榆之党己也,不惜解散学校,荒数百人之学业以徇之;今以周君之异己也,又不惜秘密发纵以除去之。视部员如家奴,以私意为进退,虽在专制时代,黑暗当不至是。"

最后,他们宣布说:"自此章士钊一日不去,即一日不到部!"

许寿裳还特意抄了一份,专送章士钊过目。对于这种叛逆性举动,政府当然是不能宽容的。紧跟着,他们也一齐被免职了。

让朋友为自己做出牺牲,鲁迅不免歉然,但也确乎以此自慰。二十余年,曾经沧海,忧患何许?总算有可以同舟共济者在!

由于权力的无所不至,中国的知识阶级总是试图染指政治。而一旦当政以后,他们的手段,是决不下于纯粹的政客者流的。章士钊曾经是个被人称赞为"壮志毅魂,呼啸风云,吞长江而吹歇湖"的人物。他主编过《苏报》,宣传孙中山的理论主张,后同黄兴等组织华兴会,从事联络会党、筹备起义的工作。1905年留日,继而转学英国,归国后任总统府常年顾问。宋教仁被暗杀后,他先后潜向上海,逃到日本,在黄兴的资助下创办了《甲寅》杂志,用秋桐的笔名,发表了不少反对帝制、提倡法制的文章,成为资产阶级民主革命的宣传家。

曾几何时,他就和友人陈独秀分道扬镳了。正当陈独秀编辑《新青年》,为创立中国共产党而积极奔走的时候,他充当了段祺瑞的谋士。段祺瑞之称为"执政",就是章士钊把古罗马执政的名号移植过来的。1924年,他在段祺瑞的支持下重办《甲寅》。这时,改为周刊的《甲寅》,已经沦为段祺瑞政府的喉舌,不复是先前的面貌了。

章士钊先后发表《评新文化运动》、《评新文学运动》等文章,在白话创作相对冷落的时候,步《学衡》后尘,向新文化营垒发动攻击。

以他的这种顽固态度,在大权在握的时候,可想而知不会轻易放过作为新文学的开拓者和捍卫者的鲁迅。他免除鲁迅的职务,除了鲁迅始终站在进步学生一边,反对他的党羽杨荫榆以外,与发表《青年必读书》等极其激烈的反复古言论是不无关系的。

对于以章士钊为首的"甲寅派"的反攻,胡适、吴稚晖、成仿吾等都曾著文予以狙击,但是大都局限在文言文和白话文孰优孰劣的火力圈内。鲁迅立论不同,虽然驳文只写了两篇,攻势却是凌厉的。

文言的命运其实早已不判自明,"丢官"之前,鲁迅给钱玄同写信谈及《甲寅》时,便指出:"此辈已经不值得驳诘。"而他终于驳诘者,则是从思想斗争史的角度出发,把章士钊当成反动保守的典型加以掊击的,因此,意义也就远远超出了文学论争的范围。

在这里,鲁迅再次表现出他的出色的讽刺和论战才能。在《答KS君》里,只需从章士钊文中随意剔出两个庞杂不通,陋弱可哂的例子,便立即把自诩为古文大家的一副尊容给毁坏了。现在还有什么"文白之争"呢?他下结论说:"是争的终结,而非争的开头。"于是,胡适们的结论成了他的起点。他继而揭露《甲寅》作为"广告性的半官报"的性质,指出这些躲在社会的暗角落里竞相攀附的"灰色的人们",是以维护统治阶级的利益为归趋的。《十四年的"读经"》对于章士钊主张读经的批判,也比论坛上某些激进的议论,如谓经不必尊,读经乃是开倒车之类更进一层。他指出,所谓"读经"也不过是"要把戏偶尔用到的工具"而已。什么读经可以救国的宏论,全都是"假借大义,窃取美名"。这些封建卫道者,是衰老国度的"大嚼细胞",必须把它们扑灭,才可以免于灭亡。

他说:

> 古国的灭亡,就因为大部分的组织被太多的古习惯教养得硬化了,不再能够转移,来适应新环境。若干分子又被太多的坏经验教养得聪明了,于是变性,知道在硬化的社会里,不妨妄行。……唯一的疗救,是在另开药方:酸性剂,或者简直是强酸剂。

鲁迅把具体问题的论辩同心理文化的剖析结合起来,犀利,深刻,堪称反对封建思想文化的"强酸剂"。

11月。北京又刮起了一场大风暴。

工人学生数万人举行大规模示威运动,斗争矛头直指段祺瑞临时执政府。游行队伍最先冲往段祺瑞私邸,继而怒毁章士钊、朱琛、刘百昭等人的住宅,放火焚烧晨报馆。在群众斗争的冲击下,段祺瑞及其卵翼下的一伙纷纷逃匿……

国立女子大学当局和部分职员以为"革命"来了,便也随之溃逃。女师大方面抓住这个有利的时机,在女子大学学生的配合之下,举行复校运动。

11月30日下午,鲁迅同女师大师生一百多人一起步行返回石驸马大街。学生们沿途举着校旗,摇着小旗,上书"女师大万岁"、"公理战胜"、"胜利归来"等标语,于傍晚7时到校。这时,守卫在门口的军警上前拦阻,学生就把墨汁泼向他们身上,又乘势将章士钊亲笔题写的"国立女子大学"的校牌涂掉,重新挂上女师大校牌,然后闯进学校。

第二天,女师大举行招待会,向各界报告复校经过。鲁迅出席会议,并且讲了话。会后,全体拍照纪念,一些学生骨干分子集在一起,另外合照一张,请鲁迅题词。他写了近百字,题作"偕行"。文中引用两句古诗:"修我甲兵,与子偕行",流露了胜利的喜悦。

1月13日,校务维持会主席易培基正式就任校长职,在中国教育史上,开创了"校长民选"的先例。女师大全体师生及各校校长和学生代表共五百余人,聚会一堂,气氛十分热烈。

大会由许寿裳主持,鲁迅和许广平分别代表校务维持会和学生自治会,致词表示欢迎。

"欢迎校长,原是极平常的事,但是,以校务维持会欢迎校长,却是不常有的。"鲁迅回顾了女师大的斗争历程,在肯定维持会的重大作用之后,宣布自行解散。他接着说:"但是这解散,和去年本校的解散很不同,乃是本校走向光明之路的开始。为什么呢?刚才说过,因为易先生是本校全体所希望的校长,而这希望的达到,也几乎是到现在为止,中国别处所没有希望达到的创举……"

从此,鲁迅除了仍旧担任教授以外,不再兼任任何职务,包括校内各种委员会都不参加。当学校处于危难中的时候,他率先向黑暗势力做斗争;到了复校以后,一切开始转入正轨,他就退居原来的位置。

胜利联翩而至。

紧接女师大复校之后，1月16日，教育部发布"复职令"。2月23日，平政院通过了鲁迅的议案。次日晚间，鲁迅便收到寿洙邻寄来的"完全胜利"的消息。

至此，他也该感到疲乏了吧？也该不再如先前那般的好斗了吧？按照中国传统文人的脾气，他确乎可以停顿一下，甚或在胜利中陶醉一些时。但是他不能，他觉得有许多工作在等着做，而工作本身就是斗争。你认为，一次就可以把所有的蛆虫打扫干净了吗？

女师大虽然已经迁回原址，但是教育界中一批生性趋附的人物并不甘心，处心积虑实行颠覆活动。

1925年12月14日，女子大学在撷英番菜馆宴请"北京教育界名流及女大学生家长"。所谓"名流"，多系北大教授、现代评论派的正人君子。他们在饭局里产生"教育界公理维持会"，又从这会变出"国立女子大学后援会"，并发出《致国立各校教职员联席会议函》，声称将把女师大教职员"投畀豺虎"，"屏诸席外"。在他们的挑唆下，女大学生一度占据校舍，与女师大学生发生严重的冲突。

这时，陈西滢又陆续地说起"闲话"来了。

他说："女师大应当不应当解散，现在应当不应当恢复，是一个很可讨论的问题。"又说："学生人数过八倍多的女大断没有把较大的校舍让给女师大的道理。"还连连发问道："要是二百人中有一百九十九人入了女大便怎样？要是二百人中都入了女大便怎样？难道女师大校务维持会招了几个新生也去恢复么？我们不免要奇怪那维持会维持的究竟是谁呢？他们的目的究竟是什么呢？"

鲁迅答道：就算女师大的学生"被迫胁到只剩下一个或不剩一个"，也还是要"维持"。目的呢？他便借了陈西滢的一句"闲话"来答复："代被群众专制所压迫者说几句公平话。"12月间，他一连写了《碎话》、《"公理"的把戏》、《这回是"多数"的把戏》等文，狠狠地回击了那些"在章士钊门下暗作走狗而脸皮还不十分厚的教授文人学者们"。

至于章士钊总长，这时已经变成死老虎了，鲁迅也仍然扭打不舍。

胜利者没有胜利,只有进击。1926年,他又写下《古书与白话》、《再来一次》等文,甚至将几年前所写的《"两个桃子杀了三个读书人"》再行发表,简直要使章士钊永远抬不起头来,更不必说牙爪。

这才叫鲁迅。

## 72　姐妹篇:《孤独者》与《伤逝》

爱情的力量神秘而强大。当它激荡起来时,所有理念的堤坝与悬岩都将在它的面前坍毁。

正当鲁迅因为朱安的胃病引起新的感情危机的时候,许广平在女师大斗争所表现出来的品格和才干,对他构成了越来越大的无法逃避的吸引力。由于章士钊的迫害,他们获得了一个良好的接触机会,通过最直接的情感交流,终于确定了双方在未来生活中的关系。

9月初,女师大迁到宗帽胡同以后,警察厅接受章士钊的指使,天天到学校里传人。他们试图由两个警察押解一个,将原来被开除的六个学生遣返原籍,以便全面实行解散学校的计划。在这种高压政策底下,几个领袖人物走投无路,连平日过从甚密的朋友,也都因为害怕连累,拒绝招待了。鲁迅说:"来我这里不怕!"这样,许广平便同许羡苏住在一起,在鲁迅家里躲过了最紧急的几天。

这些天,许广平完成了惟她才能完成的重大的勋业,就是:战胜了鲁迅的悲观情绪和执拗脾气,严禁烟酒,彻底"缴械"。

本来鲁迅是答应了不喝酒的,为了许广平的恳挚的流泪的规劝,当着她的面,是再没有勇气把手伸向酒杯的了,但是苦闷一来,难免又要犯禁。一天,鲁迅从外面进来,双颊酡红,酒香熏人,见面时两人同时愣住了。相对无言中,许广平终于说了一句:"不诚实是很叫人难过的,你知道吗?"鲁迅低声回答说:"我知道。"

许广平是深切地理解他的,包括喝酒在内。她知道,他的"刘伶癖",并非出于遗传,而是对于环境的无力的反抗。但是,为了不致危及他的伟大的工作,她仍然觉得自己有责任尽力地加以劝阻,虽则也明白未必可以禁绝。不过,经过这么一回,鲁迅的确不敢像从前那般的沉湎于酒了。他怕见她的失望。

至于禁烟,自然比禁酒更难。鲁迅自己就曾经表白过,与其彻底戒烟,还不如从此不再工作。许广平记得,头一次到这里"探险",最突出的印象便是他对烟的依赖,一支接一支地抽,几乎是片刻不停。现在,她见到老虎尾巴的砖地上,又像从前一样狼藉着烟灰和烟尾巴了。几个月前,她是把禁烟和禁酒作为并列的条件向他提出,要求实行的。然而没有法。为了施加更大一点的压力,她找来许羡苏,两人在客厅上跟鲁迅谈判了整整一个夜晚。她们都知道他害病,病人是不能没有一个严格的禁区的。就关系而言,她们都必须负有这种警戒的任务。他投降了。

要紧的还有刀子。

这刀子是许广平所一直记挂着的。每忆起他的同乡说的关于他会自杀的话,她就心跳不已。趁着这避难之际,她暗暗地搜遍了书架和床褥,果然发现了两把匕首。

她郑重宣布"缴械"。想不到鲁迅笑了笑,也就完事了,一点没有违抗。

爱情可以使所有的人变得单纯、温柔而富有活力。在许广平居留期间,鲁迅总是抑制不住内心的兴奋,大声地说着,快步地走着,简直换了一副样子。遇到太高兴的时候,他还双手撑着桌子,像当年做学生的时候上体育课一样,从这边纵身跃到那边。小小的四合院,几乎到处都可以听到他的说笑声……

从此,他们往来更频繁了。一有空闲,许广平就跑来给他校对和誊抄稿子。只要听到门外的熟悉的脚步声,他就会立刻变得快活起来……

鲁迅的师长般的庄严完全崩溃了。许广平不再是"小孩子"了。一天,当他们重新坐在一起时,许广平突然握住他的手,紧紧不放。她要说什么呢?什么也没说。鲁迅的手也轻柔地缓缓地伸了过来,接着就是紧紧一握!彼此都听得见,心的跳动,如两匹野马扬鬃疾驰,以蹄声击打旷野……

一阵风暴过去,鲁迅轻声说道:"你战胜了!"……

许广平以"平林"为笔名写了两篇短文:《风子是我的爱……》和《同行者》。

《同行者》于 10 月 12 日发表在鲁迅主编的《国民新报》副刊上面,很明显,她要向一个无爱的世界公开她的爱情。

"一个意外的机会,使得佢俩不知不觉地亲近起来。这其中,自然早已相互了解,而且彼此间都有一种久被社会里人间世的冷漠,压迫,驱策;使得佢俩不知不觉地由同情的互相怜悯而亲近起来。"估计到道德家们的嫉恨,以及可能的猛烈的袭击,她写道:"然而,沐浴游泳于爱之波的佢俩,不知道什么是利害,是非,善恶,只一心一意的向着爱的方向奔驰……"

在文章里,许广平把鲁迅称作"她",称作神话中女性化的神祇"风子",一方面是故意把事情弄得含混些,另一方面也不无调侃的成分,表达着胜利的快意。另一篇写道:"不自量也罢!不相当也罢!同类也罢!异类也罢!合法也罢!不合法也罢!这都于我们不相干,于你们无关系,总之,风子是我的爱……"

鲁迅也写过类似的两篇文章,一篇叫《死火》,一篇叫《腊叶》。虽然写作的时间相隔半年之久,合起来看,倒像是一副对子似的。

《死火》是许广平到"秘密窝""探险"过后写的。写前一天,鲁迅首次挑动考试,向许广平发布关于"秘密窝"的试题。文中的被遗弃的"死火"明显是自喻,而一直思索着要把"死火"带出冰谷的"我",则是许广平。"你用了你的温热,将我惊醒了。"这的确是很可感激的。然而,醒来以后怎么办呢?"死火"知道,留下必将冻灭,被带走又将烧完。内心是很矛盾的。那结果,是一同走出冰谷。但刚到冰谷口,"我"终于碾死在车轮底下,而"死火",自然如红彗星般迅忽归于寂灭了。

与其让别人为自己牺牲,毋宁自己烧完,这是鲁迅最初的自白。

八个月后,鲁迅作为"腊叶"再度出现时,已适值群叶飘散的时候而被保存了下来。病叶一片,果真可以保存长久吗?"但今夜他却黄蜡似的躺在我的眼前,那眸子也不复似去年一般灼灼。假使再过几年,旧时的颜色在我的记忆中消去,怕连我也不知道他何以夹在书里面的原因了。"他不无忧伤地写道,"将坠的病叶的斑斓,似乎也只能在极短时中相对,更何况是葱郁的呢。看看窗外,很能耐寒的树木也早经秃尽了;枫树更何消说得。"

即使将坠的被蚀而斑斓的颜色不能永存,被保存的感激也仍旧是永恒的。

许广平明白,鲁迅含蓄;许广平热烈,鲁迅深沉。而犹疑与忧郁,是只有鲁迅才有的,因为他的负担太重,所受的伤害也太深了。

当鲁迅决定结束多年来的痛苦生活之后,他的顾虑就不只在朱安一人,还有整个社会。他已经是"名人"了,名人有名人的烦恼。在信中,他曾经这般表白过:"思想改变了,但还是多所顾忌,大部分自然是为生活,几分也为地位,所谓地位者,就是指我历来的一点小小工作而言,怕因我的行为的剧变而失去力量。"

爱情的产生,对鲁迅个人来说具有"革命"的意义。他牺牲太多了,为母亲,为家庭,为青年,为大众。个人的生命价值难道只好体现利他的方面?现在,为他所崇尚的个性主义,是第一次在带有隐秘性质的道德伦理关系上面显示了它的存在。然而无论作为社会成员,还是作为家庭成员,要维护个人的一点小小的权利,都必须接受来自社会的强大的压力。在家族主义制度面前,每个单个的人都是孤独者。还是热血少年的时候,他就曾经为理想中的"人国"呼吁过:立人!立人!其实谈何容易!……

他回顾自己的前半生,那是一条可堪伤悼的孤独者的道路,要说将来,它又通往何处?人在一生中,要是得不到世界上任何一个人的理解、爱护与温存,那是多么可怕的事!……

关于未来的可怖的悬想，被他加倍地扩大开来，以致形成一个小说的构思:《孤独者》。

连殳原来是一个改革者。他怀抱着改造社会的热情，结果不但得不到社会的同情和理解，反而接连遭到打击。后来他死掉了，死时陪伴他的是一轮圆月，散出冷静的光辉。孤独地来，复孤独地去。不过在死前，他曾冷酷地报复过他周围的环境，包括先前为他所喜欢的孩子们。无力反抗社会，徒然保持着一种精神。把庞大的社会缩小为客厅里的几个人，从而加以尽兴的嘲弄。既是报复，又是自戕，以自戕的方式实行报复，事情本身不就十分可悲的吗？

小说里，连殳这样解剖自己的灵魂：

> 人生的变化多么迅速呵！这半年来，我几乎求乞了，实际，也可以算得已经求乞。然而我还有所为，我愿意为此求乞，为此冻馁，为此寂寞，为此辛苦。但灭亡是不愿意的。你看，有一个愿意我活几天的，那力量就这么大。然而现在是没有了，连这一个也没有了。同时，我自己也觉得不配活下去；别人呢？也不配的。同时，我自己也觉得偏要为不愿意我活下去的人们而活下去；好在愿意我好好地活下去的已经没有了，再没有谁痛心。使这样的人痛心，我是不愿意的……

鲁迅自己就写过《求乞者》，在《野草》和别的地方，也都说过类似的话。智慧上的悲观主义，意志上的乐观主义。一个人，只要专一怀想痛苦的旧事，或凝视自己的影子，便多少要带上若干的伤感，不管他实际上有多么健壮。

在对待爱情问题上，比起鲁迅，许广平要勇敢得多。对于社会压力，相信她有足够的力量去抵抗，但是不要忘记，她的背后耸立着一个大家族。那些族中的长辈会同意她做这样的选择吗？她能够对付来自亲缘方面的压力吗？恋爱的感情是热烈飞扬的，将来慢慢沉淀、冷却下来，她会起怎样的变化？满足了，还是依然不满？到了那时候，即今的有力的翅子会不会停止了扇动？如果从群体斗争的环境中脱离出去，还会如从前的激扬奋发吗？可怕的是精神的蜕变。而且，人生在世界上，经济问题始终是那么严峻。前些时到学校里讲说娜拉，要点就是经济权。她年轻，她想过吗？是不是有很充分的准备？如果将来真的生活在一起，那么凭什么维持生计呢？而今官是丢了，就教书吗？还是写作？除了这两种活计，其实你自己什么也不会做。那么她呢？让她在家里呆着，还是分头做事？难道那是可能的吗？会不会有那么一天，终于以牺牲他人作为你的梦幻的结束？倘使真的那样，你不会感到悔恨和悲哀吗？……

会馆。同居的破屋。老东西。小东西。加厚的雪花膏……

子君向他走来……

《伤逝》以手记的形式，描写一个小家庭的悲惨的结局。子君是一个个性主义的奉行者，她无视于亲属的反对和旁人的蔑视，同所爱的涓生同居了。"我是我自己的，他们谁也没有干涉我的权利！"的确，她的态度是非常坚决的。同居以后，她什么书也不看，只是忙她的家务，仿佛全部功业都建立在吃饭之中。但不久，涓生失业了，吃饭于是成了问题。为了免得一同灭亡，涓生考虑再三，只好对子君说："我已经不爱你了！"这是子君万万没有料到的，她终于由她的父亲接了回去，在严威和冷眼中走所谓人生的路，直到它的尽头——一个连墓碑也没有的坟墓。

没有遗嘱。一个字也没有。然而，她却留下了几十枚铜元——两人生活材料的全副，在不言中，教涓生能借此维持较久的生活。子君的灵魂是美丽的。她的失败，在于她始终没有自觉到人生的第一着是求生；在求生的道路上，既不能携手同行，也不能奋身孤往，只知道捶着一个人的衣角，追求一个凝固的幸福与安宁。

"爱情必须时时更新，生长，创造。"涓生在他的"忏悔录"中，这样清醒地写道："大半年来，只为了爱，——盲目的爱，——而将别的人生的要义全盘疏忽了。第一，便是生活。人必生活着，爱才有所附丽。世界上并非没有为了奋斗者而开的活路……"

小说发端于自我，又超越了自我。借涓生的自剖，鲁迅表白了内心深挚的爱情，但同时又一次照见自己身上的"毒气"和"鬼气"。作为对个人前途的预想，他不无疑惧，但作为对同代人的命运的启示，却又是相当明确的：不要耽于"自由、平等、独立"一类洋鬼子的学说，任何高妙的理想，都必须同中国的实社会联系起来。只有成为自觉的追求者和奋斗者，才可能在环境的严酷的压迫下，开辟出新的生路。

《孤独者》和《伤逝》，是关于中国现代知识分子的理想、事业和爱情的悲剧。两个作品一写孤独，一写同行，通行人生正负两极状态的多层面的描写，集中了鲁迅对于人生问题的感情体验与理性思考。

作为思想上和艺术上的姐妹篇，它们是连续完成的，而且完成得很快。虽然《伤逝》酝酿有年，在与许广平接触之前就开始了关于妇女解放问题的思考，而真正写作只用了四天。在他个人的创作史上，这种速度简直是前所未有的。他的小说，写讫即发，惟有这两篇在结集前没有单独发表过。至于理由，除了鲁迅本人，自然谁也不会明白。

## 73 "痛打落水狗"·信的纠葛·诺贝尔文学奖问题

在"反奉倒段"运动取得初步胜利的时刻，社会上出现了一种"穷寇勿追"的论调，在知识界，且大有流行的态势。

吴稚晖在1925年12日1日《京副》发表《官欤——共产党欤——吴稚晖欤》一文，说现在对章士钊的批评，"似乎是打死老虎"。同月，周作人在《失题》中说："现在，段君既将复归于禅，不再为我辈的法王，就没有再加以批评之必要，况且'打落水狗'（吾乡方言，即'打死老虎'之意）也是不大好的事。……一旦树倒猢狲散，更从哪里去找这班散了的，况且在平地上追赶猢狲，也有点无聊卑劣。"虽则也说章士钊"是一个'代表无耻'的政客，很值得努力地攻击"，但又说，为保持"体统与身分"，"不得不宣告自十二月一日起"勾销旧账，"对段、章及其他诸君子拱手曰，'以前的事情，我们不必再提罢。'"其实一个月以前，他在《答伏园论"语丝的文体"》中便已提出"费厄泼赖"的口号，说："除了政党的政论以外，大家要说什么都是随意，唯一的条件是大胆与诚意，或如洋绅士所高唱的所谓'费厄泼赖'——在这一点上我们可以自信比赛得过任何绅士与学者。"这种调和、妥协的态度,还可以推算到更早一些时候,例如6月间作的《黑背心》,就有"我觉得中国现在最切要的是宽容思想之养成"一类的表白。接着,林语堂在《语丝》发表《插论语丝的文体——稳健、骂人、及费厄泼赖》,对周作人关于"费厄泼赖"的提法十分赞赏,主张积极提倡"此种健全的作战精神"。他说:"'费厄泼赖'精神在中国最不易得,我们也只好努力鼓励,中国'泼赖'的精神就很少,更谈不到'费厄',惟有时所谓不肯'下井投石'即带有此义。骂人的人却不可没有这一样条件,能骂人,也须能挨骂。且对于失败者不应再施攻击,因为我们所攻击的在于思想非在人,以今日之段祺瑞、章士钊为例,我们便不应再攻击其个人。"

周作人说过,他的心里有"两个鬼"潜伏着,即所谓绅士鬼与流氓鬼。在《条陈四项》里,他总括自己"恐怕还多一点绅士气"。这种气味在林语堂身上就有,用他的话来说,大约也就是"哈佛腐儒的俗气"吧?不过,在女师大斗争中,他们与现代评论派的斗争是相当勇猛的。只是越是到了后来,甚至越是接近胜利的时候,他们的绅士意识越是明显地暴露出来,而原来所具的"流氓"与"土匪"精神,反倒大大消减了。

费厄泼赖,原系体育及其他竞技所用的术语,意思是光明正大的比赛。英国曾经有人提倡将这种和平竞赛的精神施于社会生活和党派斗争中,认为这是绅士应有的道德涵养。认真说起来,这也算不得什么舶来品,在此之前,我们的老祖宗就有类似的教训,曰"仁恕",曰"中庸",曰"犯而不校",只是名目不同罢了。但是,在有许多二重道德的中国,提倡所谓"费厄泼赖",其结果只能保护恶势力,使改革者吃亏。

远的如汉的清流和明的东林,正是以这一点倾败的,论者却以此常常责备他们"疾恶太严"、"操之过急"。近日的民国的先烈,如王金发捉了杀害秋瑾的谋主章介眉,因为"咸与维新"之故将他释放了,可是此后,不正是他成为袁世凯捕杀王金发的有力的策动者吗?当刘百昭殴拽学生的时候,现代评论派中谁也不说一声"费厄",何以偏偏在女师大恢复以后，便有人如此地大叫大嚷起来呢？……

鲁迅觉得，现在仍然需要战斗，如果把"费厄泼赖"当作一面旗帜挥舞，那是十分危险的。"若要官，杀人放火受招安"，好好的一场恶斗，难道只是为了最后的握手言欢？如果这样，那许多无辜者和革命者的血不是白流了吗？……

从实质上说，"费厄泼赖"也不是什么个人的主张，虽然他深知周作人和林语堂的弱点。国民的劣根性，潜隐在知识者、思想者、改革者的身上，这是最可虑然而又是无法避免的事情……

无数血的教训在前面，而且，肯定还有无数血的游戏在后头……

12月29日，鲁迅写成《论"费厄泼赖"应该缓行》，提出著名的"痛打落水狗"的主张。

他指出，以中国的"特别国情"，要实行"费厄泼赖"为时尚早。自然，现在也非绝不可行，但也得看清对手，视情而定。总之，狗性是不大会改变的。倘是咬人之狗，都在可打之列，骑墙之叭儿尤非痛打不可。不"打落水狗"是误人子弟的。结末说：

> 但我敢断言，反改革者对于改革者的毒害，向来就并未放松过，手段的厉害也已经无以复加了。只有改革者却还在睡梦里，总是吃亏，因而中国也总是没有改革，自此以后，是应该改换些态度和方法的。

对于这篇以同辈和青年的血写成的文章，鲁迅是颇为自赏的。

当他向读者介绍杂文集《坟》时，曾经特别指出，这一篇"可供参考"。或许，这也可以算是他向国民党进的忠告。后来到了厦门，他写信给许广平说："国民党有力时，对于异党宽宏大量，而他们一有力，则对于民党之压迫陷害，无所不至，但民党复起时，却又忘却了。"沈兼士希望他以这层意思提醒众人，他表示同意，于是积极准备发表言论的机会。及至到了"革命的策源地"广州，他果然再度提起该文，不过那已经是在新的历史条件下，成为对革命左派的警戒了。

文章发表以后，在知识界迅速引起反响。有人认为，它是"一部革命痛史","青年运动的指导书","任何一个含有生命力的中国青年,似乎有一读的必要"。自然,也有不以为然,指责它太欠大度和宽容的。至于深恶而痛绝之者,也当不乏其人。

但是,被直接批评的林语堂本人,对鲁迅精明的辩证和韧战的态度却深为佩服。1926年1月,他画了一幅《鲁迅先生打叭儿狗图》,在《京副》发表。这种悔过的态度,很招惹了一些人的非议,为此,他又写了一篇《打狗释疑》,说:"事实之经过使我益发信仰鲁迅先生'凡是狗必先打落水里又从而打之'的话。"在《"发微"与"告密"》中还写道:"鲁迅先生以其神异之照妖镜一照,照得各种的丑态都照出来。""三一八惨案"发生以后,他连续写下《闲话与谣言》、《讨狗檄文》、《一封通信》、《泛论赤化与丧家之狗》等一组文字,支持"打狗运动"。他说:"应自今日起,使北京叭儿狗,老黄狗,螺丝狗,策狗,及一切的狗,及一切大人物所豢养的家禽家畜都能全数歼灭。"

响应是切近而有力的。

女师大这一面的"费厄"的现象,引起鲁迅进一步的深思。

小说《离婚》,就是在这个基础上酝酿写成的,虽然字面上编织的是乡下人的故事。

爱姑,是鲁迅小说中最富于反抗性的女性形象。她十五岁嫁到施家,受尽公婆的虐待和丈夫的凌侮,最后还要被休掉。本来,她并不贪图回到夫家去,但却也不想从此罢休,在父亲和六个兄弟的支持下,坚持斗了整三年,甚至一度将夫家的灶头也拆平了,她说:"我总要闹得他们家败人亡!"真也骁勇得可以。一天,趁着土财主慰老爷家新年会亲的机会,她同父亲一起到那里拜见城里的七大人,希望他主持公道,惩治"老畜生"和"小畜生"。殊不料,七大人也同他们站在一道,并不说"人话"。在孤立无援中,爱姑挣扎奋斗了几个回合,终于彻底地败下阵来。

爱姑的失败,除了封建法律体制的强大的压迫以外,也同自身的先天不足不无关系。作为封建夫权的挑战者,她同时具有牢固的正统观念。在七大人面前,她自诉嫁过去以后,如何的"低头进,低头出,一礼不缺"。开始,她拒不接受离婚条件,说:"我是三茶六礼定来的,花轿抬来的呵!那么容易吗?"对权势者及其意识形态的代表,她一直抱有幻想,以为"七大人是最爱讲公道话的","知书识理的人是讲公道话的"。她不怕打官司,确信"县里不行,还有府里",决不会县里府里俱属同一性质。正由于她没有精神上的准备,所以当七大人一旦施以淫威,便不免惊惶失措,颇后悔于先前过分的放肆与粗鲁,因为她实在认为自己是错了。对从不放在眼内的慰老爷,这时,她也突然变得恭敬起来。全篇正是以她这样一句答话结束的:"谢谢慰老爷。"

小说对于女师大事件,带有某种影射意味。所谓"离婚"可以令人联想解散女师大这一主导线索。爱姑的"公婆",很有点杨荫榆的影子,她盘踞女师大即以婆婆自居。施家送给慰老爷一桌酒席,与杨荫榆的"善于请酒"笼络舆论的情形也很相似。小说几次提及"专替人家讲公道话"的"知书识理的人",当是暗指满心"婆理"而满口"公理"的东吉祥派的正人君子,当时女师大学生自治会就有《致教育界维持公理书》。通过某种契机,鲁迅把乡村和都市,农民和知识界联系起来,从中揭示作为奴隶的妇女的一样惨淡的命运。

《离婚》是小说集《彷徨》的最后一篇,也是鲁迅取材于现实生活的最后一篇小说创作。在小说中,他开始有意纳入幽默、影射等杂文因素,从而向新型讽刺小说《故事新编》过渡。

论罢"费厄"之后,鲁迅倾全力于杂文创作,显示了毫不妥协的战斗态度。

这些杂文,有重在澄清流言的,如《从胡须说到牙齿》等;有重在批评知识界的,如《一点比喻》、《杂论管闲事·做学问·灰色等》、《狗·猫·鼠》等;有重在揭示国民性的,如《学界的三魂》、《送灶日漫笔》等。但是,它们都并不局限于单一的主题,言在此而意在彼,在内容方面出现交渗的现象。从前所作的杂文,启蒙性和论战性大体区分得比较清楚,现在则有合流的趋势。这个时期的杂文创作,大量使用"春秋笔法",充分显示了杂文的丰富性、灵活性和战斗性。惟有经历了这样一个热战的阶段,鲁迅杂文,才最后奠定了它的美学风格。

在《学界的三魂》后面,鲁迅有一段附记,其中说:"我要'以眼还眼以牙还牙',或者以半牙,以两牙还一牙,因为我是人,难于上帝似的铢两悉称。如果我没有做,那是我的无力,并非我大度,宽恕了加害于我的敌人。还有,有些下贱东西,每以秽物掷人,以为人必不屑较,一计较,倒是你自己失了人格。我可要照样的掷过去,要是他掷来。但对于没有这样举动的人,我却不肯先动手;而且也以文字为限,'捏造事实'和'散布"流言"'的鬼蜮的长技,自信至今还不屑为,在马弁们的眼里虽然是'土匪',然而'盗亦有道'的。"上流社会的"豪猪"们总以为可以动用"下流"或"无礼"之类的罪名降伏他,殊不知,所有这一切他都可以背起来!

这个人的确太特别了点。于是,他的论敌决计使用一种特别的手段对付他。

1月30日的《晨报副刊》,同时发表徐志摩的《关于下面一束通信告读者们》和陈源的《闲话的闲话之闲话引出来的几封信》。其中,他们也攻击周作人,但是火力点却集中在鲁迅身上。

这就是有名的"攻周专号"。

徐志摩以公证人的身份出现,一开始就说,陈源的"学问、人格,都是无可置疑的"。他把陈源装扮成受损害者,"地位一向是孤单的",于是暗示读者,其所给予周氏兄弟"着力的回击",是完全正义,理所当然的。

周作人在《晨副》里有文章说:"北京有两位新文化新文学的名人名教授……扬言于众曰,'现在的女学生都可以叫局'。"这话原是从张凤举那儿听来,但也因为"费厄"的缘故,把说话人的名字给隐去了。陈源却打上门来,写信给周作人,说:"如果先生还有半分'人气',请先生清清楚楚的回我两句话:(一)我是不是在先生所说的两个人里面?(二)如果有我在内,我在什么地方,对于谁扬言了来?"周作人一面写信敷衍陈源,一面写信告诉张凤举。张凤举把信转给陈源,并向陈源道歉说:"这次事完全是我误传的结果。"这样一来,陈源只要把信件公开,便足可置周作人于不利的地位。他在信中质问周作人,说:"我上一次的信里,说起先生同令兄鲁迅先生惯会干'捏造事实,传布流言'和'放冷箭'等种种的卑劣行为,先生还觍颜强辩道'则吾岂敢'。现在还有什么话可说?"

在给周作人定了一个言行不一、诬毁别人的罪案的同时,陈源公开发表致徐志摩的一封长信,暴露了他的阴险的意图。

他写道:"鲁迅先生一下笔就想构陷人家的罪状。他不是减,就是加,不是断章取义,便捏造些事实。他是中国'思想界的权威者',轻易得罪不得的。"他说周氏兄弟都有"绍兴的刑名师爷的脾气",但以周作人同鲁迅相比,"真是小巫遇见了大巫"。他诬蔑鲁迅说,没有一篇文章不放冷箭,但又常常说"放冷箭"是卑劣行为;常常"散布流言"和"捏造事实",但又以此骂人,并且承认为"下流";"常常的无故骂人","要是有人侵犯了他一言半语,他就跳到半天空,骂得你体无完肤——还不肯罢休"。于是,他告诉徐志摩说:"你听见过赵子昂——是不是他——画马的故事罢?他要画一个姿势,就对镜伏地做出那个姿势来。鲁迅先生的文章也是对了他的大镜子写的,没有一句骂人的话不能应用在他自己的身上。"

他特别指出,鲁迅的著作《中国小说史略》是根据日本人盐谷温的《支那文学概论讲话》里有关小说的部分作为蓝本写成的,但又不做声明,显然是"不正当"的剽窃行为。在中国,要攻击一个人,莫过于从道德方面入手。中国是礼义之邦。

读了这封"公开信",鲁迅极其愤慨,真想立即动手将盐谷温的这部分书翻译出来,让读者明白真相;可是再一想,便觉得费这样的力气太不值得了。何必呢?岂不是叫陈源牵住自己的鼻子走了?

他终于写了一篇长文作为答复,题曰《不是信》,发表在第 65 期《语丝》上面。

读者对陈源加给他的罪状非常关心，尤其是所谓的剽窃，大家都急于知道他是怎样辩解的，他的笔战所向无敌，这是众所周知的，但这一回却疑心他要败北了。《语丝》出版的当天，发售处就像开盛会一样地挤满了人，刊物一到便立刻被抢光了。

所以取"不是信"为题，这里有两层意思：一是不满于周作人的信来信往，示人以弱；二是讽刺陈源、徐志摩之流故用私人通信的形式，以售其奸。

信中对陈源所设的各种罪案逐条加以驳正。关于《中国小说史略》，鲁迅声明说，盐谷氏的书确系参考书之一，但又说明了其间的分量、取舍、考证的不同。由于陈源在西班牙作家塞文狄斯和"四书"合成的时代两处闹了错误，所以他接着说："自然，大致是不能不同的，例如他说汉后有唐，唐后有宋，我也这样说，因为都以中国史实为'蓝本'。我无法'捏造得出奇'，虽然塞文狄斯的事实和'四书'合成的时代也不防创造。"上流人物特别爱面子，像这样的常识性错误本是不该犯的，经鲁迅这样翻手一拨，尊容便给损坏了。

尤有甚者，是紧跟着的一段奇文："但我的意见，却以为似乎不可，因为历史和诗歌小说是两样的。诗歌小说虽有人说同是天才即不妨所见略同，所作相像，但我以为究竟也以独创为贵。"明白背景的人都知道，"有人"者同样是针对陈源而来的。

陈源的恋人凌叔华抄袭小说图画的作法，不久前已为别的读者所揭发。陈源曾在《现代评论》和《闲话》里隐约地为她辩解说："至于文学，界限就不这样的分明了。许多情感是人类所共有的，他们情之所至，发为诗歌，也免不了有许多共同之点。……难道一定要说谁抄袭了谁才称心吗？"又说，"至于伟大的天才，有几个不偶然的剽窃？"陈源的一束通信原是由周作人带出关于鲁迅的"专论"的，在鲁迅看来，实在同因为亲属关系而灭族，或文字狱的株连一般。那么，对不起，请君入瓮吧！

"攻周专号"刚刚出版，徐志摩便惴惴然，害怕自己被周氏兄弟咬住不放。第二天，他写信给周作人，表示"十三分懊怅，前晚不该付印那一大束通信",要求周作人劝说鲁迅"休战"。他说:"只有令兄鲁迅先生脾气不易捉摸,怕不易调和,我们又不易与他接近,听说我与他虽则素昧平生,并且他似乎嘲弄我几回我并不曾还口,但他对我还像是有什么过不去似的,我真不懂,惶惑极了。我极愿意知道开罪所在,要我怎样改过我都可以,此意有机会时希为转致。"

其实,在写《关于下面一束通信告读者们》的时候,他就已经有一种不良的预感了。"你平空打一下罗马人,你发现一个野兽。"此前,鲁迅对他的几回"嘲弄"大抵是旁敲侧击,倘若这次被激怒了,向他发起正面的进攻来,以他仅有的一点才子气能抵挡得住吗?

又过了两天,他在《结束闲话,结束废话!》的题目底下,大声呼吁说:"负有指导青年重责的前辈"不该如此"混斗","让我们对着混斗的双方猛喝一声,带住!"

陈源也央人向鲁迅和周作人求情,希望不再论战下去。因为他的未来的丈人看见不少骂陈源的文章,以为他不是好人,有中断他们往来之意,这不免要使他慌了手脚。

他们对鲁迅估计错了。他这个人,根本不需要上流人物的温柔敦厚、彬彬有礼。猫算什么呢?只因为吃了他的隐鼠,他就要复仇。最先不过是追赶、袭击,后来却愈加巧妙了,能飞石击中它们的头,或诱入空屋,打得它垂头丧气。几十年过去,并没有改变这种仇猫心理,可以设想,任陈源、徐志摩怎样咪咪地善于哀求,他也决不会轻易地放过他们。

——《我还不能"带住"》!

果然,鲁迅迅速做出了反应。他说过:"在我们不从容的人们的世界中,实在没有那许多工夫来摆臭绅士的臭架子了,要做就做,与其说明年喝酒,不如立刻喝水;待廿一世纪的剖拨戮尸,倒不如马上就给他一个嘴巴。"你要"带住"了,我也就一定"带住"吗?还不能这般地谨听指挥哩!

他严正声明道:

我自己也知道,在中国,我的笔要算较为尖刻的,说话有时也不留情面。但我又知道人们怎样地用了公理正义的美名，正人君子的徽号，温良敦厚的假脸，流言公论的武器，吞吐曲折的文字，行私利己，使无刀无笔的弱者不得喘息。倘使我没有这笔，也就是被欺侮到赴诉无门的一个；我觉悟了，所以要常用，尤其是用于使麒麟皮下露出马脚。

李四光说他："拿起笔来，总要写到露骨到底，才尽他的兴会。"虽然是出于攻击，但多少也透露出一点他的韧战精神。譬如为徐志摩所艳称的陈源的"家事"，鲁迅就讥讽过两回，先是在《有趣的消息》里作直接的叙述，以后又含蓄地写进《坟》的题记里，说："中国人的思想，趣味，目下幸而还未被所谓正人君子所统一……只要这样，我也就非常满足了；那满足，盖不下于取得富家的千金云。"陈源用极下流的流言诬蔑女性，徐志摩却吹捧他"对女性的态度，那是太忠贞了"。这是何等模样的"忠贞"呢？鲁迅偏要撕掉他的假面，打碎他的臭架子。平时，这些文人学者总有一面辞严义正的军旗，临末，还有一条义正辞严的逃路。必须堵截他们，将他们的"公理"的旗插到"粪车"上去，将他们的漂亮的外套抛到"臭毛厕"里去！假使他们真的知道自己身上也有鬼，能赤条条地站出来说几句话，或许可以"带住"，但是，要他们改悔是不容易的。

鲁迅曾经描写过这样的战士：

他毫无乞灵于牛皮和废铁的甲胄，只有自己，但拿着蛮人所用的投枪。他走进无物之阵，所遇见的都对他一式点头。他知道这点头就是敌人的武器，是杀人不见血的武器，许多战士都在此灭亡，但他举起了投枪！他大踏步走，再见一式的点头，各种的旗帜，各样的外套……但他举起了投枪！

即使"太平"，不闻战叫，他一样举起投枪！

如果一个人仅仅出于个人或集团的考虑，也许中途就得放下武器，至少也当歇息一些时。但是，鲁迅太不自量了，就像神话中的逐日的夸父一样，不管距离如何，心目中只有一个目标：中国。以中国之大、鬼魅之多,凭一个人的有限的时光是可以对付得了的吗?他的恋战是必然的,可以理解的,然而这不能不使他陷入一种身心交瘁的状态。所谓"争天拒俗",他实在争得太苦了!

然而,他也有与世无争的时候。

瑞典地理学家斯文赫定,通过本国公使向北京政府交涉前往蒙古、新疆的沙漠地区作调查旅行。他的要求未被全部采纳,但以中国学者一同参加为条件,成立了西北考察团。北大教授刘半农作为中国方面的代表与斯文赫定谈判。谈判期间,斯文赫定委托刘半农推荐诺贝尔文学奖金的候选人。他提名鲁迅,斯文赫定同意了。

刘半农托请台静农写信给鲁迅,征求他的意见,不料他的答复是:不要。

复信说:

> 九月十七日来信收到了。请你转致半农先生,我感谢他的好意,为我,为中国。但我很抱歉,我不愿意如此。
> 
> 诺贝尔奖金,梁启超自然不配,我也不配,要拿这钱,还欠努力。世界上比我好的作家何限,他们得不到……
> 
> 或者我所便宜的,是我是中国人,靠着这"中国"两个字罢,那么,与陈焕章在美国做《孔门理财学》而得博士无异了,自己也觉得好笑。
> 
> 我觉得中国实在还没有可得诺贝尔赏金的人,瑞典最好是不要理我们,谁也不给。倘因为黄色脸皮人,格外优待从宽,反足以长中国人的虚荣心,以为真可与别国大作家比肩了,结果将很坏。
> 
> 我眼前所见的依然黑暗,有些疲倦,有些颓唐,此后能否创作,尚在不可知之数。倘这事成功而从此不再动笔,对不起人;倘再写,也许变了翰林文字,一无可观了。还是照旧的没有名誉而穷之为好罢……

是不是太孤僻太执拗了一点呢?

## 74 "三一八"：血写的和墨写的

政局此起彼伏，变化莫测。

1926年1月，全国十六个省区代表通电拥段，于是段祺瑞抖净水渍，就又出而咬人了。

3月，冯玉祥的国民军和奉系军阀张作霖等交战，日本帝国主义见奉军失利，惟恐危及它在中国的既得利益，于12日炮击国民军布防的大沽口，企图施加压力。16日，又纠集了"辛丑条约"各国，向段祺瑞执政府提出"最后通牒"。

18日上午，北京各界人民在天安门广场召开了声势浩大的"反对八国最后通牒国民大会"。到会的二百多个社会团体，十多万群众，强调用"五四"的精神，"五卅"的热血，联合起来反抗帝国主义的联合进攻和反对军阀的卖国行为。大会通过了驳复最后通牒、驱逐署名最后通牒的公使、组织北京市民反帝大同盟等决议。会上挂着前一天受伤代表的血衣，上书"段祺瑞铁蹄下之血"八个大字，激励大众斗争的决心。会后，组织了两千多人的请愿团，高呼口号，直奔铁狮子胡同……

执政府。阴谋和子弹正在等候他们。

这一天清早，许广平带着刚刚抄完的《小说旧闻钞》，来到了老虎尾巴。

她放下书稿，简略作了交代，立即转身便走。

"为什么这样匆促？有事吗？"鲁迅发觉她的行动有点异常，问。

"要去请愿！"

"请愿请愿，天天请愿，我还有些东西等着你抄呢！"这分明是有意挽留的话。许广平想了一下，终于答应留下，一个人带了稿子躲进南屋里去……

下午，许羡苏便带来了噩耗——

她在图书馆里工作,突然听到校门口响起一阵呼喊声,说是刘和珍和杨德群死了!在校的人都十分震惊,但还希望这传说不可靠,因为谁也没有料到段祺瑞竟会如此凶残。少顷,许寿裳的到来便给大家证实了。

得悉枪杀的消息以后,许寿裳立刻和接替他的教务长林语堂驱车赶到国务院。穿过狭窄的栅门,只见尸体纵横,鲜血遍地,刘和珍的尸骸已经放进一具薄棺之中了。接着,又赶往医院看望伤者。诊室里竟也满是尸体,大约是得了重伤以后,抬往医院的途中死掉的。杨德群的尸骸,横陈在一张板桌上,下半身拖露在旁……

空气凝固了。

许广平听到两位同学的死讯,顿觉浑身无力,头部百倍沉重地压迫下来,如同巨大的异物,里面是刀劈一般的剧痛……

刘和珍!……

去年11月间,就已经认识她了。那时候,虽然同是作为杨荫榆眼中的"暴烈分子",而自己总想单独行动,不受群众的牵制。在斗争中,几番气恼、沮丧,放弃责任,不问外事,甚至躲在寝室里不出来,多亏了刘和珍以温和的笑容和耐心的劝说解救了自己。你没有勇气推却她,一次又一次,总是笑眯眯的。而今,到哪儿寻找她的微笑?刘和珍!去年天安门集会,在棍棒交加中,大家亡命地逃开,回头看她手执校旗,矗立不动,劝她走开也不听从,自己只好重又站到她的身边去。这种处变的态度,该就是这回致死的原因吧……

杨德群是不认识的。听说前几天自治会分给各人的新修章程,她阅后草具了一份很详细的意见书,早上未赴大会时,还在赶着缮录,预备交给自治会呢……

呵,多么好的同学和战友……

许广平抛下笔,急急忙忙立刻跑回学校……

这时,又有不少青年学生陆续来到,带着满怀的仇恨与悲恸……

血红的上弦月慢慢消失,夜因黑暗而变得深沉起来。

《无花的蔷薇之二》刚刚写完第三节,就被噩耗切断了,头脑纷乱不堪,几次提笔都接续不下去。

成群的死亡……

警笛。枪声。奔突的人群。木棍。刺刀。枕藉的尸体和旗子和号筒和传单。血,血,血……

刘和珍死了!

"这就是刘和珍。"当有人告诉自己时,那已经是被刘百昭率领男女武将强拖出校之后的事情了。想不到一个敢于反抗的学生却常常微笑着,态度很温和。待到偏安于宗帽胡同,她始来听自己的课,从此见面的回数比较多了,但也始终微笑着,态度很温和。直到复校以后,她见教职员陆续引退,这才因为忧虑母校的前途而黯然至于泣下……

听说,她是爱读自己的文章的,且是第一个购买《出了象牙之塔》的人。那远在江西的老家,惟有老母弱弟二人,生活那么艰难,却预定了全年的《莽原》……

她渴望着,追求着,奋斗着,然而她死了!……

据说这次卫队是专挑短发的女生开枪的,而她恰恰剪的短发。又据说,去年她为了学校的事情跑过几次国务院,所以,认识她的卫队才照准她开枪。但不管怎样,这个始终微笑着的学生是死了!刘和珍死了!

刘和珍中弹倒下,张静淑想扶起她,同时中了枪弹;杨德群又想扶起她,不但中弹,而且头部和胸部挨了两棍,于是一同倒在血泊中……

如此残虐凶险的行为,不但在禽兽中所未曾见,便是在人类中也是极少有的。然而,有谁可以制止屠杀者!

中国的国民,所有权利只是吃苦和死亡!

多么沉勇友爱的青年!多么热情有为的青年!然而,假使这样的青年一杀就完,屠杀者也绝不是胜利者!

她们死了!就这么默默地受弹饮刃而死!阔人临死时有所谓遗嘱,她们遗给人世间的是什么呢?听说杨德群躺在医院里的最后的呻吟是:"我是杨德群,女师大学生。"喃喃地,就这么一句话。什么也没有留下。

她们遗给人世间的到底是什么呢?

大屠杀不是一件事的结束,是一件事的开头……

血债必须用同物偿还。拖欠得愈久,就要付更大的利息!

鲁迅重把稿纸摊开,续写他的《无花的蔷薇之二》。他写的完全是此刻的情怀,原来的构思简直已经被他忘记干净了。写完再看,续写的文字也很无聊。与屠杀者的业绩相比,这些文字太微不足道了。但是,自己还能干些什么呢,除了抒写一点徒然的愤怒?

在最后一节,鲁迅写道:

以上都是空话。笔写的,有什么相干?

实弹打出来的却是青年的血。血不但不掩于墨写的谎语,不醉于墨写的挽歌;威力也压它不住,因为它已经骗不过,打不死了。

他特意在文后注明:"三月十八日,民国以来最黑暗的一天,写。"

"弥天碧血溅京华,风雪正凄迷……"

女师大大礼堂哀乐缭绕。3月25日上午,刘和珍、杨德群的追悼会在这里举行。

灵堂里面,停着两具漆黑的灵柩,犹如两块巨大的磐石压在人们的胸口上。两位烈士依然带着微笑,在黑色相框里默默地凝视着她们所不愿意离开的几年来患难与共的师长和同学们。从门口直到礼堂四周,到处摆满了花圈,悬挂着挽联,倾吐着无尽的悲愤……

周作人送的挽联是:"死了倒也罢了,若不想到二位有老母倚闾,亲朋盼信;活着又怎么着,无非多经几番的枪声震耳,弹雨淋头。"

刘和珍的未婚夫方其道送的挽联是:"生未同衾,死难同穴,劳燕每分飞,六载订婚成一梦;外抗强权,内除国贼,疆场空有约,白宫溅血泣黄泉。"……

灵前的鲜花,如人们一般悄悄地垂首,吐出青春长逝的幽香。一切静寂如死,间有遏抑不住的哽咽,像大海岸边的浪花的唼喋……

10时,主祭许寿裳宣告开会,继致哀词。接着,由两位烈士的同乡同学报告她们的生前事迹，以及18日遇难的情形。在各人的心中，她们又一次活过来了：工作着，奔走着，呼喊着，在血泊中站了起来又倒了下去……

静默三分钟。

郑德音致悼词。顷刻间，悲哀像一万只乌鸦一齐飞起，密集的翅膀遮没了大厅。读着读着，郑德音禁不住哭了，全体学生于是放声大哭，凄厉的哭声一直传到校外的石驸马大街……

礼堂外。一个人在独自徘徊。

他就是鲁迅。这个强硬无情的汉子，此刻，已经无力承受礼堂里的悲抑的气氛。在他看来，追悼会也同文字一样，其实于死者是毫不相干的。问题是如何教生者避免类似的死亡？中国有没有这样的道路？……

在他低首沉思的时候，正好遇见一位姓程的学生。

"先生可曾为和珍写了一点什么没有？"

"没有。"

"先生还是写一点吧，"她恳切地说，"和珍生前就很爱看先生的文章……"

这是鲁迅所知道的。但是，能够为她写点什么呢？对于英勇奋斗的死者来说，墨写的一切，难道还不是多余的话？他仔细想了想，从"三一八"到现在，一周间确乎没有写什么东西了！……

还是写一点吧……


反动统治者无论如何凶残，本质上却是虚弱的。

"三一八"以后，执政府力图回避死四十七人，伤二百余人的事实，为了推卸罪责，宣称死伤者是"暴徒"、"赤化分子"，通电说"有暴徒数百人手持枪棍，闯袭国务院"，"并有抛掷炸弹，泼灌火油等举动"。做证据的有一根木棍，两支手枪，三瓶煤油。次日，便下令通缉共产党首领李大钊和国民党人士徐谦、李石曾、易培基、顾孟余等，风传还列了一个五十人的黑名单,密令军警缉捕。

一群走狗文人秉承主子的意旨,猖狂不已。在新闻界,即有记者报道示威群众手执"有铁钉的木棍",甚至夺获手枪,"进攻"政府;或谓群众"哭声震天",云云。现代评论派的正人君子们也大放流言,诬蔑群众"自蹈死地"。陈源照例以《闲话》为题,说死伤者中,有许多妇女小孩是"被群众挤倒后踏死或踏伤的",那些"叫"人去"冒枪林弹雨的险,受践踏死伤的苦"的群众领袖"当得起虐待的名字",他们应负道义上的"责任";并且造谣说,杨德群也是因为被"叫"才"不得已"参加的,企图为政府开脱。他的结论是:"以后不再参加任何运动。"

惨案发生后,鲁迅一连几天吃不下饭,说不出话,过度的悲愤使他病倒了。"刘和珍是我的学生!"他没有别的话,总是这般回答劝解他的人。

形势不容许他从容地战斗,更毋庸说从容地养病了。在精神上,他固然无法解脱,但是此刻无论如何必须逃难。

因为:黑名单里列有他的名字。

最先通知他的是徐旭生,接着,周作人也托人转达了消息。一个下午,许寿裳和齐寿山特地来看他,敦促他立刻离家。走不走呢?权力者总是至高无上的。一个弄文字的人,在思想上可以成为强者,在行动上则必须做一个弱者!他终于走了,在刘和珍、杨德群追悼会过后的第二天。

第一个寄居点是西城莽原社。这里仅有两间房子,荆有麟住一间,另外一间作办事、会客、吃饭之用。中午,鲁迅突然来到,荆有麟便将自己住的里间让出来,自己移到外间去。每天,荆有麟照常外出,鲁迅留在家里看书,写东西。到了晚上,他耐不住寂寞,总要出去走一趟东城,打听一点有关时局的新闻。

到了第三天,突然有三四个青年来访,说是很崇拜《莽原》,特地相约来的。他们都不认识鲁迅,招呼过后,便问收不收外稿。鲁迅故意装出乡巴佬的样子,说是一切都不懂,无法答复他们的疑问。这样,他们只好悻悻地走了。

鲁迅疑心访问者是侦探,深怕他们再次来找麻烦,于是等到第四天凌晨,装成病人的模样,由荆有麟携带了行李,陪着一起到了山本医院。

这是日本人山本开的私人医院。八道湾时代,全家人都请他看病,鲁迅对这里的医生护士都非常熟悉。虽然,他以病人的资格住在这里,行动却相当自由,可以摆出稿纸写他的文章,或者编校出版物。护士巡查时,每次把体温计往桌上一放就到别的病房去,过些时候再来收取,上面的度数多少她是不管的。家里的人随便什么时候都可以来看他,送文稿、书籍、穿的和吃的;而他有时也出去上课,或回家看看母亲,会他要会的人。

避难前一个晚上,写了《死地》;在莽原社的屋子里,写了《可惨与可笑》。到医院以后,有了比较松余的时间,那篇压在心底里,一直想写而不能写的文章终于完成了,它就是有名的《记念刘和珍君》。

接着,他又写下《空谈》、《如此"讨赤"》、《淡淡的血痕中》、《一觉》、《大衍发微》等文字,构成为一个新的创作系列,反复强调他一贯的反对和平请愿的思想。

一个政府,如果代表了国民的根本利益,又何劳乎请愿?如果不足以称国民的代表,请愿又有什么用处?作为一个人道主义者,他知道死尸的沉重,因此必然反对不相当的买卖所带来的如此的牺牲。作为一个从来主张"造反"的革命论者,他知道无论哪一国度里常有的事在中国都是例外,决不会主张对一个专制的政府采用"正规的战法"。在几个地方,他以政论家的面貌出现,指出改革虽然常不免于流血,但流血非即等于改革,世上也尽有流血很多而民族反而渐就灭亡的先例。他认为,这回的流血牺牲,教训是严重的。如果要总结起来,死者遗给后来的功德,"是在撕去了许多东西的人相,露出那出于意料之外的阴毒的心,教给继续战斗者以别种方法的战斗"。

总之,请愿的事是可以停止了。至于"别种方法"是怎样一种方法,用他的话来说,该就是"最新的战术":"壕堑战"。

在系列文章中,鲁迅的态度有着很微妙的变化,情绪通过理性认识而定向强化了。其一,对言论界代表的憎恶,现在已简直超乎权力者之上。他指出:"这是中国的老例,读书人的心里大抵含着杀机,对于异己者总给他安排下一点可死之道。"凡阴谋家攻击别一派,光绪年间用"康党",宣统年间用"革党",民元以后用"乱党",现在用"共产党",将来怕也有别的诨号和罪名。他认为,这些"刀笔吏"式的深文周纳的论客,是有比刀枪更可以惊心动魄者在的。其二是对中国青年的颂扬,其热烈的程度,甚至超出于《热风》时期。他清楚地看到,四十多个死者都是青年,他们都是为中国而死的。鲁迅许久没有使用"希望"这个字眼了,当他再度使用它,便自行擦掉了先前一些虚妄的锈色,因为确乎有一个在挣扎在流血的青年实体同它联系起来。

《记念刘和珍君》写道:

真的猛士,敢于直面惨淡的人生,敢于正视淋漓的鲜血。……

苟活者在淡红的血色中,会依稀看见微茫的希望;真的猛士,将更奋然而前行。……

4月9日,《京报》正式披露了传言中的被通缉的五十人名单。鲁迅仔细看过,以为排列甚巧,是经过一番严密的罗织的。他立即给章廷谦去了一封信,希望把能了解到的有关五十人的籍贯和饭碗的材料寄来,从中做点议论。

一周以后,他写的《大衍发微》发表了。其中,如数开列了这批人的籍贯职务,以常人所没有的特异的"唯饭史观",揭示"严拿"的秘密。正如《可惨与可笑》所指出的,所以要通缉他们,无非是为了占据他们空出的"优美的差缺"罢了。惩治手无寸铁的无辜者的名义是何等冠冕堂皇,考其用心,竟是如此卑劣!

一天下午,齐寿山电话通知许寿裳,说张作霖的部队已经到了高桥了,请他同鲁迅立即避入东交民巷德国医院。

就在冯玉祥国民军撤出北京的当天,鲁迅转移了。次日下午,他又听到晚上可能抄家捉人的消息,担心母亲承受不了这种惊扰,连忙跑了回家,委托许羡苏照顾母亲和朱安,把她们送往俞氏姐妹家里暂避。荆有麟遵照他的嘱托,将他家里的藏书检查了一遍,略微抽出些危险的部分,连同一些必要保留的信件,一并送到一个熟识的米店里寄存。

进了德国医院,鲁迅和许寿裳等十多人一起住在一间堆放破旧什物的大房间里。白天用面包和罐头食品充饥,夜晚在水泥地板上睡觉,一天到晚都是乱哄哄的。喜欢清静的鲁迅根本无法适应这样的环境,由于劳顿过度,结果真的害病了。

医生的诊断是:胃病。

于是他被安排到一间很小的病房里。床前的茶几上摆着一排药瓶,每天吃的是医院规定的无盐无油的米饭、麦粥、牛奶,和莫名其妙的蛋糕。在此期间,许羡苏和荆有麟几乎天天来探望他,许广平偶尔也会来。"这种饭实在不能下咽,即使健康的人吃了,也要生病。"他常常这样向来访者诉苦,让他们代他买些带盐的食物。一天,荆有麟买了四块火腿面包,一下子全叫他吃光了。他根本不管什么医嘱不医嘱,况且,火腿是特别的好。

这样的环境是无法进行写作的,但是他又不甘心束着双手不做事,便动手校许钦文的小说集《故乡》。事后,他对许羡苏打趣说,《故乡》乃是"逃生"。从字面上说,"逃生"系指逃难所生,而绍兴土话则指私生子。

由于德国医生不赞成无病的人在医院久住,大家只得寻找别的安稳地。这时,鲁迅的胃病也基本好转了,于是随同一些教授移居到法国医院去。

在这里,空气要比德国医院自由得多,但是并没有住多久。

随着段祺瑞的垮台,对于被通缉的教授,据说奉军当局已经表示不加追究了。听到这样的消息,胆子大一点的教授开始向东交民巷以外的地方走动。由于辗转流徙,难于工作,加上经济上难以维持,鲁迅决定回到西三条去。

5月2日。太阳还未升起,他就到家了。

## 75 《华盖集》及其续编·虎与羊

奉军当局确定不会比段祺瑞政府更好一些。同样以武力和强权炫示自己的存在，他们都是一丘之貉。4月下旬，《京报》被封，主笔邵飘萍遇害。北京卫戍司令颁布了所谓"维持市面"的条例，声称"宣传赤化，主张共产者，不分首从，一律处死"。思想和信仰成为犯罪，因此不论政治界、教育界、文化界人士，都处在白色恐怖的笼罩之中。他们有的离京避难，有的则住进东交民巷的使馆区，以求异族的特权的保护。

的确，这是可悲的。正如鲁迅向韦素园他们说的，这个社会不是枝枝节节可以改好的，非有彻底的巨大的改革，便没有出路。

但是距离根本改造的日子实在太遥远了，他自觉是看不到的，况且，一个多月的避难生活已经把他弄得太疲惫了，即使不陷于颓唐，也当有所停顿或休息。然而他不，仍然咬住他的论敌不肯罢休。如果没有一种永久性的仇恨，又从何见得爱的深沉呢？人世间，往往是这种异常的爱把一个人的面目搞模糊了，乃至人们根本无法理解为什么他要把全副的生命投入斗争，甚至认为他生性是好斗的、嗜血的。这种历史的误会难道还少吗？对鲁迅个人来说，也常常有着不被理解的苦恼。

这个人就是这样：压迫也罢，收买也罢，孤独和寂寞也罢，总之不会放弃目标。刚刚结束避难生活，他又在"绿林书屋"写开了他的复仇的文章：《无花的蔷薇之三》、《新的蔷薇》、《再来一次》、《马上日记》、《马上支日记》。还有，在避难中曾经构思过的回忆童年的文字也都陆续写成了，如《二十四孝图》、《五猖会》、《无常》。

在那般嘈杂的环境中，对他这样不谙弈棋又不善闲聊的人物，静静回忆往事是最相宜的了。但是没法子，章、陈之流总要不时地进入他的梦境中去。结果，在"旧事重提"的总题底下写将出来，便成了目下的样子：笔调清丽，悠徐有致，偶于不意之中，机锋毕露。《二十四孝图》开始的一段"最黑，最黑，最黑的咒文"，明显是针对章士钊们来的，接着从容地叙说儿时读画书的情景,但突然又插入了别的说话:"这所报的也并非'睚眦之怨'。因为那地方是鬼神为君,'公理'作宰,请酒下跪,全都无功,简直是无法可想。在中国的天地间,不但做人,便是做鬼,也艰难极了。然而究竟很有比阳间更好的处所:无所谓'绅士',也没有'流言'。"《无常》本写鬼魂,竟也夹入陈源所谓的"模范县"、"绍兴师爷"、"放冷箭"之类的话,还夹入了"教育界公理维持会",于是将在手的投枪趁势一掷,写道:"人是大抵自以为衔些冤抑的;活的'正人君子'们只能骗鸟,若问愚民,他就可以不假思考地回答你:公正的裁判是在阴间!"《马上日记》与《马上支日记》也都这样,并不粘着于某一事体上面,态度也不见前段的论战文字那般峻急,如窥神龙,见首而不见尾,实在达到散文艺术的化境。

以胡适的绅士意识,对鲁迅这种不忘旧恶的态度是不以为然的。5月间,他给鲁迅、周作人和陈源同时写了一封信。信里说:

豫才、启明、通伯三位先生:

…………

你们三位都是我很敬爱的朋友;所以我感觉你们三位这八九个月的深仇也似的笔战,是朋友中最可惋惜的事。我深知道你们三位都自信这回打的是一场正义之战;所以我不愿追溯这战争的原因与历史,更不愿评论此事的是非曲直。我最惋惜的是当日各本良心的争论之中,不免都夹杂着一点对于对方动机上的猜疑;由这一点动机上的猜疑,发生了不少笔锋上的感情;由这笔锋上的感情,更引起了层层猜疑,层层误解。猜疑愈深,误解更甚。结果便是友谊上的破裂,而当日各本良心之主张,就渐渐变成了对骂的笔战。

我十月到上海时,一班少年朋友常来问我你们争的是什么;我那时还能约略解释一点。越到了后来,你们的论战离题越远,不但南方的读者不懂得你们说的什么话,连我这个老北京也往往看不懂你们用的什么"典",打的什么官司了。我们若设身处地,为几千里外或三五年后的读者着想,为国内崇敬你们的无数青年着想,他们对于这种无头官司有何意义？有何兴趣？

我觉得我们现在应该做的事多着咧！……我们岂可自相猜疑，自相残害，减损我们自己的光和热吗？

我是一个爱自由的人，——虽然别人也许嘲笑自由主义是十九世纪的遗迹，——我最怕是一个猜疑，冷酷，不容忍的社会。我深深地感觉你们的笔战里双方都含有一点不容忍的态度，所以不知不觉的影响了不少的少年朋友，暗示他们朝着冷酷不容忍的方向走！这是最可惋惜的。所以我不能忘记《热风》里那一段文章：

"这便是海，在他这里，能容下你们的大侮蔑。……"

敬爱的朋友们，让我们都学学大海。……

亲爱的朋友们，让我们从今以后，都向上走，都朝前走，不要回头睬那伤不了人的小石子，更不要回头自相践踏。我们的公敌是在我们的前面；我们进步的方向是朝上走……

其实，鲁迅与陈源之间的紧张关系是根本不可调和的。即如胡适，在鲁迅的心目中，也都被划归到陈源一面去了。

分化是客观事实。胡适总想调和一下，鲁迅则不然，他能够正视引起分化的最深刻的原因。由于他一直期待着新分子的出现，所以，并不顾惜旧物的衰亡，虽然有时不免为此牵动过感情的丝缕。在当年《新青年》的同仁中间，胡适还不是高一涵那类货真价实的现代评论派，但是，因为方向的不同，他们的距离毕竟是越来越远了。

很早以前，胡适便醉心于"好人政府"，希望托庇于政府实现他的政治理想。1925年，他以"有特殊资望学术经验者"的身份，被段祺瑞聘为善后会议委员，出席了旨在抵制拟议中的国民会议的会议。这一年，作为中英庚款顾问委员会中国方面三位委员之一，他又同中国政府官员一起到欧洲去，就庚款问题与英国方面斡旋。他是一直以获得官方的恩宠为幸的。按照鲁迅在《学界的三魂》中的说法，胡适当是"官魂"的代表，鲁迅是"民魂"的代表。如果人的精神可以以动物为喻，鲁迅当是老虎，生活在"绿林"和"莽原"之中，充满着不驯的野气；而胡适，则是鲁迅所说的那种"走在一群胡羊的前面,脖子上还挂着一个小铃铎"的山羊。

胡适标榜自己是和平主义者,反对任何过激的、暴烈的行动,自然也包括学生运动。他主张学生应当把"国家的纷扰,外间的刺激"变为"求学的热心与兴趣",而不要"跟着大家去呐喊"。在学生火烧晨报馆的事件发生以后,陈独秀问他:"你以为《晨报》不该烧吗?"他写信回答说:"我是不会惧怕这种诋骂的,但我实在有点悲观。我怕的是这样不容忍风气造成之后,这个社会要变成一个更残忍更残酷的社会,我们爱自由争自由的人没有立足容身之地了。"这同鲁迅的不读古书,不读死书,不要鸟导师,勇敢向前闯的主张,的确是大相径庭的。关于"三一八"运动,胡适便以为是学生被别人牵着鼻子走的结果,虽然没有公开表态,但心里是极端反对的。诚然,鲁迅不赞成和平请愿,但当惨案一经发生,他便立刻高度赞扬了青年学生的斗争精神。

看罢来信,鲁迅自然不加理睬。一个多月以后,他在《马上支日记》里,有意把"胡适之博士的英国庚款答问"同"陈源教授的《闲话》"拨弄到一起,大约可以算作是一种答复吧?

6月,鲁迅的第二本杂文集《华盖集》由北新书局出版。

这是1925年所作杂感的结集,记录着他参加女师大斗争的见闻和思想;此后一年间的文字,因为仍然激荡着一脉余波,便由他定为本集的续作,叫《华盖集续编》。

总之,在他看来,这两年的运气都不好,如俗人之顶"华盖",净触霉头。"也有人劝我不要做这样的短评。那好意,我是很感激的,而且也并非不知道创作之可贵。"他在《华盖集》的题记中写道:"然而要做这样的东西的时候,恐怕也还要做这样的东西,我以为如果艺术之宫里有这么麻烦的禁令,倒不如不进去;还是站在沙漠上,看看飞沙走石,乐则大笑,悲则大叫,愤则大骂,即使被沙砾打得遍身粗糙,头破血流,而时时抚摩自己的凝血,觉得若有花纹,也未必不及跟着中国的文士们去陪莎士比亚吃黄油面包之有趣。"

鲁迅从此终止了小说创作,有人或遗憾其不作,或讥诮其不能,其实都是可笑的。他在这里已经说得再清楚不过了,他喜欢这样,而且,惟有他能这样。

他无须遮盖灵魂的荒凉和粗糙,他不惧惮这些,甚至喜爱它们,因为这是辗转而生活于风沙中的瘢痕。他知道,其中的悲苦愤激,决非"洋楼中的通人"所能领会,但是却确信:凡有觉得自己也同他一样在风沙中辗转而生活着的,必当理解其中的意思。

郁达夫就很能理解他,所以特别重视他的这两个集子,说:"这一时候的他的杂文,怕是他一生之中,最含热意的妙笔。"这个评价,的确是很有见地的。

此时,周作人也有不少同陈源论战,而与鲁迅相照应的文字。即使在提出"费厄泼赖"的口号以后,也还继续写出像《大虫不死》那样意气旺盛的文章,指出作为"中国恶劣旧势力的代表"未尝死,"多数的无名之老虎"不会倒,因而主张穷追猛打之。他一直在"流氓"和"绅士"之间摇摆着。虽然,他承认自己具有难以移易的"浙东人的气质",也即报仇雪耻的意气,但又"极慕平淡自然的景地",颇有悔祸之心,因此才有这般的祈祷:"我的心境不要再粗糙下去,荒芜下去,这就是我的大愿望……"

他编《谈虎集》时,特意删除了《恕陈源》等许多论战的文章,在《后记》里,又自画招供道:"凡过火的事物我都不以为好,而不宽容也就算作其中之一。我恐怕我的头脑不是现代的,不知是儒家气呢还是古典气太重了一点,压根儿与现代的浓郁的空气有点不合……难免有落伍之虑,但是这也没有什么关系,大约像我这样的本来也只有十八世纪人才略有相像。"显然,他是甘于落伍的。

散文之美,并不全在知识的博杂与技巧的圆熟。在文章里,即使有一个新颖的思想,如果未经人格的透视,它也不过是遗落在纸片上的苍白的观念而已,因此,要评价文章,是必须把人格审美计算在内的。以此通观周氏兄弟的文字,也当不难分别轩轾了。

在鲁迅的记忆中,虽然流驶的时光未曾荡尽旧迹,将鲜血洗成绯红,而"三一八"的大波毕竟已成过去。北京恢复了原来的黑暗而凝滞的状态,即使章士钊、陈源之类时有跳踉,也无须乎专门对付,因为本质的东西早经剥离,偶一刺之便够了。

社会斗争的潮汐,规定了鲁迅的思想和文学创作的阶段性。《朝花夕拾》系列散文的写作,预示着作者的重大的战略转移。作为一个战士,他需要找寻新的目标、新的战友、新的战斗。

在个人生活方面,也将出现一次根本的转变。瓜熟蒂落,是收获爱情的时候了,可北京没有一处可以堆放果实的地方。在鲁迅避难期间,为了避免啧啧人言,许广平没有能够更多一次地看望他。最亲密的人,在一个非常时期里反而变得疏远了。然而,情势的发展使得他再也不能规避。许广平快毕业了。她必须到大社会去寻得一份工作。在这个时候,如果两个人还不能结合到一起,那么时间将让他们饱受各种精神的苦刑。结合,这个兴奋得叫人颤栗的时刻虽然不是马上可以降临,但是,他们早已不只一次地共同呼唤过眺望过了!

3月6日日记:"旧历正月二十二日也,夜为害马剪去鬃毛。"又见头发,又见头发。但这头发已不再包含"头发的故事"里的意义,柔软、芳香、温渥,盈把的一握便把一道新的关系式完成了。

总之,无论思想和情绪都不可能安稳,他必须寻找出路。

6月的一天,突然收到一封莫斯科发来的信,他高兴极了。原来,那是为他平素所喜欢的学生李秉中写的。兴奋之余,也就在复信中把自己的动向透露给他了:

> 多谢你的梦。新房子尚不十分旧,但至今未加修葺,却是真的。我大约总该老了一点,这是自然的定律,无法可想,只好"就这样罢"。直到现在,文章还是做,与其说"文章",倒不如说是"骂"罢。但是我实在困倦极了,很想休息休息,今年秋天,也许要到别的地方去,地方还未定,大约是南边。目的是:一,专门讲书,少问别事(但这也难说,恐怕仍然要说话),二,弄几文钱,以助家用,因为靠版税

究竟还不够。家眷不动，自己一人去，期间是少则一年，多则两年，此后我还想仍到热闹地方，照例捣乱。

……我近来忽然还想活下去了。为什么呢？说起来或者有些可笑，一，是世上还有几个人希望我活下去，二，是自己还要发点议论，印点关于文学的书。

…………

……我近来的思想，倒比先前乐观些，并不怎样颓唐。……

两年前，李秉中是鲁迅亲赠路费送他到革命的南方去的。他先入黄埔军校学习，参加过讨伐陈炯明的东江战役，现在留学苏联。来信在鲁迅的脑际倏然划下一道闪亮的弧线，他的行动轨迹，使鲁迅对一个未来的世界变得无比神往……

南方——苏联，苏联——南方……

## 76　离京种种

炮声隆隆。

正当国民革命军开始北伐的时候，鲁迅接受厦门大学的聘请，决定到南方去。

鲁迅是由林语堂介绍到厦大任国文系教授兼国学院研究教授的。在段祺瑞执政时期，他们同是被列名通缉的人物，鲁迅辗转逃难的同时，林语堂也曾弃家出走。5月下旬，他率先离开北京，就任厦大语言学正教授、文科主任兼研究院总秘书。离京前，在女师大饯别的茶话会上，他有辞行片和照片赠与鲁迅；待到了厦大，便极力推动校方，聘鲁迅和沈兼士、孙伏园等著名人士一同到校任教。

经过熟人推荐，毕业后的许广平将回到她的母校——广东省立女子师范任职。虽然她和鲁迅不是同在一地，但相去不远，接应容易。为此，他们交换了意见，决定分头为社会服务两年，一方面为事业，一方面也为自己积聚一点必需的钱，两年之后再相见面。

他们就这样比翼南飞了。

由于早有辞京南下的打算，因此，鲁迅决计把所有应当做的工作赶快做完。

其一是翻译《小约翰》。

他极其欣赏荷兰作家望·蔼覃著的这本长篇童话集，自己所爱吃的东西，往往不自觉地想别人也能吃，故在东京时便起了翻译的念头。可是，那时候能力不济，直到1925年计划《未名丛刊》的书目时，才决心利用暑假的时间，仗一本辞典走通这条路。不料，时间并不属于自己，几个月的生命都委弃在正人君子的围攻里了。卖了广告的事情是不能不做的。他觉得对于作者和读者，都负了一宗很大的债务，而且拖欠久了，一天天地愈加窘迫。

等到拔出笔来要译的时候，却又怀疑起外国语的实力来了。他问齐寿山可肯同译，齐寿山答应了，于是约定在暑假期间译完。

中央公园。每日下午，他们便躲进一间偏僻的红墙小屋里对译；有时进行得很快，有时争执得很凶，有时商量，有时一筹莫展，身边一壶好茶和身上一大片汗是一定不缺的。译得头昏眼花时便看看小窗外的日光和绿阴，慢慢地听那高树上的蝉鸣，偶或想起几个月前的避难生涯，也应当算是一种享受了。

8月13日，童话终于译完。当天，齐寿山特意请鲁迅在来今雨轩吃晚饭，还约来了许寿裳和戴芦舲。庆祝也罢，送行也罢，总之一周以后鲁迅就得走了。

工作之二，是校定《小说旧闻钞》，并作了序言。

本书是在编写《中国小说史略》的过程中，从许多旧笔记、旧集子以及其他古籍里搜集来的有关宋以后小说的史料编纂而成的。这本史料集参考了九十余种书籍，计一千五百七十五卷，费去精力可谓不少，但也同许多编辑已久的旧稿废置在一起，没有时间理会它。只因为陈源对《中国小说史略》的诬词，他才从尘封中翻检出来，陈放案头。许广平见了,极力怂恿他编定付梓,并乐于做他的助手和誊写员。两个人的密切配合,使书稿很快得以出版。

序言说,"今年之春,有所帐触",对本事特加点明。这样,下面的"自愧读书不多,疏陋殊甚,空灾楮墨,贻痛评坛",以及"未尝转贩"诸语,便变得明显有所指了。陈源者,流言家也,——鲁迅立意让本书提供一个有力的佐证!

此前,鲁迅完成的又一项工作是,为任国桢的同学胡斅翻译的勃洛克的长诗《十二个》写一篇后记。本书将是被译介到中国来的第一部苏联文学作品。因此,他工作起来既充满激情,又十分慎重。

6月间,他对美国来访者巴勒特说过:"中俄两国间好像有一种不期然的关系,他们的文化和经验好像有一种共同的关系";"俄国文学作品已经译成中文的,比任何其他外国作品都多,并且对于现代中国的影响最大。中国现实社会里的奋斗,正是以前俄国小说家所遇着的奋斗……"他翻译过不少俄国小说,他本人的小说创作也深受俄国作家的影响,对俄国文学是相当熟悉的,如为韦丛芜所译《穷人》作小引,对著者陀思妥耶夫斯基的分析,便使人感到有一种知己般的惊人的深刻。可是,对苏联文学的评介,能够做到类似的精确和熟练吗?

《〈十二个〉后记》开始就刮大风暴。它"怒吼着,震荡着",猛烈地打击着"癞皮狗似的旧世界","枯朽的都拉杂崩坏",在这"连底的大变动"中覆灭了。他第一次如此鲜明地赞扬了苏联的十月革命。在这里,他以对十月革命的基本态度为界标。描述苏联"诗人"的分化。为他过去所喜欢的安特莱夫,显然被他划入"旧的诗人"一类。因为在十月革命的大风暴中,安特莱夫经不起考验,远离他的祖国和人民。而勃洛克,则因为他"用整个身心、整个意识来谛听革命","向着革命这边突进",虽然还不是"新兴的革命诗人",《十二个》"也还不是革命的诗",鲁迅仍然给予了很崇高的评价。他指出:"《十二个》于是便成了十月革命的重要作品,还要永远地流传。"

其实,鲁迅从来没有把自己视作"新兴的"无产阶级作家,而是视同勃洛克一般的向着革命突进，然而也时而返顾而且受伤的"过客"式人物。因此，在写作后记的中间，也就自然应合了心灵的和鸣：突进！突进！向革命的南边突进！……

他所以肯定《十二个》，归结到两点，就是：它跳动着诗人的"真的神往的心"，又能在描写的事象里发现"诗歌的要素"。真诚与诗艺，对于一个诗人来说是缺一不可的。具体到作品题材，只要不是空洞的，虚假的，则无论呼唤血火，或是咏叹酒和女人，以及赏味幽林秋月都一样可以写出好诗。不过，他特别重视都会中的日常生活，也就是与近代文明密切关联的社会现实，所以批评说中国没有勃洛克一样的都会诗人。至于诗艺，诗的"象征化"，"神秘底写实"，显然是他所欣赏的。

书中还由鲁迅添译了一篇《勃洛克论》，那是从托洛茨基作《文学与革命》的日译本中选择出来的。在后记中，他向读者介绍说："在中国人的心目中，大概还以为托罗兹基是一个喑呜叱咤的革命家和武人，但看他这篇，便知道他也是一个深解文艺的批评者。"《马上日记之二》里，他还说过："我觉得托罗兹基（Trotsky）的文艺批评，倒还不至于如此森严。"他是把托洛茨基同所谓的"纯马克斯流"相对而言之的。从这里可以看出，鲁迅对苏联二十年代发生的文艺论争不仅有比较深入的了解，而且有着自己的独立的认识。对于挂着"革命"招牌的纯之又纯的理论，从这时候开始，他便保持了某种警觉。

《十二个》还以封面及四幅插图，向中国读者展示了苏联版画的丰采。插图是玛修丁的版画。鲁迅在后记中，把他称作"版画的名家"，作品"虽被称为艺术底版画的典型"，在对苏联版画所作的尝试性的介绍里，他强调版画艺术与人民斗争的联系，说："俄国版画的兴盛，先前是因为照相版的衰颓和革命中没有细致的纸张，倘要插图，自然只得应用笔路分明的线画。然而只要人民有活气，这也就发达起来。"显示了作为一个艺术行家的恢宏的独到的眼光。

此外，他还翻译了个别深为他所欣赏的文字，如《所谓怀疑主义者》等，可以说，这些单篇译文，多少同他的创作一样，带有抒释情怀的味道。

他不能不说话。而说话本身是最重要的,至于分什么翻译创作,他倒并没有多大兴趣。对他来说,两者其实是二而一的东西。

8月17日,一位日本青年到西三条拜访了鲁迅。

远客在这时的到访,使鲁迅特别感到高兴。原来他是盐谷温教授的女婿辛岛骁,东京大学中国文学系的学生。他给鲁迅带来了盐谷温教授的赠礼:一部元代小说《全相平话三国志》影印本,两种有关我国古典小说传奇的书目,那是小说史研究的难得的史料。

继《中国小说史略》之后,在东京,宫原民平的《支那戏曲小说史概说》一书出版。本书多处援用了鲁迅著作中的材料,但是作者从不提及,对此,辛岛骁颇为不满。见到鲁迅,他便自做主张地替宫原民平表示了歉意。他究竟是日本人。

鲁迅不但不以为意,反而自责道:"我的那本书还有很多缺点,现在被人引用,实在令我不安。"

意外的回答使辛岛骁十分感动。

为了使这位异国的青年学生得到更多的专门性知识,鲁迅向他介绍了一位古典小说研究专家马隅卿,并且把自己的名片交给他,以方便他的拜访。

如果说鲁迅留给辛岛骁的最初印象是一个谦和的学者,那么再见时,则完全成了另一个偏激的忧郁的普通中国人了。

过了两天,辛岛骁应鲁迅的邀请再次到他家里造访。

当他们一起喝着绍兴老酒,微微有些醉意时,鲁迅开始变得激动起来。他所谈的,不复是中国旧小说的事情,而是折磨着他的严酷的中国现实。

桌间只有两个人,没有其他陪客,这样,他的谈话也就愈加肆无忌惮了。

他谈中国,谈北京,谈军阀,谈"学者",谈"三一八"惨案……他第一次如此猛烈攻击示威队伍中的某些领袖人物。他们的利己行为,在他的心里制造了过多的愤懑,但是,却一直压抑着不愿意公开,直到这时,才在一个异邦人的面前找到了这种机会。

他猛然从座位上站了起来,由于激动,酒后的脸显得更红,颈上的静脉鹰爪般纷纷怒张。"前进!前进!——"他伸直一只手臂,模仿着那些领袖人物的样子和口吻,说:"他们号令天真的学生们向枪口突击,可是他们自己,是决不会站到队伍的前头去面对子弹的!这样干,你说,中国能有救吗?"

一双饱含泪花的眼睛,凝视着辛岛骁,一动不动。

辛岛骁惊呆了。这般激情的鲁迅风貌,他从来未曾看见过,此后也再没有看见过。一个人的内心世界何其丰富,但一生中也只有若干部分有过一次炫目的闪耀,或许连这一次也没有。

话题最后落到出走厦门的事情上,但是鲁迅好像存心绕开,并不想深谈似的。默默地,他呷了一口故乡的陈酒,然后停下来,目光无力地垂落到杯子上。杯内,是一圈涟漪……

"是朋友叫我去,我才去的,"他黯然茫然地说,"将来很难说,那里能否长期呆下去,不得而知。"

离京已成定局。辛岛骁想不到他还会有这般无可奈何的心情,但是一时又拿不出什么可以应对的话语……

告辞时,鲁迅写了一张纸片递给他,并交代说"这是厦门的地址";接着,又赠了一部明人小说《西洋记》和一部《醒世姻缘》。


离京前四天,鲁迅回到女师大去,参加毁校周年纪念并发表演说。

因为要重印《工人绥惠略夫》,早一个晚上,他一直忙着校阅,且连带想及许多有关中国改革的事情,弄得脑子里很混乱,睡觉也不安稳。这次演讲,就是从书里的内容说起,着重在两个问题:破坏和建设。

去年今日,章士钊、杨荫榆们利用文士的流言和三河的老妈,将一班"毛鸦头"赶出学校,结果学校并没有按照他们的意志解散,居然还开了纪念会来。应该说,这是很可庆幸的。然而,去年的骨干分子,有的已经走散,有的不在人间,不也是破坏者的功德吗?谁可以料想,将来会不会有着更惨重的破坏呢?

他不能不借此机会再次抨击破坏者。演讲措词激切,又游刃有余,闪烁着讽刺的光芒。其中说的"教人要本分的老婆子"式的文人,即指现代评论派中的人物。老婆子自称被主人掌过嘴,其实同《现代评论》一度被段祺瑞的京师警察厅间接没收差不多,都是"忠而获咎"。后来,主人知道老太婆冤枉了,就亲手赏了他一百卢布,不正好同《现代评论》通过章士钊接受了段祺瑞的一千元津贴的事实毫无二致吗?所以鲁迅说:"我们的文人学士措辞决不至于如此拙直,文字也还要华赡得多。"

但是,这些中国式的破坏者同绥惠略夫临末向社会复仇的破坏是极其不同的。至少,绥惠略夫先是为社会做事的,他的破坏一切也是由于社会的迫害所引起;而中国人所以"总要破坏了才快活",则完全出于利己的动机,他们何尝为社会设想?于是,我们的生活,便成了一面受破坏,一面修补,一面受破坏,一面修补的生活;而中国的文明,也便成了这样破坏了又修补,破坏了又修补的疲乏伤残可怜的东西。但是,却很有人夸耀它,甚至于连破坏者也夸耀它,——这是何等地教人气闷!

演讲将近结束,鲁迅本着战斗的师生情谊,再次以他的"希望"说鼓舞面前的大群青年。他说:

> 我们所可以自慰的,想来想去,也还是所谓对于将来的希望。希望是附丽于存在的,有存在,便有希望,有希望,便是光明。如果历史家的话不是诳话,则世界上的事物可还没有因为黑暗而长存的先例。黑暗只能附丽于渐就灭亡的事物,一灭亡,黑暗也就一同灭亡了,它不永久。然而将来是永远要有的,并且总要光明起来;只要不做黑暗的附着物,为光明而灭亡,则我们一定有悠久的将来,而且一定是光明的将来。

具体的将来很难逆料。就说这女师大,在鲁迅的演讲以后十余天,就由新任的教育总长任可澄和师范部的学长林素园以合并于女大为名,率领警察厅保安队及军督察处兵士武装接收了。从此,被毁的女师大便永远成了教育史上的陈迹。

鲁迅编《华盖集续编》时,收入了这次演讲的记录稿,并作附记曰:"原来刚一周年,又看见用兵了。不知明年这日,还是带兵的开得校纪念呢,还是被兵的开毁校纪念?"无须回答的设问,透露了内心的无可排解的悲愤。

权力者的破坏带有更大的随意性和灾难性。对此,除了慨然兴叹,实在是无法可想。

别了,北京!

从兹一别,不知什么时候才能重见。离预定的日期愈近,鲁迅的心里愈混乱。

即使南方是中国的光明,个人希望的所在地,爱情惟一可以栖止的地方,但于故地,他还是不能不怀着深深的依恋。北京,毕竟是消磨了自己的许多生命的地方。这儿有慈母,有朋友,有仇敌,有灵魂粗糙的青年,有绿林书屋,有不断陨灭但确曾温暖过自己的梦幻,有搏斗,有纠结的悲欢……

往事总教人留恋,或许,就因为那里边包容了不复回返的可珍惜的生命吗?朝花夕拾,他毕竟是四十五岁的人了!……

过去的已经过去,将来的未必到来。一面有所追求,一面接受逼迫。这个东方血统的哲人,即使具有明彻的理性和顽强的意志,仍然不可避免对过往的某种情调或意蕴的追寻……

8月8日以后,友人多次饯行,使他深深地陷入一种氛围里。这里有留日的同学,也有相识未久的青年,他们在自己最孤独的日子濡之以沫,最艰危的时刻挺身救助,的确是很可感念的。到了厦门那边,这一切怕都未必有了……

一个人,说不清楚对母亲是怎样的感情,倘说里面有着一个最原始的解不开的情绪,无论如何是可靠的。对鲁瑞来说,她根本不会知道,儿子的南行会包含着某种感情的秘密。鲁迅原也是为了摆脱母亲留给他的那份负担而出走的,但离去之际,才知道自己原来还有着如此坚牢的系念。他不能把自己的追求原原本本地告诉母亲,即便倾诉了也无从理解,这就是人生隔膜的地方。那么,还是先到那边去,将来的事情将来再说吧……

既然成了一份负担,他也就不会不想到朱安,只是抗拒着不愿想下去……

书桌。钟。煤油灯。静静的笔架。烟灰缸……

藤野。

女师大合影。五个警察一个〇。"望崦嵫而勿迫,恐鹈鴂之先鸣"。……

老虎尾巴里的每一种物件,都是自己亲手触摸过的,都有各自无言的提示。最后一些日子简直什么事都不能做,尤其是夜晚,客人走散,块然独坐,便捏紧烟卷,一支接一支地抽。烟云过眼,而一切依然……

24日,章廷谦携了册页,到鲁迅家里求字留念。写什么呢?行李书籍都已捆扎好了,他就从废弃的《汉文学史纲要》的油印讲义上面抄录了一段《大人赋》:

> 时若曖曖将混浊兮,召屏翳,诛风伯,刑雨师。西望昆仑之轧汤荒忽兮,直径驰乎三危。排阊阖而入帝宫兮,载玉女而与之俱归。登阆风而遥集兮,亢鸟腾而壹止。低徊阴山翔以纡曲兮,吾乃今日睹西王母,暠然白首戴胜而穴处兮,亦幸有三足乌为之使。必长生若此而不死兮,虽济万世不足以喜。

《大人赋》是司马相如进奏汉武帝,讽谏他求长生而好神仙的。先生抄了它是什么意思呢? 章廷谦想,莫不是他把厦门比做仙乡,明知不可去而去的吗?"必长生若此而不死兮,虽济万世不足以喜",最后两句是很可以透露他离京的心情的。

章廷谦小心把字放好,只管扯别的话题,想到的意思却没有径说。

鲁迅与许广平一同启程了。

出发前,有一件很重要的事情是,因为担心"害马"冒失,中途惹出麻烦,鲁迅亲自为她携带了国民党党员证。

8月26日。下午。同到前门火车站送行的,除了押运行李的宋紫佩和许钦文以外,还有许羡苏、许寿裳、荆有麟、陶元庆、董秋芳等十多人,第二天,他在天津换乘津浦车的间隙,特别发出两张明信片:一寄齐寿山,一寄许羡苏。第三天抵浦口,又发出两张明信片:一寄许寿裳,一寄许羡苏。第四天早晨抵上海,再次给许羡苏个人发出两张明信片……

在上海,鲁迅只作了四天短暂的勾留。倥偬之际,他会见了郑振铎、刘大白、夏丏尊、陈望道、沈雁冰、胡愈之、朱自清、叶圣陶等文化人,直到离沪前一天,才有些余暇由许广平和周建人陪着逛了一下市街。

9月1日凌晨,他独自登上"新宁号"轮船;一小时过后,许广平也登上了"广大号"尾随着逐浪而去……

由于往南无法乘坐火车,也没有抵达厦门和广州的同班轮船,他们只好如此。海天空阔,波澜起伏,思念的时间开始了……